성정치

성정치

초판인쇄 2011년 3월 20일
초판발행 2023년 3월 20일

저 자 | 빌헬름 라이히(Wilhelm Reich)
편역자 | 윤수종
발행인 | 황세연
교 정 | 김영권
발행처 | 도서출판 중원문화(등록 제10-2444)

주소 | 서울특별시 마포구 창전동 2-33
전화 | 02-325-5534
팩스 | 02-324-6799

ISBN 978-89-7728-728-0(03120)

성정치

빌헬름 라이히 지음
윤수종 옮김

Sexpol

도서출판 중원문화

Die Sexuelle Politik

Wilhelm Reich

들어가는 말

라이히의 경력은 세 시기로 요약할 수 있다. 첫 번째는 1918년 빈 대학에 입학하여 프로이트에게 사사를 받으면서 이른바 '정신분석 2세대'를 형성하여 독창적 정신분석 요법을 실험하던 시기다. 둘째는 1928년부터 1933년까지 맑스주의 정치의 일환으로 성정치(Sex-Pol) 운동을 정력적으로 전개하던 시기로 그의 생애에서 가장 역동적인 시기이다. 마지막으로 외국으로 전전하면서 망명 생활을 하다가 1939년 미국에 최종적으로 정착하여 '오르곤 에너지'를 발견하고 그에 관한 과학적 실험에 집중하던 시기다.

성정치운동 시기의 라이히는 정신분석과 맑스주의를 접속하여 '욕망'의 문제를 사회적 관계(특히 계급관계)와 결부시킨 최초의 인물로, 프로이트-맑스주의라는 흐름을 만들어낸 사람('좋은 라이히')으로 평가된다. 물론 그의 주장이 혁명적인 만큼 그에 대한 평가는 극에서 극을 달릴 정도로 엇갈리고 있다. 특히 오르곤 연구에 집중하던 만년의 라이히는 황당무계한 사상에 사로잡힌 미치광이('나쁜 라이히') 정도로 취급되곤 한다. 하지만 '나쁜' 라이히가 얼마나 왜곡된 것인가를 밝히는 것이 중요하고, 나아가 이러한 두 라이히를 넘어서는 것이 필요하다고 본다.

한국에서 라이히의 사상에 대한 소개는 맨 처음에는 프로이트에 대한 관심에서 시작되었다. 1982년에 번역 소개된 『프로이트와의 대화』(황재우 역, 종로서적)는 생전에 라이히가 프로이트와 가졌던 관계에 대하여 미국 정신의학자들과 나눈 대담집이었다. 따라서 라이히 자체에 대한 관심도 있었지만 그보다는 프로이트와의 관계에 초점이 맞추어진 대담이었다.

그리고 라이히의 사상은 오르가즘론과 성정치로 요약될 수 있는데, 한국에는 성정치에서 더 나아가 『파시즘의 대중심리』라는 책이 1986년에 소개되었다. 그의 성경제학적 논의보다는 그의 정치적 저작집인 『파시즘의 대중심리』가 먼저 소개된 것이다. 이 책은 최근 다시 교정되어 발간되었다(2006년, 그린비). 이 책은 파시즘이란 지도자의 속성에 있다기보다는 파시즘에 빠져드는 대중의 정서구조에 있다는 점을 강조하며, 대중민주주의를

생각하려는 탈근대 시대에 여전히 주목받고 있다.

그의 성혁명이나 성경제학에 대한 것으로는 1993년과 1996년에 그의 주저 가운데 하나인 『성혁명』이 소개되었다(『성 문화와 성교육 그리고 성 혁명』, 이창근 역, 제민각, 1993; 『문화적 투쟁으로서의 성』, 박설호 역, 솔, 1996에서 『성혁명』의 앞부분과 『성격분석』에서 치료기). 그러나 번역상의 문제와 부분 발췌 식으로 소개되는 아쉬움이 있었다.

2000년에 『성혁명』(새길)이, 2005년에 그의 학문을 총괄하는 자전적인 저서인 『오르가즘의 기능』(그린비)이 번역 소개되었다. 드디어 오르가즘론에 입각한 성경제학, 성경제학에 근거한 성혁명론이 소개되게 되었다.

그런데 라이히의 성정치적인 저작들은 소개되지 않았고 정신분석에 크게 기여한 그의 저작인 「성격분석」도 아직 번역 소개되지 않았다.

그래서 이번에 그의 성정치적인 저작들을 편집하여 책으로 묶었다. 여기 실린 글들은 『실천』(사회실천연구소)지에 2007년 1월호부터 8월호에 걸쳐 '욕망과 혁명' 기획란에 번역 소개되었다.

서지사항과 관련해서 살펴보면, 먼저 영어로 편집 번역된 책으로 Wilhelm Reich, *SEX-POL Essays 1929-1934*. Vintage Books, 1972(Edited, Lee Baxandall ; Introduction by Bertell Ollman ; Translated by Anna Bostock, Tom DuBose and Lee Baxandall, ISBN 0-394-71791-0(pbk))이 있다. 이 책은 라이히가 1929년에서 1934년 사이에 쓴 여러 가지 성정치적인 글들을 묶고 서문을 써서 출판한 책이다. 이 책은 1966년에 초판이 나왔고 여러 번 출판되어 왔다. 이 영어본을 참고하면서 역자가 선별하여 독일어본들을 다시 편집하는 식으로 번역을 하였다.

이 책에 엮은 글들은 각각 작은 팸플릿이나 책으로 출간된 것들이다. 따라서 꼭 순서대로 읽을 필요는 없을 것이다. 때문에 각 글을 따로 읽어도 좋다. 그리고 『성혁명』과 『오르가즘의 기능』을 먼저 읽으면 유익할 것이다.

나아가 라이히의 성정치 활동과 학문적 이력, 그리고 미국에 건너간 뒤의 활동과 미국 국가와의 대결 등에 관해서는 마이런 새라프가 쓴 『빌헬름 라이히 : 세상에 대한 분노』(이미선 옮김, 양문, 2005)를 참고하시기 바란다.

그의 성정치 사상은 탈근대 시대에 들뢰즈와 가타리에게로 이어지고 있다. 그리고 그의 성정치적 발상은 지금 보아도 급진적인 데가 있을 정도이다. 라이히의 성정치는 1930년대에 사유된 것이지만 80여 년이 지난 지금도 여전히 유의미한 쟁점들을 제공해 주고 있다.

2011년 2월 20일 옮긴이 윤수종

목차

성정치
– 빌헬름 라이히의 활동을 중심으로

윤수종

• 목차

머리말

전통적인 맑스주의적 접근법은 자본 대 노동의 대립구도에서 자본주의 사회가 지닌 주요한 모순인 분명한 이해대립관계의 변혁을 추구해 왔다. 그에 비해서 점차 분명한 이해관계를 벗어난 다양한 영역에서 운동이 터져 나오고 있다. 그러한 새로운 운동을 촉발시킨 계기는 바로 68혁명이었다.

68혁명은 지도부와 대중이라는 구도 속에서 진행되어 온 좌파의 정치운동에 대해서 대중을 강조하고 대중의 일상생활에 주목하는 사회운동 및 사회변혁을 촉발하였다. 이러한 방향은 분명한 이해관계와 달리 다양한 대중 구성부분의 부분적 이해관계와 욕망의 문제를 드러내면서 기존의 운동지형을 확대해 왔다.

이러한 새로운 사회운동의 흐름에서 단연 돋보이는 것이 성정치운동이라고 할 수 있다. 남성의 지배와 권위주의에 대항한 여성운동, 성권리를 찾으려는 청소년의 운동, 인권 및 자신의 고유한 욕망을 찾으려는 성 소수자 운동, 특수한 욕망을 주창하는 소수자 집단의 운동 등을 들 수 있을 것이다.

이러한 다양한 욕망해방운동에 이론적으로 기름을 부은 것은 기본적으로는 욕망의 문제를 건드린 프로이트일 것이다. 그러나 프로이트는 성에너지인 리비도를 해방함으로써 신경증에서 인간을 구한다는 초기의 문제의식을 버리고, 점차 문명을 위해서 초자아를 통해 인간의 충동(이드)을 제압해야 한다는 주장으로 나아갔다. 이러한 프로이트의 변신에 대항하여 리비도 이론을 오르가즘론으로 나아가 성해방으로 이끌어 간 사람이 빌헬름 라이히(Wilhelm Reich : 1897~1957)이다.

68혁명이 터지면서 청소년들의 욕망해방의 담론 속에 빌헬름 라이히의 논의가 급부상한 것은 바로 이러한 그의 입론 때문일 것이다.

라이히는 정신분석을 성격분석으로 발전시키면서 개인치료와 동시에 개인을 구속하는 사회를 해방하려는 성정치를 수행해 나간다. 라이히는 오르가즘론에 입각하여 정신분석을 더욱 확장하고 성격분석적 생장요법을 전개하기에 이른다. 이렇게 개인을 치료하는 방향으로 나아가는 한편 개인은 사회의 다양한 구속에 의해서 그 치료가 어렵게 되어 있다는 것을 인식하고 사회의 다양한 구속을 없애려는 성정치에 뛰어들게 된다. 현실의 조건 때문에 라이히가 성정치적 활동을 한 시기는 짧은 편이지만 그 활동을 통해 라이히는 여러 가지 문제제기를 하였다.

먼저 라이히의 정신분석적 실천에 대해서 간략히 살펴보자.

신경증 증상을 유지시키는 에너지의 원천을 라이히는 오르가즘 불능에서 찾았다. 그리고 그것을 해소하기 위해서 오르가즘 능력의 자연스런 기능을 강조하게 되었다. 하지만 모든 신체적 기능처럼 성기적 기능은 사회적 방해에 부딪치고 있었다. 개인적으로는 성격분석을 통해 치유해 나갔지만, 사회적 구속은 성정치를 통해서 해소해 나가야 했다.

또한 개인치료로는 한계가 있었고, 대중의 정신건강은 병이 든 이후의 치료보다는 예방이 필요하다고 절감하였다. 물론 이러한 생각의 전환은 성정치운동과 맑스주의에 대한 관심이 어우러진 결과였다.

라이히는 사회에 광범위하게 퍼져 있는 오르가즘 불능(대중의 성빈곤)을 해소하려고 나섰다. 개별 환자와의 임상경험에서 뿐 아니라, '빈성상담소'(이곳에서 그는 사적인 진료에서는 볼 수 없는 심각한 병리학의 다양한 증상에 접근할 수 있었다)에서 노동자계급 주민들의 성기 장애를 주의 깊게 관찰하고 결론을 내렸다. 성기 장애는 오르가즘 불능의 표현이며, 신경증의 하나의 증상이 아니라 대표적[전반적] 증상이라고. 그러나 그 많은 사람을 어떻게 치료할 수 있단 말인가? 개인적 치료가 문제가 아니라 대중적 예방이 절실히 필요하였다. 그리하여 라이히는 거리로, 상담소로, 강연장으로 나섰다.

1. 성정치운동의 시작 : 대중과의 만남

라이히는 1926년부터 '빈성상담소'를 세워 사회문제와 사건들을 접하고 빈의 빈곤자들의 성에 대해 연구했다. 그는 치료가 성공적일수록 환자가 성 행복(쾌락)을 포기하기가 더 어렵다는 것을 깨달았다. 라이히는 하나의 흥미를 다른 흥미로 돌릴 수는 있지만(승화), 충족을 향해 나아가려는 신체적 긴장을 다른 데로 돌릴 수는 없으며, 더 나아가 생식기[성기]적으로 만족하는 사람들이 일에 있어서 더욱 생산적이라는 것을 관찰했다. 여기서 라이히는 성 억압 및 억제의 유래와 그 기능에 대해 관심을 갖게 되었고, 그러면서 민족학과 사회학에 관심을 갖게 되었다.

이러한 관심이 구체화되는 계기가 있었다. 1927년 7월 라이히는 빈에서 수천 명의 노동자들이 파업하는 것을 목격했다. 경찰은 군중에 무차별

발포하여 백여 명을 죽인 반면, 노동자 보호의 기능을 맡은 사회민주당 방위대들은 그 충돌에서 무사히 빠져나와 막사로 돌아갔다. 라이히는 자신이 본 것을 믿을 수 없었다. 이것은 '계급전쟁'이 아니었다. 노동자계급 성원들끼리 서로 싸우고 있었던 것이다. 그리고 경찰은 '무감각한 기계들', '기계적 인간들'처럼 행동했다. 군중은 무력하고 복종적이었다. 일단 외적인 억압이 제거되면 사람들은 자유로울 수 있다고 생각했다. 그러나 이러한 대중이 자유사회를 건설할 수 있을까? 그리고 도대체 정치와 사람들의 실생활은 무슨 관계가 있는가? 해답은 오직 실천에서만 끌어낼 수 있었다. 파업 후, 라이히는 오스트리아 사회민주당에 가입하고 정치적으로 활동적인 의사가 되었다.[1]

그리고 라이히는 맑스에 대해 연구했다. 프로이트가 정신의학에 의해 이루고자 한 것을 맑스는 경제학이라는 과학으로 했다고 하면서, 노동과 성을 유기적으로 결합된 것으로 파악하려고 하였고, 맑스(주의)에 대한 해석에서 특히 객관적인 경제적 과정보다는 '산 노동력'을 강조하였다.[2] 또한 1927년과 1930년 사이에 라이히는 변증법적 유물론이라는 맑스의 방법론을 이용하여 정신분석학에 대한 사회학적 비판을 정식화했다.[3]

1920년대 초부터 라이히는 일반인들을 대상으로 정신분석학 주제에 대해 강연을 시작했다. 그러나 1927년경에 그는 이런 노력에 대해 불만을 느끼게 되었다. 사람들은 거세 콤플렉스 같은 복잡한 심리학 주제를 이해하지 못했다. 사람들의 관심을 끌기 위해서 라이히는 그들 자신의 정서적

1 Wilhelm Reich, *People in Trouble*, Farrar, Straus and Giroux, 1976, 22-25쪽.
2 이 책 2장 참조.
3 이 책 1장 참조.

욕구와 연관된 것을 이야기하는 방식을 택했다. 강연의 주제를 정신분석학 이론에서 사람들의 성생활과 자녀양육 등 구체적인 문제들로 바꾸었다. 성생활과 자녀양육의 문제들은 대중으로부터 뜨거운 관심을 얻었다.

라이히는 대중에게 다가가기 위해서 강연 외에 다른 조치를 취하였다. 일종의 성교육 지역순회 프로그램을 진행했다. 1928년과 1929년 봄과 여름 동안 라이히는 소아과 의사, 산부인과 의사, 친구인 라츠키(당시 유치원 교사)와 함께 일주일에 며칠씩 빈의 교외나 시골지역을 순회하였다. 밴을 타고 다니며 자신들이 온 것을 미리 알렸다. 관심 있는 사람들이 지역 공원에 모이면 성문제에 대해 강연을 시작했다. 라이히가 청소년 및 성인 남성들과 이야기를 나누었고 산부인과 의사는 여성들과, 라츠키는 아이들과 대화를 나눴다. 요청을 받으면 산부인과 의사가 처방을 내리기도 했고 때로는 피임기구를 장착해주기도 했다. 때로 일행은 집집마다 돌아다니며 성관련 정보가 수록된 팸플릿을 배포하기도 했다. 이런 활동 대부분은 불법이었다. 따라서 여러 번 경찰에게 쫓겨났고 팀의 일원이 구속되기도 했다.

한편 라이히는 성상담 외에 저녁에 정치강연을 하곤 했다. 그는 낮 동안 일행들과의 소규모 토론에서 사람들이 제기한 문제를 주제로 삼았다. 젊은 남녀들은 돈이 없어서 할 수 없이 부모님 집에 함께 살면서 성적인 자유를 구속당하고 있다고 불평했다. 어떤 사람들은 원치 않는 임신에 대한 두려움에 대해 이야기했다. 라이히는 이런 문제들의 개인적인 측면들을 다루곤 했다. 그러나 라이히는 점차 개인적인 문제들을 더 큰 정치적 문제들과 연결시켜 나갔다. 모든 사람들에게 적절한 주택공급이 이루어지지 않으면 사람들은 결코 만족스러운 성생활을 즐길 수 없었다. 그러므로 이런 종류의 공공정책이 이루어지기 위해서는 사회주의 사회가 절실하게 필요하고, 원치 않는 임신문제는 진보적인 성 입법에 의해서만 해결될 수 있다고 생각했다.

라이히는 구체적인 예로 시작해서 그 예 속에 포함된 더 큰 개념과 의미를 찾아내는 방식을 취했고, 이러한 방식으로 일반 대중과 쉽게 접촉할 수 있었다. 그는 경제정책, 외교문제 등에 대한 장황한 연설을 해대는 좌익의 진부한 접근방법에 사람들이 질려 있다는 것을 잘 알고 있었다. 실제적인 성정치적 일을 통해 그는 사람들을 끌어들였다.[4]

라이히는 가는 곳마다 사람들이 정서적 도움을 필요로 한다는 것을 확인하였다. 그러나 성교육 지역순회 프로그램을 통한 단기적인 접촉과 개인에 대한 장기적인 정신분석 치료라는 방법으로는 대중의 정신건강 문제를 해결할 수 없었다. 그러한 방법들은 시간이 너무 많이 들었고 참여할 수 있는 의사들이 아주 적었기 때문이다.

그래서 라이히는 '빈 성상담 및 성과학 연구를 위한 사회주의 협회'를 결성하고 이 협회의 지원 아래 1929년 1월 빈에 '노동자들과 피고용인들을 위한 성상담 진료소'를 세웠다. 이 진료소는 전에 세웠던 상담소를 확대 개편한 것으로 4명의 동료 정신분석가들과 3명의 산부인과 의사들이 합류하였다.[5]

성상담진료소는 빈의 6개 지역에서 문을 열었고 진료소마다 한 명의

---

4 새라프, 『빌헬름 라이히 : 세상에 대한 분노』, 이미선 옮김, 양문, 2005, 198-201쪽.

5 새라프, 앞의 책, 204쪽.

의사가 감독을 맡았다. 진료소마다 엄청나게 붐볐기 때문에 직원들은 시간이 부족해서 힘겨워했다. 각 환자의 병세를 꼼꼼하게 진단하기 위해서는 30분 정도가 필요했고, 진료소를 찾아온 사람들 중 대부분은 상당한 도움이 필요한 상태였다. 여기서는 낙태와 피임 문제, 청소년의 성문제 등이 부각되었다. 처음에 찾아온 환자들 대부분이 원치 않은 임신을 종결시키고자 하는 여성들이었다. 라이히는 여성들이 아이들을 원치 않으며, 여성들에게 아이들을 건강하게 키울 수 있는 능력이 없다는 사실에 놀랐다. 또한 대부분의 예비 어머니들이 처해 있는 열악한 경제적, 사회적 환경에 주목하였다. 이런 상황에서 라이히는 낙태를 하고 싶지만 '적절한' 수단을 갖고 있지 않은 여성들을 위해 불법적인 낙태를 주선하기 위해 온갖 노력을 다했다. 그런 과정에서 그는 심각한 법적 위험을 감수해야 하는 경우가 많았다.[6]

그리고 낙태문제는 피임문제와 청소년의 성생활과 연결되어 있었다. 진료소와 여러 조직에서 상담을 하면서 라이히는 청소년의 성과 관련한 실천적인 입장의 필요성을 절감했다. 그는 관련 내용을 「청소년의 성투쟁」이란 팸플릿을 만들어 배포하였다.[7] 더 나아가 라이히는 아동의 성문제와 결혼문제가 성해방에서 주요한 문제가 된다는 것을 확신하였고, 어른과 청소년이 겪는 성문제의 심각성에 비추어볼 때 개인적인 치료보다는 대중적인 예방이 절실하다고 생각하게 되었다.

6 새라프, 앞의 책, 205쪽.
7 그 내용의 대부분은 나중에 『성혁명』에 실렸다. 일부가 이 책의 4장에 실렸다.

2. 독일에서의 성정치운동

사회적 쟁점들에 대한 라이히의 지속적인 개입과 부르주아 성개혁에 대한 그의 비판은 프로이트 및 빈의 정신분석학자들과의 관계를 긴장시켰다. 그러면서 라이히는 독일 쪽에 관심을 갖게 되었다. 독일에서는 이미 성개혁운동이 활발하게 전개되고 있었다.

라이히는 1930년 9월 독일에서 열린 '성개혁을 위한 세계연맹'(WLSR) 제3차 국제회의에서 '노동자들의 성빈곤'에 대해 연설한 이후, 세계연맹이 주관하는 위원회에서 성정치 강령을 만들기로 하였다. 라이히는 이 위원회에 참여하였으며, 라이히가 만든 안이 제출되었다. 그 안은 세계연맹에서 토의되기 전에 독일 공산당 집행위원회 선전선동부서에 제출되었다. 선전선동부는 그 메니페스토를 독일 공산당 의료부서로 넘겼고, 독일 공산당 집행위는 의료부서의 긍정적인 결정에 근거하여 라이히의 동의 아래 몇 가지 수정을 한 후 그 메니페스토를 받아들였다. 그러나 세계연맹 위원회는 그 메니페스토가 '공산주의적'이라고 하여 거부하였다.[8]

세계연맹 국제회의에서 라이히는 18개월 동안 자신이 성상담 진료소에서 진료한 사례들에 대해 보고했다. 도움을 원하는 사람들 중에서 대략 30퍼센트가 성공적으로 조언을 받았다. 그러나 나머지 70퍼센트는 너무나 심각한 문제점을 가지고 있어서 단기적인 상담으로는 치료가 불가능했다. 하지만 그들을 도울 수 있는 다른 방법도 없었다. 현존하는 대부분의 공중보건 프로그램들은 신경증을 완전히 무시해버리거나 진정제를 처방하는

8 Wilhelm Reich and Karl Teschitz, *SEX-POL Essays 1934-1937*, 1973, 41쪽.

수준에 머물렀다. 소수의 공공 프로그램만이 정신분석 치료를 했지만 허용된 치료 기간이 너무나 불충분했다. 이러한 상황에서 라이히는 예방을 통해서 신경증에 대처할 수 있다고 확신하게 되었다. 세계연맹 연설에서 라이히는 적절한 주거공간과 영양공급, 피임기구 사용과 낙태의 허용, 아동들의 보호와 교육에 대한 사회적 후원, 결혼과 이혼에 관련된 법의 개정 같은 일련의 사회적 조치들을 취해야 한다고 강력하게 주장했다.[9]

1930년 11월 라이히는 베를린으로 갔다. 베를린에서 라이히의 작업은 번성하였다. 오스트리아 사람들보다 독일의 정신분석학자들은 사회적 쟁점들에 대해 더 선진적이었고, 오르가즘을 더 잘 이해하였다. 라이히는 빈대학 의학부를 함께 다녔던 오토 페니헬(Otto Fenichel)과 다시 접촉하게 되었고, 페니헬은 라이히가 실천적인 사회적 작업을 목적으로 젊은 정신분석학자들을 조직하는 것을 도왔다. 라이히는 학생 조직들에서 강연하였고, 독일 전역에 자신의 저술들을 배포하였던 '맑스주의 노동자학교'에서 '맑스주의와 심리학' 그리고 '성학'(Sexuologie)이라는 강좌를 개설하고 강의하였다. 독일의 시위는 빈에서의 시위보다 더 투쟁적이었으나, 당의 노선은 동일했다.

베를린에 도착한 직후 라이히는 빈에서 개최했던 것과 비슷한 기법으로 세미나를 만들었다. 라이히는 또한 당시 독일의 제3당이던 공산당에 가입했다. 빈에서처럼 그는 여러 정치조직에서 활동했고 성정치적 주제에 집중했다. 베를린의 '사회주의 의사협회' 첫 강연에서 그는 정서장애의 예방에 관심을 보였다. 그리고 1931년 초에는 학생모임에서 '부르주아 도덕

9 새라쓰, 앞의 책, 208~209쪽.

성의 대실패'에 대해 연설했다. 연설 후에 학생들은 새벽 다섯 시까지 토론을 벌였다.[10]

공개연설을 하면서 라이히는 곧 빈에서 조직했던 것과 비슷한 성상담 진료소를 조직했다. 진료소에서 하는 일은 성교육 토론회와 피임정보, 단기 개인상담이었다. 당시 모두 베를린 정신분석협회 회원이었던 애니(라이히의 부인), 페니헬, 야콥슨, 쾨테 미쉬(Kathe Misch)가 진료소에서 라이히와 함께 일했다. 그러나 빈에서와 마찬가지로 라이히가 대부분의 일을 주도적으로 꾸려갔다.

라이히는 사람들이 진료소로 찾아오기를 기다리지 않고 직접 사람들에게 다가갔다. 그리고 라이히는 여전히 공산당의 청년조직에서 활발한 활동을 펼쳤다. 그 자신의 일 외에도 라이히는 성개혁에 열성적이었던 독일 안의 수많은 신생 단체들에 영향을 미치려고 애썼다.[11]

이런 단체들이 법을 개정하는 데는 실패했을지라도 독일인의 생활 전반에는 상당한 영향력을 발휘했다. 독일에는 1930년 성개혁과 관련해 약 80여 개의 단체가 있었고 회원은 3만 5,000명 정도였다. 라이히는 독일에서 낙태 때문에 기소된 사람들에게 법률적, 정신적 지원을 보내면서 그들의 노력을 지지했다.

동시에 라이히는 기존의 성개혁 단체들이 좀 더 혁명적인 방향으로 가도록 촉구하였다. 그는 특히 청소년의 성관계에 대해 더 과감한 입장을 취하라고 촉구했다. 또한 건강한 성과 건강하지 않은 성을 더 명확하게 구분

10 새라프, 앞의 책, 242쪽.
11 새라프, 앞의 책, 243쪽.

해야 한다고 촉구했다. 라이히는 다른 사람들에게 피해를 주지 않는 한 성적으로 자신이 원하는 삶을 살 권리가 있다고 주장했지만, 모든 성표현을 허용하자는 히르슈펠트[12]의 주장에는 반대하였다.[13]

그 당시 '성개혁을 위한 세계연맹' 지도자들은 특정 정당과 연계맺지 않고 독자적으로 나아가려고 하였다. 그러나 라이히는 성개혁 조직들과 맑스주의 정치 프로그램을 결합하려고 하였다. 그는 개별적인 성조직들이 독일 공산당의 문화 대표자들과 함께 연대해야 한다고 제안했다. 그리고 라이히는 독일 공산당 집행위원회에 공산주의적 기초 위에서 성정치적 대중조직을 창건할 것을 제안하였다. 그때까지 독일 공산당은 성정치조직을 가지고 있지 않았다. 성정치는 개혁주의적 이데올로기 및 혼동스런 이데올로기와 뒤섞인 채 사회민주당원들과 성개혁과 성정치의 연계를 완전히 부정하거나 성계몽을 통한 부르주아 사회에서의 변화를 기대하는 사람들의 손에 있었다.[14]

독일 공산당 집행위는 라이히의 제안을 받아들여 성정치운동 조직을 만들 책임 단체인 '독일 프롤레타리아 성정치협회'를 만들었고 라이히는 거기에 참여하였다. 성개혁세계연맹은 반대하였지만 개별적인 단체들 중 다수가 라이히의 성정치강령을 매우 매력적이라고 생각했다. 약 2만 명을 대표하는 여덟 개 단체의 대표들이 1931년 가을에 뒤셀도르프에서 개최된

12 '성개혁을 위한 세계연맹' 지도자였던 마그누스 히르슈펠트(Magnus Hirschfeld)는 다양한 형태의 성억압이 처벌을 받아서는 안 되며 소수적인 성을 인정해야 한다고 주장하였다. 그는 '성과학연구소'를 설립하고 성정치 운동을 벌였다. 1919년 6월에 설립하고 성상담 및 성교육을 실시하였으며 특히 그는 초기 독일동성애운동을 주도해 나갔다(Charlotte Wolff, *Magnus Hirschfeld - A Portrait of a Pioneer in Sexology*, London: Quartet Books, 1986.).

13 새라프, 앞의 책, 244쪽.

14 Reich & Teschitz, 앞의 책, 41쪽.

성정치협회 1차총회에 참석했다. 여기서 성정치 강령이 선언되었다.[15] 라이히가 주로 작성한 그 강령은 분산된 성정치운동을 조직적으로 전개할 것을 촉구하면서, 자본주의 경제질서의 필수적인 요소인 성억압과 성빈곤에 주목하였다. 자본주의 사회의 성고통과 그 뿌리에 놓여 있는 요소들을 낙태문제, 주택문제, 성매매, 신경증과 성장애 등으로 나누어 분석하면서, 다음 일곱 가지 항목의 요구사항을 제시하였다.[16]

1. 정상적인 방식으로 피임약을 구할 수 없는 사람들에게 피임약을 자유롭게 배분하고 대대적인 산아제한 선전.

2. 낙태 반대법 폐지와 일반 진료소에서 자유롭게 낙태할 수 있도록 규정하고, 임신 중이거나 아이를 키우고 있는 어머니들에 대한 재정적 · 의학적 보호장치 마련.

3. 기혼과 미혼의 법적 구분 폐지 및 이혼의 자유. [성매매의] 원인을 근절시킬 경제적 · 성정치적 변화를 통한 성매매행위 제거.

4. 충분한 성교육을 통한 성병 근절.

5. 삶을 긍정하는 교육을 통한 신경증과 성문제 예방 및 성교육 원칙 연구. 진료소 설립.

6. 성 위생학과 연관된 모든 문제에 대해 의사, 교사, 사회복지사를 훈련시킬 것.

7. 성범죄에 대해 처벌보다 치료를 우선하되 성인의 유혹으로부터 아

---

15 Reich & Teschitz, 앞의 책, 42쪽.

16 Reich & Teschitz, 앞의 책, 48쪽.

동과 청소년을 보호할 것.

물론 이러한 요구는 전체 자본주의 사회의 혁명과 함께 이루어질 수 있는 것이지만, 그렇다고 정치혁명 이후에 해결해야 할 문제라고 하기에는 대중에게 너무 긴급한 문제임을 강조하고 있다. 성계몽과 성개혁에 주력하는 개혁주의적 전망을 비판하면서, 더 나아가 성상담소를 세우고 저녁 토론을 전개하고 여러 가지 모임들을 개최해 나갈 것을 촉구하였다. 성문제를 정치화하고 성고통에 대한 의식을 사회정치적인 의식으로 변형시키고, 그에 기반하여 사회제도들을 변형시켜 갈 것을 촉구하였다.

라이히는 소련이 그런 강령을 실천하는 데 상당한 진척을 이루었다는 것을 알았다.[17] 그러나 그는 그들의 진보적인 입장이 점차 보수적인 입장으로 변하고 있음을 감지하였다. 그럼에도 그는 진보적인 성법률 제정과 자본주의가 양립불가능하다고 생각했다. 성정치협회 총회에 참석한 단체 대표들이 라이히의 협회에 가입했고 다른 성개혁 단체들의 많은 회원이 그의 노력에 열렬한 반응을 보였다. 성정치협회의 지부가 슈체친과 드레스덴, 라이프치히, 샤를로텐부르크에 만들어졌고 짧은 시간 동안 4만 명의 회원이 가입했다. 라이히는 진료소 세우는 일을 곧 전국 방방곡곡 돌아다니면서 도왔다.

독일에서의 라이히의 성정치적 활동은 당 내부 반대파의 반발에 부딪쳤다. 반대파는 성정치강령에 대해 사보타지하면서 집행위의 유력한 인사들, 의료부서, 그리고 기층당원들을 자신들의 관점을 따르도록 하였다.

17 라이히, 윤수종 옮김, 『성혁명』, 중원문화, 2011, 제2부 참조.

라이히와 이러한 당관료들 간의 갈등의 결과 베를린과 여타 지역의 청년들과 라이히에 적대적인 당관료들 사이에 갈등이 발생하였다. 당내 갈등은 '독일 프롤레타리아 성정치협회'의 배후에 있던 당의 부서, 즉 성정치조직의 실행기구와 청년조직들에서 발생하였다. 성정치협회의 강령이 이론적 투쟁의 기초였고 라이히가 쓴 책들과 팸플릿들(어머니들을 위해 애니가 쓴 책 『당신의 자녀가 물을 때』 *Wenn Dein Kind Dich Fragt*, 어린이들을 위한 소책자 『분필로 그린 삼각형』 *Das Kreide-dreieck*)도 주요한 것이었지만 『청년의 성투쟁』이 특히 중요한 역할을 하였다. 세 출판물 모두 노동자 계급에게 굉장한 인기가 있었다. 공산당 토론 지도자들은 아이들을 위해 『분필로 그린 삼각형』을 이용했다. 그러나 『청년의 성투쟁』은 너무나 격렬한 논란을 불러일으키는 바람에 결국에는 라이히가 공산당에서 제명되는 결과를 낳고 말았다.

이 책은 청소년의 성억압이 경제적 · 사회적 · 정치적 기능에 영향을 미치고 있다고 밝히고 그러한 기능들을 명쾌하게 그리고 정치적으로 일관되게 설명하였다. 이러한 종류의 작업을 기다렸던 독일공산주의-청년동맹과 사전 토론을 한 후 라이히는 그 책을 당관리들에게 넘겼다. 그러나 정치적 관료들에게서 지체된 이후에 과학적인 입장에서 승인하도록 의사집단들에게 그 책을 넘기기로 결정되었다. 다수가 그 책에 호의를 보였고 소수가 의심을 품었는데, 의심은 주로 정신분석이란 부르주아의 퇴폐적 현상인데 저자가 정신분석가라는 이유였다. 그 후 당관리들에 의한 조직적 방해로 책의 출판이 지체되자, 라이히는 직접 '성정치출판사'(Verlag Für Sexualpolitik)를 설립했고, 자신의 민족학적 저서인 『강제적 성도덕의 출현』 및 어린이를 위한 두 권의 책뿐만 아니라 『청년의 성투쟁』을 출판했다. 기층단위의 당원들과 관리들, 그리고 젊은이들은 그 책을 열광적으로 받아들였다. 그 이후 당관료들 사이에 라이히에 반대하는 다양한 공박이 있었다.

그러는 와중에 드레스덴에서 지역청년조직이 라이히의 『청년의 성투쟁』에 깊이 동조하면서 지역조직 간부들과 라이히 사이의 토론을 제안하였다. 라이히가 이들과 함께 논의하여 1932년 10월 16일 드레스덴의 프롤레타리아 혁명청년조직 회의에서 결정된 결의안을 발표하였다. 이 결의안은 성정치적 작업의 필요성을 역설하면서, 다음과 같은 것에 주목해야 한다고 촉구하였다.

1. 당과 당조직들이 성정치 문제를 분명히 할 것. 개인적인 문제와 정치적인 문제의 분리가 아니라 결합, 즉 성적 존재의 지속적인 정치화가 필요하다.

2. 성정치 영역에서 프롤레타리아트와 부르주아지 간의 휴전이 이루어지고 있으며 사실상 부르주아지만이 이러한 영역에 대해 관심을 보이고 있다. 그 휴전을 깨야 한다.

3. 모든 정치적 지향의 청년들을 성문제와 관련하여 동원하고 이들은 다른 조직들에 침투해야 한다.

4. 이것의 전제조건은 혁명청년조직들이 마주한 어려움을 이데올로기적으로 분명히 하는 것이다.[18]

18 Reich & Teschitz, 앞의 책, 58쪽.

이 결의안이 나오자 당관료들은 라이히에 대한 공격을 더욱 강화하였다. 1932년 11월에 당은 그 책들이 '프롤레타리아 계급도덕'과 아무 관계도 없으며 '청년들의 투쟁정신을 타락시킨다'고 주장하면서 책의 배포를 금지했다. 그렇지만 청년들은 계속 책을 배포하였다. 결국 당의 모든 절차는 라이히를 배제하는 방향으로 나아갔다.

라이히는 이미 베를린에 가면서부터 제기했던 대중의 자발적 복종에 대한 문제 제기를 나치의 등장과 더불어 구체화해 나갔다. 특히 국가사회주의[나치] 운동이 권력을 획득했을 때를 면밀히 주시했다. 라이히는 히틀러의 프로그램은 보통 인간의 성격 구조를 반영하고 있다는 것을 인식하였다. 성 행복과 자유를 향한 대중의 갈망은 성 행복과 자유에 대한 그들의 두려움과 대립되었다. 히틀러는 대중의 이러한 모순을 해결하고 대중으로 하여금 스스로 삶을 책임지려는 투쟁으로부터 벗어나게 해주었으며, 결국 대중은 히틀러에 의존하려고 하였다는 것이다. 이러한 분석을 발전시켜 1932년 라이히는 파시즘의 대중심리에 관한 자신의 고전적 저서[19]를 썼으며 다음해에 출판하였다.

1933년 초 히틀러가 권력을 장악하면서 정치적 상황이 악화되었고 라이히의 책을 나치 신문이 비판하였고, 11월에는 독일 공산당 신문에 제명 사실이 공표되었다.[20] 라이히는 공산당에서 제명된 것 때문에 깊은 상처를 받았다. 그것은 독일 공산당과 함께 한 3년의 노력이 끝났다는 것뿐 아니라 정치적 좌익에 공식적으로 속해 있던 것 또한 끝났음을 의미했다. 라

19 라이히, 황선길 옮김, 『파시즘의 대중심리』, 그린비, 2006.
20 새라프, 앞의 책, 260쪽.

이히는 1934년에도 여전히 공산당 운동에 충성했지만 당 기구에 대해서는 비판적이었다. 그러면서 새로운 혁명적인 사회기구를 찾기 시작했다.

라이히는 트로츠키의 제4인터내셔널 조직과 접속하였다. 이 무렵 트로츠키 당 지도자들 몇 사람이 그를 찾아왔다. 라이히는 그들이 성정치학에 동조하지만 그것을 중요하게 여기지는 않는다는 사실을 깨달았다.

1934년은 라이히에게 정치적으로 불확실한 시기였고 라이히는 스스로 새로운 방향을 정립해 보려 애썼다. 그는 스웨덴에 있는 동안 그곳에 있는 이주 공산주의자들과 접촉하면서 〈계급의식이란 무엇인가?〉[21]라는 텍스트를 썼고, 거기에서 자신의 조직상의 입장을 명확하게 밝혔다. 이제 라이히는 정당 중심의 조직운동을 버리고 대중에 초점을 두는 조직화 방식을 탐색하게 된다. 이른바 노동민주주의라는 그의 구상이 시작되었다. 그러나 이러한 구상은 실천지형을 확보해 내지 못하였다. 이 나라 저 나라 떠돌다가 1939년 미국으로 갔지만 거기서도 성정치 활동을 할 수는 없게 된다.

3. 당정치에서 대중정치로

라이히는 성정치 운동을 하면서 성정치와 관련해 여러 가지 텍스트를 출판했다. 물론 라이히는 개인의 성격분석 치료와 사회에 대한 성정치운동을 통한 인간해방을 병행해 왔다. 특히 성정치와 관련해서 라이히는 프

21 이 책 5장 참소.

로이트주의와 맑스주의의 결합을 시도하며 당정치와 소련의 사회주의적 변혁에 대해서 기대를 걸었다. 그러나 점차 당정치에 환멸을 느끼고 소련의 반동화에 진저리치면서 대중정치로 나아가게 되었다.

대중시위 중에 대중의 움직임과는 상관없이 당지도부가 다른 정치세력들과 비밀리에 협상하거나 행동전술을 결정해 버리는 일에 라이히는 놀랐다. 대중은 특정 세력과 열심히 싸우고 있는데 당지도부는 그 세력의 대표와 이러저러한 방식으로 시위를 정리하자고 협상을 한 것이다. 이러한 막후정치, 비밀정치에 라이히는 분노하였다. 고위정치, 맥주홀정치, 애무정치라고 비난하면서, 혁명정치는 '대중 사이에서 무슨 일이 일어나고 있는가?'라는 근본질문에 입각해야 한다고 강조한다. 끊임없이 대중을 향하고, 대중의 생각들을 표현하고, 고위정치에 직면한 대중의 공포를 없애고, 고위정치에 대중을 적응시키는 대신 대중에게 정치를 적응시켜서 정치를 민주화하고 정치를 단순화하고 모두가 정치에 접근할 수 있도록 만든다는 원칙을 견지할 것을 촉구한다. 모든 요리사가 국가를 관리할 수 있어야 한다는 레닌의 경구를 언급하면서 라이히는 혁명정치를 대중정치에서 찾게 된다.[22]

라이히는 독일 공산당의 행위를 보면서 부르주아 정치를 하고 있다고 공박한다. "1932년 12월에 사회민주당은 루스트가르텐(Lustgarten)에서 시위를 조직하였다. 공산당 조직들, 특히 투쟁연맹(Kampfbünde)이 시위에 참여하였다. 공산당계 시위자들은 사회민주당 시위 대중과 섞였고, 당시의 공산당의 주요 담론인 미국-일본의 모순에 관해 전혀 얘기하지 않

22 이 책, 5장 '계급의식이란 무엇인가', 4절 참조.

고도 통일전선을 형성했다. 그것은 대중의 의지이자 언어였다. '공산당의 지도 아래에서만' 통일전선을 원했던 공산당 지도자들은 나중에 관련 당원들을 비난하였다. 당의 명령은 거리에 줄을 서서 (흐트러지거나 섞이지 말고) 시위를 '환영하라'는 것뿐이었다. 동시에 토르글러(Ernst Torgler, 독일 공산당원으로 국회의사당 방화사건의 누명을 씀)는 통일전선의 구성에 관해서 사회민주당 지도자들과 비밀리에 협상하고 있었다. 대중은 이러한 협상에 관해서 아무것도 몰랐다. 사회민주당이 주도하는 통일전선은 '반혁명적'이라는 것이 공식노선이었다."[23]

당시 라이히는 개인적으로 지도적인 공산당 관리들과 사민당 관리들 사이의 통일전선 구성을 위한 비밀모임에 참여했다. 당세포들 안에 있는 누구도 그것에 관해서 어떤 것도 알지 못하는 것으로 되어 있었다. 라이히는 이러한 것은 혁명정치가 아니라 부르주아 정치라고 공박한다. 반대로 혁명정치라면 당은 공산주의자들이 사회민주주의자들의 시위를 지지하도록 명령했어야 했고, 통일전선 구성에 관하여 사회민주당과 협상이 진전되고 있다고 확성기로 루스트가르텐 대중에게 말했어야 한다는 것이다. 그것이 대중의 이데올로기를 발전시키고 대중의 희망을 표현하게 할 수 있다고 보았다. 그런데 당은 대중없이, 종종 대중과 반대로, 그리고 혁명정치를 원하고 실천했던 모든 사람을 따돌린 채, '고위정치', '전략'과 '전술'에 몰두했다는 것이다.

그에 비해 라이히는 독일 성정치운동 집단은 대중의 삶으로부터 도출되고 실천으로서 대중에게 되돌아가는 이론을 가지고 지도부와 대중 사이

23 이 책, 309쪽.

의 끊임없는 접촉이 필요하다는 인식에 항상 입각해 활동하려 했다고 한다. 라이히는 당 관리들이 단순히 지도부의 집행자가 아니라 대중의 삶과 지도부 사이의 중재자여야 한다는 것을 당 활동의 경험을 통해 배워왔다고 강조하였다.

그러한 접촉을 만들기 위해 성정치운동 집단들은 이른바 "교육의 밤"(Instruktionsabende)을 설립했고, 그것의 목적은 당 관리들이 교육하는 것이 아니라 당 관리들 스스로 교육받도록 하자는 것이었다. 이 모임에는 토론을 위해 정해진 주제는 없었다. 당 관리들과 평당원들은 단순히 자신들이 그 순간에 가지고 있는 가장 커다란 어려움들을 기술하도록 요구되었다. 이것은 본질적으로 논의된 문제들이 그 특정한 순간에는 가장 중요한 문제들일 것이라는 보증이었다. 어떤 때는 실천적으로 시험할 수 있는 해결책을 발견하고, 어떤 때는 좀 더 많은 자료들을 이용할 수 있을 때까지 결정을 연기하면서, 함께 어려움들에 관해 토의하였다. 체험된 대로의 실제 삶이 이러한 동지적 토론들에서 흘러 나왔다. 이론들을 발명하려고 머리를 짜내지 않았으나 이론들은 스스로 생겨났다. 참가자가 확대되고 활기찬 토론은 교육의 밤이 탁월한 생각이라는 것을 보여 주었다. 이러한 방식을 통해 삶은 기만당하지 않으며 분명하고 간단하게 파악되어야 한다는 확신을 얻을 수 있었고, 해야 하는 모든 것은 평당원들(많은 비당원들도 있었다)이 그들의 마음을 말하도록 하는 것이었다.[24] 즉 대중심리에 잇닿아 있어야 한다는 것이다.

그와 관련하여 특히 라이히는 히틀러의 감정에 대한 호소가 얼마나 교

---

24 이 책, 314쪽.

묘한지 살펴보면서 공산당의 선전이 너무나 비효율적이라고 생각하였다. 그는 약 2만 명의 공장 노동자와 화이트칼라 노동자들이 참석한 한 공산주의 집회를 회상하며 전율했다. 집회 직전에 나치와의 충돌로 몇 사람이 사고사를 당해서 군중들이 흥분의 절정에 달하고 있었다. 모든 사람이 팽팽하게 긴장된 상태로 본 연설을 기다리고 있었다. 그런데 공산당 지도자인 에른스트 텔만(Ernst Thalmann)이 정부의 예산에 대한 복잡한 분석에 연설의 대부분을 할애하는 바람에 고조된 분위기에 완전히 찬물을 끼얹고 말았다.[25]

라이히는 당정치를 대중정치로 전환해 갈 것을 강조하면서 점차 당정치를 부정하는 입장으로 넘어간다. 거기에는 그가 독일 공산당과 국제정신분석협회에서 추방되는 과정에서 겪었던 좌익의 당정치에 대한 환멸이 자리하고 있었다.

4. 성정치의 현재적 의미

라이히는 성정치 활동을 통해서 기존의 맑스주의 정치가 대중으로부터 멀어져 가는 양상에 대해 비판하면서 대중정치로 나아갈 것을 제기하였다. 더욱이 라이히는 계급의식의 문제를 새로이 제기하면서 대중정치, 일상의 정치로 나아갈 것을 촉구한다. 즉 통상 이야기하는 계급의식이란 혁명지도부의 의식이지 다양한 주민계층의 계급의식은 그들의 구체적인 생

25 새라프, 앞의 책, 251쪽.

활과 연계되어 있으며 지도부의 계급의식과는 다르다는 것이다. 미국과 일본의 모순에 관한 당지도부의 논리적 설명과 같은 지도부의 의식과 남편의 권위주의에 염증을 느끼며 아이들에게 남편의 권위주의를 투사하는 아내의 의식은 전혀 다르다는 것이다. 결국 이러한 문제 제기는 지도부의 의식을 대중에게 주입하려고 할 것이 아니라, 대중의 다양한 구체적 관심들을 이끌어 내고 해결해 가면서 어떻게 커다란 문제와 연결시켜 갈 것인가를 생각해야 한다는 것이다.

더욱이 라이히가 성정치 활동을 통해 제기한 문제들은 이후 청소년의 성정치, 여성(주의)의 성정치, 성소수자의 성정치에 의해서 다시 제기되고 논의되게 된다. 단순히 대중에게 향하는 것을 넘어서 대중의 욕망에 귀 기울여 나갈 것을 주문한 것이다.

라이히의 욕망 개념은 여전히 신체의 충동이라는 개념에 붙잡혀 있지만, 색다른 실험을 해나가려는 새로운 주체집단들에게 자극을 주었다. 특히 성욕망에 근거하여 자율적 인간주체의 형성과 노동민주주의라는 새로운 사회에 대한 구상을 제기해 나갔다는 점, 즉 프로이트(주체)와 맑스(사회관계)를 결합해 새로운 문제 제기를 했다는 점은 높게 평가할 만하다.

1
변증법적 유물론과 정신분석

*이 글은 모스크바의 이론잡지인 「맑스주의의 깃발 아래에서」의 러시아어판 및 독일어판에 1929년 처음 간행되었다. 라이히는 1929년 판본을 수정하여 덴마크에 망명 중이던 1934년에 팸플릿으로 재발행하였다. 1929년판 텍스트는 『좌파연구』(*Studies on the Left*), 1966년 7월~8월호에 영어로 실렸다. 1934년판에서 라이히는 1929년판 텍스트에서 거의 아무것도 빼지 않았다. 1934년에 추가된 모든 주는 라이히 자신이 한 것이다. 그리고 사피르와 프롬과 같은 좌파 비판가들에 대한 응답이자 1929년 이래 얻은 경험에서 얻은 결론인 마지막 절(역사연구에서 정신분석의 사용)은 1934년판에 추가되었다. 번역은 *Dialektischer Materialismus und Psychoanalyse* (Verlag O, Graz 1975)을 텍스트로 하였다.

• 목차

1934년판 서문

변증법적 유물론과 정신분석의 관계에 관한 이 첫 번째 포괄적인 견해는 1927~28년에 집필되어 1929년에 잡지 『맑스주의의 깃발 아래서』(*Unter dem Banner des Marxismus*)에 러시아어 및 독일어로 간행되었다. 프랑스어판은 나의 책 『성위기』(*La crise sexuelle,* Paris, Edition Social. Int., 1933)에 포함되어 있다. 성정치출판사는 사람들이 보인 상당한 관심 때문에 지금 그 논문을 하나의 소책자로 재간행하기로 하였다.

이 논문을 현재 나의 생각에 따라 새로운 판본으로 내야 할지 아니면 이전의 상태로 공중 앞에 제시할지 결정해야만 했다. 나는 두 번째 방식을 택했다. 근본적으로 나는 아무것도 고치지 않았다. 물론 지난 6년 동안 통찰력이 확장되었고, 여기 저기 수정할 부분이 있었다. 그러나 전체적으로, 여기서 제시된 성경제학 영역을 구체적으로 가공[정교화]하는 것은 발전의 흐름 속에서 새롭고 어려운 문제들을 지니게 된다. 따라서 논문은 예전 형태로 재발행되지만 주석들을 보충하여, 어느 부분에서 구절들을 다시 작업했고, 교정을 하였고, 후속되는 문제들과 새로운 해결책들이 생겨났는지를 나타냈다.[이것들은 (1934)로 표시한다]

이 논문은 맑스주의적 입장에서 정신분석을 고찰하는 데 입문적인 방향을 제공할 수 있을 뿐이다. 지금까지의 간행물에 대한 상세한 언급은 독자들이 나의 글들에서 보충 내지는 근본적인 표현을 찾을 수 있도록 해줄 것이다.

이 글에 포함된 모든 관련자들은 여기서 제시된 상호관련들과는 상관없다는 것을 나는 더 이상 감출 수 없었다. 프로이트는 맑스주의와 정신분석의 관계를 근본적으로 거부하고 이 두 가지 분과학문이 서로 대립한다고 말하였다. 코민테른의 공식 대표들도 동일한 입장을 나타냈다. 나에게는 양 진영에서 정신분석과 혁명적 맑스주의 간의 선택이라는 동일한 선택지[양자택일]가 주어졌다. 누가 옳았는지는 공중이 판단하고 미래가 결정하도록 남겨두어야 한다. 내가 그러한 입장들을 취하게 된 근거들을 설명할 기회를 가지고 싶다.

마지막으로 맑스주의와 정신분석의 알 수 없는 연관들을 파악하기 위해 노력하는 다른 많은 시도들에 대해서 언급해야겠다. 여기서 그 시도들에 대한 개별적인 평가를 제시하지는 않을 것이다. 그럼에도 가장 결정적인 점에서 구분해야겠다. 즉 이들 시도는 모두 세상의 인민대중의 성곤궁이라는 중심 문제를 간과하여 내가 제시해 온 근본적 전망과 실천에 연결되지 못한다. 사회학과 심리학을 서로 적응시키려는 데서 그러한 시도들은 학문적-이론적으로 소심하거나 혹은 관대하고 자유롭다. 사실들의 복잡함, 그리고 혁명의 문화정치에 대해 사실들이 지닌 중요성은 우리에게 관점들을 가장 정확히 구분하고 가장 예리하게 제시할 것을 요구한다. 그런데 그 관점들은 처음 생각할 때는 안개처럼 모호하지만 이제 점점 더 우리들 존재의 이데올로기적 문화적 과정을 형성한다.

따라서 나는 또한 변증법적-유물론적 심리학과 성학이라는 영역에서 나 자신이나 나의 학생들에 의한 것이 아닌 모든 결과물에 대한 책임을 거부해야 한다. 이러한 거부는 나의 기본적인 관점들 가운데 일부를 채택하지만 그럼에도 가장 본질적인 요소들을 (거의 말하지 못하도록) 배제하는 저작들에게도 적용되어야 한다. 더욱이 이러한 저작들의 저자들은 자신들이 빌린 생각들의 출처를 밝히기를 거부한다. 왜냐하면 내 생각에 그들은 이러한 언급이 위험하거나 그들 자신의 명예를 확실히 실추시킬 것이라고 여기기 때문이다.

1934년 10월, 빌헬름 라이히

1. 서론

이 글의 목적은 프로이트의 정신분석이 맑스와 엥겔스의 역사유물론과 양립할 수 있는지, 그리고 어느 정도나 양립할 수 있는지를 탐구하는 것이다. 정신분석이 프롤레타리아 혁명 및 계급투쟁과 양립할 수 있는지는 첫 번째 질문에 대한 우리의 대답에 달려 있다. "정신분석과 사회주의"라는 주제에 관해 지금까지 출판된 몇몇 기고[글]들은 그 저자들이 정신분석이나 맑스주의에 대해 상응하는 만큼 정통하지 못하다는 사실로 타격을 받는다. 맑스주의자들 사이에서 정신분석적 발견[인식]들이 사회이론에 적용되는 방식에 대한 비판은 부분적으로 정당화되어 왔다. 정신분석가들에 의한 소수의 글들은 변증법적 유물론의 근본적인 문제들에 필요한 만큼 정통하지 못했고, 너욱이 맑스주의 사회학의 중심적인 쟁점(계급투쟁)을 완전히 간과했다. 마치 심리적인 문제들에 관한 논문이 리비도 이론을 언급하지 않는다면 심리학자들에게 필요 없듯이, 이 글들은 맑스주의 사회학자들에게는 쓸모가 없었다.

이러한 작업들 가운데 가장 불만스러운 것은 콜나이(Kolnai)의 「정신분석과 사회학」[1]이라는 제목의 논문이다. 콜나이는 진정으로 분석가였던 적이 없었으며, 지금은 쉘러(Scheler, 1874~1928. [독일의 철학자. 현상학을 정신과학, 심리학, 종교철학, 사회학에도 적용하였으며, 만년에는 철학적 인간학의 수립에 관심을 가졌다.])의 신봉자가 되었고 공식적으로 (불행하게도 사회학에 관한 그의 팜플렛이 출간되기 전에는 그렇지 않았지만) 자신이 말했듯이 정신분석은 더 이상 자신의 관점과 일치하지 않기 때문에 정신분석을 포기했다고 발표했다. 그 논문은 정신분석의 발견들에 대한 부정확하며 형이상학적이고 관념론적인 해석들로 가득차 있고, 현재의 논의와 관련해서 고려할 만한 가치가 없다. 콜나이의 논문을 정신분석 비평의 출발점으로 삼은 유리네츠(Jurinetz)는 그것을 오해하여 그를 "프로이트의 가장 열광적인 사도들 중의 한 사람"[2]이라고 잘못 기술한다.

여기서 유리네츠의 글을 자세히 논의할 수는 없지만 정신분석에 대한 맑스주의자들의 부정적 비판은 두 가지 점에서 정당화될 수 있다는 것을 우리는 시작부터 분명히 해야 한다.

(1) 우리가 정신분석 고유의 영역을 떠나자마자 그리고 특히 정신분석 이론을 사회문제들에 적용하려고 시도하면, 정신분석을 세계관으로 개조

1 "Psychoanalyse und Soziologie", Internationaler Psychoanalytischer Verlag, 1923.

2 "Psychoanalyse und Marxismus", *Unter dem Banner des Marxismus*, 1. Jahrgang. 1. Heft, S. 93

하는 즉각적인 경향이 생긴다. 그때 정신분석은 이성의 지배를 설교하고 인간관계의 합리적 조절에 의해 그리고 충동적 생활을 의식적으로 통제하려는 교육에 의해 더 나은 사회생활을 위한 기반을 마련한다고 주장하는 심리학적 세계관이 되어 맑스주의적 세계관에 대립한다. 사회적 과정에 대한 지나치게 개인주의적인 견해에 의해 왜곡된 이러한 유토피아적 합리주의는 독창적이지도 혁명적이지도 않다. 나아가 정신분석의 창시자의 정의에 따르면 자연의 특정한 부분으로서 인간의 내면생활을 묘사하고 설명하기 위해 자연과학의 수단들을 사용하는 심리학적인 방법에 지나지 않는 정신분석의 고유한 범위를 벗어난다. 그리고 정신분석은 세계관도 아니고 세계관을 발전시킬 수도 없다. 따라서 정신분석은 유물론적 역사 파악을 대신할 수도 없었고 보충할 수도 없었다. 자연과학으로서 정신분석은 맑스적 역사 파악[3]과 상당히 다르다.

(2) 정신분석의 고유한 대상은 사회 속에 있는 인간의 정신 생활[삶]이다. 대중의 정신 생활은, 대중 속에서 개인적 현상이 일어나는 한에서만 (예를 들어 지도자라는 현상) 또는 정신분석이 두려움, 공포, 복종 등과 같은 "대중정신"의 현상들을 개인의 경험으로부터 설명할 수 있는 한에서만 정

3 (1934) 이것은 확실히 분석적 발견들로부터 어떤 사회적 결과들도 도출할 수 없다는 것을 의미하지는 않는다. 모든 과학은 존재에 관한 어떤 질문들에 마주하여 취한 실천적 입장의 결과이다. 예를 들면 정신분석은 심리적 무질서들을 이해하고 치유하는 문제를 다루려는 시도이다. 그렇기 때문에 모든 과학적 연구는 실천적 요구에 기반해야 한다. 자연과학자는 스스로 어떠한 철학적 결론을 이끌어내지 않고 유용한 연구를 할 수 있다. 그러나 만약 다른 곳에서 획득된 그의 세계관이 그의 과학적 작업과 모순된다면 그의 연구의 질은 통상적으로 손상될 것이다. 만약 그렇다면 그가 철학의 실천을 작업으로 삼는 다른 사람들로 하여금 자신이 인식하지 못했거나 거부한 그 자신의 연구에서 결론을 이끌어내지 못하도록 한다면, 그는 스스로와 충돌하게 된다. 이것은 우리의 몇몇 가장 위대한 연구자들이 당했던 운명이다. 그러므로 자신의 연구들에서 사회적 결론들을 이끌어내는 것은 과학자로서 프로이트의 의무가 아니다. 이것은 실천적인 사회학자들에게 남겨져 있었다. 연구와 그 결과들 사이의 이러한 결별[분리]은 단지 부르주아 사회의 특질일 뿐이고 사회주의 하에서는 사라질 것임은 말할 필요도 없다.

신분석에게 흥미롭다. 그러나 계급의식이란 현상은 정신분석에게는 접근하기 쉽지 않으며 사회학에 속하는 (대중운동, 정치, 파업 등과 같은) 문제들도 정신분석적 방법의 대상으로 간주되지 않는 것 같다. 그래서 정신분석은 사회이론을 대신할 수도 없으며, 사회이론이 정신분석에서 발전할 수도 없다. 그러나 정신분석은 가령 사회심리학의 형태로 사회학의 보조과학은 될 수 있다. 예를 들어, 정신분석이 어떤 지도자 유형을 사회주의운동이나 국가사회주의 운동에 합류시키도록 이끌어온 비합리적인 동기들을 탐색할 수 있다.[4] 또는 정신분석은 사회적 이데올로기들이 개인의 정신 발달에 미치는 효과를 추적할 수 있다.[5] 따라서 맑스주의 비판가들이 정신분석학파의 어떤 대표자들을 그런 방법으로 설명할 수 없는 것을 설명하려고 시도한다고 비난한다면, 그들은 옳다. 그러나 맑스주의자들이 그 방법을 그것을 적용하려는 사람들과 동일시한다면 그리고 그들의 실수들을 방법 때문이라고 비난한다면, 그들은 틀리다.

이 두 가지 점은 맑스주의 문학에서 항상 분명하게 정의되지 않는, 탐구 방법으로서의 맑스주의와 프롤레타리아트[6]의 철학적 실천으로서의 맑스주의 사이의 필연적인 구분으로 이끈다. 맑스주의 사회이론은 맑스주의적 방법을 사회적 존재에 관한 문제들에 적용한 결과이다. 과학으로서 정신분석은 맑스적인 사회이론과 동등하다. 즉 정신분석은 정신 현상들에 대해서 다

4 *E. Kohn, Lassalle der Fuhrer*(지도자 라살), Internationaler Psychoanalytischer Verlag, 1926 참조.

5 (1934) 이 정식들은 정신분석적 사회학자들로부터 맹렬한 공격을 받았다. 이에 관해서는 개정된 이 텍스트의 뒷면에 재인쇄된 나의 연구, "역사연구에서 정신분석의 사용,"(*Ztsch. f. pol. Psych. u. Sexualök.*, Heft 1, 1934)을 보라. 정신분석적 발견들을 계급의식 문제에 적용한 것에 대해서는 나의 "계급의식이란 무엇인가?" 참조 (*Sex.-Pol.*, 1934)를 보라.

6 방법과 과학은 물론 실천에서는 분리되지 않는다. 방법과 과학은 밀접히 뒤얽혀 있다. [방법과 과학의] 구분은 개념들을 분명하게 하기 위해서 이루어진다. 참조("Zur Anwendung der Psychoanalyse etc.")

루고 맑스주의적 사회이론은 사회 현상들을 다룬다. 그리고 사회적 사실들이 정신 생활 속에서 검토될 수 있고, 또는 거꾸로 정신적 사실들이 사회생활 속에서 검토될 수 있는 한에서만, 그 두 가지 행위는 서로에게 보조과학으로서 작용할 수 있다.

맑스주의는 신경증 현상들, 인간의 노동능력에서나 성적 수행에서의 장애물들을 해명할 수 없다. 변증법적 유물론의 경우에 상황은 상당히 다르다. 여기에는 단지 두 가지 가능성만이 있다. 즉 정신분석이 방법으로서 변증법적 유물론에 모순되거나 다시 말해서 관념론적이고 비변증법적이거나, 그렇지 않으면 정신분석이 (많은 자연과학들처럼 단지 무의식적으로만) 실제로 그 자신의 영역에서 유물론적 변증법을 만나고 그럼으로써 어떤 이론들을 발전시킨다는 것이 증명될 수 있다. 방법에 관한 한, 정신분석은 맑스주의와 일치하거나 모순될 수 있을 뿐이다. 모순될 경우(즉 정신분석의 발견들이 변증법적 – 유물론적이지 않다면) 맑스주의자는 그 발견들을 거부해야 한다. 일치할 경우, 맑스주의자는 자신이 사회주의에 모순되지 않는 과학을 다루고 있다는 것을 알 것이다.[7, 8]

7 "프롤레타리아" 과학과 "부르주아" 과학의 개념에 대해서는 cf. Wittfogel, "Die Wissenschaft in der Burgerlichen Gesellschaft"(부르주아 사회에서 과학), Malik Verlag.

8 (1934) 그러나 그것은 단지 그렇게 인식할 수 있는 것이어야만 하는 것이 아니고 변증법적–유물론적 세계관의 구조 속에서 재구축되어야 한다. 이것은 이번에는 현행 이론들과 태도들에 확실히 충격을 줄 것이다. 맑스와 엥겔스는 자연과학에서의 모든 새로운 발견은 유물–변증법적 세계관을 변화시키고 발전시킬 것이라고 항상 강조했다. 속 좁은 맑스주의자들이 가끔씩 그러는 것처럼 새로운 과학의 수용을 거부한다면, 그들은 틀림없이 맑스주의의 "순수함"을 유지하기 위한 신실한 희망에 의해서 동기화된다. 그러나 그들은 일반적인 변증법적–유물론적 세계관 및 방법과 특정 사실들에 대한 맑스주의 이론을 혼동하는 심각한 과오를 범한다. 일반적인 변증법적–유물론적 세계관 및 방법은 맑스주의 이론보다 훨씬 더 포괄적이고 지속적인데, 맑스주의 이론은 사실 문제들에 관련된 어떠한 이론적 구성처럼 변화하기 쉽다. 한 예로, 1849년에 확립된 중간계급이론은 1934년의 중간계급들에는 아무래도 완전히 타당하지는 않을 수 있다. 그럼에도 우리가 중간계급들에 관한 정확한 결론들에 도달하는 방법은 그때도 지금도 똑같은 것으로 남아 있다. 탐구방법은 어떠한 특수이론보다 항상 더 중요하다.

맑스주의자들은 사회주의 안에서 존재할 권리를 지닌 과학적인 분과학문으로서 정신분석에 대하여 두 가지 반박을 제기해 왔다.

(1) 맑스주의자들은 정신분석이 쇠퇴하는 부르주아지의 붕괴현상이라고 주장한다. 이 반박은 변증법적 사고 속에 있는 비일관성을 시사한다. 맑스주의 자체가 "부르주아지의 붕괴현상" 아닌가? 맑스주의는 생산력과 자본주의적 생산관계 사이의 모순 없이는 생겨날 수 없었다. 그러나 맑스주의는 그 [모순의] 발견을 나타냈고 그런 까닭에 낡은 질서의 자궁 속에서 새로운 경제 질서의 이데올로기적인 싹을 나타내기도 하였다. 나중에 우리는 더 자세히 정신분석의 사회학적 위상을 논의할 것이다. 언급했던 반박에 대해서 우리는 맑스주의자인 비트포겔(Wittfogel[9], 1896~1988, [독일 출생의 미국 사회학자 · 경제학자. 중국 사회에 대하여 마르크스주의의 입장에서 연구하였다. 국가의 치수관개 사업을 중국 사회의 기초적 요인으로 생각하여, '수력사회론'을 제시하였다.])의 말을 인용함으로써 잘 논박할 수 있다.

(2) 맑스주의자들은 또한 정신분석이 관념론적 과학이라고 말한다. 그 주제에 대한 약간의 지식만 있다면 비판가들을 그러한 판단으로부터 구할 것이고, 정신분석에 대해 조금이라도 객관성이 있다면 아무리 유물론에 굳건히 뿌리를 내렸을지라도 모든 과학은 필연적으로 부르주아 사회에서 관념론적 일탈들을 지닐 수밖에 없다는 것을 비판가들로 하여금 잊어버리

9 같은 책, 18쪽. "어떤 맑스주의 비판가들—성상파괴자들—은 오늘날의 과학을 판단하는 아주 쉬운 방법을 발견해 왔다. 그들은 커다란 몸짓을 하며 투덜거린다. 즉 '과학, 과학!' 그리고 과학 전체는 관련되는 한에서 그렇게 하여 처분된다. 문제는 해결되었다. 그러한 방법(또는 유사-방법)은 원시적이다. 하나의 태도로서 그것은 이름을 빼면 맑스와 그의 변증법적 사고에 전혀 빚지고 있지 않다. 변증법적 유물론자는 문화가 한 부셸의 콩처럼 단일하지 않다는 것을 안다. 즉 모든 사회질서는 자체의 모순을 지니며 새로운 사회적 시대의 시작은 낡은 시대의 자궁 속에서 싹튼다는 것을 안다. 그러므로 변증법적 유물론자에게는 부르주아 시대에 부르주아의 손에 의해 창조되어온 모든 것이 미래의 사회에 대해 열등한 가치를 지니며 유용하지 않다는 것은 전혀 맞지 않다."

지 않게 해줄 것이다. 경험으로부터 한 발짝이라도 멀어지는 이론 형성에서 관념론적 일탈은 이해할 만한 것이고, 과학의 진정한 본질에 관해 아무것도 덧붙여 말하지 않는다. 유리네츠는 정신분석 안에서 관념론적 일탈들을 지적하고 강조하는 데 대단히 수고해 왔다. 확실히 그러한 일탈들은 존재한다. 그것들은 심지어 많다. 그러나 중요한 것은 이론의 요소들, 정신 과정들의 근본적인 파악이 어떠한가이다.

정신분석은 아주 종종 정치에서 개량주의적 지향의 논의와 관련되어 얘기된다(Thalheimer, Deborin). 그 함의는 개량주의 철학자들이 정신분석에 기꺼이 근거하려고 한다는 것이다. 그리고 정말로 드 맨(de Man)이 반동적인 방식으로 정신분석을 맑스주의에 대항케 하여 어부지리를 얻으려고 했다는 것은 사실이다. 그러나 나는 (그리고 여기서 나는 몇 명의 좌파 맑스주의자들을 생각하고 있다) 만약 누군가가 원한다면 반동적인 방식으로 맑스주의 자체를 맑스주의에 대항하게 할 수 있다고 주장한다.

진정으로 정신분석을 이해한 사람은 누구라도 데보린(Deborin, 1881~1963. [러시아의 맑스주의 철학자. 잡지 『맑스주의의 깃발 아래서』의 편집 책임자로 활약하며 구소련의 유물변증법의 지도적 이론가로서 활동했다.])이 했던 것처럼[10] 드 맨의 '심리학'과 프로이트의 심리학을 연관짓는 데 빠지지는 않았을 것이다. 드 맨의 감상적인 여론사회주의는, 비록 그가 (전혀 이해하지 못한) 정신분석에 대해 언급할지라도, 리비도 이론과 어떤 관련을 가지고 있었는가? 이 글의 마지막 부분에서 나는 정신분석이 정통 맑스주

10 Deborin, "Ein neuer Feldzug gegen den Marxismus(맑스주의에 대항한 새로운 선언)", *Untor dem Banner des Marxismus*, Jahrg. 2, Heft 1/2.

의가 겪는 것처럼 개량주의[11]의 손에서 같은 운명을 겪는다는 것을, 즉 정신분석이 무기력해졌고 사소해졌다는 것을 논증하려 한다.

우리는 순서대로 다음 질문들을 다룰 것이다.

1. 정신분석 이론의 유물론적 기반.

2. 정신생활에서의 변증법.

3. 정신분석의 사회적 위상.

2. 정신분석의 유물론적 발견[인식]들과 몇몇 관념론적 해석들

정신분석이 자신 이전에 압도적으로 관념론적이고 형식론적인 심리학에 비하여 유물론의 방향에서 거대한 진전을 나타낸다는 것을 증명하기 전에, 정신생활에 대한 맑스주의 서클들 안에 널리 퍼져 있고 미혹하는 '유물론적' 파악에서 벗어나야 한다. 그것은 기계론적 유물론으로, 18세기의 프랑스 유물론자들과 뷰흐너(Büchner, 1824~1899. [독일의 철학자이자 생리학자이자 물리학자로 19세기 과학적 유물론의 지지자였다.])에 의해 대표되며 속류 맑스주의[12] 속에 살아 있다. 이러한 견해에 따르면, 정신 현상들

11 (1934) 그리고 경제주의의.

12 "지난 세기의 유물론은 압도적으로 기계론적이었다. 왜냐하면 그 당시 모든 자연과학 가운데 기계학만이…… 어떤 명확한 결론에 이르렀다. 화학은 그 당시 유아적이고 연소형태로만 존재했다. 생물학은 아직 배내옷 속에 놓여 있었다. 식물유기체와 동물유기체들은 순전히 기계적인 원인들의 결과로 설명되었다. 동물이 데카르트에 대해 갖는 관계는 인간이 10세기의 유물론자인 기계와 맺는 관계와 같았다. 기계학의 표준들을 화학적이고 유기적인 성격의 과정들에 이렇게 배타적으로 적용하는 것–그 과정 속에서 기계학의 법칙들은 정말 타당하지만 다른 고차적인 법칙들에 의해서 뒤로 밀려난다–은 고전적 프랑스 유물론의 첫 번째 특정한 그러나 당시에는 피할 수 없는 한계를 이룬다." (Engels, "*Feuerbach*", Verlag für Literatur und Politik, S. 232 f).

(1934) 성경제학은 아직 널리 사용할 수 없지만 분명한 성과를 지닌 채 심리적인 것의 물질적 본성에 관한

은 그 자체로는 물질적으로 실존하지 않으며, 철저한 유물론자는 정신적인 것 속에서 신체적인 과정만을 볼 뿐이다. 그러한 유물론자에게는 이미 '정신'[정신적인 것] 개념은 하나의 관념론적이고 이원론적인 오류이다. 의심할 나위 없이 이것은 오늘날까지 부르주아 철학을 계속 지배하고 있는 플라톤적 관념론에 대한 극단적인 반응이다. 정신은 현실적이지 않고 물질적이지 않으며, 그 정신에 상응하는 신체적인 것만, 그러므로 주체적인 사실[소여성]이 아니라 계측할 수 있고 계량할 수 있는 객관적 사실들만 현실적이고 물질적이라고 그들은 주장한다. 기계론의 오류는 계측 · 측량할 수 있거나 만질 수 있는 소재를 물질과 동일시한다는 데 있다.

맑스는 이렇게 말했다. "지금까지의 모든 유물론의 주요한 결함은…… 대상, 현실, 감성이 대상 혹은 직감의 형태로만 파악되고, 인간의 감성적인 활동, 즉 실천으로서 주체적으로 파악되지 않는다는 것이다. 때문에 활동적 측면은 유물론과는 대립한 채 관념론에 의해서 발전되는 일이 일어났다. 그러나 단지 추상적으로만 그러한데, 왜냐하면 관념론은 당연히 현실적인 감성적 활동 그 자체를 알지 못하기 때문이다. 포이에르바하는 사유대상과 현실적으로 분리되는 감성적 대상을 원하지만, 인간 활동 그 자체를 대상적 활동으로 파악하지 않는다."[13]

맑스는 대상성의 문제, 따라서 정신 활동('인간의 사유')의 물질적 현실성의 문제는 실천으로부터 분리되면 순수하게 스콜라적인 문제라고 생각했다. 그러나 그는 다음과 같이 썼다. "인간이 환경과 교육의 산물이고 따라

근본적인 질문의 해결에 직접 이르렀다. 여기서는 "Der Urgegensatz des vegetativen Lebens", Sex.-Pol, 1934 참조. 이 글에서 나는 정신-신체적 기능적 동일성과 대립성을 밝히려고 시도하였다.

13 Anhang zu Engels, "Theses on Feuerbach", "Marxitische Bibliothek", Bd. 3, S. 73.

서 변화된 인간은 또 다른 환경과 변화된 교육의 산물이라는 유물론 학설은 바로 환경이 또한 인간에 의해서 변화되고 교육자 자신이 교육받아야 한다는 것을 잊고 있다."[14]

때문에 맑스에게서 정신 활동의 물질적 현실성을 부정하는 말은 결코 있을 수 없다. 그리고 인간의 정신생활의 현상들을 실천적으로 물질적인 것으로 인정한다면 유물론적 심리학의 가능성도 원칙적으로 인정해야 한다. 비록 유물론적 심리학이 이 정신활동을 유기적 과정에 의해서 설명하지 않을지라도 말이다. 이 견해를 견지하지 않으면 순수하게 심리학적인 방법에 대한 맑스주의적 논의를 위한 기반은 전혀 없다. 그러나 그 경우에 논리적이라면, 계급의식, 혁명 의지, 종교 이데올로기 등에 대해서 말해서는 안 되고, 화학이 해당 물리적 과정들에 필요한 정식들을 제공할 때까지 혹은 반사과학이 적절한 반사들을 발견할 때까지 기다려야 할 것이다. 그리고 그때조차도 (그러한 심리학은 필연적으로 인과적 형식주의에 뿌리박고 있어서 관념이나 감정의 실제적 내용에 스며들 수 없기 때문에) 쾌락 혹은 고뇌 혹은 계급의식이 실제로 무엇인지에 대해 결코 더 잘 이해하지 못할 것이다. 이러한 사유에서, 심리적 현상을 유기적이지 않고 심리학적인 방법으로 다루는 심리학의 필요성은 맑스주의의 틀 안에서 결정된다.

물론 그러한 심리학을 유물론적 심리학이라고 부르기 위해서는 정신생활의 물질적인 사실[소여성]들을 파악하는 것으로는 충분하지 않다. 그러한 심리학은 정신활동을 형이상적인, 즉 유기적인 것의 밖에 있는 사실로 볼지 아니면 유기적인 것과 연결되고 그것으로부터 발전되어 나오는 이차

14 앞의 책, 74쪽.

적인 기능으로 볼지 하는 질문에 분명한 입장을 취해야 한다.[15] 엥겔스에 따르면,[16] 유물론과 관념론의 주요한 구분은 관념론이 '정신'을 사물의 기원으로 여기고 유물론은 (유기적인) 물질, 즉 자연을 사물의 기원으로 여긴다는 것이며, 그는 이 두 가지 개념을 다른 의미가 아니라 그런 의미에서 사용한다고 강조한다. 레닌은 『유물론과 경험비판론』[17]에서 또 하나의 구분을 자신의 인식비판 연구의 테마로 삼는다. 즉 그 구분은 세계가 실제로 우리들 사유의 외부에 독립해서 존재하는가(유물론) 그렇지 않으면 세계가 단지 우리들의 머릿속에서만 관념, 감각, 지각으로서 존재하는가(관념론)라는 인식론적 질문에 대한 대답이다. 세 번째 구분은 첫 번째 구분과 연결되어 있는데, 신체가 정신을 건설하는지 아니면 그 반대라고 생각하는지 하는 것이다.

정신분석 일반에 대한 이러한 질문들에 대답하는 대신에, 정신분석의 근본적 이론들을 제시하면서 시작해 보자. 정신분석이 근거하고 있는 사실들이 진실인지 아닌지를 판단하는 것은 결코 방법론적 사안이

15 (1934) 이러한 정식화는 현재의 글이 쓰여졌던 당시에 정신분석적 지식의 상태에 일치하였다. 그동안 상황을 좀 더 정확한 용어로 요약하는 것이 가능하게 되었다. 정신분석은 첫째로 정신생활에 특별히 특징적인 어떤 법칙들(예를 들어 투사)을 발견하였다. 프로이트는 정신은 유기체에 근거하고 있다고 항상 가정하였다. 그러나 그는 유기체의 법칙에서 정신의 법칙을 도출하지는 않았다. 성경제학은 고유한 과학적 분과학문이 되려면 생리학적일 뿐만 아니라 신체적, 사회적일 뿐만 아니라 생물학적인 모든 기능 속에 있는 성 과정을 연구해야 하고, 마찬가지로 성의 기본법칙의 모든 기능을 탐구해야만 한다. 따라서 성경제학은 성적–생물학적 기능들에서 성적–신체적 기능들을 도출하는 어려운 과제에 직면해 있다. 이러한 과제 속에서 성경제학은 자신이 의식적으로 채용하는 변증법적 방법의 도움을 받는다. 우리는 다음 원칙을 제시할 수 있다. 신체는 유기체의 산물이고 따라서 유기체와 같은 법칙들을 따라야 한다는 것은 확실히 사실이다. 그러나 동시에 신체는 유기체의 반대물이고, 그 기능에서 신체는 자기 자신에 고유하고 자신의 것인 일련의 법칙들을 발전시킨다. 이 후자의 법칙들을 연구하는 것만이 정신분석의 과제였다. 그리고 주로 이 과제는 완수되어 왔다. 성경제학은 신체적 기능과 심리적 기능 사이의 관계 문제를 풀도록 기대된다. 그것을 할지 못할지는 우리가 통제할 수 없는 조건들에 달려 있다. "Der Urgegensatz des vegetativen Lebens"(생장적 생활의 근원적 모순), *Ztsch. f. pol. Psych. u. Sexualok.*, No. 2-4, 1934.

16 앞의 책, 335쪽

17 Lenin, *Sämtliche Werke*, Band 13, Verlag für Literatur u. Politik, 1927.

아니라 단지 경험적 비판일 뿐이었다. 맑스주의자들 중에서 탈하이머[18] (Thalheimer)는 충분한 사태 인식 없이 정신분석 이론을 경험적으로 비판하고 그 실태와 싸우는 오류를 범했고, 반면에 유리네츠는 분석적 경험에 대한 충분한 인식 없이 제멋대로 방법론적 비판만을 하였다. 우리는 정신분석 이론들을 증명하려고 시도하지 않을 것이다. 그러한 시도는 확실히 이 논문의 틀을 넘어설 것이며 더욱이 실효가 없을 것이다. 그러한 증명들은 오로지 각자 자신의 실제적 체험 속에서만 찾을 수 있다.

정신분석적 충동이론

정신분석 이론의 뼈대는 충동이론이고, 이 중에서 가장 기초가 되고 있는 부분은 리비도 이론, 즉 성충동의 역동성에 관한 이론이다.[19]

충동은 "정신적인 것과 신체적인 것 사이의 경계 '개념' "이다. 프로이트는 '리비도'로 성충동의 에너지를 이해했다.[20] 프로이트에 따르면, 리비도의 원천은 유기체에서 그리고 특히 성기관과 이른바 '성감대'에서, 즉 특별히 성적으로 흥분을 일으킬 수 있고 신체적 성적인 흥분의 집중지들인[21]

18 "Die Auflosung des Austromarxismus"(오스트리아 맑스주의의 해체), *Unter dem Banner des Marxismus*, Vol. 1, No. 3, pp. 517 ff.

19 프로이트의 충동이론에 대한 변증법적-유물론적 재검토와 임상적-경험적 가공은 프로이트의 원래 견해의 다소 만족스러운 발전이라고 생각할 수 있는 충동의 동학이란 개념을 만들어 냈다. 『성격분석』 마지막 장, Verl. f. Sex.-Pol., 1933.

20 *Drei Abhandlungen zur Sexualtheorie*(성욕에 관한 세 가지 에세이), *Gesammelte Schriften*, Band 5, Int. Psa. Verl.

21 (1934) 기관생리학에서 가장 최근의 조사연구와 관련하여 근래의 임상적 관찰들은 이러한 생각들을 수정해 왔다. 이제는 유기체에서 충전과 방전이라는 전기생체학적 과정들이 진행된다고 생각하고 있다. "Der Organismus als elektrophysiologische Entladung"(전기생체학적 방전으로서 유기체), *Z.f.p.P.u.S.*, No. 1, 1934와 Fr. Kraus의 저작을 다루는 "Der Urgegensatz"에 있는 구절들을 참조. 이른바 성적 화학작용은 좀 더 일반적인 유기적 에너지체계의 기능일 뿐인 것으로 나타날 것이다. 그러나 이 전체 주제에 관해서 알려진 게 너무 적다.

신체부위에서 나타나는, 아직 완전히 해명되지 않은 화학적 과정이다. 이 성흥분의 원천 위에 정신적 리비도 기능의 강력한 상부구조가, 항상 그 토대와 연관된 채 있으며 토대와 함께 (양적으로 그리고 질적으로) 예를 들어 사춘기에서처럼 변화하며 갱년기 이후처럼 토대와 함께 죽어가기 시작하는 상부구조가 솟아오른다.

리비도는 성만족을 위한 신체적 정신적 노력[추구]으로 의식 속에 반영된다. 이것을 즐거운 이완이라고 한다. 프로이트는 정신분석이 언젠가 자신의 유기적 근거들 위에 확고하게 서게 될 것이라는 분명한 희망을 표현하였다. 즉 성 메커니즘이란 개념은 그의 리비도 이론 속에서는 보조개념으로서 본질적인 역할을 수행한다. 그러나 정신분석은 방법적으로 유기적인 영역에 있는 구체적 과정들을 다룰 수 없으며, 유기적 영역은 생리학에 속하는 것으로 남아 있다.[22] 생리학자들이 신생아들조차도 성기관의 발전을 보인다고 발견할 때에 유아성욕에 관한 프로이트의 이론이 그들에 의해 확인된다는 사실에서, 프로이트의 리비도 개념의 물질적 성격은 아주 잘 드러난다.

프로이트는 성충동이 "사춘기에" 처음으로 "싹튼다"는 견해를 완전히 버렸다. 그는 리비도가 성기[생식기]적 성의 단계에 도달하기 이전에도 탄생부터 일정한 발달단계들을 거친다는 것을 보여주었다. 그는 구강성욕이나 항문성욕 등과 같이 성기와 연관되지 않음에도 불구하고 확실하게 성격상 성적인 그러한 모든 쾌락기능을 성에 포함시킴으로써, 성 개념을 확대하였다. 성 활동의 이러한 '전(前)성기적', 유아적인 형식들은 나중에 성기 우위에, 본래의 성기구[장치]의 지배에 종속된다.

22 (1934) 주 15)에서 이 정식에 대한 수정을 보라.

리비도의 각 발달국면(이것의 변증법적 성격에 대해서는 뒤에 서술하겠다)은 어린이의 현존재 조건을 통해 특징지워진다. 예를 들면 구순단계는 영양섭취와 관련하여 형성되고 항문단계는 배설기능 및 청결교육과 관련하여 형성된다. 부르주아 도덕에 사로잡힌 프로이트 이전의 과학은 이러한 사실을 완전히 간과하였고, 어린이의 '순결'이라는 속된 견해를 확인해줄 뿐이었다. 사회적인 성 억압이 연구의 방해물이 되었었다.

프로이트는 심리학적으로 더 이상 축소할 수 없는 두 가지 주요한 충동 집단들, 즉 자기보존 충동과 성충동을 구분하였다. 이것들은 배고픔[기아]과 애정[사랑]이란 통속적인 구분과 연결되어 있다. 모든 다른 충동들(권력의지, 야심, 이익욕)을 그는 이차적 구성물로, 즉 이 두 가지 근본적 욕구의 자손으로 간주했다. 성충동은 처음에는 음식충동과 연관되어 나타난다는 프로이트의 언명은 그 언명과 사회적 존재 속에서 음식욕구는 사회의 성기능들을 위한 기반이기도 하다는 맑스의 유사하게 들리는 테제 사이의 관계를 정립할 수 있다면, 사회심리학에서 커다란 중요성을 지닐 것이다.[23]

나중에 프로이트는 성충동에 파괴충동을 대치시켰고, 동시에 음식충동을 자기애(자기보존-나르시시즘)를 위한 기능으로서 에로스(관능성) 아래에 분류하였다.[24] 이전의 이론과 이 나중의 충동 구분의 관계는 아직 분명하

---

23 성경제학적 연구들은 음식욕구와 성충동 사이의 관계에 관한 우리의 지식을 어느 정도 진전시켜 왔다. 음식욕구는 유기체 안에서 긴장(혹은 에너지)의 완화와 일치하고, 성충동은 긴장(에너지)의 증가와 일치한다. 그러므로 음식욕구는 에너지의 추가적 공급에 의해서만 만족될 수 있고, 성충동은 에너지의 회수나 소비에 의해서만 만족될 수 있다. 이것은 왜 배고픔이 정신 기구를 건설하는 데 전혀 역할을 하지 못하거나 적어도 직접적인 역할을 하지 않는지를 설명한다. 반면에 성에너지는 정신에 있어서 본질적으로 구축적이고 긍정적이고 생산적인 힘이다. 이러한 문제들에 대한 좀 더 자세한 연구가 준비 중에 있다. 이러한 종류의 발견들이 구조 및 이데올로기의 형성에서 에너지 문제와 관련하여 결정적으로 중요하다는 것은 기꺼이 이해될 것이다.

24 『쾌락원칙을 넘어서』와 『자아와 이드』, *Gesammelte Schriften*, Psychanalytischer Verlag.

게 밝혀지지는 않았다. 충동이론의 새로운 개념은 다음과 같았다. 즉 에로스 - 죽음충동(성충동 - 파괴충동)은 유기체적 실체들의 두 가지 근본기능, 즉 동화(조성) 및 분해(해체)와 연관 속에서 형성되었다. 에로스[관능성]는 구축하고 결합하고 추진하는 정신 유기체의 모든 노력을 포함한다. 그에 반해 파괴충동은 해체하고 파괴하고 본원적 상태로 되돌아가려는 모든 노력을 포함한다. 그러므로 정신 발달은 이 두 대립하는 경향들 사이의 투쟁의 산물로 나타난다. 그리고 이것은 전적으로 변증법적인 발전관과 일치한다.[25] 하지만 난점은 다른 곳에 있다. 성충동과 음식욕구의 신체적 기반이 분명한 데 반해서, 죽음충동 개념은 그러한 분명한 물질적 근거를 가지고 있지 않다. 분해라는 유기적 과정들에 준거하는 것은 내용적인 계통[연관]이라기보다는 형식적인 비유[유추]에 더 어울린다. 죽음충동과 유기체의 자기파괴 과정 사이에 실제적인 관계가 있다고 할 경우에만, 이 견해는 유물론적이다. 그러나 이 충동의 내용이 불명확하고 리비도와 마찬가지로 그 자체로 파악할 수 없기 때문에 그 충동이 정신생활에 관한 관념론적 형이상학적 사변을 위한 손쉬운 은신처가 된다는 것을 부정할 수 없다. 죽음충동 관념은 이미 정신분석 속에서 많은 오해를 불러일으켜 왔고 종말론적인 이론 구성물들로 그리고 도덕적 기능들의 과장으로 이끌어 갔으며 이것을 우리는 정신분석에서의 관념론적 일탈들이라고 본다.

프로이트 자신의 말에 따르면 '죽음충동'은 임상 영역을 넘어선 가설이지만, 그것이 그렇게 기꺼이 받아들여지고 정신분석에서 그렇게 많은 허망한 사변들에 문을 연 것은 우연일 수 없다. 충동에 관한 새로운 가설에

25 (1934) 이러한 견해는 교정을 필요로 한다. 『성격분석』(Verl. f. Sex.-Pol., 1933)의 마지막 두 장을 보라.

따라 발전해 왔던 관념론적 방향에 대한 반응으로서, 필자는 파괴충동은 리비도에 좌우될 수 있다고 제시해 왔다. 즉 필자는 파괴충동을 유물론적인 리비도 이론 안에 배열하려고 시도해 왔다.[26] 이러한 시도는 인간의 증오와 죄의식은 적어도 그 강도에 관한 한 자신의 리비도 경제의 상태에 좌우되며, 성적인 불만은 공격성을 증가시키고 만족은 공격성을 줄인다는 임상적인 관찰들에 근거하고 있다. 이러한 파악에 따르면 파괴충동은 심리적으로는 충동이 만족되지 못한 것에 대한 반응이고, 그 신체적 근거는 리비도적 흥분을 근육체계로 옮기는 것[전위]이다.

그러나 분명히 공격충동은 또한 영양충동의 도구이기도 하며 음식욕구가 충분히 만족되지 않을 때 특별히 증가한다. 내 생각에 파괴충동은 영양충동과 성이 만족되는 관계들에 의해 결정되는, 나중의 이차적인 유기체 형성물이다.

충동생활의 조절자는 "쾌-불쾌 원리"이다. 모든 충동적인 것은 쾌락을 얻으려 하고 불쾌를 피하려 할 것이다. 불쾌한 욕구긴장은 그 욕구를 만족시킴으로써만 제거할 수 있다. 그러므로 충동의 목표는 충동원천에서 자극을 없앰으로써 충동긴장을 제거하는 것이다. 이러한 만족은 쾌락적이다. 예를 들면 성감대에서 신체적 흥분은 이 긴장을 제거하려는 하나의 욕구(하나의 충동)를 만들어내는 하나의 자극을 불러일으킨다. 소화기관들에서 유기적 긴장은 배고픔을 불러일으키고 먹으려는 충동을 만들어 낸다.[27] 이 인

---

26 Reich, "über die Abhängigkeit des Destructionstriebes von der Libidostauung," 『오르가즘의 기능』, Psychoanalytischer Verlag, 1927. 『성격분석』에 있는 "der masochistische Charakter"에서 죽음충동론에 대한 상세한 설명 참조.

27 주 23)를 참조.

과적 설명은 또한 종말 목적론적 설명을 포함하는 데, 충동이 이루고자 하는 목표는 자극의 원천에 의해서 결정되기 때문이다. 여기서 유물론적-인과적 학설로서 정신분석은 알프레드 아들러(Alfred Adler, [1870~1937. 오스트리아의 정신의학자. '개인심리학'을 수립하였으며, 인간의 행동과 발달을 결정하는 것은 인간존재에 보편적인 열등감 · 무력감과 이를 보상 또는 극복하려는 권력에의 의지, 즉 우월의 요구라고 하였다.])의 최종 목표만을 지향하는 개인심리학과는 완전히 대립한다.

쾌락을 가져오는 모든 것은 끌어당기고 불쾌를 가져오는 모든 것은 물리치므로, 쾌락원칙은 운동과 상황변화의 조건이다. 이 기능의 원천은 유기적인 충동기구[장치], 특히 성화학이다. 용수철이 긴장하듯이 충동이 만족될 때마다 충동기구는 휴지기를 찾아 항상 새롭게 긴장한다. 이러한 긴장의 근거로서 물질대사 과정들이 고려된다.[28]

그럼에도 인간의 두 가지 근본적 욕구의 작용방식은 개인의 사회적 존재를 통해서 비로소 고유한 형식을 지니며, 이 형식 속에서 사회적 존재는 인간의 충동만족을 제한한다. 이러한 욕구들을 줄이거나 그 만족을 지연시키는 모든 제한들과 사회적 필수품들을 프로이트는 "현실원칙"이란 정식 속에 포괄한다. 부분적으로 현실원칙은 어떤 만족들을 완전히 금지하는 한 쾌락원칙에 직접 대립하고, 부분적으로 현실원칙은 개인으로 하여금 대리만족을 받아들이라고 또는 만족을 연기하라고 강요하는 한 쾌락원칙을 수정한다. 예를 들면 유아는 일정 시간에만 음식을 먹을 뿐이며, 사춘기 소녀는 현대사회에서는 자연스런 성욕구를 즉각 만족시킬 수 없다.

28 (1934) 주 21)을 참조.

추방을 당하지 않고 남편을 어렵지 않게 찾으려면, 경제적 이해(부르주아들은 '문화적 이해'라고 말할 것이지만)는 그 소녀로 하여금 결혼까지는 순결을 지키라고 강요한다. 마찬가지로 유아들이 실천하는 직접적인 항문성욕 만족의 금지도 현실원칙의 효과이다.

그러나 현실원칙을 사회적 요구라고 정의하는 것은 오늘날 존재하는 대로의 현실원칙은 자본주의적 내지는 사경제적 사회라는 것을 구체적으로 고려하지 않는 한 형식주의적인 것으로 남는다. 정신분석 안에는 현실원칙의 파악과 관련하여 많은 관념론적 일탈들이 있다. 현실원칙은 종종 절대적으로 주어진 것으로서 제시된다. 사람들은 현실파악을 단순히 사회에의 적응으로 이해하는 데, 이것이 교육학이나 신경증 치료에 적용되면 의심할 여지없이 보수적인 견해이다. 구체적으로 말하면 자본주의 시대의 현실원칙은 겸양과 얌전함에 대한 종교적인 추구를 요구하면서 프롤레타리아들에게 최대의 욕구제한을 강요한다. 그것은 또한 일부일처제적인 성 형식과 그 이상의 다른 것들도 강요한다. 이 모든 것은 경제적 관계들에 근거하고 있다.

지배계급은 자신들의 권력유지에 기여하는 현실원칙을 갖고 있다. 이 현실원칙을 수용하도록 프롤레타리아트가 교육된다면, 예를 들면 문화의 이름으로 현실원칙이 프롤레타리아트에게 절대 타당한 것으로 제시된다면, 이것은 프롤레타리아 착취의 긍정을, 자본주의 사회의 긍정을 의미한다. 오늘날 많은 정신분석가들이 사실상 이해하는 바대로의 현실원칙 개념은 (무의식적일지라도) 보수적 태도와 일치하며, 따라서 정신분석에서 객관적으로 혁명적인 성격과 대립한다는 점을 분명히 해야 한다. 현실원칙은 전에는 다른 내용을 갖고 있었고, 사회질서가 변함에 따라서 변할 것이다.

물론 쾌락원칙의 구체적 내용도 절대적인 것이 아니고, 사회적 존재와 함께 변화한다. 예를 들면 청결을 매우 강조하는 시대에 항문만족은 다를 것이 즉 좀 덜할 것이 틀림없으며, 그러한 만족을 향한 노력은 가령 원시 사회에서 보다는 더 클 것임이 틀림없다. 그리고 이것은 어떤 성격 특성들의 형성에서 질적으로 표현된다. 항문성욕에 근거하고 있는 탐미주의에 대해서 그리고 부르주아 시대에서와 가령 원시사회 혹은 중세에서 그것의 중요성의 차이에 대해서 생각해 보기만 해도 좋다. 쾌락 추구의 어떠한 내용들이 보다 더 강하고, 어떤 내용들이 보다 약하게 강조되는지는 당연히 그 어린이가 속한 계급에 따라 다르다. 예를 들면 항문적 충동은 프롤레타리아트에게서보다 부르주아지에게서 훨씬 더 강하게 각인되는 것 같고, 반대로 성기적 충동은 프롤레타리아트에게서 더 강하다. 그러나 이것은 또한 교육과 주거조건에도 좌우된다.

물론 생물학적 토대에서 그 차이는 그리 크지 않거나 결정적이지 않다. 그러나 사회적 환경은 쾌락원칙의 내용을 태어나면서부터 주조하기 시작한다. 그리고 영양상태의 차이가 어린이의 충동 구성에 태아 국면에서조차 영향을 미치는지, 그 노력의 강도와 질은 서로 영향을 미치는지는 앞으로 연구할 질문이다.[29]

---

29 (1934) 이러한 것들은 아주 광범위한 가공[정교화]을 필요로 한다. 사회체계가 자신을 인간 속에서 구조적으로 재생산하는 방식은, 사회제도들, 이데올로기들, 생활형식들 등이 충동기구를 주조하는 방식을 이해할 때에만, 이론적으로든 실천적으로든 구체적으로 파악될 수 있다. 충동구조에 의존하는 대중 개인의 사고구조는 이번에는 사회적 이데올로기의 재생산을 그리고 사회적 이데올로기가 정신 속에 확고하게 정박되는 정도를 결정한다. 간단히 말해서 사회의 사회경제적 구조에 대한 이데올로기의 영향, "전통"의 힘 등을 결정한다. 이러한 주제는 역사에서 도출된 사례들과 함께 *Der Einbruch der Sexualmoral*(강제적 성도덕의 출현) 1934, 2nd ed.,과 『파시즘의 대중심리』, 2판, 1934에서 논의된다.

무의식 이론과 억압 이론

프로이트는 정신 기구[장치] 안에 3가지 체계를 구분하였다.

1. **의식.** 이것은 감각 기구의 지각기능과 실제로 의식되는 모든 감정 및 관념으로 이루어진다.

2. **전의식.** 이것은 특수한 순간에는 의식 안에 있지 않지만 언제든 의식화될 수 있는 모든 관념 및 태도를 포함한다. 이 두 체계는 분석 이전의 심리학에 잘 알려져 있었다. 비-정신분석적 연구자들이 "무의식"("결의식" 또는 "하위의식")이라고 부르는 것은 프로이트의 분류에서 전의식이라고 묘사한 것에 전적으로 속한다.

3. **무의식.** 이것은 프로이트의 진정한 발견으로, "전의식적" 검열이 금지하기 때문에 그 내용이 의식화될 수 없다는 사실로 특징지어진다. 이 검열부는 결코 신비적이지 않고, 외부세계로부터 받아들인 그 자체 무의식화되어 온 규칙들과 금지들을 포함하고 있다.[30]

무의식은 의식화될 수 없는 금지된 원망 및 관념을 포함할 뿐만 아니라 상징들에 일치하는 (있을 법한) 유전된 표상들도 포함한다. 그러나 무의식도 시대와 함께 변한다는 것을 기술의 발전과 함께 무의식이 새로운 상징들을 획득한다는 흥미로운 임상적 경험이 밝혀준다. 예를 들어 체펠린(Zeppelin) 비행선(독일의 체펠린이 만든 최초의 비행선)들이 뉴스에 나올 당시에 많은 환자들이 비행선을 남성 성기관을 나타내는 것으로 꿈꾸었다.

---

30 유리네츠가 정신분석을 어느 정도 오해했는지를 그의 논문 "정신분석과 맑스주의"(*Unter dem Banner des Marxismus*, Heft 1, S. 98)에 있는 다음 문장으로부터 판단할 수 있다. "무의식의 문턱을 넘어서지 못하므로 무의식을 분석할 수 없다면 무의식의 내용을 어떻게 논의할 수 있는가?" 기묘하게도 순진한 질문! 검열을 배제하고 정확히 자신의 자유연상법을 통해서 프로이트는 무의식을 발견하였다. 분석이론 전체는 지금까지 무의식적이었던 것을 의식하게 만드는 데 있다. 무의식은 일상적인 환경 아래에서만 의식화 될 수 없다.

연구를 해나가면서 무의식은 본래 억압된 것 이외에도 다른 많은 것을 포함하고 있다는 것이 확실해짐에 따라, 프로이트는 정신 기구의 구조에 관한 자신의 이론을 보충하기로 결정하였다. 그는 이드, 자아, 초자아라는 구분을 해나갔다.

이드는 결코 초감각적인 것이 아니라 인성의 생물학적 부문의 표현이다. 이드의 일부는 앞에서 서술한 의미에서 무의식, 즉 원래 억압된 것이다.

그러면 억압이란 무엇인가? 그것은 자아와 이드의 노력 사이에서 일어나는 하나의 과정이다. 모든 어린이는 충동을 가지고 태어나며, 더 넓은 사회와 더 좁은 사회(가족)가 충동만족(근친 성관계 원망, 항문성욕, 노출욕망, 사디즘 등)을 허용하지 않기 때문에 자신이 즐길 수 없는 유아기 동안의 원망들을 지니게 된다. 사회적 존재는 교육자라는 인물 속에서 어린이로 하여금 이러한 충동들을 억압하도록 요구한다. 약한 자아밖에 갖지 못하고 주로 쾌락원칙에 따르는 어린이는 자신의 의식으로부터 그 원망을 추방하고 그것에 대해서 아무것도 알려고 하지 않음으로써만 충동을 억압하는 데 종종 성공한다. 해당 원망은 억압에 의해서 무의식화된다. 채울 수 없는 원망을 없애는 또 다른 사회적으로 중요한 행동이 승화인데, 이것은 억압의 반대쌍이다. 즉 억압되는 대신에 충동은 사회적으로 받아들일 수 있는 활동으로 전환된다.[31]

그러므로 정신분석은 사회를 빼놓고 어린이를 생각할 수 없으며, 어린

---

31 유리네츠가 주장하듯이 프로이트가 억압이론을 "비난"이론으로 대체하지는 않았다. 유리네츠는, 충동이 일단 분석의 결과 의식되게 되면 자아는 충동을 비난할 수 있다고 프로이트가 말할 때 그가 의미하는 것을 오해하였다. 비난은 억압의 반테제들 가운데 하나이다. 유리네츠가 주장하듯(앞의 책, 100쪽) "프로이트주의자들은 점차 그들의 무의식이론을 파괴했다"는 것은 사실이 아니다. 이러한 생각은 좀 더 최근의 이드, 자아, 초자아에 관한 이론이 유리네츠의 마음속에 심어온 혼동에서 생긴다. 그 이론은 무의식이론을 부정하는 것이 아니라 통합한다.

이는 사회화된 존재로서만 사회를 위해 존재한다는 것을 우리는 안다. 사회적 존재는 원시적 충동들에 지속적인 효과를 미치고 제한하고 변용하고 또는 촉진한다. 거기서 두 가지 근본적 충동이 다르게 행동한다. 배고픔은 성충동보다 더 강고하고 더 격렬하며 더 폭력적으로 즉각적인 만족을 요구한다. 어떤 경우에도 배고픔은 성충동처럼 억압될 수 없다. 성충동은 수정 가능하고 가변적이고 승화 가능하다. 성충동의 부분적 경향들은 정반대의 것으로 전환될 수 있지만, 완전히 만족을 포기한 채 지낼 수는 없다. 사회적 수행(배고픔 충동을 만족시키는 그러한 행위들의 수행을 포함하여)으로 전환된 에너지, 또한 영양충동을 만족시키는 사회적 수행으로 전환된 에너지는 리비도로부터 나온다. 이 에너지는 사회의 영향 아래에 들어가자마자 정신 발달의 추동력이다.

억압의 원동력은 자아의 자기보존충동이다. 자기보존충동은 성충동을 통제하고, 심리적 발달은 그들 간의 갈등에서 생겨난다. 사람들이 억압을 메커니즘이라고 생각하고 억압의 작용을 도외시한다면, 억압은 사회적 문제이다. 억압의 내용과 형식은 개인의 사회적 존재에 의해 좌우되기 때문이다. 이러한 사회적 존재는 이데올로기적으로는 규칙, 규정, 금지의 총계에, 즉 초자아에 집중되어 있다. 이 초자아의 대부분은 그 자체가 무의식적이다.

정신분석은 인간의 모든 도덕을 교육의 영향 탓으로 돌리며, 따라서 가령 칸트적인 도덕개념의 의미에서 도덕은 성격상 형이상학적이라는 가설을 거부한다. 정신분석은 도덕개념을 경험, 자기보존충동, 그리고 처벌공포 탓으로 돌림으로써 유물론적으로 해결한다. 어린이에게서 모든 도덕은 처벌공포나 자신을 키운 사람들에 대한 애정에서 생긴다. 프로이트가 "무의식적 도덕"과 "무의식적 죄책감"에 대해 말할 때, 금지된 원망과 함께 죄책감의 어떤 요소들, 예를 들면 근친 성관계 금기가 억압된다는 것을 의미할 뿐이다.

유리네츠가 형이상학적인 죄책감이라는 의미에서 자아의 본원적인 도덕적 본질이라는 가정이 무의식적 죄책감 개념에 파고들었다고 말할 때, 그는 무의식적 죄책감 개념을 완전히 오해하였다. 몇몇 개별 분석가들은 어떤 욕구에서라도 항상 자신들이 실천하는 정신분석 방법에도 불구하고 인간 속에 있는 본원적 도덕성이나 신성성을 믿을 수 있다. 그것은 분석 이론에 속하는 것이 아니다. 정반대가 사실이다. 정신분석은 도덕에 관한 논의를 철학에서 빼어옴으로써 그러한 믿음들을 최종적으로 그리고 자연과학적으로 파괴한다. 형이상학적인 도덕과 신에 대한 믿음을 자신의 정신분석적 확신과 결합시키려고 할 때 생겨나는 갈등은 개별 분석가에게 해결하도록 맡겨둬야 한다. 정신분석이 형이상학적 견해와 타협하기 시작하면, 정신분석에 대해 엄청 걱정해야 할 것이다.[32] 그러나 무의식적 죄책감에 관한 이론은 유리네츠가 두려워하듯이 결코 무의식 이론을 추방하지 않고, 반대로 도덕의 획득을 물질적인 것에 근거하여 설명한다.

이드와 초자아 모두 형이상학적인 구성물이기는커녕 그 내용에 관한한 욕구들에서 혹은 외부세계로부터의 현실적 획득물들에서 전적으로 비

32 (1934) 여기서 표현된 불안은 그 이후 잘 근거지워질 수 있는 것으로 입증되어 왔다. 오늘날 전체 정신분석 운동―주로 최근 들어 더욱 강력하게 성장해온 정치적 반동 때문에―은 심각한 위기 상황에 있다. 그 위기를 정신분석적 성이론의 혁명적 관념들과 많은 주도적인 분석가들의 부르주아적-종교적-윤리적 세계관 사이의 모순의 표현이라고 묘사할 수 있다. 정신분석운동 안에서 과학적(맑스주의적) 노선과 부르주아적 노선 사이에 이론적으로 불일치하는 주요 영역들은 성억압의 기원, 정신건강에서 생기적 성생활의 역할, 생물학적 자기파괴충동의 실존, 어떤 기술적이고 치료적인 문제들과 관련된다.

릇될 수 있다는 것을 우리는 지금까지 말해왔다. 유리네츠가 “쇼펜하우어에게 있어서와 마찬가지로 프로이트에게 있어서도 세계는 우리들의 충동을 규제하려는 목적으로 창조된 개별적 자아의 산물이다”는 생각을 어디에서 가져오는지 나는 결코 이해할 수 없다.[33] 프로이트는 수많은 구절들 속에서 그 정반대의 것을, 즉 자아는 현실의 외부세계가 충동적 유기체에 작용한 결과이고 자극에 대한 보호로서 형성된다고 진술하고 있다. 그런데 그 구절들 가운데 몇몇을 유리네츠 자신도 인용하고 있다. 유리네츠가 자신의 비판의 주요 근거로 삼고 있는 프로이트의 신중하고 의식적으로 사변적인 저작인 『쾌락원칙을 넘어서』에서조차, 현실세계가 자아에 의해서 창조된다고 하는 구절은 단 한마디도 없다. 유리네츠는 투사(projektion) 개념을 전혀 파악하지 못한다. 이 개념은 그 저작에서는 자세히 논의되지 않는다. 그가 프로이트의 임상적 글들을 읽었다면 이 주제에 대해서 좀 더 분명했을 것이다. 자아는 자신이 자신 안에 억압해온 관념들과 자신이 느끼는 그 관념들의 압박이 외부세계 속에 있다고 믿는다. 그것이 다름 아닌 투사이다. 정확히 이 유물론적인 이론을 통해 프로이트는 정신질환자들의 환각의 본질을 발견할 수 있었다. 환자들이 듣는 소리들은 사실상 무의식적인 원망이나 양심의 고통일 뿐이지만, 외부세계 속에서 현실적인 것은 아니다.

물론 『쾌락원칙을 넘어서』는 정신분석에서 부정확한 해석들이 발생하도록 하기에 안성맞춤이었다. 그러나 프로이트 자신은 텍스트 자체에서도 그리고 여러 번 말로도 이 저작에 대해서는 비판적인 태도를 보였고, 그

33 Jurinetz, 앞의 책, 103쪽.

책은 임상적 정신분석에서 벗어나 있다고 말해왔다. 그럼에도 불구하고 이 저서가 죽음충동 가설을 가지고 완전히 근거 없는 사변의 출발점을 제공할 수 있다는 것은, 아마도 부르주아들이 기꺼이 덜 위험한 가설과 바꾸려고 하는 예민한 쟁점인 리비도 이론 탓이다.

자아가 감각기관들의 지각체계와 결합되어 있기 때문이라고만 한다면, 자아의 물질적 본성은 논란의 여지가 없다. 더욱이 이미 서술했듯이 프로이트는 자아를 충동기구에 대한 물질적 자극들의 작용에서 도출한다. 프로이트에 따르면 자아는 이드의 특별하게 분화된 부분, 즉 이드와 현실세계 사이의 완충장치 혹은 보호기관에 불과하다. 자아는 그 작동에서 자유롭지 않고 이드와 초자아에, 즉 생물학적인 요소들과 사회적인 요소들에 좌우된다. 그러므로 정신분석은 자유의지에 도전하며, 정신분석의 자유의지에 관한 관념은 "의지의 자유는 사물들에 대한 충분한 지식을 가지고 결정할 수 있는 능력 이외의 어떤 것도 아니다"라고 말한 엥겔스의 관념과 같다.

이러한 일치는 아주 완벽해서 신경증의 분석적 치료의 근본 관념 속에서 표현되기조차 한다. 즉 자신 안에 있는 억압된 것에 대한 인식을 얻음으로써 (즉 무의식을 의식화함으로써) 환자는 자신의 본질적인 노력들이 무의식적인 조건에서 할 수 있는 것 보다 "더 많은 사실들에 대한 지식"을 가지고 결정할 수 있는 능력을 얻는다. 이것은 당연히 형이상학자들의 의미에서의 의지의 자유가 아니라, 항상 환자의 자연적 욕구들 및 요구들에 의해서 제한된다. 가령 성 원망이 의식화되면 인간은 계속 금욕을 하기로 결정할 수도 없다. 그러나 인간은 일정 시간 동안 금욕적으로 살기를 시도해볼 수 있다. 분석이 성공한 뒤에도 자아는 이드와 사회에 좀 덜 좌우된 채 남아 있다. 즉 자아는 갈등에 대처할 수 있게 더 잘 갖춰져 있을 뿐이다.

자아와 초자아의 형성조건들에서, 자아의 절반과 초자아의 전체가 자신들의 구체적인 내용에 관한 한 사회생활의 문제들을 포함하는 일이 생긴다. 종교적 윤리적 요구들은 사회질서와 함께 변한다. 플라톤 시대의 여성의 초자아는 자본주의 사회의 여성의 초자아와는 근본적으로 다르며, 새로운 사회가 현존 사회 속에 이데올로기적으로 준비되는 만큼 초자아의 내용도 당연히 변한다. 초자아는 생산수단의 사적 소유의 불가침성이란 이데올로기에 만큼이나 성도덕에도 적용된다. 물론 초자아는 생산과정에서 개인의 위치에 따라 변하기도 한다.

그러나 어떠한 방식으로 사회적 이데올로기는 개인에게 영향을 미치는가? 맑스의 사회이론은 이 질문을 자신의 고유한 영역에서 벗어난 것으로 미해결한 채 남겨둘 수밖에 없었다. 정신분석은 그것에 답할 수 있다. 사회의 이데올로기들로 흠뻑 젖고 정말 사회의 이데올로기적 핵인 가족은 어린이에게 아직 생산과정에 들어가기 전에조차 사회 전체의 일시적인 대표이다. 오이디푸스적 관계에는 단지 충동적 태도만이 포함되어 있을 뿐만이 아니다. 어린이가 오이디푸스 콤플렉스를 체험하고 극복하는 방식은 일반적인 사회적 이데올로기뿐만 아니라 생산과정에서 부모의 위치를 통해서도 간접적으로 조건지워지고 있다. 더욱이 오이디푸스 콤플렉스의 운명은 다른 모든 것과 마찬가지로 궁극적으로 사회의 경제적 구조에 좌우된다. 오히려 오이디푸스 콤플렉스가 일반적으로 생긴다는 것을 사회를 통해 조건지워진 특수한 가족구조 탓으로 돌려야 한다. 오이디푸스 콤플렉스의 형식들뿐만 아니라 바로 그 존재의 역사적 성격에 대한 질문은 다음 장에서 논의할 수 있다.

3. 정신의 변증법

우리는 이제 정신분석의 유물론적 발견[인식]들이 정신 과정의 변증법도 밝혔는지 하는 질문으로 넘어간다. 그러나 먼저 맑스와 엥겔스가 정립하고 그 제자들이 진전시킨 변증법적 방법의 주요한 근본법칙들을 다시 생각해 보자.

맑스의 유물론적 변증법은 변증법적 방법을 처음 만든 헤겔의 관념론적 변증법에 대립하는 것으로 나타났다. 헤겔은 개념의 변증법을 역사발전의 본원적 동력으로 보았고 현실세계를 단지 변증법적으로 발전하는 이념 내지 개념의 거울상으로 보았다. 반면 맑스는 세계의 파악을 유물론적으로 전도시켰다. 즉 맑스는 물질적 사건들을 모든 사물의 근원으로 인식하고 이념들을 물질적 사건들에 의존하는 것으로 인식함으로써, 그 자신의 표현에 따르면 헤겔의 건축물을 "그 발 위에"[거꾸로] 세웠다. 맑스는 헤겔로부터 사건들에 대한 변증법적인 파악을 넘겨받았지만, 헤겔의 형이상학적 관념론과 18세기 유물론자들의 기계적 유물론을 동시에 제거하였다. 변증법적 유물론의 주요법칙들은 다음과 같다.

1. 변승법은 사유형식일 뿐만 아니라 사유와 관계없이 물질 속에도 주

어져 있다. 즉 물질운동은 객관적으로 변증법적이다. 따라서 유물론적 변증법론자는 자신의 사유 속에만 존재하는 무언가를 물질 속에 넣는 것이 아니라, 감각기관과 (그 자체 변증법의 법칙에 따르는) 자신의 사유를 통하여 객관적 현실의 물질적 사건들을 직접 파악한다. 이러한 태도는 칸트의 관념론적 학설과는 극단적으로 대립한다는 것이 분명하다.[34]

2. 사회의 발전뿐만 아니라 자연현상들의 발전도 (관념론적이든 유물론적이든 모든 종류의 형이상학이 주장하듯이) 어떤 "발전원칙"에서나 "사물[물질]에 내재하는 발전경향"에서 생기는 것이 아니라 내적 모순으로부터, 즉 주어진 존재양식 안에서 해결될 수 없는 대립들에서 생긴다. 그렇게 해서 대립물들은 현존하는 물질 존재양식을 파괴하고 새로운 존재양식을 만들어내며, 이 새로운 존재양식 안에 새로운 대립들이 생겨난다.

3. 변증법적 발전으로부터 생겨나는 모든 것은 객관적으로 좋거나 나쁜 것이 아니라 필연적인 것이다. 하지만 어떤 발전 시기에 처음에는 유익했던 것도 나중에는 방해물이 될 수 있다. 그렇듯이 자본주의 생산양식도 처음에는 기술적 생산력의 발달에 완전히 유리하지만 나중에는 그것에 내재하는 모순들로 인해 [기술적 생산력] 발달을 제지하게 된다. 사회주의적 생산양식은 이러한 제지로부터의 해방을 가져온다.

4. 대립물의 변증법적 발전을 통해서 아무것도 지속되지 않고, 생겨나는 모든 것은 자신의 쇠퇴의 씨앗을 이미 자신 안에 지니고 있다. 자신의 지배를 굳히려는 계급은 변증법적 견해를 받아들일 수 없다. 왜냐하면 변증법적 견해를 받아들이는 것은 자신에 대해서 사형선고를 내리는 것이기

34 여기서는 다음을 참조. Lenin, "Marxismus und Empiriekritizismus," *Literatur und Politik*, 1927.

때문이다. 맑스에 따르면 막 성장하는 자본주의적 부르주아지는 자신의 존재조건들로서 부르주아지의 몰락을 의미하는 프롤레타리아트라는 계급을 만들어냈다. 따라서 프롤레타리아 계급만이 변증법을 충분히 그리고 실천적으로 받아들일 수 있고, 반면에 부르주아지는 필연적으로 절대적 관념론에 집착할 수밖에 없다.

5. 모든 발전은 이중의 부정, 즉 부정의 부정의 표현이고 결과이다. 이것을 설명하기 위하여 사회적 발전으로부터 하나의 예를 다시 생각해 보자. 상품생산은 사용가치의 생산만이 지배했던 원시공산주의의 부정이었다. 사회주의 경제질서는 부정의 부정이며, 상품생산을 부정하고 그럼으로써 처음에 부정된 것, 즉 사용가치의 생산을 긍정하고 공산주의로 더 높은 단계로 나선형적으로 나아간다.[35]

6. 대립물은 절대적인 것이 아니라 상호 침투한다. 일정 시점에서 양은 질로 변한다. 어떤 결과[작용]의 모든 원인은 동시에 원인으로서 이러한 결과의 결과이다. 그리고 이것은 엄밀히 서로 분리된 현상들의 단순한 상호작용이 아니며 오히려 상호침투 및 상호작용이다. 더욱이 하나의 요소

35 (1934) 그동안 해명되어 왔듯이 동일한 것이 성형식 및 성이데올로기의 발전에도 적용된다. 원시공산주의 경제로 경영되는 원시사회들에서 성생활은 승인되고 제공된다. 상품경제와 사경제를 향한 발전과 더불어 성긍정은 인간구조에서 뿐만 아니라 사회에서 성부정으로 바뀐다. 변증법적 발전법칙에 따르면 이제 성부정은 더 고도한 발전수준에서 다시 한번 사회적 구조적 성긍정으로 바뀔 것이다. 우리는 현재 상품경제의 지양과 보존 사이의 모순 속에 있을 뿐만 아니라, 성억압의 강화라는 사회적 경향과 도덕적 규제 및 억압 대신에 자연스런 성경제의 복원을 향한 반대경향 사이의 더욱 첨예해지는 갈등 속에 있다. 소련에서 그 두 가지 전진적인 경향이 초기 몇 년 간 아주 분명하게 두드러졌다. 성 영역에서 전진이 중단되자 퇴보적 발전이 들어섰는데, 이것의 원인과 성격은 비로소 연구를 필요로 한다.(참조, *Der Einbruch der Sexualmoral*.) 사회적 성경제이론은 이러한 사회적 모순에 대한 주체적 인식, 이론적 의식화라고 볼 수 있다. 오늘날 프롤레타리아운동의 지도부는 이러한 모순을 알지 못하며, 그것을 밝히려는 노력들은 권위적인 부서들에서 격렬한 저항을 불러일으켰다. "Die Geschichte der Sex.-Pol."(성정치운동의 역사) *Z.f.p.P.u.S.*, Heft 3/4.

는 일정한 조건에서 그 대립물로 변할 수 있다.[36]

7. 변증법적 발전은 정말 점진적으로 일어나지만 일정 지점에서는 비약하게 된다. 물은 계속 차가워지면 차츰 얼음으로 되는 것이 아니라, "물"이라는 질이 일정한 시점에서 갑자기 "얼음"이라는 질로 변한다. 그러나 이것은 비약적인 변화가 무(無)에서 갑자기 생긴다는 것을 의미하지 않는다. 그것은 갑작스러운 변화에까지 서서히 변증법적으로 발전해 간다. 이렇게 변증법은 또한 진화–혁명의 대립을 부정하지 않고 해소한다. 사회질서의 사회적 변화는 처음에는 진화에 의해서 준비되고 (노동의 사회화, 다수의 빈곤화 등) 그러고 나서 혁명으로 나아간다.

이제 분석이 밝혀온 인간의 정신 생활상의 몇 가지 전형적인 과정들에서 그 과정들의 변증법(정신분석의 방법이 없었다면 발견할 수 없었다고 우리는 주장한다)을 밝혀 보도록 하자.

변증법적 발전의 예로서 우선 프로이트가 가장 먼저 발견하고 기술한 바 신경증에 있어서 증상 형성을 들어보자. 프로이트에 따르면 사회적으

---

36 (1934) 바로 파시스트 대중운동에서 이러한 과정을 거의 손에 잡힐 듯이 파악할 수 있다. 파시즘의 객관적 기능과 첨예하게 모순되는 독일 인민대중의 반자본주의적 반란은 그 기능과 엮이었고 그래서 잠시 그 반대물로, 즉 독일자본의 지배의 강화로 전화되었다.
이 지점에서 다른 곳에서 자세히 논의해야 할 한 가지 문제를 언급하고 싶다. 맑스주의 정치의 특질은 가능한 발전경향들을 예측하고 사회혁명에 일치하는 모든 그러한 과정들을 촉진하는 데 있다. 세계혁명의 운명을 손에 쥐고 있는 코민테른 지도부는 이론에서 타락하여 경제주의적이고 기계적이게 되었고, 그래서 [사태에 대해] 지척거리며 따라가고 있다. 코민테른 지도부는 어떤 것도 예견할 수 없었고, 예를 들어 파시스트 대중운동 안의 혁명적 경향들을 간과하였고 그래서 아무것도 수행할 수 없었다. 파시즘 안에는 혁명적인 경향들과 반동적인 경향들이 일시적으로 있었고 지금도 있다. 1934년 6월 30일에 나치친위대 지도자들의 대량학살에서 그 대립이 다시 터져나왔다. 그 대립이 최종적일지는 두고 볼 일이다. 이 모든 것을 가능성으로서 예견할 수 있었다. 그것으로부터 배우는 데에는 어떤 특정한 방식만이 존재한다. 모든 본질적인 사회현상에서 그 내부 모순들을 적시에 알게 된다면, 발전 가능성들에 대한 예상을 할 수 있다. 이런 연관에 대해서는 *Massenpsychologie des Faschismus*(Verl. f. Sex.-Pol., 2 Aufl., 1934)를 참조하시오. 그 책에서 파시즘의 이데올로기적 모순들에 대한 분석이 이루어진다.

로 구속된 자아는 충동흥분에 대해서 처음에는 거부하고 마침내 억압하기 때문에 신경증 증상이 생긴다. 그러나 충동흥분의 억압 혼자서는 증상을 만들지 않는다. 그러기 위해서는 억압된 충동은 그 억압을 돌파하여 증상으로서 위장된 형태로 나타나는 것이 필요하다. 프로이트에 따르면 증상은 거부된 충동흥분뿐만 아니라 거부 자체도 포함하고 있다. 그러므로 증상은 대립하는 두 경향을 포함한다.

그러면 증상형성의 변증법은 어디에 있는가? 해당 인물의 자아는 '심리적 갈등'의 압력 아래에 있다. 한편으로는 충동의 요구가 있고 다른 한편으로는 그 요구의 만족을 금지하거나 혹은 처벌하는 현실이 있다는 모순적인 상황은 해결을 요구한다. 자아는 현실에 저항하기에는 너무 약하지만 또한 충동을 제압하기에도 너무 약하다. 자아의 이러한 위약함은 그 자체 이미 이전의 발달의 결과이고 그 발달 속에서 증상 형성은 하나의 국면을 나타낼 뿐인데, 이 위약함은 또한 갈등이 그 안에서 발생하는 틀이다. 갈등은 이제 그러한 식으로 다루어져서, 자아는 사회의 명령들을 허세를 부리며 따르지만 실제로는 처벌받거나 파괴당하지 않기 위해서, 그러므로 자기보존충동에서 충동을 억압한다.[37] 따라서 억압은 또한 의식의 조건들 아래에서는 해결할 수 없는 모순의 결과이다.

충동의 무의식화는 갈등의 일시적이지만 병리적인 해결이다. 제2국면에서는, 자아가 부정하였고 동시에 긍정한 원망이 억압된 후 자아 자신이

37 (1934) 영국 정신분석학파는 자아의 이러한 약함은 충동금지에서 생기는 인위적 표현이라는 사실을 간과하였다. 자아와 성요구 사이의 갈등이 없다면, 자아가 모든 발달단계에 일치하는 만족을 얻을 수 있다면, 자아는 충동을 무서워하지 않을 것이다. 그러나 영국 분석가들과 많은 다른 분석가들은 이 결과적인 약점을 생물학적으로 근거지워져 있는 것으로 여긴다. 그 결과 성억압은 생물학적 필연성이어야 한다.

이제 변하며, 자아의 의식은 하나의 구성요소(충동)에서는 더 빈약해지고 또 하나의 구성요소(일시적 평화)에서는 더 풍부해진다. 하지만 충동은 억압될 때에는 의식될 때와 마찬가지로 만족을 단념할 수 없고, 이제 더 이상 의식의 통제를 받지 않기 때문에 오히려 만족을 더 단념할 수 없다. 억압의 결과 충동 에너지는 강력히 쌓여서 마지막에는 억압을 돌파하기 때문에, 억압은 자기 자신의 파멸을 설정한다. 억압 자체가 충동원망과 외부세계에 의한 원망의 거부(자아가 약하다는 조건 아래에서) 사이의 모순의 결과였듯이, 억압을 돌파하는 새로운 과정은 억압과 충동 울혈의 모순의 결과이다. 그러므로 증상 형성으로의 '경향'과 같은 그런 것은 없고, 우리가 볼 수 있었듯이 그 발달(증상 형성)은 정신 갈등의 모순들에서 생긴다.

억압과 더불어 만족되지 않은 충동 에너지가 쌓이면 억압을 돌파하는 조건들도 생긴다. 그러면 제2국면에서 억압의 돌파는 처음 상황으로 돌아가는가? 그렇기도 하고 아니기도 하다. 충동이 다시 자아를 지배하는 한 그렇다. 충동이 의식 속에서 증상으로서 위장된 형식으로 나타나는 한 그렇지 않다. 이러한 증상은 낡은 요소, 즉 충동을 포함하고 있지만 동시에 그 반대물, 즉 자아의 방어[거부]도 포함하고 있다. 그러므로 제3국면(증상)에서는 원래의 모순들은 동일한 현상 속에 통일된다. 그 현상들 자체는 부정(억압)의 부정(돌파)이다. 여기에서 잠깐 멈춰서 정신분석의 경험에서 구체적인 예를 들어 이것을 증명해 보자.

강도[침입자]에 대한 불안을 가지고 있고 강도가 칼을 들고 자신을 덮친다고 상상하는 기혼여성의 사례를 들어 보자. 그녀는 혼자서 방에 있을 수 없고 어디에나 폭력적인 강도가 숨어 있다고 의심한다. 이 노동자 부인에 대한 분석은 다음 사실들을 밝혀준다.

제1국면 : 심리적 갈등과 억압

이 여성은 결혼하기 전에 한 남성과 사귀었다. 그는 그녀가 도덕적으로 금지되어 있지 않으면 기꺼이 받아들였을 제안들을 하면서 그녀를 따라다녔다. 그녀는 나중에 결혼한다는 생각으로 위안함으로써 이 갈등의 처리를 피할 수 있었다. 그 남성은 그녀를 포기하였고, 그녀는 그 첫 번째 남성을 잊지 못한 채 다른 남성과 결혼하였다. 이 첫 번째 남성에 대한 생각이 끊임없이 그녀를 괴롭혔다. 그 남성과 몇 번 다시 만났을 때 그녀는 그 남성에 대한 욕망과 결혼-정절의 요구 사이의 심한 갈등에 다시 빠졌다. 이러한 조건 아래에서 갈등은 참을 수도 해결할 수도 없게 되었다. 그 남성에 대한 욕망은 그녀의 도덕만큼이나 강하였다. 그녀는 그를 피하기 시작하였고(방어) 결국은 그를 잊어버린 것 같았다. 하지만 그것은 정말로 잊은 것이 아니라 억압일 뿐이었다. 그녀는 치유되었다고 믿었고 의식적으로 그에 대해 더 이상 생각하지 않았다.

제2국면 : 억압의 돌파

얼마 동안 시간이 지난 뒤 그녀는 남편이 다른 여성과 바람을 피워서 심하게 말다툼을 하였다. 싸우고 있을 때 그녀는, 훨씬 나중에 밝혀졌지만, "남편이 이런 짓을 할 수 있다면, 내가 그런 짓을 하지 않는다면 나는 바보다"라고 생각하였다. 이렇게 생각하자 그녀는 순간적으로 첫 번째 애인의 싱이 떠올랐다. 하지만 이 생각은 너무 위험하였고 오래된 갈등을 다시 불러낼 수 있었다. 그래서 그녀는 그 생각에 더 이상 의식적으로 집착하지 않았다. 즉 그녀는 새로이 그 생각을 억압하였다. 그러나 밤이 되면 불안상태가 그녀를 덮쳤다. 그녀는 갑자기 남자가 자신을 강간하려고 자신의 침대에 파고든다는 생각을 하였다. 충동은 위장된 형태로 혹은 더욱이 충동과는 직접적으로 반대물로 의식 속에 다시 들어왔다. 낯선 남자에 대한 원망 대신에 그녀는 그에 대한 불안을 가지게 되었다. 이러한 생각은 증상형성의 기반(제3국면)이었다.

이제 증상 자체를 분석해보면, 낯선 남성이 밤에 그녀의 침대로 파고든다는 환상 이미지에서 우리는 간음하고 싶은 억압된 원망을 만족시킨다는 것을 안다. (분석은 환상 속에서 상상된 그 남성은 그녀가 인식하지 못했지만 자세, 머리 색깔 등에서 그녀의 첫 번째 남자를 닮았다는 것을 자세히 보여주었다). 그러나 똑같은 증상에서 또한 방어, 충동에 대한 불안도 있으며, 이것은 낯선 남성에 대한 불안으로 나타난다. 나중에 "강간당한다"는 요소가 불안으로부터 나타나고 "살해당한다"는 요소로 대체된다. 그리하여 지금까지의 상당히 분명한 증상 내용에 대한 더 나아간 표상[이미지]이 따른다.

우리는 이 예에서 처음에 분리되어 있던 대립물들이 하나의 현상으로 통일되는 것뿐만 아니라 하나의 현상이 그 반대물로, 욕망이 불안으로 변하는 것도 본다. 성에너지가 불안으로 변한다는 것(이것은 프로이트의 최초이자 가장 근본적인 발견 가운데 하나였다)에, 동일한 에너지가 일정한 조건에서 그것이 이미 또 다른 조건에서 나타나는 것과는 정반대의 것을 만들어 낸다는 사실이 놓여 있다.

우리의 사례에서 또 하나의 변증법적 경험법칙이 드러난다. 새로운 것,

즉 증상에는 낡은 것, 다시 말해 성적 원망이 있는데, 그렇지만 낡은 것은 더 이상 그 자체가 아니라 동시에 완전히 새로운 어떤 것, 즉 불안이다. 리비도와 불안의 변증법적 대립은 다른 방식으로 해결될 수 있다.[38] 즉 자아와 외부세계의 대립으로 해결될 수 있다. 하지만 이것에 대해 생각하기 전에 정신적인 변증법 몇 가지를 좀 더 사례를 보도록 하겠다. 예를 들어 양으로부터 질로의 변화이다. 즉 의식으로부터의 충동흥분의 억압, 혹은 심지어 충동흥분의 단순한 억압은 갈등을 제거하기 때문에 어느 정도까지는 자아에 쾌락적이다. 그러나 일정한 정도를 넘으면 쾌락은 불쾌로 변한다. 절정의 만족에 도달할 수 없는 성감대의 가벼운 자극은 쾌락적이다. 그러나 그 자극이 너무 오래 지속되면 쾌락은 다시 불쾌로 변한다.

긴장과 이완은 보다 더 변증법적 과정들이다. 이것은 성충동에서 가장 잘 보인다. 성흥분의 긴장은 욕망을 늘리지만, 동시에 긴장은 자극의 만족을 통해서 줄어들고 그래서 동시에 이완이다. 하지만 예를 들어 시계의 기계적 긴장[태엽감기]이 그 이완[태엽풀기]을 준비하듯이 긴장은 또한 다

38 (1934) 충동 이원론에 대한 이러한 (오늘날 성경제적 관점이라고 부를 수 있는) 관점과 프로이트의 관점 사이의 모순을 지식의 상태에 따라 다음과 같이 요약할 수 있다. 즉 프로이트는 한편으로 자아와 외부세계의 대립을 설정하였고, 그 다음에 이와는 무관하게 두 가지 원충동의 내적 이원론을 설정하였다. 프로이트는 심리적 과정의 이중적 성격을 발견하였고, 그 생각을 더욱 강하게 유지하였다. 성경제학은 충동의 내적 이원론에 대해 다른 관점을 취하는 데, 즉 그 이원론은 절대적인 것이 아니라 변증법적이라고 파악하고, 더욱이 충동간의 내부갈등을 자아와 외부세계 사이의 원대립에서 도출한다. 이러한 아주 복잡한 문제들을 여기서 자세히 논의하고, 특히 성경제적 충동이론이 프로이트 이론에서 어떻게 성장했는지, 프로이트 이론에서 무엇을 받아들이고 무엇을 대체하거나 혹은 더 발전시켰는지 등을 밝히는 것은 너무 멀리 나가는 것이다. 많은 성경제학 친구들은 프로이트 자신이 거부하는 파악들을 프로이트 탓으로 돌리는 경향이 있다. 무엇보다도 성경제학은 정신분석적 자연과학을 가장 일관되게 지속시키는 것이므로, 성경제학의 많은 근본적인 파악들 가운데 많은 것이 정신분석적 연구에서 미리 그려지고, 암시되고 혹은 잠재적으로 제시되어 있다는 것은 자명하다. 그러므로 그 두 분과학문을 서로 구분하기가 어렵다. 그럼에도 문헌만 잠깐 보아도 오늘날의 성경제적 성이론과 충동이론이 오늘날의 정신분석학파의 그것과 얼마나 화해할 수 있는지를 확인하기에는 충분하다. 두 분과학문의 호의적인 많은 친구들에 반대하여, 나는 화해할 수 없는 것을 화해시키려고 노력하는 것을 피하고 싶다. 성경제학적 충동이론의 원칙들에 대해서는 [성격분석] 마지막 장과 "Urgegensatz des vegetativen Lebens," *Z.f.p.P.u.S.*, 1934에서 설명된다.

가오는 이완을 준비한다. 반대로 이완은 (예를 들어 성행동에서나 흥분시키는 드라마에서 이완시키는 긴장에서) 최고의 긴장과 연결되어 있지만, 새로워진 긴장을 위한 토대이기도 하다.

대립물의 동일성[통일] 원칙은 나르시시즘적 리비도와 대상 리비도의 과정들에서 나타난다. 프로이트에 따르면 자기애와 대상애는 단순한 대립물이 아니다. 대상애는 나르시시즘적인 리비도에서 생겨나고 언제라도 그것으로 되돌아갈 수 있다. 그러나 둘 다 사랑의 경향을 나타내는 한 동일하다. 결국 그 둘은 공통의 원천(신체적 성기관과 "처음의 나르시시즘")으로 거슬러 올라가지는 않는다. 더욱이 "의식"과 "무의식" 개념은 대립물이지만, 강박신경증은 의식과 무의식이 대립적이면서 동시에 동일할 수 있다는 것을 보여준다. 강박신경증 환자들은 관념들로부터 주의집중을, 즉 정서적 개입을 단순히 철회하는 방식으로 관념들을 자신들의 의식에서 추방한다. '억압된' 관념은 언제나 의식적이지만 그럼에도 무의식적이다. 즉 환자는 억압된 관념을 만들어낼 수 있지만 그 의미를 모른다. 마찬가지로 이드와 자아 개념은 동일한 대립물을 나타낸다. 즉 자아는 한편으로는 이드의 특정하게 분화된 부분일 뿐이지만, 외부세계의 영향 아래에서는 동시에 이드의 대립물이나 기능적 상대역이 된다.

동일시 개념은 단순히 하나의 변증법적 과정에 일치[조응]할 뿐만 아니라 대립물의 동일성에도 일치한다. 프로이트에 따르면 동일시는, 가령 어린이를 교육하는 사람이 그 어린이에 의해 동시에 사랑받고 미움 받는데, 그 어린이에 의해 "수용되는"(어린이는 선생님과 "동일시한다"), 즉 어린이가 선생님의 태도나 교훈을 자신의 것으로 만드는 그런 식으로 생겨난다. 거기서 보통 대상관련은 끝난다. 동일시는 대상관련의 상태를 잃으며, 그래서 대상관련의 대립물이나 부정이지만 동시에 또 다른 형태 속에 대상관련을 유지하는 것이며 따라서 긍정이기도 하다. 그것에는 다음과 같은 모순 혹은 갈등이 놓여 있다. 즉 "나는 X를 사랑한다. 나의 선생님은 나에게 아주 많은 것을 금지하며, 그 때문에 나는 그를 증오한다. 나는 그를 파괴하거나 제거하고 싶지만 또한 그를 사랑하며, 그렇기 때문에 그가 내 곁에 있기를 원한다." 대립하는 자극이 일정 강도에 다다르면 그 자체로서는 계속될 수 없는 이러한 모순적인 상황으로부터 다음과 같은 탈출구가 생긴다. 즉 "나는 그를 흡수한다," 나는 나 자신을 그와 "동일시한다." "나는 외부세계에서 그(즉 그와 나의 관계)를 파괴한다, 그러나 나는 변화된 형식으로 나 자신 안에 그를 지니고 있다. 즉 나는 그를 파괴해 왔지만 내 옆에 간직한다."

정신분석에서 양가감정 개념, 즉 동시적인 긍정과 부정 개념으로 파악되는 그러한 상황들 속에는 많은 변증법적 현상이 있다. 그 가운데에서도 우리는 가장 두드러진 것, 즉 사랑에서 증오로의 변화와 그 반대의 것만을 강조한다. 증오는 현실에서 사랑을 의미할 수 있고 그 반대일 수 있다. 사랑과 증오는 옆사람과 강하게 결속할 수 있게 하는 한 동일하다. 대립물로의 전도는 프로이트가 충동 일반에 귀속시키는 특성이다. 그러한 전도에서 낡은 것은 파괴되지 않고 그 대립물 속에 완전하게 보존된다.

모든 신경증은 부정된 도착이고 그 역도 마찬가지라는 점에서, 도착과 신경증이란 대립물도 변증법적으로 해소될 수 있다.

변증법적 발선의 훌륭한 예는 아수 오랜 세월에 걸친 성억압의 역사에서 나타난다. 원시인들에게서는 자매(그리고 어머니)와 관련한 근친 성관계 금기와 그 외의 여성과 관련한 성자유 사이에 첨예한 대립이 있다. 그러나 성제한은 더욱 더 확대되어, 처음에는 사촌들에게, 나중에는 같은 씨족(gene)의 모든 여성에게, 마침내 더욱 확대되어 성에 대한 질적으로 다른 기독교식 태도로 변한다. 하지만 성 전반에 대한 더욱 강한 억압으로 인해, 오늘날 터부[금기]는 형제와 자매 사이의 관계를 어린이들에 관한한 사실상 깨뜨리는 형식으로 그 대립물을 만들어 낸다. 어른들은 과도하게 강한 성억압 때문에 유아성욕에 관해서 전혀 알지 못해서, 오늘날 형제와 자매 사이의 성적인 놀이를 결코 성적이라고 보지 않으며 그런 놀이는 "극히 고상한" 어린이방에서나 통하는 것이라고 본다. 원시인 남성은 자신의 자매를 한번 쳐다보도록 허락되지는 않았지만 다른 점에서는 성적으로 구속되어 있지 않았다. 문명화된 남성은 자신의 유아성욕을 자매에게 향하지만 그와는 달리 가장 엄한 도덕적 교훈들에 묶여 있다.[39]

이제 정신분석이 사회 안에서 개인의 전반적 발달에 관련해서도 정신의 변증법을 어느 정도 밝혀왔는가 하는 문제로 넘어가자. 이에 관해서 다음 두 가지 본질적인 질문을 다루어야 한다.

첫째, 정신의 변증법은 자아(충동)와 외부세계의 (다시 풀 수 있는) 원(原) 대립에서 기원하는 것인가?

둘째, 개별적인 소여성[사실]에 대한 합리적 해석과 비합리적 해석은 서

39 (1934) 이 문단은 수정을 필요로 한다. 내가 처음 썼을 때, 나는 가부장제 가족은 원시사회의 성단위라는 부르주아이론-[토템과 터부]에서 프로이트가 밝힌 이론-의 영향 아래에 있었다. 그 이후 나는 모권에서 가부장권으로 변한 결정적인 발전과정을 알았고, 신체적인 자매뿐만 아니라 같은 씨족의 모든 소녀들이 일찍이 터부에 종속되어 있다는 것을 인식하지 않을 수 없다. 가족과 씨족의 모순에 대해서는, *Der Einbruch der Sexualmoral*에서 나의 설명을 보라.

로 어떻게 모순되고 그럼에도 어떻게 서로 이행하는가?

우리는 이미 1장에서 개인은 정신적인 관점에서 욕구 및 그 욕구에 상응하는 충동의 덩어리로서 탄생한다는 프로이트의 정신분석적 파악을 설명해 왔다. 이러한 욕구들을 가지고 개인은 사회화된 존재로서 즉각 사회 속에, 즉 가족이라는 좁은 사회 속에 뿐만 아니라 간접적이지만 가족생활의 경제적 조건들을 통해서 좀 더 넓은 사회 속에 위치한다. 극히 단순하게 정식화한다면, 사회의 경제적 구조는 (부모의 계급귀속, 가족의 경제적 관계, 가족의 이데올로기, 부모 간의 관계 등을 통해서) 신생아의 충동－자아와 상호작용한다. 신생아의 충동－자아가 자신의 환경을 변화시키듯이 변화된 환경은 그 신생아의 충동－자아에 반작용한다. 욕구들은 부분적으로 만족되며, 그러한 정도에서 조화가 있다.

그러나 상당 부분 충동욕구와 사회질서 사이의 대립이 생겨난다. 그리고 말한 바대로 가족(나중에는 학교)이 그러한 질서의 대표로서 기능한다. 이러한 대립은 변화를 가져오는 갈등을 만들어내고, 개인은 보다 약한 대립자이기 때문에 그의 심리 구조 안에서 변화를 가져온다. 어린이의 구조가 변하지 않고 남아 있으면 해결 불가능한 대립들에서 생기는 그러한 갈등들은 시시각각으로 생겨나며 고유한 촉진요소를 이룬다.

사람들은 정말로 정신분석에서 기질, 발전경향 등에 대해서 말하지만, 초기 아동기의 정신 발달에 대해서 지금까지 경험해온 사실들은 위에 서술한 변증법적 발전(대립물들의 단계별 전진운동)을 말할 뿐이다. 사람들은 리비도의 발달단계들을 구분하고, 리비도는 이 발달단계들을 "통과한다"고 말한다. 그러나 관찰은 선행하는 단계에서 충동만족의 거부가 없다면 어떤 단계도 실제로 달성되지 않는다는 것을 보여준다. 그러므로 충동만족의 거부는 그것이 어린이 안에서 불러일으키는 갈등을 통해서 어린이의 발달의 동력이 된다. 그런데 사람들은 예를 들어 성감대 및 지각기관의 기질과 마찬가지로 그 동력을 그 자체로서 순수하게 그려내기 어렵다. 그것은 아직은 분명하지 않은 생물학적 연구영역을 이룬다. 그것의 변증법의 본성에 관한 질문은 이 논문에 속하지 않는다. 우리는 그것을 고려해왔지만, 그밖의 것들에 대해서는 발달에서 충동기질은 경험과 동등한 방식으로 역할한다는 프로이트의 정식에 만족하자.[40]

경험 아래에서는 충동만족과 나란히 충동거부가 정신 발달의 동력으로서 커다란 역할을 한다. 충동-자아와 외부세계 사이의 대립은 하나의 금지하는 기관(초자아)이 외부세계의 영향 아래에서 정신 기관 안에 만들어지기 시작한다는 점에서 결국 내부 모순이 된다. 처음에는 처벌불안이었던 것이 도덕적 금지가 된다. 충동과 외부세계 사이의 갈등은 충동-자아와 초자아 사이의 갈등이 된다. 그러나 둘 다 물질적으로 뿌리를 두고 있고, 충동-자아가 직접 유기적으로 자라는 데 비해 초자아는 최종적으로 자기보존을 위해 자아 안에 설립된다는 것을 우리는 잊지 않는다. 자기보존충동(나르시즘)은 성충동과 공격성을 제한한다. 이러한 방식으로 처음에

40 (1934) 이 정식화도 세심하게 교정할 필요가 있다. 충동기질의 절대적 본성이란 파악을 성경제학은 다른 것으로 대체하였다. 첫째로 기질은 생물학적–생리학적 에너지 생산의 차이들 속에서만 존재할 수 있다는 것으로, 둘째로 이러한 차이들은 그에 필요한 조건들이 발전할 때에 비로소 "유전적인 기질"로 나타난다는 것으로 대체하였다. 달리 말해서 같은 구조가 어떤 경우에는 "기질"로서 신경증을 유발하고 다른 경우에는 전혀 다른 것으로 나타날 수 있다. 이러한 과정들에 대한 우리의 구체적 지식이 부족하여 이론적 정식화 또한 불확실하였다. 첫 번째 설명 시도는 *Der Einbruch der Sexualmoral* 발문에서 찾을 수 있다. 미래의 변증법적–유물론적 자연과학이 전체 부르주아 문화 파악을 위한 첫 번째 차원의 강력한 중심인 오늘날의 유전학에서 많은 것을 넘겨받을 것 같지는 않다. 유전학은 주로 도덕적인 가치판단에 근거하고 자연과학적인 요소들을 아주 적게 제시하였을 뿐이다. 유전학은 지금까지 히틀러의 과대망상적인 "인종이론"에서 절정에 이르렀다.

유아단계에서 그리고 그 뒤로 많은 상황에서 통일을 이루는 두 가지 근본적 욕구가 서로 대립하고 갈등의 전진적 발달을 밀어붙이지만, 때때로 그리고 정말 사회적인 제한들을 통해서 그렇게 한다.[41]

내부갈등과 외부갈등이 아주 일반적으로 발달을 결정한다면, 사회적 존재는 충동목표뿐만 아니라 도덕적 금지도 그 시대에 따른 관념 및 내용으로 채운다. 따라서 정신분석은 존재가 '의식', 즉 관념들, 목표들, 충동들, 도덕적 이데올로기들 등을 결정하지 그 반대가 아니라는 맑스의 테제를 완전히 확인해 준다. 더욱이 정신분석은 어린이들의 발달과 관련하여 이 테제에 구체적 내용을 채워준다. 그러나 이것은 신체적으로 조건지워지는 욕구들의 강도뿐만 아니라 발달상의 질적인 차이도 충동기구에서 생길 수 있다는 것을 배제하지 않는다. 그것은 많은 맑스주의자들이 이것에 대한 토론에서 나에게 말했듯이 "관념론적 오류"가 전혀 아니며, 인간 자신은 사회적 본성을 지닌 특정한 조건들과 전제들에서만 자신의 역사를 만든다는 맑스의 테제와 완전히 일치한다.[42] 엥겔스는 자신의 편지에서,

41 (1934) 여기서 내적인 정신 갈등을 만들어 내는 내부모순들이 어떻게 자아와 외부세계 사이의 원갈등에서 발전하는가 그리고 그것들은 나중에 어떻게 자립화하는가 하는 질문이 제기된다. "변증법적 발전법칙"의 본성에 관한 이러한 중심적인 질문은 아주 최근에 성격형성의 문제가 관심을 끌자 비로소 제기되었다. 그것이 어느 정도 이미 헤겔이나 맑스에게서 다루어지는지 나는 현재로선 판단할 수 없다. 나는 정신적인 것의 변증법을 나타내는 새로운 영역에 (그 영역을 그로부터 발전시키기 위하여) 편견 없이 접근하는 것을 더 좋아한다. 내부모순이 어떻게 형성되는가에 관한 질문은 맑스에게서 나에게는 대답되지 않은 것 같았다. 그렇지만 나는 맑스 철학을 연구할 때에 이 문제의 파악에 관심을 갖지 않았고 그래서 그 문제를 간과했다.

42 (1934) 오늘날의 경제주의적 맑스주의는 칼 맑스의 이름으로 성경제학에 반대하기 때문에, 맑스가 욕구를 생산 및 사회의 토대라고 얼마나 진지하게 평가했는지는 나타내는 인용을 하겠다. 그렇게 하는 데서 나에게는 오늘날 과학적 논쟁들에 대해서 사실적 검증이 아니라 특권정치가 결정하는 경향이 있고 그래서 인용이 전혀 사용되지 않는 것 같다. 맑스는 "개인들은 항상 그리고 어떤 상황 아래에서도 자신들에 근거해 왔다"고 말했다. 그러나 개인들은 서로 관계를 필요로 하지 않았다는 의미에서 혼자는 아니었다. 반대로 개인들의 욕구들, 그러므로 욕구들의 본성과 그러한 욕구들을 만족시키는 그들의 방식이 그들에게 서로 결합하도록(성교, 교역, 노동분업) 하기 때문에, 그들은 관계를 맺어야 한다. 더욱이 개인들은 순수한 자아들로서가 아니라 그들의 생산력과 욕구의 일정한 발달단계에 있는 개인들로서 이러한 관계를 맺고 그 관계는 이번에는 다시 생산과 욕구들을 결정하기 때문이다. 개인들의 개인적 개별적 행동, 개인들로서 서로의 행동조차 그러해서 현존 관계들을 창조했고 매일 새롭게 창조한다. 개인들은 그들이 있는 그대로 서

현실생활의 생산 및 재생산이 이데올로기들의 발전에서 유일한 결정 요소[계기]라는 견해에 확실히 반대하고 있다. 그것은 최종적으로만[최종심급에서만] 결정 요소라고 엥겔스는 말한다.[43]

사회학적으로 번역하면 개인의 발달에 대해 오이디푸스 콤플렉스가 지닌 중요성에 관한 프로이트의 중심적인 테제는 바로 사회적 존재가 그 발달을 결정한다는 것을 의미한다. 인간의 충동과 기질, 그 충동의 사회적 내용을 기꺼이 받아들이는 텅빈 형식들은 아버지, 어머니, 선생님과의 관계라는 (사회적인) 운명을 통과하고, 그리고 비로소 자신들의 최종적인 형식과 내용을 획득한다.

정신 발달의 변증법은 모든 갈등상황에서 대립의 힘 관계에 따라 대립하는 결과들이 생겨날 수 있다는 사실에서만 드러나는 것이 아니다. 임상경험은 성격특성이 적합한 갈등상황 속에서 맨 처음의 갈등해결이 일어날 때 새싹 형태로 이미 현존했던 정반대의 것으로 변할 수 있다는 것을 증명해 준다. 한 잔혹한 어린이는, 자세히 분석해 보면 그 예전의 잔혹함을 보여줄 수 있지만, 동정심이 많은 인간이 될 수 있다. 더러운 어린이가 나중에 깨끗함을 광적으로 추구하는 사람이 될 수 있다. 호기심이 많은 어린이가 신중하고 사려 깊은 인간이 될 수 있다. 감각성은 쉽게 금욕으로 변한다. 사실 하나의 특성이 더욱 강렬하게 발달할수록, 그 특성은 적합한 조건들에서 더욱 더 쉽게 그 반대물로 변한다(반응형성).

로 관계를 맺었으며, 어떠한 생활관을 가지고 있든 있는 그대로 차별 없이 "자신들에 의존하였다." "생활관" 자체, 철학의 흔들림은 항상 개인들의 실제 삶에 의해서 결정될 수 있을 뿐이었다. Marx-Engels, *Deutsche Ideologie*, Wien-Berlin, 1932, S. 16.

43 엥겔스가 블로흐(J. Bloch)에게 보낸 편지. "그러므로 누군가 이것을 뒤틀어서 경제적 계기가 유일하게 결정적인 계기라고 말한다면, 그는 그 명제를 의미 없고 추상적이고 부조리한 구절로 바꾼다." *Engels-Breveir, Wien*, 1920, S. 124.

그러나 다른 한편으로 발달이 진행됨에 따라 낡은 것이 변해서 완전히 사라지지는 않는다. 특성의 일부가 대립물로 변하는 동안, 다른 부분은 변하지 않은 채 남아 있지만 시간이 지나면서 총체적 인성이 변화하므로 형식적 변화를 거치지 않는 것은 아니다. 프로이트의 반복 개념은 발달심리학에서 커다란 역할을 하며, 면밀히 따져 보면 전적으로 변증법적인 것으로 입증된다.[44] 반복은 항상 낡은 것임과 동시에 완전히 새로운 것이다. 즉 새로운 옷을 입은 혹은 새로운 기능을 수행하는 낡은 것이다. 우리는 이미 증상에서 그것을 보았다. 그러나 그것은 승화에서도 마찬가지이다. 한때 똥을 가지고 노는 것을 좋아한 어린이가 나중에 모래성을 만드는 것을 좋아하고 마침내는 어른이 되어 건축가로 커다란 관심을 발전시킬 때, 이 세 국면 모두에서 낡은 것은 다른 형태로, 다른 기능으로 보존된다.

또 다른 사례는 외과 의사 혹은 산부인과 의사의 이야기이다. 외과 의사는 수술하는 것에서 가령 자신의 사디즘[가학증]을 승화시키며 산부인과 의사는 보고 만지는 데서 자신의 유아기의 쾌락을 승화시킨다. 이러한 발견들이 옳은지를 판단하는 것은 방법론적 비판의 문제가 아니라 오로지 경험적 비판의 문제일 수 있다. 외과 의사를 분석한 적이 없는 사람은 아무도 이러한 주장에 반박할 수 없다. 그러나 방법론적으로 진지한 반론을, 즉 인간활동은 경제적인 존재조건들에 달려 있다는 반론을 제기할 수 있다. 그러나 정신분석은 이런 혹은 저런 힘이 활동에 영향을 끼친다는 것

44 (1934) 쾌락원칙을 넘어서는 반복강박 이론은 그 동안에 심리적 과정을 탈성화하기 위해서 특정하게 발명되어온 가설임이 입증되었다. 이 이론에 대한 자세한 임상적 반박은 *Charakteranalyse*, 1933에 실린 "Der masochistische Character" 장에 있다. 위 텍스트에서 정식화한 의미에서 반복은 쾌-불쾌 원리 안에서만 변증법적이다. 이 쾌-불쾌 원리는, 우리가 몰아낸 형이상학에 다시 문을 크게 열려고 하지 않는다면, 이미 발견을 돕는다는 관심에서 제한할 필요는 없다.

을 주장할 뿐이다.[45] 이러한 주체적 충동과 더불어 승화가 취하는 형식은 당연히 경제적 조건에 달려 있다. 왜냐하면 한 인간이 자신의 사디즘을 도살업자로, 외과의사로, 아니면 경찰로 승화시킬지를 결정하는 것은 무엇보다도 그 인물의 사회적 위치이기 때문이다. 사회적 이유에서 승화가 불가능하게 될 수도 있다. 그때 승화는 사회가 강요한 직업에 대한 불만으로 나간다. 더 나아가 더할나위 없이 합리적인 성격의 활동이 어떻게 마찬가지로 더할나위 없이 비합리적인 의미를 지니는지를 물어야 한다. 결국 화가는 그림 그리고, 기술자는 건설하고, 외과 의사는 절개하고, 산부인과 의사는 생명을 만들기 위해서 검진한다. 즉 경제적인 합리적인 이유에서 말이다. 더욱이 노동은 사회적인 요소, 즉 전적으로 합리적인 요소이다. 이것은, 노동하는 사람은 자신의 활동 속에서 충동을 승화시키고 만족시킨다는 정신분석의 설명과 어떻게 조화를 이룰 수 있을까?

많은 분석가들은 인간활동의 합리적 성격을 결코 적절하게 평가하지 못한다. 사람들은 그 문제에서 인간활동의 산물들 속에서 충동의 투사와 만족밖에 보지 않는 세계 파악을 확인할 수 있었다.[46] 그것에 대해서 어떤 분석가는 비행기가 남성 성기의 상징이지만 사람들은 비행기로 베를린에

---

45 (1934) 그들의 고유한 근본관점에 대한 정신분석의 태도에 관해 당시 나는 우호적으로 판단했다. 맑스주의자가 아닌 분석가는 아무도 심리적 활동의 내용이 외부세계의 합리적 구성물이고 에너지 점유만이 [개인의] 내부 세계의 산물이라고 인정하지 않을 것이다. 이것은, 예를 들어 사람들이 충동이론에서 자본주의에 대해 진지하게 설명하는 데서 확인된다. 그러나 우리는 여기서, 심리적 에너지장치는 어떻게 자신이 마주한 외부세계의 자극을, 나중에는 외부 자극과도 무관하게 재생산될 수 있는 이 외부세계에 관한 관념들로 만들어 가는가라는 아직 풀리지 않은 중요한 문제를 간과하지 않고 있다. 이 문제는 내부 모순의 기원에 관한 문제와 같은 선상에 놓여 있다. 물을 필요도 없이 그것은 동시에 의식 전반의 기원이란 문제이다. 여기서 만족스러운 해결책에 이르는 쓸 만한 한 발자국의 진전도 없다.

46 (1934) 예를 들어 불의 발명에 관한 파악에서처럼 프로이트 자신은 거의 강조하지 않은 암시들만 찾을 수 있다. 형이상학적으로 그리고 윤리적으로 생각하는 분석가들이 프로이트에게서 그의 유물론적 발견들 및 이론들과 비교하여 사라져버린 관념론적 세계관에 대한 이러한 암시들을 특이하게 내세우고 기괴한 파악으로 가일층 진전시켰다.

서 빈으로 날아갈 수 있었다고 언젠가 익살스럽게 지적하였다.

합리적인 것과 비합리적인 것의 관계가 지닌 문제의식은 다음 사실에서도 나타난다.[47] 작업도구를 가지고 대지를 경작하는 것과 종자를 파종하는 것은 사회적으로 그리고 개인적으로 생활수단의 생산이라는 목적을 지닌다. 그러나 그것은 또한 어머니("어머니 대지")와의 근친 성관계라는 상징적인 의미를 지니고 있다. 합리적인 것은 상징적인 것을 끌어들이고 상징적 의미로 채워진다. 합리적인 활동과 그 활동의 비합리적 · 상징적 의미의 관련은 두 기능의 리듬 속에서, 즉 도구로 소재 속에 구멍을 내고[심경하고] 종자를 뿌리고 그렇게 가공된 소재를 통해 곡식을 생산하는 것 속에서 찾을 수 있다. 그러므로 상징적 표현은 정당화된다. 우리는 겉보기에 무의미한 것이 의미 있는 핵심을 지니고 있으며 상징적 표현은 어머니는 대지처럼 작업도구(남성 성기 상징)를 가지고 일한 후에 과실을 맺는다는 사실에서 현실적 배경을 가진다는 것을 알 수 있다.

풍요를 비는 주술의 의미로서 경작지에 인공 성기를 세우는 것은 많은 원시인종들이 하는 마술적인 성격을 지닌 객관적으로 쓸모없는 행위지만, 합리적인 것과 비합리적인 것 사이의 관계가 지닌 특정한 측면을 밝혀준다. 즉 여기서는 비합리적인 수단으로 어떤 일정한 목적을 더 쉽게 더 잘 달성하려는 마술적 시도가 중요하다. 그러나 그 때문에 합리적인 행위가, 이 경우에는 땅을 갈고 경작하는 것이 무시되지는 않는다. 그리고 농업에서 상징적 요소로서 비합리적인 것으로 나타나는 것(즉 성교)은 그 자체로

47 "합리적"이라는 용어는 의미 있고 목적에 맞는 이란 의미로, 그리고 "비합리적인"은 의미 없는, 목적에 맞지 않는 이란 의미로 쭉 사용한다.

서 의미 있고 합목적적인 것이다. 파종이 자기보존에 기여하는 것과 마찬가지로 성교는 성욕구의 만족에 기여한다. 그래서 우리는 어떤 절대적인 대립은 존재하지 않고 합리적인 것과 비합리적인 것의 대립은 변증법적으로 풀 수 있다는 것을 다시 알게 된다.

합리적인 것 속에 비합리적인 것이 포함되어 있고 그 역도 마찬가지라는 변증법적 사실을 보다 꼼꼼하게 따져볼 필요가 있다. 임상적인 개별사실들에 대한 정신분석의 경험은 그에 대해 대답할 수 있다. 인간의 사회적 합목적적인 활동은 상징적인 의미를 지닐 수 있지만 그래야만 하는 것은 아니라는 것을 정신분석의 경험은 나타내 준다. 가령 꿈속에서 칼이나 나무가 나타날 때 이것은 남성 성기 상징일 수 있지만 반드시 그렇지는 않다. 그것은 실제의 칼이나 실제의 나무를 나타낼 수도 있다. 그리고 만약 그것이 꿈속에서 상징으로 나타나면, 그 때문에 결코 합리적인 의미를 배제하지 않는다. 왜 남성 성기가 가령 막대기가 아니라 나무나 칼로 표현되는지 하는 질문을 분석적으로 추적하면, 우리는 많은 경우 그에 대한 합리적인 이유들을 발견한다.

색정증 여성 환자는 칼을 가지고 자위를 했는데, 이 칼은 의심할 필요 없이 남성 성기를 상징했다. 그러나 칼을 선택한 것은 그녀의 어머니가 언젠가 그녀에게 칼을 던졌고 그것으로 그녀가 상처를 입었다는 사실에 근거하였다. 자위행위에서는 그녀가 칼로 자해해야 한다는 생각이 지배하였다. 나중에는 비합리적인 이 행위는 처음에는 매우 합리적이었다. 즉 그것은 성만족에 기여했다. 이러한 사례들에서 관찰의 순간에 비합리적인 것처럼 나타나는 모든 것이 한 때 합리적인 의미를 지녔다는 것을 우리는 알며, 임의의 다른 사례들에서 그렇다는 것을 보일 수 있다. 모든 증상은 그 자체로는 비합리적일지라도 발생원인을 분석하여 따라가 보면 의미와 목적을 지니고 있다. 이러한 관찰의 결론은 쾌락을 향한 합리적 노력에 기여하는 모든 유아적－충동적 행위는 억압의 운명이나 좀 비슷한 운명을 겪었을 때 비합리적 행위로 된다는 것이다. 따라서 합리적인 것이 일차적인 것이다.

가령 기계 건설을 생각한다면, 우리는 거기서 어떤 비합리적 요소들을, 무의식적으로 원망에 대한 상징적 만족을 발견한다. 승화 속에서는 유아기에 한때 합리적으로 만족을 향하던 충동의 힘이 교육에 의해서 그 처음의 목표로부터 벗어나 다른 목표를 향한다. 그러나 처음의 목표를 현실에서는 포기하고 환상 속에서 고수하는 그 순간에 처음의 목표를 향한 노력은 비합리적으로 된다. 충동이 승화 속에서 새로운 목표를 발견하면, 비합리적이게 된 낡은 노력은 새로운 합리적인 행동과 섞이고, 이제 그 행위의 비합리적인 근거로서 나타난다. 이것은 어린이가 지닌 성지식에 대한 충동이 나중에 예를 들어 산부인과 의사가 됨으로써 완성된다는 것에서 도식적으로 보일 수 있다.

제1국면 : 성지식에 대한 충동은 합리적으로 나체와 성기관의 관찰로 향해 있다. 합리적인 목표는 지식욕의 만족이다.

제2국면 : 직접적 실행의 거부. 충동은 만족을 잃고, 그 노력은 현실적인 사회적 존재와 관련해서 비합리적으로 된다.

제3국면 : 충동은 첫 번째 충동과 내용적인 연관을 지닌 새로운 활동을 발견한다. 해당 인물은 의사가 되고 다시 한번 어린이로서의 당시처럼 나체와 성기관을 관찰한다. 그러므로 그는 같은 것을 하고 있지만 그럼에도 다른 어떤 것을 하고 있다. 그가 동일한 것을 하는 한, 그의 활동이 아동기 상황과 관련되는 한, 그 활동은 현실적으로 의미나 목적이 없다. 그러나 그의 활동은 그의 현재의 사회적 기능과 관련되는 한 의미 있다.

그러나 그것은 어떤 활동이 합리적인가 비합리적인가를 결정하는 것은 바로 그 활동의 사회적 기능이라는 것을 의미한다. 어떤 활동의 성격이 합리적인 것에서 비합리적인 것으로 또는 그 반대로 변하는 것도 그 순간에 그 개인의 사회적 지위에 달려 있다. 진찰실에서는 의미 없는 의사의 동일한 행위가 그의 사생활에서는 가령 애정행위에서는 의미 있게 되며, 그의 직업적 일에서는 의미 있는 또 다른 행위가 그의 사적인 상황에서는 그 합리적 성격을 잃는다.

이러한 생각들 때문에 우리의 정신분석은 자신의 방법 덕택으로 개인의 사회적 활동의 충동적 뿌리를 드러낼 수 있고, 자신의 변증법적 충동이론 덕택으로 생산력이 개인에게 미치는 심리적 효과들을, 즉 이데올로기들이 '인간의 머릿속에서' 형성되는 방식을 자세히 밝힐 수 있다고 가정한다. 사회화된 인간의 심리학에 대한 정신분석의 파악은, 사회의 경제적 구조와 이데올로기적 상부구조라는 극점(이 극점의 인과관계를 유물론적 역사관이 전반적으로 파악해 왔는데) 사이에 일련의 매개 고리들을 삽입한다. 정신분석은 사회의 경제구조는 '인간의 머릿속에서' 이데올로기들로 직접 변하는 것이 아니며, 그때 그때의 경제관계들에 따라 다르게 표현되는 영양욕구가 훨씬 더 유연한 성에너지의 기능에 영향을 미친다는 것, 그리고 성욕구에 대한 이러한 사회적 작용들은 성욕구의 목표를 제한함으로써 승화된 리비도 형식으로 항상 새로운 생산력을 사회적 과정 안으로 옮긴다는 것을 보여줄 수 있다. 직접적으로는 노동력의 형식으로, 간접적으로는 성적 승화의 보다 고도로 발달한 형식들, 즉 종교, 도덕 일반, 특수하게는 성도덕, 학문 등의 형식으로 말이다.

이것은 정신분석이 바로 매우 특정한 그리고 자신의 적절한 지점에서 유물론적 역사파악상의 의미 있는 지위를 지닌다는 것을 의미한다. 즉 물질적 존재는 인간의 머릿속에서 생각으로 변한다는 맑스의 테제가 밝힌 심리학적 질문들이 시작되는 그 지점에서 말이다. 따라서 사회발전에서 리비도 과정은 이차적이고 사회발전에 의존하지만, 승화된 리비도가 노동력으로서 사용되면서 리비도 과정은 사회발전에 결정적으로 개입한다.[48] 그러나 만약 리비도 과정[49]이 이차적이라면, 우리는 오이디푸스 콤플렉스의 역사적 의미에 대해 질문해야 한다. 이미 우리들이 보았듯이 정신분석은 모든 정신 과정을 비록 무의식적일지라도 변증법적으로 파악하며, 오이디푸스 콤플렉스만이 정신분석이론에서 움직이는 현상들 가운데에 정지점인 것 같다.

48 (1934) 위 문단은 본질적으로는 여전히 타당하지만, 오늘날의 지식 상태에 따르면 너무 원시적이고 불명확하다. 생산력, 그 에너지 핵심에서 "노동력"이 인간의 성경제, 즉 발달하고 있는 자신의 리비도를 고려하는 운명이란 문제를 이룬다는 것은 더 이상 의심할 여지가 없다. 경제주의적 맑스주의자들이 이것을 노동에 대한 모욕으로 보는 것 같으며, 이러한 가능성을 격렬하게 거부하고, 그렇게 함으로써 맑스주의자들이기를 그만둔다는 것은 마찬가지로 의심할 여지가 없다. 그러나 우리는 노동력의 구조적이고 역동적인 구성에 관해서는 아직 알려진 게 거의 없다는 것을 덧붙여야 한다. 비록 이 질문이 사회주의적 문화혁명과 이른바 "인간계획"의 핵심문제임에도 불구하고 말이다. 인간계획은 경제계획이 인간생활에 구조적으로 정박되려면 경제계획에 뒤이어 이루어져야 하는 계획이다.

49 (1934) 여기서 강조는 "과정"에 있다. 모든 생산에 앞서 성 생활에너지가 살아 있는 추동력으로서 현존한다는 사실은 자명하다.

여기에는 두 가지 이유가 있을 수 있다. 오이디푸스 콤플렉스는 인간의 본성에 주어진 변하지 않고 변할 수 없는 사실로서 비역사적으로 파악할 수 있다. 그러나 현재의 오이디푸스 콤플렉스가 근거하고 있는 가족 형식이 사실 수천 년 동안 상대적으로 변하지 않은 채 유지되어 왔다는 두 번째 이유가 있을 수 있다. 가모장제 사회에서의 오이디푸스 콤플렉스를 둘러싼 말리노프스키[50] (Malinowski)와의 논쟁 속에서 오이디푸스 콤플렉스는 모든 것의 "토대"(fons et origio)라고 말한 존스[51](Jones)가 첫 번째 견해를 지닌 것 같다. 이 견해는 확실히 잘못되었다. 왜냐하면 어린이와 그 부모의 오늘날 발견된 관계를 영원하고 모든 사회에 동일하게 존재한다고 설정하는 것은 사회적 존재가 변할 수 없다는 견해와만 일치할 수 있기 때문이다. 오이디푸스 콤플렉스를 영원하다고 하는 것은 오이디푸스 콤플렉스에 근거하고 있는 가족 형식을 절대적이고 영원한 것으로 파악하는 것이며, 이것은 인간은 본성상 오늘날 우리에게 나타나듯이 항상 그래왔다는 생각과 일치할 것이다. 오이디푸스 콤플렉스는 모든 형식의 가부장제 사회에 적용된다고 가정할 수 있지만, 말리노프스키의 연구에 따르면 가모장제 사회에서 어린이와 부모의 관계는 아주 달라서 그것을 거의 같은 이름으로 부를 수 없다.

말리노프스키에 따르면 오이디푸스 콤플렉스는 사회구조와 함께 변하는 사회적 조건에 좌우되는 사실이다. 오이디푸스 콤플렉스는 사회주의 사회에서는 사라져야 한다. 왜냐하면 오이디푸스 콤플렉스의 사회적 기반

---

50 *Sex and Repression in Savage Society*, London, Kegan Paul.

51 Ernest Jones, *Inage*, 1928.

인 가부장적 가족이 사라져 자신의 존재이유를 잃어버리기 때문이다. 어린이의 의도적인 공동육아[공동교육]는 오늘날 가정에서 실존하고 있는 것과 같은 정신 태도들의 형성에는 아주 불리하고, 어린이들의 상호관계와 양육한 사람과의 관계는 훨씬 더 다면적이고 역동적이어서, 어머니를 욕망하고 경쟁자로서 아버지를 파괴하기를 바란다는 특정한 내용을 가진 오이디푸스 콤플렉스는 그 의미를 잃을 것이다. 원시시대에 존재했던 실제적인 근친 성관계를 오이디푸스-"콤플렉스"로 묘사할지, 아니면 금지된 근친 성관계원망과 현실의 아버지와의 경쟁을 위해 그 명칭을 보존할지를 규정하는 문제만이 남아 있다. 이것은 근본적인 정신분석 명제의 타당성은 어떤 일정한 사회형태에 제한된다는 것을 의미할 뿐이다.

그러나 그것은 동시에 오이디푸스 콤플렉스는 최소한 그 형식에 있어서는 사회적 조건에, 최종적으로는 경제적 조건에 달려 있는 사실들이라고 성격 규정하는 것을 의미한다. 일치하지 않지만, 민족학자들 사이에서는 성억압의 유래에 관한 질문은 아직 해결할 수 없다.[52] 프로이트는 『토템과 터부』에서 다윈의 원-무리(Urhorde)이론에 기대어 오이디푸스 콤플렉스를 성억압의 원인이라고 파악한다. 그러나 여기서 분명히 가모장제 사회를 충분하게 고려하지 않는다. 바호펜(Bachofen), 모간, 엥겔스식의 연구 관점에서는 그것과는 반대로 오이디푸스 콤플렉스 내지는 그것의 기초를 이루는 가족 형태를 언젠가 개시된 성억압의 결과로 파악할 수 있다는 것을 보여준다. 아무리 그렇더라도, 정신분석이 자신이 정신

52 (1934) 싱익입의 사회적 기원에 관한 유용한 피악이 그동안 이루어졌다. 나의 책 *Dor Einbruch der Sexualmoral*, 1934를 보라.

생활에서 발견해 온 변증법을 오이디푸스 콤플렉스 때문에 부정하기로 한다면, 사회분야와 교육학 분야에서의 더 넓은 연구 가능성들을 확실히 잃을 것이다.[53]

4. 정신분석의 사회적 위상

정신분석을 사회학적 관찰의 대상으로 삼는다면 우리는 다음과 같은 질문들을 제기하게 된다.

(1) 정신분석은 사회의 어떤 사실들에 힘입어 탄생했는가? 또 정신분석은 어떤 사회학적 의미를 지니는가?

(2) 오늘날의 사회에서 정신분석의 위상은 어떠한가?

(3) 사회주의에서 정신분석은 어떤 과제를 지니는가?

(1)에 대해서

다른 모든 사회현상과 마찬가지로 정신분석도 사회발전의 일정한 단계에 묶여 있다. 즉 정신분석은 자신의 존재조건을 생산관계의 일정 수준 속에 지니고 있다. 정신분석은 맑스주의와 마찬가지로 자본주의 시대의 산물이며, 단지 맑스주의보다 사회의 경제적 기반과 직접적인 연관을 가지

53 (1934) 이러한 파악은 그 이후 정당하다고 증명되어 왔다. 정신분석적 교육학은 부르주아 분석가의 두 가지 세계관적 제한에 의해서 그 발달이 저지된다. 첫 번째, 성억압의 제거와 어린이 및 청소년의 부르주아적 성 금지 사이의 모순에 대처하기를 거부함으로써. 둘째 자녀-부모 갈등에 대한 생물학적 파악을 통해서.

고 있지 않다. 그러나 간접적인 관계들을 분명히 증명할 수 있다. 정신분석은 사회화된 인간이 살고 있는 문화적이고 도덕적인 관계들에 대한 하나의 반응이다.

여기서는 무엇보다도 교회의 성이데올로기들에서 발전한 성관계들이 문제가 된다. 19세기 부르주아 혁명은 봉건적 생산양식을 대부분 쓸어버리고 종교에 반대하는 자신의 자유주의 사상과 자신의 도덕률을 가지고 나타났다. 그러나 종교적 도덕과의 결별은 예를 들면 프랑스에서는 프랑스 혁명 시대에 이미 시작되었고, 부르주아지는 일반적으로 교회의 도덕과 대립되는 새로운 도덕과 특수하게는 성도덕의 새싹을 자신 안에 지니고 있는 것 같았다. 부르주아지는 일단 자신의 권력과 자본주의 경제가 굳어지자 차츰 반동적으로 되고 그 사이에 생겨난 프롤레타리아트를 진압하는 데 사용하고자 교회를 다시 받아들였듯이, 또한 약간 다른 그러나 근본적으로는 변하지 않은 형태로 교회의 성도덕을 받아들였다. 감각성의 억압, 일부일처 결혼, 젊은 여성의 정절, 그에 따른 남성 성의 파편화, 이 모든 것은 이제 새로운 경제적 의미를, 암울한 자본주의적 의미를 지니게 되었다.

봉건주의를 전복했던 부르주아지는 봉건적인 생활주거와 문화적 욕구를 상당 부분 넘겨받았고, 자신의 고유한 도덕률에 의해서 '인민'에 반대해 스스로 갇힘으로써 성욕구를 점점 더 제한하였다. 부르주아 계급에서 성자유는 경제적 이유 때문에 결혼에 이르기 전에는 완전히 제한되었다. 젊은 남성들은 자신들의 감각적 성만족을 위해서 프롤레타리아트의 여성들과 소녀들을 찾는다. 그러므로 부르주아 소녀들에 대한 순결성의 강조는 이데올로기적인 계급대립 때문에 더욱 강화되고, 이중적인 성도덕이 자본주의적 바탕 위에서 생겨난다. 이중순환에서처럼 이중적 성도덕은 남성의 성을 파괴하고 여성의 성을 말살하도록 작용한다. 여성들은 그 결과 결혼해서도 속으로 "정숙[순결]한 채", 즉 불감증이고, 정말 거부한 채 있을 것이다. 이것이 다시 이중적 도덕을 굳히며, 남성은 자신의 계급의식에서는 경멸하는 프롤레타리아 여성에게서 만족을 찾으러 나서며 혼외 '품행'을 과시하도록 강요받는다.

남성은 자신의 아내에 대해서는 속으로는 반역하면서 겉으로는 그 반대를 보이며 자신의 이데올로기를 아들과 딸에게 옮겨놓는다. 그러나 지속적인 성억압과 성폄하는 결혼제도와 성도덕 이데올로기를 파괴하는 요소로 변증법적으로 변한다. 우선 부르주아 도덕의 붕괴의 첫 번째 단계로 정신질환이 퍼지게 된다. 공식 과학은 스스로 성억압에 잡혀서 성을 연구대상으로서 경멸하고, 나날이 긴급해지고 있는 이 질문에 더욱 강하게 파고드는 작가들과 시인들을 경멸의 눈초리로 바라본다. 공식 과학은 정신질환, 히스테리, 그리고 일반적 신경증의 지속적인 증가를 '상상물'이라고, '과로' 탓이라고 풀이한다.

19세기 말에 도덕에 사로잡힌 과학에 반대하는 반응으로 그리고 부르주아 도덕의 붕괴의 두 번째 과학적 국면의 표시로서, 부르주아 계급 자체 안에서 한 사람의 과학자가 나타나, 근대의 신경증 상태는 문화적 성도덕의 결과이며[54] 일반적으로 신경증은 그 특수한 본성상 과도한 성제한에서 생겨난다고 주장한다. 이 과학자, 즉 프로이트는 학문적으로 비난당하고

---

54 Freud, "Die 'Kuturelle' Sexualmoral und die moderne Nervosität", 더욱이 신경증 이론에 관한 그의 글들.

배척당하고 협잡꾼으로 몰린다. 그는 자신의 입장을 완전히 홀로 지키며 수십 년이나 넘게 오랫동안 알려지지 않은 채 있다. 이러한 시대에 정신분석은 태어나 학문[과학]뿐만 아니라 전체 부르주아 세계를 놀라고 화나게 한다. 왜냐하면 정신분석은 많은 보수적 이데올로기들(종교, 도덕 등)[55]이 자리잡고 있는 성억압의 바로 그 뿌리를 흔들기 때문이다. 정신분석은 부르주아 진영 자체 속에서 부르주아 이데올로기에 반대하는 혁명운동의 다른 신호들이 나타날 때에 사회적 존재로 드러난다.

부르주아 청년들은 부르주아적인 부모 집에 대항하고 자신들의 '청년운동'을 창조한다. 그것의 감춰진 의미는 성자유에 대한 추구이다. 그러나 이 청년운동은 프롤레타리아 운동과 연계를 가지고 있지 않기 때문에, 자신의 목표를 부분적으로 이룬 뒤에는 의미가 없어져 해체된다. 자유주의적인 부르주아 신문의 논조는 교회의 후견[보호]에 더욱 집요하게 반대한다. 부르주아 문학은 도덕적 질문들에 더욱 자유로운 입장을 띠기 시작한다. 그러나 이 모든 현상의 일부는 정신분석이 나타남에 따른 것이며 일부는 그보다 앞선 것도 있지만, 사태가 정말 진지해지자마자 사라져 버린다. 아무도 질문을 끝까지 생각하고 결론을 끌어내려고 감행하지 않는다. 경제적 이해가 여전히 앞서 가고 정말 부르주아적 자유주의와 교회 사이

55 (1934) 프로이트 자신은 종교에 관해서만 이 견해를 받아들였고 도덕에 관해서는 받아들이지 않았다. 프로이트는 자신이 만난 저항을, 저항을 제공하는 사람들의 억압과 유아적 콤플렉스 탓으로 돌렸다. 그것은 옳지만 가장 덜 중요한 측면이다. 프로이트의 무의식 · 유아성욕 등의 이론에 가장 격렬하게 대립했고 여전히 대립하는 사람들은 그들이 비록 맑스주의자일지라도 사회적으로 반동적인 이해를 지닌 실행기관들로서–상당히 무의식적으로–행동하고 있다. 성억압은 계급지배에 기여한다. 성억압은 피지배자들 속에 이데올로기적으로 그리고 구조적으로 재생산되어 억압 일반의 가장 강력한 그러나 아직 인정되지 않는 힘을 형성한다. 프로이트가 부르주아 사회의 이데올로기적 장치의 지속하는 실존에 치명적인 위협을 나타냈기 때문에 부르주아 사회는 프로이트에 저항하였다. 프로이트 자신은 이러한 근거를 결코 인정하지 않았다. 정말 그는 다른 사람들이 그것을 지적하였을 때 불쾌해 했다. 성경제학은 정신분석의 대표자들이 그것을 거부하는 곳에서 정신분석의 기능을 사회적 측면에서 채택한다.

에 동맹이 이루어진다.

맑스주의가 사회학으로 경제적 살림의 법칙과 소수에 의한 다수의 착취에 대한 의식화[인식]의 표현이었듯이, 정신분석은 사회적 성억압의 의식화[인식]의 표현이다. 이것이 프로이트의 정신분석의 주요한 사회적 의미이다. 그러나 거기에는 하나의 본질적인 차이가 있다. 하나의 계급이 착취하고 또 다른 계급이 착취당하는 반면 성억압은 두 계급을 포괄하는 현상이다. 인류사의 관점에서 역사적으로 성억압은 하나의 계급에 의한 또 다른 계급의 착취보다 훨씬 오래되었다. 그러나 성억압은 두 계급에서 양적으로 같지는 않다. 프롤레타리아트가 처음 분화되는 시대, 즉 자본주의의 개화기에는 『자본론』에서 맑스의 설명과 『영국에 있어서 노동자계급의 상태』에서 엥겔스의 설명으로 판단한다면, 프롤레타리아트 속에서 성의 제한 내지 억압은 없는 거나 마찬가지였다.[56]

프롤레타리아트의 성형식은 가령 오늘날 여전히 "룸펜 프롤레타리아트"의 사회적 지위처럼 황량한 사회적 지위에 의해서 특징지워지고 영향받는다. 그러나 자본주의 발전과정에서 지배계급이 자신의 고유한 생활과 이윤을 추구하는 사회정책적인 조치들을 취하고 '복지'를 실천하기 시작함에 따라, 프롤레타리아트의 이데올로기적인 부르주아화가 시작되었다. 그리고 이것은 오늘날 더욱 더 증가하는 것으로 파악된다. 그러므로 성억압의 효과들은 프롤레타리아트에게 널리 퍼지지만, 가령 쁘띠부르주아지에서처럼

56 (1934) 이 정식화는 교정이 필요하다. 성억압이 프롤레타리아트에게서 없지 않다. 다양한 사회적 상황 때문에 다르게 주어져 있다. 또한 이것에 대해서 우리가 너무 적게 알고 있다. 프롤레타리아 어린이는 상당한 성자유를 즐기며 동시에 가장 엄한 성억압을 겪는다. 이것은 쁘띠 부르주아적 구조와는 근본적으로 다른 특별한 구조를 창조한다.

그러한 차원에 이르지는 않는다. 쁘띠부르주아지는 교환보다 더 교환적이며 대 부르주아지 자신이 하는 것보다 더 강하게 자신의 모형인 대 부르주아지의 도덕적 이상을 따른다. 그런데 대 부르주아지는 오래 전부터 이미 속으로 자신의 도덕을 버렸다.

그렇다면 부르주아 사회에서 정신분석의 운명은 성억압에 대한 또는 성억압의 지양에 대한 부르주아지의 태도라는 문제와 관련되어 있다.

(2)에 대해서

질문은 다음과 같다. 부르주아지는 상처입히지 않고 정신분석을 오랫동안 견뎌낼 수 있을까? 물론 정신분석의 발견[인식]들과 정식화들이 희석되지 않고 그 대변자들이 의식하지 못한 채 차츰 정신분석의 의미가 천박해진다고 전제하고서 말이다.

정신분석의 창시자 자신은 정신분석의 미래에 대해 결코 좋게 예언하지 않았다. 그는 세상은 자신의 발견을 견딜 수 없기 때문에 어떤 형태로든 자신의 발견을 뿌리뽑아 버릴 것이라고 믿었다. 그때 분명히 그는 절반인 부르주아 계급만을 생각하였고, 프롤레타리아트는 아직 정신분석에 관해서 아무것도 몰랐고 정신분석이 존재한다는 것을 알지 못했다. 프롤레타리아트가 정신분석에 대해서 어떤 태도를 취할지에 대해 아직 알 수 없지만, 우리는 부르주아 세계의 태도[입장]를 연구하기 위한 충분한 증상들을 가지고 있다.[57]

57 (1934) 경험은 의심할 여지 없이 "세상에 진출한" 일부 당관리들의 경우와 마찬가지로 부르주아적 왜곡을 겪지 않은 노동자들은 정신분석의 발견들에 대한 자연스런 이해를 보인다는 것을 이제 보여준다. 정신분석적 전문용어를 사용하지 말고 대중의 성생활에서 끌어낸 사실들에 관해서 분명한 언어로 말해야 한다.

정신분석을 거부한다는 것은 성억압의 사회적 의미와 직접적으로 관련된다. 그러나 부르주아 세계가 정신분석을 저주하지 않는다면 정신분석에 대해 어떻게 할까? 한편으로는 과학들, 무엇보다도 심리학과 정신의학이 있고, 다른 한편으로는 평범한 공중이 있다. 일찍이 프로이트가 농담 삼아 의구심을 표현한 것이 둘 다에 적용된다. 프로이트는 사람들이 정신분석을 보존하기 위해서 받아들일지 아니면 파괴하기 위해서 받아들일지 의문이라고 생각하였다.

제대로 분석교육을 받지 않은 사람의 손에서, 더 좋게는 그의 머릿속에서 사람들이 정신분석을 만난다면, 사람들은 그 속에서 프로이트의 작업을 다시 인정하지 않는다. 성에 관한 사실은 옳지만, 과장들…… 그리고 인간의 윤리는 어디에 있는가? 분석은 정말 옳지만…… 종합이 적지 않게 필요하다. 그리고 정말 프로이트가 자신의 성이론 위에 자아심리학을 구축하기 시작했을 때, 과학계 어디에서나 안도의 한숨을 들을 수 있었다. 결국 프로이트는 자신의 불합리한 것들에 제한을 가하기 시작하였고, 결국 인간의 "더 고도한 것"이 말해지고, 도덕이…… 그리고 오래지 않아 사람들은 "자아이상"에 관해서만 더 많이 말하는 것을 듣게 되고, 성은 전형적인 핑계가 외치듯이 "자명한 것으로 가정되었다." 사람들은 정신분석의 새로운 시대, 정신분석의 르네상스에 대해 말했다……. 정신분석은 한 마디로 사회적으로 받아들일 만한 것으로 되었다.[58]

독일에서 성-정치운동은 그 빠른 성공에 의해서 과학적 성이론의 정치적 힘을 증명하였다. '성정치운동의 역사', *Z.f.p.P.u.S.*, 1934를 참조.

58 (1934) 이것은 성이론의 점진적 포기(아들러, 융)에 의해 비극적으로 확인되어 왔다. 이러한 사태는 자세히 기술할 만하다. 정신분석 안에서도 성이론은 폐기되어 왔다.

광범위한 공중은 적지 않게 절망하고 오히려 한층 더 반발한다. 부르주아 성도덕의 중압 아래서 사람들은 정신분석을 음탕한 욕망을 만족시키는 유행하는 사건이라고 파악해 왔다. 사람들은 콤플렉스를 서로 분석하고, 찻집에서 오후의 차[점심밥과 저녁밥 사이에 마시는 가벼운 차]를 마시며 꿈 상징에 관해서 말하고, 최소한의 사실인식도 못하면서 성을 다루기 때문에만 분석에 대해서 찬성하고 반대하며 싸운다. 한 사람은 엄청난 '가설'에 대해서 열광한다. 다른 한 사람은 그에 못지않게 무지한데, 프로이트가 사기꾼이며 그의 이론이 비누거품이라고 확신한다. 그리고 대개 다른 사람들은 "더 고도한 것"이 있다고 하며 그때 '비판가'는 성에 대해서만 말한다. 미국에서는 정신분석을 위한 온갖 모임들과 토론 클럽들이 만들어지고 있다. 정세는 좋고 이용해야 한다. 사람들은 자신의 불만족스런 성을 살아가면서도 게다가 정신분석이라고 감히 부르는 이 올가미를 가지고 많은 돈을 번다. '정신분석'은 좋은 사업이 되었다. 정신분석 바깥에서는 사태가 그렇게 보인다.

그러면 안에서는? 분리[이탈]운동이 이어지고, 연구자는 성억압의 압력을 버텨내지 못했다. 융(Jung)은 분석이론 전체를 뒤집어서 그것을 성에 대해서는 더 이상 말하지 않는 하나의 종교를 만들어 냈다.[59] 마찬가지로 성억압 때문에 아들러(Adler)는 성은 권력의지의 한 현상형태일 뿐이라는 테제로 나아갔다. 그리하여 정신분석을 배척하고 윤리적 공동체의

59 (1934) 융은 나중에 정신분석 안에서 파시즘의 대변인으로 나섰다. 국제정신분석협회는 이러한 전개의 사회문화적 의미와 기원에 대해서 완전히 몰랐다. 오히려 협회는 그 전개가 드러나는 것에 저항한다. 정신분석 안에서 모든 이탈운동은 쟁점이 분석치료든(랑크, 스테켈) 이론이든(아들러, 융) 분석적 성이론과 분석자의 부르주아적 생활방식 사이의 모순에 뿌리박고 있는 증명할 수 있는 공통적인 특징을 지니고 있다. 이러한 사태는 정신분석의 사회적 중요성을 그대로 드러내기 때문에 철저한 논증이 필요하다.

근거로 만들었다. 한때 프로이트의 가장 유능한 제자의 한 사람이었던 랑크(Rank)는 리비도 개념을 자아심리학으로 희석시킴으로써 자신의 자궁이론과 탄생외상 이론에 이르렀고, 마침내 본질적인 분석적 발견[인식]들을 부정한다. 반복해서 성억압은 정신분석에 역효과를 미치고 있다. 다른 측면에서도 정신분석 서클들 자체 속에 있는 사람들은 더 부드러워지고 더 점잖아지고 타협하는 자신들의 작업 속에서 사회적 경제적 속박을 볼 수 있다. 프로이트의『자아와 이드』가 출판된 이후, 리비도에 관해서는 몇 년 동안 거의 말하지 않는다. 사람들은 신경증 이론 전체를 자아-용어를 통해 개작하려고 하며, 무의식적 죄책감의 발견이야말로 프로이트의 위대한 업적이며 이제야말로 진정하고 본질적인 것에 이르게 되었다고 공언한다.

전체 혁명 이론을 자본주의 사회의 인간에게 실천적으로 적용하는 것을 중요한 문제로 지니고 있는 신경증 치료에서, 부르주아 성도덕에 직면하여 타협하고 항복하는 경향이 가장 분명하게 나타난다. 분석가는 사회적 존재이기 때문에 오늘날의 성도덕(결혼, 부르주아 가족, 부르주아 교육)이 급진적인 분석적 신경증 치료와 양립할 수 없다는 것을 공공연히 말하지 못한다. 비록 한편에서는 가족관계가 비참하고 환자의 환경이 보통 그의 치유에 최대의 장애물이라고 인정되지만, 사람들은 이 사실로부터 결론을 끌어내는 것을 (명백히) 꺼려한다. 그러므로 현실원칙과 현실적응을 현실 유용성으로 해석하는 것이 아니라 많은 경우에 신경증을 만들어낸 동일한 사회적 압력에 완전히 복종하는 것으로 해석하는 일이 일어난다. 따라서 이러한 해석은 정신분석을 신경증 치유에 실천적으로 적용하는 데 불리하다는 것이 명백하다.

그래서 정신분석의 자본주의적 존재양식은 정신분석을 안팍으로 목졸라 죽이고 있다. 프로이트가 자신의 과학이 파괴되고 있다고 한 것은 옳지만, 우리는 거기에 부르주아 사회에서 라고 덧붙인다. 정신분석이 부르주아 사회에 적응하기를 거부한다면, 정신분석은 확실하게 파괴될 것이다. 정신분석이 부르주아 사회에 적응한다면, 맑스주의가 개량적 사회주의자들의 손에서 겪은 것과 같은 죽음, 즉 천박화에 의한, 무엇보다도 리비도 이론의 폐기에 의한 죽음을 겪을 것이다. 공식 과학은 정신분석과 계속 아무런 관계도 맺지 않으려고 할 것이다. 공식 과학은 자신의 계급 구속성으로 인해 정신분석을 받아들이지 못하기 때문이다. 정신분석의 보급에 대해서 낙관적인 그러한 분석가들은 크게 실수하고 있다. 바로 이러한 보급이 정신분석이 쇠퇴하기 시작한다는 징후이다.

정신분석이 희석되지 않고 적용되면 부르주아 이데올로기에 손상을 가하기 때문에, 그리고 더욱이 사회주의 경제는 지성과 성생활의 자유로운 발전을 위한 바탕을 만들 수 있기 때문에, 정신분석은 사회주의에서만 미래를 가진다.[60]

60 소련에서 정신분석은 발전할 수 없었다. 소련에서는 개인으로서 분석가들이 중요한 지위를 차지하고 있다는 하나의 두르러진 차이가 있지만 자본주의 나라들에서와 같은 어려움들을 만났다. 그러나 사회적으로 소련에서 정신분석은 발전하지 않은 채로 남아 있다. 이것은 아마도 소련지도자들이 성혁명과 문화혁명이 처해 있는 모순을 인식하지 못했거나 어쨌든 아직은 인식하지 못했다는 사실 때문이다. 이 전체 영역은 광범하고 문제로 가득 차서 질문이 뜨거운 것일지라도 더 이상 아무것도 그것에 관해서 여기서 말할 수는 없다. 내가 들은 것처럼 스탈린이 경제계획과는 반대로 소련에서 인간계획이 성공적이라고 묘사할 수 없다고 인정한다면, 이것은 우리의 모든 자료들과 발견들에 따르면 성적 재구조화가 없는 탓이라고 해야 한다. 나는 이 진술이 이떤 모욕을 불러일으킬지 알지만, 그리 멀지 않은 미래에 공중 앞에서 내가 제기할 수 있기를 바라는 이 문제에 대한 철저한 검토를 약속하는 것 이상을 이 단계에서는 할 수 없다.

(3)에 대해서

정신분석은 그 자체로부터는 어떠한 세계관도 발전시킬 수 없고 따라서 어떤 세계관도 대신할 수 없다는 것을 우리는 보아왔다. 그러나 정신분석은 가치 변이를 가져오고, 개별적인 것에 실천적으로 적용될 경우 종교와 부르주아 성 이데올로기를 파괴하고 성을 해방한다. 그러나 이것은 바로 맑스주의의 이데올로기 기능들이다. 맑스주의는 경제혁명과 유물론적 세계관에 의해서 낡은 가치들을 파괴한다. 정신분석은 심리학으로 같은 것을 하거나 할 수 있다. 그러나 정신분석은 부르주아 사회에서는 사회적으로 효과가 없는 것으로 남아 있을 것이 틀림없으므로, 완전한 사회혁명 뒤에야 비로소 이러한 효과를 달성할 수 있다. 많은 분석가들은 정신분석이 진화 과정에서 세계를 변형시키고 사회혁명을 대신할 수 있다고 믿는다. 그것은 경제적 정치적 존재에 대한 완전한 무지에 바탕한 하나의 유토피아이다.[61]

정신분석이 지닌 미래의 사회적 의미는 다음 세 가지 영역에 있는 것 같다.

1. 역사유물론의 틀에서 보조과학으로서 초기 인류사의 탐구 영역

원시역사는 신화와 민속적 풍습과 오늘날 살고 있는 원시인들의 관습에 응축되어 있는데, 방법론적으로 맑스주의 사회이론으로 접근할 수 없

61 (1934) 혁명의 완성 이후에만 정신분석이 하나의 사회세력으로서 효과적이게 될 수 있다는 견해는 극좌 경제주의적 맑스주의에 대한 단견적인 양보였다. 독일에서의 경험, 특히 개인생활을 성정치학을 통해 정치화하려는 첫 번째 시도에 모든 계급의 젊은이들이 신속히 반응한 것은 대중심리학적인 수단으로 성욕구와 도덕적 금지 사이의 모순을 푸는 것이 혁명적 작업에서 중요한 지렛대–문화정책에 관한 한 정말 중요한 지렛대–가 될 수 있다는 것을 보여주었다. 『파시즘의 대중심리』에서 성정치적 문제설정에 대한 묘사 참조.

다. 그러나 이 작업은 분석가들에 대한 사회학적이고 경제적인 철저한 훈련이 아주 근본적인 것이 되고 사회발전에 관한 개인주의적이고 관념론적인 파악[견해]이 포기될 때만 성공할 수 있다.

2. 정신위생 영역

이것은 사회주의 경제의 기반 위에서만 발전될 수 있다. 정신 가계[관리] 안에서 정돈된 리비도 경제에 대한 요구는 또한 정돈된 경제생활의 밑바탕 위에서 효과 있게 될 수 있으며, 이것은 부르주아 생활형식에서는 대중에게 완전히 배제되어 있고 그렇지 않으면 몇몇 특이한 개인들에게만 문제가 된다. 개인의 신경증 치료는 비로소 여기서 자신에 일치하는 활동범위를 찾아낼 것이다.[62]

3. 사회주의 교육 일반의 심리학적 기반으로서 교육 영역

어린이의 정신 발달에 관한 발견들 때문에 이 영역에서 정신분석은 없어서는 안 될 것으로 인정해야 한다. 교육학의 보조과학으로서 정신분석은 부르주아 사회에서 더 나쁜 것이 아니라면 불모한 것으로 비난받는다. 부르주아 사회에서는 이 사회를 위해서만 어린이들을 교육할 수 있으므로 다른 사회를 위한 교육은 이 사회에서는 실천적으로 환상에 불과하기 때문에, 사회혁명 전에 정신분석적 교육학은 부르주아 사회의 의미에서만 적용될 수 있다. 이 사회 안에서 사회를 바꾸려는 정신분석적 교육자들

62 (1934) 인간구조 형성에 대한 탐구는 최근 수년 동안 더욱 커다란 중요성을 획득해 왔다. 그 탐구 없이는 신경증의 예방에 대한 진지한 과학적 파악, 종교적 감정의 제거, 생산력으로서 노동능력의 계획적 발전을 획득할 수 없고, 사회주의적 경제체계를 구조적으로 정박시키는 의식적인 성취를 이룰 수 없다.

은, 침대 위에서 죽어가는 무신론적인 보험담당자를 방문하여 그를 개종시키려고 시도하다 결국은 보험을 들고 집으로 돌아간 신부와 같은 운명을 때마침 겪을 수 밖에 없다. 사회는 그 사회성원들 각자의 노력보다 더 강하다.

5. 역사연구에서 정신분석의 적용에 대하여

자연과학적 심리학의 과제는 심리적 구조 형성에 대해 탐구하는 것이다. 심리적 과정의 역동성 및 경제[조직]를 파악하고 나타내는 데 필요한 방법들을 처리하는 심리학만이 그 자체로서 문제가 될 수 있다. 변증법적 유물론과 정신분석의 관계에 대한 나의 작업에서[63] 나는 정신분석은 변증법적-유물론적 심리학이 발전해 나올 수 있는 배아[싹]임을 증명하려고 하였다. 자연과학자들의 부르주아 세계관은 그들의 고유한 분과학문에서 왜곡들과 잘못된 근본관점들로 이끌어 가는 경향이 있으므로, 변증법적-유물론적 심리학의 모든 시도에 앞서 방법론적 비판을 해야 한다.

거기[나의 연구]서 나는 정신분석에서 사회학을 도출할 수 없다고 하였다. 왜냐하면 심리학의 방법이 사회과정의 사실들에 적용되면 반드시 형이상학적이고 관념론적인 결과들을 가져오고 실제로 그랬기 때문이다. 이 때문에 나는 '거친 사회학'을 하는 정신분석가들 쪽으로부터 심한 공격

---

*이 절은 1929년 초판에는 실리지 않았다. 1934년 2판에 라이히가 덧붙인 것이다.

63 Wihelm Reich, "Dialektischer Materialismus und Psychoanalyse", *Unter dem Banner des Marxismus*, 1929.

을 받았다. 그 당시에 어떤 심리학적 방법도 사회학적 문제들에 적절하게 적용할 수 없다는 것이 나에게는 분명했고, 다른 한편으로 이른바 인간의 '주체적 행위'나 이데올로기 형성이란 문제가 발생하자마자 사회학은 심리학을 포기할 수 없다는 것이 또한 분명했다.

내가 사회학에서 정신분석의 위상에 대해 규정하려 했던 예비정식을 마침내 발견했을 때, 사피르[64](Sapir)는 내가 모순적이라고 하면서 나를 비난하였다. 내가 전에는 정신분석을 사회학에 적용하는 것을 부정하였으나 다른 한편 정신분석에 특정한 위상을 부여하였기 때문에, 그러한 비난을 당하는 것은 어렵지 않았다. 나의 비판자들은 나보다 더 쉽게 자유로이 비판을 하였다. 어떤 비판자들은 냉담하게 자신들의 "정신분석적 사회학"을 사용했는데, 이것은 경찰의 존재를 대중의 처벌욕구로 설명할 수 있다[65]는 테제에서 마침내 승리를 구가한다.

다른 비판자들은 정신분석은 '관념론적' 분과학문이므로 그것에 대해 걱정하지 않는 것이 가장 좋다고, 문제를 밝히려는 어떠한 노력도 관심도 없이 단순하게 말하면서 복잡한 전체 문제를 무시하였다. 가령 사피르와 같은 많은 비판자들은 이런 주장을 하면서도, 정신분석이 많은 근본적 발견들을 해냈고 가장 훌륭한 성이론을 정립하였고 무의식과 성억압 그리고 그렇게 해서 심리적 과정 등을 발견했다고 동시에 인정함으로써 정말 스스로 모순에 빠졌다. 어떻게 관념론적 분과학문이 중요한 발견들을 해낼 수 있는가라는 나의 질문에 대해서 사람들은 물론 대답의 짐을 지고 있다

64 Sapir, "Freudismus, Soziologie, Psychologie", *Unter dem Banner des Marxismus*, 1929, 1930.

65 S. Laforgue, "Psychoanalyse der Politik", *Psychoanalytische Bewegung*, 1931. 이 글은 페니헬(Fenichel)로부터 방법론적 내용적 비판을 받았다(*Psychoanalytische Bewegung*, 1932).

[어떤 대답도 하지 않았다].

정신분석의 사회학적 의미에 관한 지금까지의 논의는 두 가지 대립하는 견해로 특징지워진다. 하나는 정신분석은 개인심리학으로서 사회문제들을 설명할 수 없다는 것이고, 다른 하나는 정신분석은 개인심리학일 뿐만 아니라 사회심리학이어서 결과적으로 사회적 사실들에 대해서도 아주 잘 설명할 수 있다는 것이다. 논의는 아무도 현실의 사실들에 대한 주장들을 다시 점검하려고 하지 않은 채 완전히 말만 무성한 채 있었다고 해야 한다. 내가 1929년에 정신분석적 방법을 사회문제들에 적용할 수 없다고 했을 때, 나는 정신분석 쪽에서 이루어진 사회학에의 정신분석 방법의 (맑스주의와 완전히 모순되고 오류라고 증명된) 적용에 바탕하였다. 정신분석이 사회학 안에서 말할 중요한 무엇인가를 가지고 있다는 것은 아주 분명하였다. 질문은 지금까지 생겨났던 부조리들을 어떻게 피할 수 있고, 내가 『맑스주의의 깃발 아래에서』에서 정신분석 방법을 사회학에 적용할 수 없다고 했지만 동시에 정신분석 방법의 예비적인 적용을 제안하였다는 것을 평가하기 위해서 어떠한 방법을 포함해야 하는지 하는 것이었다. 이것이 사피르가 나를 일관되지 못하다고 비난한 이유였다. 나는 다음과 같이 썼다.

"이러한 생각들 때문에 우리는, 정신분석은 자신의 방법 덕택으로 개인의 사회적 활동의 충동적 뿌리를 드러낼 수 있고, 자신의 변증법적 충동이론 덕택으로 생산력이 개인에게 미치는 심리적 효과들을 즉 이데올로기들이 "인간의 머릿속에서" 형성되는 방식을 자세히 밝힐 수 있다고 가정한다. 사회화된 인간의 심리학에 대한 정신분석의 파악은, 사회의 경제적 구조와 이데올로기적 상부구조라는 극점 (이 극점의 인과관계를 유물론적 역사관이 전반적으로 파악해 왔는데) 사이에 일련의 매개고리들을 삽입한다. 정신분석은 사회의 경제구조는 "인간의 머릿속에서" 이데올로기들로 직접 변하는 것이 아니며, 그때 그때의 경제관계들에 따라 다르게 표현되는 영양욕구가 훨씬 더 유연한 성에너지의 기능에 영향을 미친다는 것, 그리고 성욕구에 대한 이러한 사회적 작용들은 성욕구의 목표를 제한함으로써 승화된 리비도 형식으로 항상 새로운 생산력을 사회적 과정 안으로 옮긴다는 것을 보여줄 수 있다. 직접적으로는 노동력의 형식으로, 간접적으로는 성적 승화의 보다 고도로 발달한 형식들, 즉 종교, 도덕 일반, 특수하게는 성도덕, 학문 등의 형식으로 말이다. 이것은 정신분석이 바로 매우 특정한 그리고 자신에게 적절한 지점에서 유물론적 역사 파악상의 의미 있는 지위를 지닌다는 것을 의미한다. 즉 물질적 존재는 인간의 머릿속에서 생각으로 변한다는 맑스의 테제가 밝힌 심리학적 질문들이 시작되는 그 지점에서 말이다. 따라서 사회발전에서 리비도 과정은 이차적이고 사회발전에 의존하지만, 승화된 리비도가 노동력으로서 사용되면서 리비도 과정은 사회발전에 결정적으로 개입한다."

오늘날 나는 더욱 분명하게 정식화할 수 있으며 종교와 도덕을 충동의 승화로 주장하지는 않을 것이다. 그 당시에 나는 가령 중앙당이나 파시스트들을 지지하지만 통상적인 설득수단으로는 정치적 방향에 대해서 말을 건넬 수 없는 기독교도적 여성 노동자의 심리 구조는 공산주의적 여성 노동자의 심리 구조와는 다른 특정한 종류의 심리 구조를 가지고 있다는 단순한 사실(그 뒤 훨씬 더 높게 평가하게 된 사실)을 어렴풋이만 알고 있었다.

가령 아동기에는 부모에 대한 그리고 성장해서는 남편에 대한 그녀의 물질적 · 권위적 의존은 그녀로 하여금 그녀의 성요구를 억압하도록 강요하였고, 그 결과 그녀는 여성의 자기결정에 관한 공산주의적 구호를 전반적으로 이해할 수조차 없게 만든, 쉽게 증명할 수 있는 성격적인 불안과 성적 수줍음에 빠져들고 말았다. 더욱이 일정한 도를 넘거나 일정한 형식 속에서 만들어진 성억압은 교회 및 부르주아 질서에 강하게 묶여 있고 비판을 할 수 없게 만든다. 이러한 질문의 의미는 수백만의 그러한 여성들이 있다는 사실에서 나올 뿐만 아니라 더욱 중요하게는 그러한 생각을 "바보 같다"거나 "얼떨떨하다"거나 한 탓으로 돌릴 수 없고 오히려 지배질서에 유리하게 인간구조를 근본적으로 수정한 것에서 생긴다는 분명한 확인에서 나온다.

대중심리학의 이러한 그리고 이와 유사한 질문들의 실천적 폭에 비추어, 나는 사피르의 비판에 즉각적인 이론적 대답을 원하는 맑스주의자 친구들의 요구를 만족시킬 수 없었다. 이론적 논의들은 구체적인 실천적인 문제 위에 굳게 바탕하지 않는 한 효력이 없게 되는 경향이 있다.[66] 계급투쟁에 대해 정신분석이 지닌 의미에 관한 결정은 정치운동의 개별적 문제들에 바탕해서 내려야 했다. 그러한 방법은 정신분석에서 형이상학적 이론 비판과 관련해서 뿐만 아니라, 맑스주의적 역사연구에서 정신분석의 이론적 정돈[질서화]과 관련해서도 사실상 풍부한 것으로 증명되었다.[67]

사회학적 질문들을 심리학 방법으로 파악할 수 없다는 분명한 인식에

---

66 내가 듣기로는 그동안 사피르는 소련에서 더 이상 능력있다고 하지 않는단다. 그가 데보린(Deborin)의 학생이 되었고 그 이유로 관념론자가 되었기 때문이다.

67 이 문제에 대해서는 『파시즘의 대중심리』(1933)를 보라(Verl. f. Sexualpolitik, 1933).

서 이러한 정돈은 이루어져야 했다. 그러나 동시에 이러한 정돈은 정신분석의 발견들(방법이 아니라)을 통해 정치사에서 맑스주의 연구가 이데올로기의 형성 및 반작용 등과 같은 일정한 영역에서 더욱 풍부해질 수 있을 가능성은 충분히 열었다. 그러한 정돈은 사회학으로 훈련받지 않은 심리학자들이 사회학으로 가는 길을 막았고, 역사연구의 방법을 배우도록 강요하였다. 동시에 그러한 정돈은 경제학자가 계급의식에 대해 말할 때 자신 속에 있는 모순을 인식하지 않을 수 없게 하였다.

내가 사회학적 연구에서 정신분석을 배제한다는 나의 엄격한 관점을 수정했다고 오늘날 우리가 분석가들에게 말할 때, 나 자신은 대중현상을 정신분석적 '관점'에서 고찰하고 있기 때문에, 나의 대답은 1929년의 나의 작업[글]을 다시 읽으면 이것이 사실이 아님을 그들에게 확인하라고 요구해야 한다. 나는 거기서 다음과 같이 썼다.

> "정신분석의 고유한 대상은 사회 속에 있는 인간의 정신 생활이다. 대중들의 정신 생활은, 대중 속에서 개인적 현상이 일어나는 한에서만 (예를 들어 지도자라는 현상) 또는 정신분석이 두려움, 공포, 복종 등과 같은 '대중정신'의 현상들을 개인의 경험으로부터 설명할 수 있는 한에서만, 정신분석에게 흥미롭다. 그러나 계급의식이란 현상은 정신분석에게는 접근하기 쉽지 않으며 사회학에 속하는 (대중운동, 정치, 파업 등과 같은) 문제들도 정신분석 방법의 대상으로 간주되지 않는 것 같다. 그래서 정신분석은 사회이론을 대신할 수도 없으며, 사회이론이 정신분석에서 발전할 수도 없다."

지금까지 말해 온 바에 따르면, 위의 진술들은 전적으로 타당하며 약간 좀더 명확해졌을 뿐이라는 것이 분명할 것이다. 우리는 여전히 사회문제를 정신분석으로 해석할 수는 없다. 즉 사회문제들은 정신분석 방법의 대상일 수 없다. 계급의식에 대한 질문은 당시에는 분명하지 않았고, 그래서 나는 "마치 ……인 것 같다"라고 말했다. 이제는 좀 더 결정적인 정식으로 대처할 수 있다.

더 경험을 하면서 『맑스주의의 깃발 아래에서』의 글에서는 단지 암시했을 뿐인 것, 즉 계급의식 문제에 대한 심리학적 파악의 첫 번째 전제조건은 그 문제의 주체적 측면과 객관적 측면의 분명한 구분이라는 것이 드러났다. 더욱이 계급의식의 긍정적 요소들과 동력은 정신분석으로 해석할 수 없는 반면 계급의식의 발전을 저해하는 것은 비합리적인 원천에서 나오기 때문에 심리학으로만 이해할 수 있다는 것이 드러났다.

나의 비판자들은 그들의 판단에서 종종 너무 급했고 지금도 여전히 그렇다. 과학이 새로운 영역에 들어갈 때 사태를 전제없이 처음으로 새롭게 바라볼 수 있으려면 우선 많은 낡은 생각들을 버려야 할 것이다. 과학은 처음 정식화하는 데서 확실히 이런 저런 점들에서 잘못 표현하거나 정식화할 것이다. 그러므로 올바른 맑스주의 심리학을 발전시키기 위해서는 먼저 정신분석의 해석기법을 사회학 영역에 적용하려는 것을 중단해야 한다. 그런 다음에야 계급의식이란 문제설정에서 무엇이 합리적이고 무엇이 비합리적인지 결정할 수 있다. 즉 비합리적인 현상을 해석하는 데 어느 정도 여지를 줄 수 있는지를 결정할 수 있다.

하나의 예를 들어보자. 내가 혁명적 의지를 모든 경우에서 또한 사회학적 영역에서도 아버지에 대한 반항으로 해석한다면, 나는 즉각 정치적 반동의 이데올로기에 빠진다. 그러나 혁명 의지가 얼마나 합리적인 상황과 일치하는지, 그러한 혁명 의지가 없다는 것이 어느 정도 비합리적인지, 혁명 의지가 정말로 아버지에 대한 무의식적 반항과 어디에서 일치하는지 등에 대해 구체적으로 연구한다면, 나는 부르주아적인 '전제조건 없는' 과학을 절대적으로 가지고 내 자신의 진정한 과학적 작업을 수행하고 그럼으로써 정치적 반동에게 기여하는 것이 아니라 노동자계급 운동에 기여할 것이다. 왜냐하면 맑스주의 과학은 현실의 상호관계를 있는 그대로 밝히는 것일 뿐이기 때문이다.

역사 연구에서 정신분석의 위상을 정돈하는 데서 방법론을 또렷이 하는 것은 모든 연구결과에 대해 결정적으로 중요하다. 따라서 에리히 프롬(Erich Fromm)이 자신의 논문 「분석적 사회심리학의 방법과 과제에 대하여」[68]에서 진전시키고 있는, '변증법적 유물론과 정신분석'에서 내가 일찍이 인용한 정식화에 대해서 가하는 비판을 자세히 다루는 것이 중요하다. 프롬은 다음과 같이 쓰고 있다.

"종교와 대중적 관습에서 뿐만 아니라 정치와 교육에서 처럼 사회생활에서 그렇게 두드러지게 발생하는 비합리적 행위방식들의 비밀스런 의미와 원인을 정신분석의 수단들로 찾으려고 해야 한다…… 그것[정신분석]이 충동생활에서 무의식에서 인간행동의 이해를 위한 열쇠를 발견한다면, 정신분석은 또한 사회적 행위의 배경원인들에 관한 본질적인 것을 말할 자격이 있고 말

68 *Zeitschrift für Sozialforschung*, 1932, Heft 1-2.

할 수 있다고 해야 한다. 또한 '사회'는 정신분석이 개인 속에서 발견해온 것과는 다른 어떤 심리학적 법칙들에 종속될 수 없는 특이한 개인들로 이루어져 있기 때문이다. 그러므로 라이히가 정신분석을 개인심리학 영역에 한정하고 정치, 계급의식 등과 같은 사회현상에 정신분석을 적용하는 것을 원칙적으로 의문시할 때, 그것은 우리에게는 옳지 않은 것 같다. 어떤 현상을 사회이론 속에서 다룬다는 사실은 그 현상이 정신분석의 대상일 수 없다는 것을 의미하지 않는다. (물리학의 관점에서 연구하는 대상은 또한 화학의 관점에서 연구할 수 없다고 믿는 것은 잘못이듯이). 그것은 이 현상이 심리적 사실들의 현상에서 하나의 역할을 하는 한 심리학의 대상이며 특히 심리 현상들의 사회적인 배경원인들과 기능들을 확정해온 사회심리학을 위한 대상이라는 것을 의미할 뿐이다."

프롬은 아쉽게도 정신분석이 사회학적 연구에서 해야 하고 유일하게 할 수 있는 위상에 대해 내가 분명하게 정식화한 것(즉 물질이 어떻게 인간의 머릿속에서 생각들로 변형되는가를 보인 것)을 인용하지 않고 나의 결론만을 인용하였다. 정신분석만이 무의식 속에서 인간의 충동 반응들을 탐구할 수 있기 때문에, 정신분석이, 정신분석만이 가령 온갖 종류의 종교와 신비주의와 같은 비합리적인 행위방식을 설명할 수 있다는 것이 분명하다. 그러나 정신분석이 '경제적 요소들을 함께 고려할' 뿐만 아니라, 그렇게 비합리적으로 반응하는 무의식적 구조들 자체가 역사적인 사회경제적 과정을 통해 생겨났으며 따라서 어떤 경우에도 경제적 메커니즘들에 대립하는 무의식적 메커니즘 탓으로 돌릴 수 없고 사회적 존재와 인간의 반응양식 사이를 매개하는 힘들로 볼 수 있을 뿐이라는 것을 정말 진정으로 고려한다면, 정신분석은 올바른 방향으로 무의식의 충동 반응을 탐구할 수 있다.

그러나 프롬이 더 나아가 사회는 특이한 개인들로 이루어져 있기 때문에 정신분석은 "사회적 행위의 배경원인"에 대해 본질적인 것을 말할 수 있다고 주장할 때, 이것은 프롬 자신이 비난할 심리학의 오용에 새로이 문을 열어주는 부적절한 표현이다. '사회적 행위'를 사회생활에서 인간의 행동으로 이해하는 한, 개인행동과 사회적 행동을 의미 없이 대립시키는 것은, 사회적 행동이 아닌 행동은 없으므로 아무 의미도 없다. 백일몽 속에서의 행동조차 사회적 상황에 의해서 조건지워질 뿐만 아니라 대상들과의 환상적인 관계에 의해서 특징지워지는 사회적 행위이다. 그 점을 최종적으로 분명히 하기 위하여(최종적으로 바란다) 우리는 공식적인 정신분석적 사회학에 프롬의 비판을 확대해야 한다.

우리는 작은 섬세한 것들에 관해 말하고 있는 것이 아니라 아주 큼직한 문제들에 관해서 말하고 있다. 정신분석이 묘사해 왔고 다른 현상들 속에서 결정적으로 중요한 무의식적인 충동 메커니즘들이 인간행위에서는 거의 아무 역할도 하지 않는, 인간의 풍부한 사회적 행위가 있다. 중요한 것은, 은행 파산 후 소액저축가들의 행동이나 밀가격 폭락 이후 농민의 반란을 무의식적인 리비도적 동기들에서 혹은 아버지에 대한 반항에서 해석할 수 없다는 것이다. 그러한 사례들에서 심리학은 그 원인이나 배경에 대해 설명할 수 없고 그 행위의 효과에 대해서 유일하게 말할 수 있다는 것을 아는 것이 중요하다. 중요한 것은 자본주의는 인간의 항문－사디스트적 구조에 의해 설명될 수 없지만 이 구조는 가부장제의 성질서로 설명될 수 있다는 것이다. 그리고 사회는 특이한 개인들(그것은 하나의 무리일 것이다)로 이루어져 있을 뿐만 아니라, 개인들 사이에 그리고 개인들 위에서 행동하며 그들의 의지와 충동과는 완전히 무관한 생산관계들에 의해서 삶과 사상이 결정되는 다수의 개인들로 이루어져 있다.

물론 생산관계들은 결정적인 지점들에서 가령 우리가 나중에 다루게 될 경제체계의 이데올로기적 구조적 재생산에서 충동구조를 수정할 수 있다. 그러므로 우리가 배경원인들을 밝힐 수 있다고 말할 때, 어떤 배경원인들을 의미하는지 아주 또렷이 하는 것이 중요하다. 그리고 이것이 본질적인 것으로, 주류 '사회심리학'에서의 흐름들과 다른 점은 우리가 심리학의 한계와 의존성을 알고 있다는 것이다. 우리가 토대와 상부구조 사이를 매개하는 연결고리들만을, 인간과 자연 사이에 일어나는 '신진대사'만을 그 심리적으로 대표적인 형태로 밝힐 수 있다는 것을 알고 있다는 것이다. 그렇게 함으로써 우리가 또한 구조를 매개로 이루어진 생산관계들을 통해서 이데올로기가 토대에 반작용하는 방식을 밝힐 수도 있다는 사실은 결정적으로 중요한 부수효과이다.

그러한 정확한 경계를 긋는 것이 왜 그토록 중요한가? 여기서 경계선은 심리학을 사회적 영역에 관념론적으로 적용하는 것과 변증법적-유물론적으로 적용하는 것 사이에 있기 때문이다. 후자가 약속하는 성과는 다음으로 요약할 수 있는 가장 힘들고 신중한 결정을 할 만하다. 즉 우리는 정신 이외의 영역에 놓여 있는 인간행동의 배경원인에 대해서, 사회적 과정을 결정하는 경제적 법칙들과 충동기구를 지배하는 생리학 법칙들에 대해서, 즉각 형이상학과 친구관계를 맺지 않고는 아무것도 말할 수 없다.

이러한 구분에 직접 연결되어 있는 그 이상의 점들에서, 나는 나의 다른 파악[견해]들에서 프롬 및 다른 친구들과 대립할 수밖에 없다. 프롬은 내가 정신분석방법을 파업 등과 같은 사회현상에 적용할 수 있다는 것을 부정한 것이 잘못이라는 입장을 대표한다. 다른 친근한 맑스주의자들 쪽은 정신분석 방법은 그 근본특성에서 변증법적-유물론적이기 때문에 사회현상에 적용할 수 있다고 나와 대립해 왔다. 프롬 자신은 내가 나의 사회학적-경험적 작업들에서 나의 입장이 '환영할 만하게' 바뀌었다고 생각한다. 이것은 사실이 아니다. 나는 내가 전에 그랬던 만큼 이후에도 그리고 내가 이제 처음으로 명확히 정식화할 수 있는 다음 이유로 정신분석 방법을 사회적 사실들에 적용하는 것을 피했다.

우리가 유물변증법의 방법을 가지고 사회현상을 연구한다는 것은 사실이다. 정신분석이 변증법적-유물론적 연구방법이라는 것은 사실이다. 그러므로 추상적인 논리학자는 정신분석 방법을 전혀 해치지 않고 사회현상에 '논리적으로' 적용할 수 있다고 생각해야 하고 할 것이다. 이 점에서 나의 친구들은 무의식적으로 추상적인 관념론적-논리적 사고에 빠진다. 추상논리의 법칙에 따르면 그들은 옳다. 변증법적 법칙에 따르면 그들은 심각하게 잘못하는 것이다. 견강부회? 아니, 가장 단순한 사실적 문제이다. 즉 변증법적 유물론의 방법은 우리가 그것을 적용하는 어디에서나 정말 하나의 한결같은[통일적인] 방법이다. 대립물의 통일, 양의 질로의 전화 등의 명제는 어디에서나 통용된다. 그럼에도 유물변증법은 화학에서 다른 것인 것처럼 사회학에서 다른 것이고 그리고 다시 심리학에서 다른 것이다. 연구방법은 미해결인 채 있는 것이 아니라 그것이 적용되는 대상의 특수한 본성 속에서 결정되기 때문이다. 바로 여기서 사유와 존재의 통일이란 명제가 올바르다는 것이 드러난다. 따라서 사회학 방법의 유물론적 변증법의 특수한 사례를 심리학 방법의 다른 특수한 사례와 서로 바꿀 수 없다.

사회학적 질문들을 심리학 방법으로 정확하게 풀 수 있다는 입장을 대변하는 사람은 의도하든 안 하든 자본주의를 화학분석의 방법으로 설명할 수 있다는 입장을 지닌다. 이러한 논증은 사회적 사실에 대한 정신분석 방법의 타당성을 인정하는 것과 같은 것일 것이다. 왜냐하면 사회적 과정은 의심의 여지없이 인간 뿐만 아니라 물질과도 관련하기 때문이다. 그러면 두 말 없이 심리학으로 연구할 수 있다면, 화학으로는 왜 연구할 수 없는가? 이 사례에서 프롬의 입장을 계속 쫓아가면 그의 입장이 어디로 갈 것인지를 알게 된다. 사회학에서 분석가들이 분석 방법에서 이탈하기 때문에 사회학 영역에서 잘못된 성과에 이른다고 말할 때, 프롬은 잘못을 저지르고 있다. 아니다. 분석가들은 가령 자본주의적 조직들이나 일부일처적인 조직들과 같은 사회 현상들에 유의미한 심리적 내용의 해석방법을 적용하는 데서, 심리 현상을 무의식적인 충동 메커니즘으로 환원하는 데서 완전히 일관되어 있었다. 그리고 사회는 프로이트가 『문명과 불안』에서 가정하듯이 정신도, 무의식도, 충동도, 초자아도 가지고 있지 않기 때문에, 이것이 정확히 그들이 실패한 이유이다.

프로이트의 그 책에서 유물론적 변증법의 모든 특수한 적용이 달려 있는 실제적 사실들은 사실들이 객관적으로 발생하지 않는 다른 종류의 과정들로 전화되었고, 그와 더불어 엉터리 같은 일이 생겨났다. 프롬이 가정하듯이 동일한 대상을 화학으로 그리고 물리학으로 동시에 연구할 수 있다고 하는 것은 옳지 않다. 물리학이 화학적 조성을 결정할 수 없고 화학은 낙하속도를 결정할 수 없다. 변증법적-유물론적인 다양한 방법을 가지고 동일한 대상의 다양한 속성이나 기능을 연구한다. 정확히 동일한 것이 사회학에 적용된다. 어떤 잘 알려진 유형의 과학적 사기꾼들만이 동일한 사회적 사실을 심리학으로 그리고 사회학·경제학으로 설명할 수 있다. 그것은 일치법을 가지고 절충주의를 연구하는 것이며, 거기서 이러한 기능들의 상호조정과 상호의존을 밝히는 것이며, 변증법적 유물론의 적용이다. 사회심리학이 "심리적 현상의 사회적 배경원인과 기능"을 연구한다고 프롬이 말할 때 그것은 틀렸다.

하나의 사례를 들어보자. 종교, 도덕 등의 사회적 배경과 기능은 계급관계, 즉 노동자와 자본가 간의 생산관계의 사회학적-경제적 기능이며, 이 생산관계는 생산수단의 사적 소유에 의해, 노동력 상품의 사용가치와 교환가치 사이의 차이에 의해, 즉 사회학적 범주들에 의해 결정된다. 지배계급이 채택한 경제정책의 결과로 이러한 생산관계는 사회성원들의, 특히 피지배계급의 심리적 구조에 정박하게 된다. 그 속에서 가령 가족, 그 다음에 학교, 교회 등과 같은 특수한 제도들의 도움으로 그 구조를 수정하며, 그것을 항상 전형적인 방식으로 반응할 구성체 속에 주조해 넣는다. 우리는 이제 하나의 사회심리학적 현상에, 가령 일차적으로 경제적 관계에 근거하고 이차적으로 비합리적인 정서적 태도에 근거한, 복종 더하기 권위에 대한 반항이라는 부자관계의 이중성에 직면한다. 공식적 정신분석학의 견해에 따르면, 이러한 감정적 관계가 부자관계를, 따라서 자본가와 노동자 사이의 권위적 관계라는 현상을 창조한다. 반면에 사실 이러한 권위적 관계는 감정적 관계 이전에 계급관계에 근거해 있다.

사회학적-경제적 방법을 가지고 연구한다는 것은 계급관계를 드러내는 데 이른다. 정신분석의 방법을 가지고 연구한다는 것은 계급관계의 파생물을 밝히는 데, 즉 사회적 기능들을 밝히는 것에 이르는 것이 아니라 그 기능들의 심리적 정박을 밝혀주는데 이른다. 그러나 반대로 나아가 보면, 두 가지 다른 계급에 속하는 다양한 개인들 사이의 관계를 마치 같은 사람 안에 있는 두 가지 심리적 층위처럼 다루면, 그 때 타고난 특수한 악한이 아닐지라도 부르주아지는 초자아이고 프롤레타리아트는 사회적 유기체의 이드이며 부르주아지는 이드를 통제하는 초자아의 기능을 충족시킬 뿐이라는 (어떤 지도적인 분석가가 한 때 나에게 표출했던) 견해에 이를 수밖에 없다. 라포르그[Laforgue, 1860~1887. 우루과이 태생의 프랑스 시인. 염세감(厭世感)에 젖어 불교 사상에도 접했던 데카당파의 대표적 시인이다.]는 마음으로부터 친절한 사람이지만 그럼에도 경찰의 존재는 대중의 처벌욕구에서 설명된다고 결론지을 수밖에 없었다고 나는 확신한다. 왜냐하면 심리학 방법을 가지고 그는 경찰의 심리와 그것의 피지배계급에 미친 효과를 검토하는 대신에 사회제도로서 경찰을 연구하였기 때문이다.

수많은 경험적-사회학적 연구에서 나는 정신분석의 성과들을, 적용된 방법에 대한 질문들을 전문적으로 다루지 않은 채 사회학에 적용해 왔다. 하나의 예를 들어 그러한 질문에 대해 설명해 보자.

파업은 사회발전의 자본주의적 국면에서 일어나는 사회학적 현상이다. 맑스주의 사회학은 가령 노동자들과 자본가들 사이의 생산관계들과 노동력 상품이 다른 상품처럼 생산수단 소유자에 의해 구매되고 사용되는 자본주의적 경제법칙을 연구함으로써 파업에 이르는 과정을 연구한다. 맑스주의 사회학은 경쟁이 기업가로 하여금 이윤율 등을 높이기 위해서 임금 축소를 강제하는 다른 경제법칙들을 찾아낸다. 그러나 이러한 파업은 해당 노동자들의 의지와 의식을 통해서 이루어진다. 즉 사회학적 사실은 특정한 방식으로 심리적으로 표현된다. 그러므로 심리학은 그 문제에 대해서 말할 어떤 것을 가지고 있음에 틀림없다. 그러나 어떻게? 그것은 심리학이 무엇을 말해야 할지에 달려 있기 때문이다.

파업에 참여하고 있는 하나 혹은 몇몇 노동자들의 의식에 대한 정신분석은 사회적 현상으로서 파업에 대해서나 파업의 '배경원인'에 대해서 아무것도 말할 수 없고, 노동자들을 파업에 참여하도록 움직이게 한 동기들에 대해서는 훨씬 더 아무것도 말할 수 없다는 것을 즉시 알게 된다. 우리가 이들 노동자들이 공통으로 가지고 있는 것을 파악하고 사회심리학을 실천한다고 할 때조차, 왜 파업이 일어나는지에 대해서 아무것도 말하지 못할 것이다. 달리 말해서 사회심리학은 파업을 전혀 설명하지 못한다. 노동자들과 그들의 아버지나 어머니 사이의 유아적 갈등들을 밝혀내는 것은 현실의 파업과는 아무 관련이 없다. 그것은 부모와 아이 사이의 갈등과 파업이 생겨나는 공통적인 역사적 – 경제적 토양(자본주의적 혹은 사경제적 사회구조)과 어떤 관련이 있을 뿐이다. 그리고 이것이 바로 우리가 진정으로 파악해야 할 것이다.

그러나 노동자들에 대한 분석에서 찾아낸 것을 '파업' 현상을 설명하기 위해 사용하려고 한다면, 파업은 아버지에 대항한 반란이라는 결론을 피할 수 없다. 이러한 결론에 이르는 데서 '파업'을 '파업에서의 심리적 태도'와 동일시한다는 사실은 주의를 끌지 못한다. 그러나 차이는 결정적이다. 사람들은 그 차이를 방법론적 혼동 때문이거나 의식적 또는 무의식적 · 반동적 동기들 때문에 보지 못한다. 왜냐하면 사회학적 해석은 심리학적 해석과는 다른 결론을 끌어내기 때문이다. 사회학적 해석은 계급사회의 법칙들에 대한 인식을 끌어내고, 심리학적 해석은 그러한 법칙들을 감추는 것을 끌어낸다.

파업은 무의식의 심리적 작업과 밀착되어 있을 수 있다. 가령 파업이 낮의 잔여물로 작용하는 꿈의 형식과 밀착되어 있을 수 있다. 특이하게도 이것은 성 영역에서 생겨나는 다른 사실들 보다 훨씬 드문 경우이다. 그러나 파업을 이러한 사실로 설명하는 것은 정신분석의 공식적 문화연구가인 게자 로하임(Geza Roheim, [1891~1953. 헝가리 태생의 미국 정신분석학자, 문화해석에 정신분석학적 접근법을 활용하였다.])이 원시인들의 꿈의 갈등 내용을 원시문화들로부터 설명하는 대신에 원시인들의 꿈에서 원시문화에 대해 주장할 때 하는 것과 같은 것에 이른다.

그러므로 우리는 심리학으로 파업에서 노동자들의 행위들을 파악하지 파업 자체를 파악하지는 않는다. 그러나 노동자들의 행위가 파업의 결과를 결정하는 한 '심리적 요인들'도 [파업의 결과를] 함께 결정한다. 사회경제적 상황은 정말 파업을 무르익게 만든다고 생각하는 데 그럼에도 파업이 일어나지 않을 때는 다르다. 이 경우에 사회학적 – 경제적 연구가 직접적인 역사적 – 경제적 관련을 찾아내려고 해야 소용이 없다. 왜냐하면 여기서 사회학적 과정의 경과는 제3의 요인에 의해 파괴될 것이기 때문이다. 이 제3의 요소는 심리학적인 것(사회-심리학적인 혹은 대중-심리학적인 사실)이다.

가령 파업 발의자들에 대한 따라서 지도[부]에 대한 노동자 전원의 신뢰 결여, 파업을 거부하는 개량주의적 노조지도자들에의 속박, 혹은 기업가들에 대한 불안한 공포 등이다. 다른 경우에는 파업상황에서의 물질적 어려움에 대한 불안이 결정적일 수도 있다. 그러나 이러한 행동은 또한 계급투쟁의 진전에 당연히 결정적인 영향을 끼치지만 직접적으로 심리학으로만이 아니라 결정적으로는 간접적으로 사회학으로 다시 설명할 수 있다.

개량주의적 노조 지도자들에의 속박은 그 자체가 최종적으로는 사회학적인 특정한 관계의 결과이다. 어떤 사례에서 그것은 해고불안의 피상적인 근거일 수 있고, 다른 사례에서는 아버지와의 유아적 속박에서 생겨난 권위에 대항한 반항불안이란 더 깊은 근거일 수 있다. 그러나 아버지에 대한 유아적인 속박과 권위적인 불안은 어디에서 생기는가? 사회학적-경제적으로 바탕하고 있는 가족적 상황에서 생겨날 뿐이다. 그래서 심리학을 적용할 때, 경제적 과정과 그 안에서 인간의 행위 사이의 다소 많은 연결고리들을 인식하는 것이 더욱 중요하다.

인간의 행위가 합리적일수록 무의식의 심리학이 차지하는 영역은 좁아지고, 인간 행위가 비합리적일수록 사회학은 더욱 더 넓게 더욱 더 많이 심리학의 도움을 필요로 한다. 이것은 무엇보다도 계급투쟁을 하고 있는 피억압계급들의 행동에 들어맞는다. 산업노동자나 산업노동자계급이 생산의 전유형식의 균등화를 열망한다는 사실은 그들이 쾌-불쾌 원칙이라는 단순한 법칙을 따르고 있다는 부가적인 지적 이외에 다른 것을 필요로 한다.

그러나 피억압계급의 광범한 층이 이런 저런 형태로 착취를 받아들이거나 심지어 지지한다는 사실은 심리학에 의해서만 직접적으로 해석될 수 있고 사회학에 의해서는 간접적으로 비로소 해석될 수 있다. 지금까지의 분석적 사회학이 반대로 반항을 심리학 용어로 설명하려고 하고, 복종을 당연한 것으로 받아들이고 어떤 설명도 요구하지 않는다는 사실은 현실원칙이라는 정신분석의 관념에 있다. 이 현실원칙에 따라 어른들에게서 쾌락원칙은 현실의 요구에 적응함으로써 대체된다. 그러나 현실에는 자본주의적 착취 법칙뿐만 아니라 그것에 대한 인간의 고유한 의식[인식]이 있다. 이 의식은 고통의식[인식]이므로 비적응을 가져온다. 공식적 견해는 비적응을 유아적인 비합리적 행위라고 설명한다. 여기서 세계관과 세계관이 충돌한다.

확실히 우리는 우리의 적과 달리 우리의 정치적 입장을 부정하지 않는다. 그러나 우리는 이 두 정치적 입장의 차이는 다음에 있다는 것을 지적한다. 하나의 입장은 사회학-경제학으로 설명해야 할 것을 인간 본성의 기질로서 심리학으로 설명하고, 심리학이 정말 설명할 수 있는 것, 즉 사회학적 과정의 경과의 금지를 간과하여, 그럼으로써 두 경우에 다 현실에서 벗어난다. 반면에 다른 입장은 인간의 인식능력의 범위에서 아무것도(결코 아무것도) 배제하지 않는다. 정말 이 입장은 모든 것을 과학의 영역으로 가져오려고 하며 모든 분야에 변증법적 유물론의 방법을 체계적으로 적용하여 과학적 세계관에 도달하고 이렇게 하여 철학을 (그것이 미지의 것에 대한 과학인 한) 풍요롭게 만들려는 정반대의 관심을 갖는다.

요약해 보자. 변증법적 유물론을 심리학의 영역에 의식적으로 또는 무의식적으로 적용하는 것은 우리에게 임상적 정신분석의 성과들을 가져다주었다. 이러한 성과들을 사회학과 정치학에 적용함으로써 맑스주의적 사회심리학에 이를 수 있다. 반면에 심리학 방법을 사회학 및 정치학의 문제들에 적용하면 틀림없이 형이상학적이고 심리학화하는 그리고 더욱이 반동적인 사회학으로 귀결될 것이다.

2
칼 맑스에게서 살아 있는 생산력 = "노동력"

*이 글은 라이히가 1936년에 쓴 글이지만 1944년에서야 출간되었다. 맑스 연구를 하면서 프로이트와 맑스의 공통점을 찾아가고, 노동력(산노동)에 초점을 두면서 맑스를 프로이트와 연계시키고 있다. 또한 경제주의 해석에 반대하면서 노동력 상품으로서 인간 주체를 강조해 나가고 맑스주의 당 정치에 대한 비판도 감행한다. 번역 텍스트로는 Wilhelm Reich, *Menschen Im Staat*, Nexus Verlag, 1982, 41–66쪽을 사용했다.

"만일의 오해를 피하기 위해 한 마디 언급하고자 한다. 나는 자본가와 토지소유자의 모습을 결코 장미빛으로 그리지 않았다. 그러나 여기에서 그 개인들은 경제적 범주의 인격화이고 일정한 계급관계와 이해의 담지자인 한에서만 다루어진다. 경제적 사회구성체의 발전을 자연사적 과정으로 파악하는 나의 입장은, 각 개인이 스스로 주관적으로는 완전히 벗어나 있다고 여길지라도 사회적으로는 여전히 그 피조물에 머물러 있는 관계들에 대해 각 개인의 책임을 다른 어떤 입장보다도 적게 묻는다."

– 칼 맑스, 『자본』 초판 서문(1867) –

머리말

이 글은 소련에서 사회학적 환영(Illusion)들이 입헌법률들의 성격을 가정했던('소비에트 민주주의의 도입') 1936년에 쓴 것이다. 이 글은 그 당시에 출간되지 못했다. 1944년에야 출간되는 두 가지 이유가 있다.

1. 과학적인 것, 즉 진실한 사유는 이 비참한 인간사회에서 그 어떤 다른 시대보다도 오늘날 더욱 필요하다. 무력대립은 그 비참함을 조금도 변화시킬 수 없다. 독일 파시즘이 군사력에 의해서 패배했을지라도, 파시스트적 인간 구조는 독일, 러시아, 아메리카, 그리고 어디에서나 더 널리 여전히 살아 있다. 전세계의 책임 있는 집단들이 진리를 보호하고 표현하기로 즉각 그리고 정열적으로 결정하지 않으면, 파시즘적 인간 구조는 오늘날 정치적 거짓말들만이 보호되고 표현되듯이, 지하에서 성장하여 새로운

정치조직 형식을 찾을 것이고 피할 수 없이 새로운 파국으로 이끌 것이다. 이것을 확실히 예견할 수 있다.

과학적 세계관, 그러므로 유일하게 가능한 세계관의 관점에서, 다음 설명을 전적으로 허용할 수 있다. 즉 **칼 맑스**는 커다란 사회적 결과를 지니는 중대한 사실을 발견했지만, 지식과 기술은 인간 감정구조를 충분히 빠르게 변화시키기에는 충분하지 않기 때문에 이러한 결과들의 실현은 불가능하다. 그러한 [맑스의] 입장은 반박할 수 없었으며 미래에 대한 희망을 지녔다. 사람들은 맑스를 환영할 수도 있고 또는 비난할 수도 있다. 그것은 기호의 문제이다. 그러나 예의를 요구한다면, 어떠한 환경에서도 맑스를 언급하고 나서 맑스에게서 발견되는 과학적 사실들을 정치적 동원의 목적으로 왜곡할 수는 없다. 우리는 조만간 파시즘(사기의 대가)의 공모자로 되지 않고는 발견된 진리를 왜곡할 수 없다. 인간관계를 과학적인 진정한 주장과 일치하도록 변화시키는 것이 이미 불가능할지라도, 일상생활의 비참함은 어떤 상황에서도 우리로 하여금 인간의 유일한 희망인 진리를 억누르도록 부추기지 않음에 틀림없다.

정서적 전염병은 맑스의 가치이론에 다음과 같은 방식으로 영향을 끼쳤다. 즉 대중의 감정을 불러일으키고 대중을 획득하려는 시도에서, 당정치인들은 노동력의 가치에 대한 사실적인 설명에 관해서 잊어버렸다. 그들은 '잉여가치'라는 현실적 개념에다 원한, 증오, 시기, (잉여가치를 스스로의 주머니에 넣으려는) 욕구라는 감정들을 덧붙였다. 그러므로 실효성 있고 많은 약속을 하는 맑스의 인식[발견]들은, 실천적인 성과로 전혀 나아가지 못할 뿐만 아니라 전체 노동자운동을 파괴하는 비합리적 감정의 더미 속으로 사라졌다.

확실히 정서적 전염병은 대중을 획득하고 국민을 정복하고 인민을 절멸할 수 있었지만, 경제적 비참함의 개선을 위한 하나의 건설적인 조치조차 제시할 수 없었다. 확실히 정서적 전염병은 수백만 그루의 나무를 산산조각내고 불태우거나 그렇지 않으면 다른 방식으로 절멸할 수 있었다. 그러나 나무들의 성장 위에 독재가 있을 수는 없다. 사람들은 나무가 얼마나 빨리 얼마나 많이 자라야 하는지를 나무에게 미리 정해줄 수 없다. 다른 한편 나무의 성장법칙에 대한 과학적 조사연구는 나무에 해를 막아주고 나무 성장의 조건들을 개선하도록 도울 수 있다. 과학적 인식[발견]은 발전하는 삶에 방해가 되는 것을 제압하는 것과 일치한다.

이러한 예는 정서적 전염병의 모든 표명이 지닌 파괴적인 기능과 반대로 자연과학의 생물학적 기능을 분명하게 보여준다. 유럽과 아메리카에서 정치집단들이 '맑스주의'의 이름으로 싸우는 것은 맑스의 경제적 가르침과 아무 관계도 없다. 마찬가지로 오늘날의 다양한 '맑스주의' 당들은 맑스의 과학과는 아무 관련이 없다.

10년 또는 그 이상 전에 사람들은 맑스의 글을 바꾸면 심하게 비난받았을 것이고, 맑스의 경제학이 과학적 대중심리학에 의해 보충될 필요가 있다고 과학적으로 주장하면 추방됐을 것이다. 그럼에도 최근 맑스주의는 소련에서 '수정되'었다. 공식적인 국가경제학자들은 사회주의에서 잉여가치는 더 이상 생산되지도 축적되지도 않으며 잉여가치생산은 자본주의의 특수성이라고 주장하는 데서 맑스가 틀렸다는 것을 '발견했다.'

이것은 왜곡이다. 즉 맑스의 경제이론 어디에도 사회주의에서 잉여가치

생산이 중지되고 더 이상 존재하지 않을 것이라는 언급이 없다. 이러한 교정은 어떤 의미도 갖지 않으며, 교정된 것이 결코 확보되지 않았기 때문에 교정은 오히려 난센스이다.

칼 맑스의 근본문제는 잉여가치가 사회주의에서 생산되느냐 아니냐가 아니었다. 문제는 잉여가치의 **본질**이 무엇이며 잉여가치는 어디에서 오며, 그리고 **누가 잉여가치를 처리하는가** 하는 것이었다. 잉여가치는 **살아 있는 생산력의** 특수한 **성격** 때문에 생산된다. 살아 있는 생산력과 죽은 생산력의 근본적 차이는 맑스 경제이론의 핵심을 이룬다.

살아 있는 생산력의 **본질**을 결정하는 것, 이를 통해서 잉여가치의 **기원**이 어디에 있는지를 결정하는 것에서부터 누가 잉여가치를 **전유하는**가 하는 더 나아간 질문이 사회적으로 뒤따른다. **잉여가치는 언제나 사회적 생산수단의 소유자들이 전유한다.** 즉 사적인 자본주의에서는 개별 자본가들이 전유하고, 국가자본주의에서는 국가가 전유하며, 자유로운 노동민주주의[1]에서는 (원시사회들에서 역사적으로 보이며 칼 맑스가 미래의 진정으로 노동민주주의적인 사회 속에서 그려본) 노동하는 사람들의 사회가 전유한다.

사람들은 누구나 하듯이 이 진술에 대한 자신의 견해를 내세울 수 있으며 그것을 기꺼이 받아들이거나 싫어할 수 있지만, 그것을 왜곡할 수는 없다. 잉여가치 생산의 문제를 그것의 **본질**, **기원**, **전유**에서 "그것이 **존재하는가**"하는 질문으로 바꾸는 것은 과학적 발견에 대한 허용할 수 없는 왜곡이다. 다음 교정은 어떤 정치적 감정과도 관계가 없고 그저 과학적 사유물

1 노동민주주의는 본질적으로 두 가지 사실에 기초하고 있다. 1. 노동자는 사회적으로 유용한 일을 하는 모든 사람이다. 즉 육체노동자뿐만은 아니다. 2. 사회적 책임은 노동자 공동체에 있지 사적인 개인들이나 국가관리에게 있지 않다.

을 보호하는 것에 대한 중요한 관심하고만 관계가 있다. 이 시대에, 이런 종류의 과학적 질문들이 인간적 대결의 가장 근대적인 수단인 사격부대에 의해서 제거될 수 없다고 강조하는 것이 쓸데없는 일은 아니다.

2. 이 논문이 이제야 발간된 두 번째 이유는 인간 동물의 생물학적 활동의 오르곤-물리학적인 연구와 잉여가치 안에서 살아 있는 생산력에 대한 맑스의 분석이 일치한다는 것이다. 대략 1928년 이래 성경제학은 **칼 맑스**의 살아 있는 생산력이 오르곤 생체물리학의 "생물학적 에너지의 노동기능"과 동일하다는 것을 알고 있었다. **칼 맑스**와 같은 위대한 사상가이자 연구자가 특정한 삶기능을 그의 "건조한" 경제이론들의 바로 핵심으로 고양시켰다는 것에 대한 나의 깊은 인간적 · 과학적 만족을 이 지점에서 그리고 바로 이 시점에서 표현하고 싶다. 이러한 업적을 이룬 첫 번째 사람인 그에게 노동하는 인간은 은혜를 입고 있다. 그를 심하게 굶주리게 하는 것, 그를 지속적으로 모독하는 것, 그가 전혀 하지 않은 주장들을 그가 한 것으로 돌리는 것, 그리고 그의 실제적인 과학적 업적들을 그에게 경의를 표하지 않고 전유하는 것, 이 모든 것은 인류의 이미 무거운 빚더미에 무거운 짐을 더하는 것이다. 잘못하고 있는 것은 맑스가 아니다. 드러낼 수 없는 사회적 심성이 무엇을 흐리게 하려는가를 분명히 하는 것이 과학자로서 나의 의무였다.

1944년 7월, 오르고논. 빌헬름 라이히.

나는 1927년 휴가 동안에 인스부르크에서 가까운 랭스라는 도시에서 나의 가족과 머물렀다. 거기서 나는 칼 맑스의 『자본』을 연구했다. 잉여가치를 유도하는 처음 백 페이지의 논증을 세밀하게 검토하고 나서, 나는 맑스가 정신의학에 대해 프로이트가 한 것과 같은 것을 경제학에 대해서 했다는 것을 알았다.

맑스의 기본적인 견해들은 단순하고 자명하고 모든 통상적으로 이어져 온 것들과 모순되었다. 다른 한편으로 맑스 이전의 그리고 비맑스주의적인 경제학자들은 죽은 물질의 "자연가치"로부터 그리고 현존하고 현재 투자된 자본으로부터 이윤을 끌어내려고 시도했다. 맑스 이전에 경제학자들은 상품가치가 수요와 공급의 비율에 의해서 결정된다고 주장해 왔다. 맑스는 수요와 공급의 비율이 약간의 가격변동을 가져올 뿐이라는 것을 증명했다. 그러나 상품의 가치는 상품에 투하된 인간 노동력에 의해서 결정되었다.

나무 그 자체로는 인간의 노력이 그것에 “덧붙여지지” 않는 한 “가치”가 없다고 맑스는 말했다. 나무가 쓰러져 잘게 썰려서 판자나 돛대로 가공되었을 때에야 비로소 나무는 인간을 위해서 하나의 “가치”를 지닌다. 이것은 “가치”를 지닌 모든 것에 들어맞는다. 공기는 “가치”를 지니지 않는다. 인간노동이 추가되지 않아도 소비될 수 있기 때문에 인간은 공기를 무료로 얻는다. 소의 가죽은 인간의 손에 의해 신발로 가공되지 않는 한 가치를 갖지 않는다. 맑스는 불변자본과 가변자본을 나눈다. 불변자본은 살아 있지 않은 원자재와 살아 있지 않은 기계들로 이루어진다. 이것들은 인간노동, 즉 가변자본이 그것들을 상품으로, 사용가치로 변형시키지 않는 한 그들 스스로 이윤을 창출하지 않는다. 화폐는 이자를 받고 빌려줄 수 있지만 자본의 “가치”는 사업에 투자(산업자본)를 통해서든 대출(은행자본)을 통해서든 화폐를 다시 생산하는 것에 있다.

맑스에 따르면 화폐는 사회적 인습에 기초한 거래를 편리하게 하려고 발행된 단순한 종이일 뿐이다. 화폐는 은행권과 동전을 만드는 데 소비된 노동력을 빼고 나면 그 자체로는 가치를 가지지 않는다. 화폐는 자신이 대표하는 것을 통해 자신이 교환될 수 있는 것, 즉 상품에 대립해서만 현실적 가치를 지닌다. 그러나 사람들은 죽은 상품들뿐만 아니라 살아 있는 상품들을 산다. 기업가는 ‘노동력’ 상품을 쓴 대가를 노동자에게 지불한다. 노동력은 다른 모든 상품과 마찬가지로 사고 팔린다. 제화공인 내가 만든 한 켤레의 구두를 팔고 나면, 그 구두는 더 이상 내 것이 아니다. 마찬가지로 한 기계공이 자본의 소유자에게 파는 노동력은 더 이상 그에게 속하지 않는다. 구두를 산 사람이 자신이 좋아하는 대로 그 구두의 사용가치를 쓰듯이, 기업가는 자신이 산 **노동력 상품**을 자신이 좋아하는 대로 할 수 있으며, 그가 좋아하는 대로 노동력을 착취할 수도 있다. 이것은 그의 '잘못'이 아니며 상품경제의 법칙에 따르면 완전히 합법적이다.

맑스는 '자본가' 개념을 과학적으로 설명한다. 자본가는 통상적으로 추정되듯이 많은 돈을 가진 개인이 아니라, **상품경제법칙에 근거해서** 다른 사람의 노동력을 사서 사용할 수 있는 사람이다. 의사로서 내가 나의 영역에서 유능하고 많은 환자들을 치료하고 좋은 치유방법들을 발견한다면, 그때 많은 사람들이 나에게 올 것이다. 그들은 나의 [노동]시간에 대해서 지불하고 이와 함께 나의 노동력의 가치에 대해서 지불한다. 나의 일을 하려고 나는 나의 노동력을 반복해서 갱신해야 한다. 즉 나는 먹고 자고 옷을 사는 등을 해야 한다. 이것은 나의 노동력의 가치의 한 부분을 이룬다. 그러나 이것만으로는 나는 나의 특수한 노동을 계속할 수 없다. 거기에는 노동과 돈이 드는 일정한 교육이 속한다. 거기에는 미래의 발전을 위한 노동의 지속적인 지출이 속한다. 거기에는 다른 사람들이 자신들의 노동력을 투하한 수단들 등이 속한다. 나는 나의 노동력의 몫을 가지고 이 모든 것에 대해 지불한다. 그러므로 환자는 나의 노동력에 대해서 만이 아니라 나의 노동을 통해 그에게 지출된 모든 노동력에 대해서 지불해야 한다. 이것은 관습적인 가치 대체물인 '화폐'를 통해서 이루어지며, 나는 이번에는 화폐를 통해 주거, 음식, 옷, 영화 등과 같은 다른 사람의 노동력의 결과들, 즉 사용가치들을 구입할 수 있다.

내가 스스로 일하는 한 아무리 많은 돈을 벌어도 나는 자본가가 아니다. 그러나 내가 말하자면 4명의 의사를 고용하여 그들에게 한 달에 2백 크로넨의 고정된 임금을 지불하고 그들의 8시간 노동력을 나를 대신해 환자를 치료하는 데 사용한다면 그때 나는 자본가일 것이다. 그러면 나는 소외된[다른 사람의] 노동력을 "착취하며" 소외된 노동력의 가치를 화폐형태로 전유하고 있을 것이다. 8시간에 나 자신은 8명의 환자를 치료하고 25일의 노동일에 8백 크로넨을 벌 수 있다. 그러나 4명의 의사는 4배를, 즉 3천2백 크로넨을 벌 수 있다. 내가 4명의 의사에게 8백 크로넨을 지불해야 하는 동안에, 나는 그들이 벌어들인 3천2백 크로넨에서 남은 것을 저축할 수 있고, 따라서 **내 자신이 그것을 위해서 일하지 않고** 다른 사람의 노동력을 착취하여 2천4백 크로넨을 벌 수 있다. 상품경제법칙에 따르면 그 누구도 나를 사기꾼으로 여기지 않을 것이며 따라서 나는 아주 합법적으로 행동하는 것이다. 아무도 나를 잘못된 짓을 했다고 고소하거나 비난할 수 없다.

칼 맑스의 위대한 업적은 살아 있는 노동력 상품의 비밀, 그것의 **이중적** 성격, 그리고 "노동력 상품"의 교환가치와 사용가치의 차이를 밝혀낸 데 있다.

어떤 사람이 자신이 사용하려고 계획하지 않은 한 켤레의 구두를 만든다면, 그 구두는 사용가치를 갖는 것이 아니라 교환가치를 갖는다. 그는 구두를 땅콩, 고기 또는 돈과 교환할 수 있다. 그는 대체로 그것들을 생산하는 데 필요한 노동력의 가치를 가치대체물로서 받는다. 앞에서 말한 대로 노동력은 노동시간으로, **평균**노동시간으로 측정된다. 그러나 구매자는 구두의 교환가치 때문에 구두를 사는 것이 아니라 사용가치 때문에 산다.

구매자는 어떤 필요를 충족하려고, 이 경우에는 걸을 때 발바닥을 보호하려고 구두를 가져야만 한다. 구매자는 구두의 **전체** 교환가치를 가질 권리가 있으며, 이 교환가치에 대해 그는 자신에게 구두의 사용 형식으로, 화폐나 고기의 형식으로 지불했다. **죽은 상품의 교환가치와 사용가치는 동일하다.** 그러나 인간노동력이 대상화된 죽은 상품에 있어서만 그러하다. 다른 한편 유일하게 살아 있는 상품인 "노동력 상품"은 정확히 **살아 있는** 힘이기 때문에 다르게 기능한다. **그 속에서 교환가치와 사용가치는 동일하지 않다. 사용가치는 교환가치보다 훨씬 더 크다.**

모든 형태의 노동자는 사용가치를 창조하고 제화공이 한 켤레의 구두를 팔듯이 정확히 동일한 상품경제법칙에 따라서 기업가에게 자신의 상품인 노동력을 파는 사람이다. 그러나 노동자는 먹고, 옷을 사고, 주거를 찾음으로써 자신의 상품을 스스로 재생산해야만 한다. 말하자면 만약 우리가 음식, 집, 옷의 가치를 노동력의 재생산에 필요한 평균노동으로 다시 측정한다면, 그는 이것을 위해서 하루에 3시간 일해야만 한다. 이 3시간은 상품경제법칙에 따라 그의 노동력의 **교환가치**를 구성한다. 그러므로 자본가들은 노동자의 상품인 노동력의 교환가치, 하루에 세 시간 노동의 가치를 노동자에게 지불하는 데서 노동자를 속이고 있지는 않다. 적어도 자본가는 어떤 다른 상품처럼 인간노동력이 그 속에서 교섭 가능한 상품경제의 법칙에 따라 노동자를 속이지는 않는다. 그러나 이 상품의 구매자, 예를 들어 어떤 공장의 소유자는 노동자의 노동력을 (노동시간으로 측정된 노동력의 재생산가치와 일치하는) 하루에 3시간을 사용하는 것이 아니라, 오히려 8시간 심시어는 10시간을 사용한다. 이것은 노동자가 **지출한**

노동의 사용가치(8시간의 노동)가 그가 지불받은 교환가치(3시간의 노동)보다 훨씬 더 크다는 것을 뜻한다.

상품경제의 이윤은 노동력의 더 작은 교환가치와 훨씬 더 큰 사용가치의 차이에서 발생한다. 이러한 상품의 부유한 구매자가 천 또는 만 명의 노동자들의 노동력을 사용가치로서 산다면, 그는 그 사용가치를 그 교환가치의 상응하는 배수로 사용한다. 노동자들의 노동은 집합적이지만, 상품가치의 전유는 개별적("자본주의적")이다. 제화공이 자신의 제화점에서 하루에 두 켤레의 구두를 생산한다면, 그는 두 켤레 구두의 교환가치를 얻는다. 기술이 개선되어 하루에 두 켤레 대신에 10켤레의 구두를 생산한다면, 그는 10켤레의 구두의 교환가치를 수집할 수 있다. 그러나 그가 기계장치를 끊임없이 개선하는 제화공장의 노동자라면, 그는 사용가치의 증가된 생산에도 자신의 노동에 대한 교환가치로서 임금 증가분을 받지 못한다. 노동자가 지금 생산하고 있는 교환(=사용)가치가 크게 증가했기 때문에, 자본가들이 노동자의 노동력을 사용하는 것은 대체로 같은 채 있지만 그럼에도 '착취'는 증가한다. 그러나 생산물은 그가 처분할 수 없다. 그는 단순히 상품경제법칙과 완전히 일치하여 3시간 노동에 대한 시장가격에 자신의 상품인 노동력을 계속 판매한다. 자신의 노동력을 판매함으로써 스스로 살아가는 사람이 노동자다. 이 상품의 교환가치를 구입하고 그 사용가치를 착취하는 사람은 (살아 있는 노동력의 교환가치와 사용가치 사이의 차이에 따라) 맑스적 의미에서 자본가다.

엄밀한 맑스적 과학 원리에 따르면 이러한 가치들을 생산하는 개인들을 착취하는 데 자본가들이 책임을 져야 한다는 것은 잘못이다. 속 좁은 사회주의자들의 견해와는 반대로, 개인자본가의 "잘못"도 자본가계급의 "잘못"도 아니다. 착취의 본질은 상품경제에 기반을 둔 경제적으로 구조화된 계급사회의 본성에 있다. 이것은 개인이 어떤 수단을 써서라도 다른 사람의 노동력을 사서 노동력의 교환가치와 사용가치의 차이를 사용할 수 있게 하는 데 충분한 자본을 획득할 수 있게 해주는 것이다. 노동하는 사람들을 경제적으로 속이는 것은 **자본주의적 생산관계들**에 있지 인간의 의도에 있지 않다.

맑스주의 당의 사유와 선전에서 다음의 모순을 파악하는 것이 자연스런 노동민주주의를 이해하는 데 없어서는 안 된다. 즉 한편으로 맑스주의 당들은 단순히 **경제주의적으로** 방향 지어져 있다. 현실에 있는 그대로 인간의 성격구조는 그들의 사고에서 완전히 배제되어 있다. 나중에 드러났듯이, 진정한 민주주의를 위한 투쟁에서 인간 성격구조에 대한 고려는 격렬하게 반박되었다. 다른 한편 그에 대해 맑스주의적 선전은 인간의 생물학적이고 사회적인 존재가 지닌 '물질적' 사실들과 함께 작동한 것이 아니라 본질적으로 미움, 질투, 권력 집착 등과 같은 2차적인 노이로제적 충동들과 함께 작동했다. 맑스의 추종자들은 나의 진술을 엄청난 모욕으로 받아들일 것이라는 것을 나는 안다. 그러나 나는 누구를 모욕하려는 의도를 가지고 있지 않고, 단지 파국을 가져오도록 도운 사실들을 밝히려 할 뿐이다.

나의 진료작업에서 단순한 예를 들어보면, 나는 맑스주의 당정치인들과 자유를 향해 노동민주주의적인 노력을 하는 사람들 사이의 태도 차이를 그려보고 싶다. 누군가 불면증으로 고통 받으며 학습장애로 고통 받는 신경질적인 아이를 만나면, 피상적인 대화로도 아이의 신경증이 신경질적인 엄마의 잘못된 양육의 결과임이 드러난다. 이 지점에서 신경질적인 엄마를 비난하거나 엄마에 대한 아이의 증오를 촉구하는 것은 전혀 목적에 이바지하지 않을 것이다. 자신의 아이를 기르는 데서 어머니의 해로운 영향을 밝히는 것은 오직 **한 가지** 목적에, 즉 **아이의 신경증을 제거하는** 데만 이바지할 것이다. 이러한 사실을 깨닫고 나는 개입하고 도울 수 있었다. 이러한 사실에 대한 지식이 없으면 혁명적인 도덕적 분노나 아이에게 증오를 불러일으키는 것은 아이에게도 엄마에게도 도움을 줄 수 없을 것이다. 아이가 신경질적이게 되도록 만든 병든 엄마는 '솔직하'거나 '나쁘'지 않다. 엄마는 아이를 '억압'하거나 '아이의 무력함을 착취'하지 않았다. 그녀는 **도구**이고, 아이와 함께 **사회 속에서 불행한 성적-사회적 상황의 희생자**다.

정확히 똑같은 것이 '착취하는 자본가'와 '착취당하는 임금노동자'에게도 타당하다. 노동자들 안에서 자본가에 대한 증오의 점화, 질투의 야기, 모욕, 살인 등은 **사경제 사회나 국가자본주의 사회의 상품법칙을 바꾸지 않을 것이다.** 그 법칙들은 다음과 같이 말한다.

> "자본의 소유자인 나는 당신, 즉 노동자, 농민, 기술자, 과학자 등에게 일주일에 30 또는 50달러를 지불할 것이다. 당신이 당신 자신과 당신 가족을 위해서 음식, 거처, 옷을 제공할 수 있도록, 다른 말로 해서 당신의 상품인 노동력의 교환가치를 재생산할 수 있도록 말이다. 당신은 나에게 당신의 노동력을 하루에 8시간 동안 팔 것이다. 당신이 이 8시간 동안에 생산하는 생산물의 교환가치(사용가치)가 얼마나 큰지에 상관없이, 심지어 이 교환가치가

당신이 당신 자신과 당신 가족에게 제공하기 위해 당신이 하루에 생산하고 사용해야 하는 가치보다 3배 또는 5배나 클지라도 말이다."

자본소유자와 임금노동자는 인간으로서 서로의 관계에, 즉 그들이 원할 때마다 바꿀 수 있는 자유의지에 의해 결정된 관계엔 들어가지 않는다. 그들은 **역사발전의 토대 위에서 그들의 의지와는 무관하게** 기능하고 **그들 둘 다**를 지배하는 특정한 사회관계의 두 대상이다.

1939년에 자연스런 노동민주주의를 발견하는 데 이른 성경제학적 사회학과 대중심리학의 발전에 대한 독자의 이해는, 상품경제 법칙에 대한 맑스의 분석들을 윤리적 또는 도덕적 판단 없이 격노하거나 사랑하지 않고 사실적이고 자연과학적 방식으로 보는 것에 전적으로 달려 있다. 우리의 첫 번째 관심은 **사실들**과 **기능적 법칙들**이어야지 이상들이나 열망들이어서는 안 된다. **실제의** 열망은 사실에 대한 **실제적** 진술들에 근거할 수 있을 뿐이다.

인간 사회가 거듭해서 빠지는 혼돈스런 비참함의 주요 원인 가운데 하나는 정치가들이 보통 자신들의 이상과 노력들을 잘 의도했든 아니든 사실들보다는 오히려 비합리적인 감정적 가치판단들에 의거한다는 사실이다. 내 글을 아는 사람은 누구나 내가 언제나 감정의 중요성을 인식해 왔지만, **실제적으로 근거지워진, 현실에 굳게 근거하고 있는 감정들과 목적들만**을 의식해 왔다는 것을 안다. 그리고 나는 근거 없는, 환상적인 또는 비합리적인 이상들과 목표들에 늘 반대해 왔다.

위에서 묘사한 상품경제 법칙의 발견과 살아 있는 노동력 상품에 특유한 모순[교환가치가 사용가치와 동일한 죽은 상품들과는 반대로 (노동력 상품의 경우) 교환가치가 사용가치보다 더 적다는 것]은 좋은 것도 나쁜 것도 아닌 단순히 진실한 과학적 발견이다. 그것은 윤리나 도덕과는 아무 관계가 없다. 노동자의 노동력 상품의 교환가치에 대해 지불하고 그러고 나서 노동력의 훨씬 더 큰 사용가치를 사용하는 자본가는 악의에 의해서 동기화되지 않는다. 개인적으로 자본가는 협잡꾼이거나 선한 사람일 수 있다. 보통 자본가는 자신의 부를 얻는 메커니즘에 대해 알지도 못한다. 자본가는 그 과정 속에 말려들어가서, 다른 회사들 및 공장들과의 경쟁, 늘 있는 경제위기들 등과 같은 상품경제 법칙의 모든 결과들에 종속된다.

여기서 나는 자본가들을 공격하지도 방어하지도 않는다. 나는 개인적으로 전형적인 자본가의 성격에 신경쓰지 않는다는 사실을 확실히 하고 싶다. 전형적인 자본가는 자신의 모든 생각, 행동, 감정을 전적으로 돈을 버는 데만 바치며, 자연스런 사랑을 돈의 권력으로 대체하며, 착취하는 데서는 예술가이지만 주는 것이 가져올 수 있는 기쁨을 전혀 이해하지 못하기 때문에 주는 것에서 아마추어이다. 그러나 이것이 어떤 특정한 자본가의 인간적 특성들과 자본가가 상속이나 엄청난 노력을 통해 그 대리인이 된 상품경제 법칙들을 구분하지 못하도록 허용해서는 안 된다.

나는 또한 칼 맑스의 이러한 경제법칙의 발견을 인간 사유에 의해 지금까지 이룩된 가장 위대한 성과들 가운데 하나라고 생각한다는 사실을 숨기고 싶지 않다. 상품법칙은 자본주의적 기계문명이 지난 3백 년 동안 존재해 왔음이 맑스에 의해 발견되고 예증되었지만, 사회가 점차 사용가치를 생산하기를 그만두고 더욱 더 교환가치, 즉 '**상품**' 생산으로 넘어갈 때 상품법칙은 이 시기[지난 300년]를 훨씬 넘어서 인류사회의 원시사(原始史)로, 모호한 과거의 한 지점에 이르기까지 확장해 간다. 이러한 과정은 자연경제에서 화폐경제로의 발전과 병행하여 나갔다. 이것과 병행하여 성 에너지의 자연스러운 자기조절을 보증하는 성긍정에서 성부정과 정서적 전염병으로의 전환이 유유히 이루어졌다.[2]

칼 맑스의 발견은 이 지구상의 전체 사회의 모습을 변화시켰다. 수천 명의 경제학자들과 사회학자들 안에서 맑스의 발견은 우리가 오늘날 근대적 사회경제학이라고 떠올리는 것에 대한 감을 일깨워주었다. 맑스를 전혀 읽지 않았거나 맑스를 심지어 거부했지만 그럼에도 불구하고 자신들의 실천적인 작업에서 맑스의 경제이론과 사회학설에 각인되고 영향받은 수없이 많은 경제학자들과 사회학자들이 있다. **리카르도**와 **스미스**가 아니라 바로 **칼 맑스**가 사람들이 근대 기술 발전을 지배하는 법칙들을 일반적으로 의식하게 만들었다. 많은 자유주의적이고 사회주의적인 조직들이 의식적으로든 무의식적으로든 맑스의 사회학의 유령 아래에 있지 않았다면, 이러한 발전과 결코 보조를 맞추어나가지 못했을 것이다. 나는 경험으로부터 **맑스**를 높게 평가하고 많은 사회주의 정당 정치인들보다도 그를 더 잘 이해하는 많은 책임 있는 자본가들이 있다는 것을 안다.

맑스의 업적이 지닌 이러한 긍정적인 특질들은 그의 사회학이 이해할 만하게도 심각한 누락을 하고 있다는 사실, 무엇보다도 **인간의 생물학적 뿌리내림**에 대한, **인간의 충동규정성**에 대한 이해를 결여하고 있다는 사

2 『성혁명』과 『강제적 성도덕의 출현』을 참조.

실을 바꾸지는 않는다. 정당 정치가들은 이러한 요소들을 비과학적인 윤리학, 근거 없는 자유 슬로건, 형식적이고 관료제적인 '자유조직들'로 바꾸었다. 과학적 통찰을 슬로건들, 이데올로기들, 환영들, 자신의 길을 잃어버리거나 목표를 상실한 테제들로 바꿀 수는 없다. 나는 얼마나 많은 소련의 경제학자들이, 맑스의 가치이론의 엄밀한 기준에 따라 **상품경제**가 노동력의 교환가치와 사용가치의 역설과 그것과 함께 인간노동의 착취를 포함하여 모든 상품경제의 특질들을 지닌 채 **여전히** 거기에 존재한다는 것을 의식하거나 혹은 알고 있는지 모른다. '국가'나 '자본가' 어느 쪽이 착취를 행하는지는 상관없다[마찬가지다].[3] 본질적인 것은 사회가 사용가치와 교환가치 간의 차이로부터 생기는 **잉여가치**를 창조하는 개인들에 의해 결정되는지 아니면 국가이든 개인 자본가이든 잉여가치를 사용할 뿐인 사람들에 의해서 결정되는지 하는 것이다. 20년을 지나면서 나는 한 사람의 소련 사회경제학자도 이 사실을 언급하는 것을 듣지 못했다. 맑스의 원칙에 따르면 사회주의, 즉 시장경제의 폐지는 소련에서 우세하지 않다. 그러나 오히려 자본주의, 더욱 정확히 말하자면 개별 자본가들이 없는 **국가 자본주의**가 우세하다. 인간은 목표와 방향을 잃지 않고는 과학적 인식원칙들을 말, 이데올로기, 환상, 그리고 테제들로 대체할 수 없다.

개별 자본가나 국가가 아니라 상품경제의 기능이 책임이 있다. 이러한 입장을 분명하게 그리고 실수 없이 파악할 때만 사람들은 상품경제가 인

3 "국가"와 "사회"는 두 가지 기본적으로 다른 사회적 사실을 나타낸다. 파시스트적인 전체주의 국가에서 가장 잘 예증되듯이 사회 위에 있는 또는 사회에 대항하는 국가가 있다. 원시적인 민주주의 사회들에서처럼 국가 없는 사회가 있다. 본질적으로 사회적 이해들을 위해 작동하는 국가조직들이 있고 그렇게 작동하지 않는 국가기구들이 있다. 기억해야 할 것은 "국가"는 "사회"를 의미하지 않는다는 것이다.

간생활에 미치는 사회적 효과들을 평가할 수 있고 천년의 낡은 상품경제를 어떻게 폐지할 수 있고 사용가치에 근거한 경제로 대체할 수 있는가 하는 질문으로 나아갈 수 있다. 모든 곳에서 점차 경제가 발전해 가는 방향인 계획경제는 자동적으로 상품경제에서 사용가치에 근거한 경제로의 이행을 촉진한다. 사람들은 자신들이 사용하는 생산물을 생산하지 이윤을 위해 팔 수 있는 생산물을 생산하지 않는다. 소련이 계획경제인 한, 소련은 사용가치에 근거한 경제를 발전시켰다. 그러나 소련이 해외무역에 개입하는 한 상품경제에 집착해야 했다. 이러한 사실들은 좋지도 나쁘지도 않지만 과정들의 결과이다.

그러므로 정당 정치적 작업이 아니라 맑스적 **사회과학** 작업이 사회학과 경제학을 굳건하게 재설립하는 방향으로 나아가 그것들로 하여금 전진적인 방향으로 움직이도록 할 수 있을 것이다.

가치이론 그리고 그와 함께 인간노동 일반의 본질에 대한 맑스의 발견이 지니는 근본적인 요소는 **생물학적**이거나 **생체사회적**인 본성이라는 것을 다시 한 번 강조해야 한다. 정당 정치가들을 이러한 중요한 사실을 피했다. **살아 있는** 노동력('가변자본')만이 가치를 창조하지 **죽은** 자본은 가치를 창조하지 **않는다!** 내가 왜 맑스의 가치론을 그렇게 강력하게 지지하고 인정하는지 사람들은 물을 것이다. 정치적 견해나 사회적 비참함에 근거해서가 아니라, 단지 내 자신의 생물학적 에너지 법칙의 발견에 더욱 밀접하게 일치하거나 더욱 적합한 것으로 맑스의 사회학 말고는 다른 어떤 사회학도 알지 못하기 때문에, 나는 그렇게 하였다. 생물학적 사실(그리고 도딕직 또는 정치적 공준으로서가 아니라)로서 노동의 자연적 조직화와 오르곤 생체물리학의 발견 둘 다는 '살아 있는 노동력 상품'의 **사실성**과 특이성을 인정할 것을 요구한다. 그러한 사실들은 **두 가지 측면에서 서로 무관한**[독립적인] **채** 과학적으로 지지받을 때 엄청난 무게와 결정적인 영향을 지닌다. 그러한 사실 확인이 신비적인 사람, 자본가 또는 자신을 해방자라고 보는 비과학적인 사회주의자를 나타내든 상관없이 말이다.

사회적인 재화의 생산은 **집합적**이고, 그것의 전유는 사적 자본주의에서는 개인적이고 국가 자본주의에서는 (사회적이지 **않고**) 국가적이다. 재화 생산자는 자신의 노동생산물을 자기 마음대로 처분하지 못한다. 그는 **임금노동자**다. 즉 그는 법에 따라 자신의 노동력 상품의 교환가치를 지불받는다. 사회적 힘으로서 자본은 생산수단, 토지, 건물들의 사적 소유나 국가 장치에 의해 상징되며, 임금노동은 사회적으로 그것에 대립한다. 자본가와 임금노동자 이 둘은 두 경제적 계급을 나타낸다. 그들의 이해는 대립한다. 그것은 '이윤을 실현'하고자 하는 자본의 본성에 있다. 그것은 이익을 산출할 때만 이윤을 실현할 수 있다. 노동력의 교환가치와 사용가치 사이에 있는 차이로부터 **'잉여가치'**를 획득할 때만 그것은 가능하다. 한편 노동자는 마땅히 자신의 임금을 올리기를 희망한다. 반대로 자본가는 노동자의 임금을 낮게 유지하거나 심지어 줄이려는 마찬가지의 자연스런 희망을 지닌다. 그러므로 두 '계급'은 서로 적대적으로 대립한다. 상품경제의 사회경제적 법칙들은 이것[계급적대]을 조건지우며 특수한 제도들을 통해 유지된다.

무의식적 정신생활에 관한 프로이트의 이론이 심리학에 대해서 갖는 동일한 중요성을 맑스주의 경제학은 경제학에 대해서 의심의 여지없이 가지고 있다. 이 둘은 현재의 인간 삶을 지배하는 법칙들에 대한 사실에 기초한 특정한 견해를 전제한다. 살아 있는 것에 관한 기능적인 이론은 이러한 전제조건을 알지 못한다면 파악할 수 없다.

맑스의 이론은 모든 위대한 인간 사유가 그러하듯이 엄청난 무한성의 모든 표지를 나타낸다. 맑스 자신이 자신의 불같은 기질을 더 이상 주장할 수 없었을 때 이러한 무한성(경계없음)이 정치적인 협소한 마음에 굴복한다는 사실은 그 자체로 맑스의 사회학의 문제이다. 그러나 그 전에조차 맑스는 "나는 맑스주의자가 아니다!"라고 말하면서 자신의 제자들과 일정한 거리를 유지했다.

나도 맑스주의자가 아니지만, 나는 내가 맑스의 엄청난 위대함과 작은 실수들을 이해한다고 믿는다. 그의 위대한 생각과 발견들로 돌아가 보자. 그는 매우 일관되었고, 이것에 대해 자발적인 망명, 혹심한 빈곤, 그리고 박해로 지불해야 했다.

맑스 이전에는 '인간', 지도자, 천재가 '역사를 만든다'고 믿었다. 맑스는 이러한 환상의 불꽃을 철저하게 껐다. 물론 인간은 역사를 만든다, 달리 누가 하겠는가? 절대 기계는 아니다! 하지만 **인간은 자신을 지배하는 특정한 관계 아래에서만 자기 자신의 역사를 만들 수 있다.** 어떤 목표를 달성하려는 인간의지와 노력은 사회가 도달한 수준에 그리고 자연에 대한 기술적 지배의 현상태에 달려 있다. 대달루스와 이카루스는 날고 싶었지만 날 수 없었다. 그들에게는 단순히 가솔린을 생산하고 짐을 싣고 공중으로 날아갈 수 있는 모터를 만들 수 있는 지식과 기술이 부족했다.

정말 인간의 환상과 인간의 활동은 모든 사회적 추진력의 자원이지만,

그것들 자체는 그들의 시대에 의해 결정되고 한정된다. **코페르니쿠스**와 **갈릴레오**는 지구는 우월하고 유일하다는 인간의 감정을 인간에게서 빼앗을 수 없었다. 그들은 그들의 시대가 그들의 발견을 가지고 무엇을 해야 할지 몰랐기 때문에 엄하게 처벌당했다. 지구가 태양 주위를 돌고 있다는 지식을 필요로 한 천문학자와 대기권 조종사들은 전혀 없었다. 자신의 삶을 평가하는 어느 누구라도 자기 자신의 시대에 **너무 멀리** 앞서 가지 않는 것이 더 나을 것이다. 우리는 맑스가 살아 있는 동안 성공할 수 없었던 이유를, 그의 운동이 죽은 뒤 50년간, 완전한 비합리성 때문에 압도적인 패배를 당한 이유를 오직 맑스를 통해서만 파악할 수 있다는 것을 알 것이다. 맑스가 없이는 우리는 맑스도 맑스주의도, 그러므로 형이상학의 극단적 반동인 파시즘도 파악할 수 없다.

살아서 작동하는 모든 인간은 **삶을 개선하는 데 관심**을 갖고 있다. 만일 형이상학자들이 주장하듯이 인간은 "자신의 자유의지로 역사를 만든다"고 한다면, 우리는 오래 동안 파라다이스[낙원]에서 살고 있었어야 한다. 우리가 파라다이스로부터 멀리 떨어져 있고 반대로 그 반대영역 안에서 고통을 당하고 있다는 사실은 과학적 사회학의 올바름을 입증한다.

인간은 그들 사이에서 '무의식적' 관계와 새롭게 자신들을 통제하는 조건들을 창조해 왔다. 인간은 더 많은 양을 더 쉽게 생산하기 위해 기계를 만들었다. 이제 인간은 기계에 의해 제거되고 기아에 내몰리며 약탈당한다. 인간은 활동사진의 기술을 발명했고 다수의 배우들이 그들의 직업을 잃었다. 무성영화는 유성영화에 굴복했고 수천 명의 영화 음악가들이 실업자가 되었다. 집을 짓는 것이 더욱 빠르고 더욱 쉬워질수록, 사람들은 자신들의 아파트에 더욱 가까이 함께 모여야 한다. 더 많은 밀이나 커피가 수확될수록 그것은 더욱 빨리 바다에 던져지고 수백만의 사람들이 더 적게 먹어야 한다. 이것은 확실히 가장 밀도 있는 과학적 탐사를 필요로 하는 어리석은 짓이다.

자본주의 경제는 이윤경제이다. 자본주의 경제는 상품을 생산하지만 일차적으로 필요한 상품들을 생산하지는 않는다. 경제는 욕구에 대한 만족에 이바지하지 않는다. 오히려 욕구는 창조되고 억압되며 또는 이윤경제의 법칙과 보조를 맞추는 쪽으로 이전된다. 세계경제는 얼마나 많은 중국인들이나 아프리카인들이 맨발로 다니는지를 묻지 않지만, 신사숙녀가 신는 것에서 약간 변화를 주려고 해마다 회의를 열며 그러고 나서 '새로운 구두 패션들'을 없어서는 안 될 중요한 필수품이라고 광고한다. 영화산업은 '문화적 표준들을 높이기' 위하여 어떤 교육적 의료적 또는 기술적인 인민대중의 문제들을 제시해야 할지를 고려하지 않는다. 대신 영화산업은 자신의 생산물을 더 많이 팔게 만들려고 사람들 안에 도착적인 사드적인 느낌들을 불러일으킨다. 인간의 문제를 진정으로 해결해온 영화는 하나도 없다. 중요한 쟁점들을 다루는 것조차 거의 없으며 그것도 대개는 단순히 병리학적인 욕망을 불러일으킨다. 영화는 인간에게 이바지하는 것이 아니라 이윤획득이란 목적에 이바지한다.

이윤경제는 자신의 경쟁에 과도하게 집중하면서 번창한다. 경쟁, 이른바 자유로운 사기업은 작은 벤처들을 파괴하고 더욱 강해지는 거대한 콘체른이나 트러스트들로 합병한다. 이러한 방식으로 **"자본은 소수의 손에 집중된다."** 그리고 대중의 피폐는 늘어난다. 농기계가 쟁기로 일하는 농민들을 파멸시켰듯이 제화공장들은 제화공들을 파멸시켰다. 더 많은 강력한 자본가들이 이미 장인을 억눌러온 더 작은 자본가들을 파괴한다. 처음의 자유상인 계급은 기술적으로 전문화된 피고용인들과 압도적으로 미숙련된 육체노동자들로 변형된다.

경제의 합리화는 노동시간을 줄이는 대신에 실업을 낳는다. 사업이 잘 되고 요구가 많으면 더욱 더 많은 것이 제한 없이 생산된다. 세상의 모든 자본가는 더 많은 돈을 벌고 보조를 맞춰가고 뒤처지지 않으려고 동일한 행동을 한다. 욕구가 소진될 때 정세는 가라앉기 시작하고 자본가들은 재고를 떠앉게 되고 이것은 차츰 처리하기 어렵게 된다. 이것은 이번에는 **경제위기**를 만들어내고 그와 함께 악순환에 빠진다. 기업가들은 노동자들을 해고하여 주민의 구매력은 떨어지게 된다. 화폐와 재화의 거래가 붕괴하기 때문에 은행은 파산한다. 이것은 소규모 자산가들을 파괴하고 또다시 구매력을 떨어뜨린다. 이미 떨어진 주민의 구매력은 배분의 정체를 증대시키고 이것은 더 많은 해고를 낳을 수밖에 없고 등등. 임금은 삭감되고 노동시간은 금전적 보상 없이 증가되기도 하거나 월급이 축소되면서 감소될 수도 있다. 노동자도 기업가도 진정 그 과정을 이해하지 못한다. **그것**이 1930년의 **객관적** 생산관계의 작용이었다.

사회는 단순히 협력하며 살아가고 노동하는 개인들의 집합체가 아니다. 사회적 삶은 사람들 속에서 사람들 사이에서 **그리고** 모든 힘들의 결과로 생기는 활동에 의해 결정되며, **서로간의 상호의존성**은 결정적인 요소이다. '질서 잡히고 합법적인 국가'는 현실이 아니라 꿈, 즉 구식의 윤리적 심리학에서 '원숙한 인성의 조화'와 정확히 같은 환상이다. 사람은 자기 자신의 상호관계의 작은 파편만을 알기 때문에, 그 상호관계들을 지배하거나 변화시킬 수 없다. 그러므로 인간 상호간의 관계는 피할 수 없는 운명의 특성을 띤다. 평균적인 사람은 자신의 사회적 위치를 있는 그대로 바라본다. 사회적 의존들의 이러한 네트워크와 착취의 메커니즘을 꿰뚫어 보는 사람들은 '계급의식'을 지니게 된다. 자신의 자본을 지닌 자본가와 자신의 노동력을 지닌 노동자가 똑같이. 전자(부르주아)는 더 잘 그리고 더욱 교묘하게 착취할 수 있으며, 반면에 후자(노동자)는 더욱 성공적으로 착취에 저항할 수 있다. 그러므로 맑스주의 당 이론이 나왔다.

이러한 모순은 자본주의 질서 안에서는 해결될 수 없다. 생산자들의 사회가 생산수단도 자본소유자도 통제할 수 없다. 두 가지를 함께 하는 것도 생각할 수 없다. 다른 사람의 노동력을 착취하려는 의지는 어떤 경우에도 착취에 종속되지 않으려는 다른 의지와 화해할 수 없다. 모든 통합시도는 착취과정에 대한 인식을 희생하는 결과 위에서 생겨난다. 자본과 노동은 착취당하는 쪽의 인식으로부터 착취가 숨겨질 때만이 '평화롭게' 공존할 수 있다. 이것을 인정하지 않고 그것에 대항하여 싸우는 사람은 누구든지 '공산주의 선동가'라고 이름붙여진다. 맑스는 지금까지 가장 위대한 공산주의 선동가였다. 왜냐하면 노동력 상품의 가치가 창조되는 방식을 그만큼 분명하게 밝힌 사람은 없었기 때문이다.

하지만 맑스 자신은 착취받고 억압받는 사람들이 어떻게 자신들의 착취받고 억압받는 존재조건을 폭로할 것인지 하는 질문을 제기하지 않았다. 맑스주의자들은 억압받는 개인들이 해방에 대한 인식과 메시지를 환영할 것임을 전혀 의심하지 않았다. 그리고 이러한 사유양식은 합리적이고 완전히 옳았다. 그러나 불행하게도 인간의 사유와 행위는 언제나 합리적으로 결정되지는 않는다. 비합리적이고 비실제적이며 왜곡된 사유와 행동도 있다. 프로이트는 이미 이것을 증명했으나, 아울러 노동자운동이 이러한 질문에 긴급하고 중요한 쟁점으로서 맞부딪칠 것이라고는 아무도 예상할 수 없었다. 두 가지 적대적인 진영이 맑스와 프로이트 주위에 형성되었고 사회 속에서 삶에 대한 자신들의 해석에 대해 인정받으려고 서로 경쟁했다. 이러한 이론들을 결합시키려는 나의 시도(이것은 물론 나중에 좌절되었다)는 이 지점에서 시작했다.

맑스의 사회학은 인간 상호 간의 관계, 즉 사회적 관계들을 결정하는 경제적 과정들을 지적했다. 프로이트의 심리학은 반대로 인간의 사유와 행위를 통제하는 것은 무의식적인, 최종적으로 충동적인 생물학적 힘임을 증명했다. 결과는 인간존재에 대한 자연과학적인 사회학적 해석과 자연과학적인 심리학적 해석의 공존, 더 정확하게는 대결이었다.

칼 맑스는 "의식적인 인간의지와 독립된 객관적인 사회경제적 조건들과 과정들이 당신의 사유와 존재를 결정한다"고 주장했다.

지그문트 프로이트는 "최종적으로 아직 알려지지 않은 생물학적 에너지의 근원으로서 생겨나고 의식적인 인간의지와는 독립적인 정신인 충동적 힘이 당신의 사유와 존재를 결정한다"고 주장했다.

사회경제적 관계들, 즉 맑스적인 생산력은 인간의 생체심리적 장치 바깥에서, 기술발전, 노동관계, 가족관계, 이데올로기, 조직 등의 사이에서 작동하고 있다. 반면에 프로이트의 정신적인 충동력은 생체심리적 장치의 깊은 곳 안에서 작동하며, 맑스의 사회경제적인 생산력이 그러하듯이 의식적인 인간의지로부터 벗어나 있다.

인간 존재에 대한 두 가지 과학적 해석은 모순되고 서로 배제하는 것으로 나타난다. 그 결과 사회학 학파와 정신분석 학파는 첨예하게 충돌했다. 독일과 오스트리아에서 공적 생활에 심오한 영향을 끼친 맑스주의 사회경제학자들은 정신분석을, 정신분석학자들은 맑스주의를 사회적이고 개인적인 존재의 해석에서 원하지 않는 '위험한' 경쟁자라고 보았다. 그러나 두 학파는 이데올로기, 가치판단, 윤리, 사회적 요구 등 표면적 현상 뒤에서 인간에게 알려지지 않은 채 작동하는 **객관적인** 과정을 찾고 묘사하는 데서 공통점을 갖고 있었다. 여기서 두 학파는 운동의 현상 뒤에서 운동**법칙**을 찾고 또는 배터리의 스파크 뒤에서 눈에 볼 수 없는 전기 에너지의 기능적 법칙들을 찾는 물리학과 비슷한 진정한 자연과학적 방법을 사용했다. 두 학파는 경제학에서 뿐만 아니라 심리학에서 표면현상에 단순히 집착하는 윤리주의와 심리학주의를 제거했다.

비록 의도는 좋았지만 내용도 없고 사실상 근거도 없는 요구들과 도덕적 판단들에서 사실적 과정의 **본질**로 전진하는 것이 인간 지성의 엄청난 성과였다. 내용 없는 요구로부터가 아니라 오로지 그러한 사실들로부터 개인적이고 사회적인 존재의 개선에 대한 현실 적응적이고 비유토피아적이며 실천적인 경험을 발전시킨 수 있었다.

맑스가 살았던 시기의 경제학자, 철학자, 심리학자들은 인간은 자신의 '자유의지'를 통해 자신의 운명을 결정한다는 형이상학적 이론에 붙잡혀 있었다. 이러한 견해는 자연스런 사건들의 혼돈 속에서 환상적인 위안을 제공하기 때문에, 그들은 사신들을 해방할 수 없었다. 인간의 자유의지에 의해서나 초자연적인 것, 즉 운명과 섭리에 의해서 결정된다는 환상은 두 가지 비합리적인 목적에 이바지한다. 첫째, 이러한 환상은 인간을 자연(그 자신의 충동을 포함하여)과 관련해서 자신의 무력함 위에 위치하게 한다. 둘째, 이러한 환상은 인간에게 자신을 신처럼 느끼게 만듦으로써 무능감과 불안을 가린다. 이 마지막 환상은 정서적 전염병의 히틀러적인 분출에서 가장 적절하게 표현되었다. 1928년에는 알지 못했지만 오늘날 우리가 알고 있듯이, 이것은 **인민대중 속에 있는 비합리주의**의 성과였지, 합리적으로 기능하려는 모든 시도에서 순전히 실패해온 한 개인[히틀러]의 성과가 아니다.

자유의지 이론의 두 번째 기능은 비록 그것이 결국에는 기만하는 것일지라도 합리적인 핵심을 가진다. 이것은 사람이 무기력하고 작고 무능력하다고 느낄 때, 과정과 절차에 대한 지식이 부족할 때조차도 자신의 존재를 유지하기에 충분한 용기로 그를 물들이는 기능이다.

인간은 지식이 있든 없든 존재해야 한다. 이것을 위해서 인간은 환상이 지닌 정서적 힘을 필요로 한다. 환상은 비합리적인 인상들일 뿐만 아니라 힘을 증대시키는 태도들이기도 하다. 산을 움직일 수 있다는 속담식의 믿음은 여기에서 생겨난다. 히틀러 신비주의의 성공은 인간 정서 속에 근거하고 있는 신비주의가 과학적 지식보다 훨씬 더 강하게 작동할 수 있다는 것을 분명히 증명했다.

따라서 우리는 그 환상을 인간이 실질적 지식으로 밀고 나아가지 않는 곳에서만 정당화되고 필요한 것으로 인정한다. 우리가 절대적으로 그리고 자동적으로 환상을 그 자체로서 비난한다면, 우리는 환상에 기초한 성과에 대해 참지 못하는 비생산적인 태도로 쉽게 빠져들 수 있다. 예를 들어

경제재건과 가장 두터운 사회적 불의를 제거하는 것과 관련하여 소련에서 이룬 성과는 '사회주의를 건설한다'는 환상에서 나왔다. '정신의 본질'을 찾으려는 종교와 신비주의에 맞선 싸움에서 기계론적인 자연과학의 환상은 생리학과 교질화학의 영역들에서 위대한 성과로 이끌었다.

그러나 환상이 지닌 위험과 해로움은 그것이 가져오는 실제 이익보다 훨씬 더 크다. 환상에서 나온 성과는 과정과 절차의 실제 지식에 의해 만들어진 실천적인 성과와 결코 같지 않다. 원시시대로부터 환상적인 세계관은 미지의 영역을 제한하고 지식영역을 확장하려는 인간의 합리적 노력에 반대해서 거듭 나타나 왔다. 환상은 피할 수 없이 규칙적으로, 반동적인 사회제도들과 퇴보적인 사회적 제도들을 가져온다. 이 점은 살아 있는 기능들을 이해하기 위한 노력들에 자연과학에서 기계론이 끼친 금지하는 영향에 의해서 뿐만 아니라 소련에서의 발전들에 의해서 증명되어 왔다. 그러므로 내가 여기서 환상이 지닌 합리적 기능을 증명한다고 해서, 그 행위는 인간이 지닌 힘의 영역을 과학적으로 확장하는 데 필요한 열렬한 투쟁을 끊임없이 앞서서 해낼 필요가 없다는 것을 뜻하지 않는다. 내가 스스로 걸을 수 없다면 나는 이리 저리 다니려고 필요하다면 목발을 쓸 것이다. 그러나 나는 나의 다리를 다시 자연스럽게 사용하게 되자마자 확실히 목발을 버릴 것이다.

이제 환상을 통해서 얻은 자신들의 자존심을 정서적으로 만족시킴으로써 모든 종류의 형이상학자들과 신비주의자들은 맑스주의와 프로이트주의에 격렬하게 반대했다. "나는 매우 자유롭고 우월하며 내 자신과 자연의 지배자인 신과 같나"는 외침은 그들이 한편으로는 심리적 비합리주의에 다른 한편으로는 사회경제적 과정에 의존하고 있다는 사실을 조금도 바꾸지 않았다. 이 비극적인 의존은 지난 10년의 세계 파국에서 분명하고 오해의 소지없이 표현되었다. **맑스**와 **프로이트**는 인간 의존의 이러한 두 가지 유형을 지배하는 데서 진지한 진보를 이룬 없어서는 안 될 선구자들이었다. 그들은 또한 자신들의 과학체계를 아직 발견되지 않은 생물학적 또는 생체사회적인 원칙들 위에서 세운 점에서 서로 만난다.

맑스에게서 전체 사회경제학적 관념은 인간**노동**의 살아 있는 본질에 근거하고 있었다. 노동은 원시적인 생명체들에 고유한 기본적인 생물학적 활동이다. 인간은 그의 노동 기능에서 그가 노동한다는 점에서 다른 동물들과 다르지 않다. 모든 살아 있는 창조물들이 노동을 하며 그렇지 않으면 존재할 수 없었을 것이다. 인간은 **도구를 발명**함으로써 자신의 노동기능을 개선하려 시도한다는 점에서 다른 동물들과 다르다. 인간의 불행이 다른 동물들과는 달리 이러한 사회적 분화에 놓여 있으며 인간은 스스로 발명한 도구들의 노예가 된다는 것을 우리는 **칼 맑스**를 통해 이미 알고 있다. 대부분의 맑스주의자들은 그들의 출판물들로 판단하건대 노동력의 사용가치와 교환가치 사이의 차이를 통해서 바로 **살아 있는** 노동력이 가부장적 문명의 사회적 메커니즘을 결정해 왔다는 사실을 지나쳐 버렸다. 맑스는 자신의 철학적 저작들에서, 스스로의 **생물학적 조직**을 지닌 인간이 '모든 역사의' 최종적 **'전제조건'**이라는 점을 되풀이해서 강조했다. 물론 맑스는 이러한 '생물학적 조직'의 구체적인 본성에 대해서 전혀 몰랐다. 생물학도 아무것도 몰랐다. 왜냐하면 특정한 생물학적 에너지, 즉 우주 오르곤은 1936년~1939년 사이에 비로소 발견되었기 때문이다.

살아 있는 물질의 두 가지 객관적이고 생물학적 기본기능들인 **'노동'**과 **'성'**(섹슈얼리티) 또는 **'쾌락 과정'**은 20세기 초에는 각각 분리된 과학 체계들에서, 즉 맑스의 사회학과 프로이트의 심리학에서 각자 다루어졌다. 성 과정은 맑스의 체계에서는 '가족발달'이라는 오도하는 표제 아래에 있는 가여운 존재로 살아갔다. 노동과정은 이번에는 '승화'와 '배고픔 충동'(식욕)또는 '자아본능'이라는 오도하는 표제 아래에 있는 것처럼 프로이트 심리학에서는 마찬가지로 가여운 위상으로 격하되었다. 원칙적으로 서로 모순되기는커녕, 그 두 과학 체계는 실질적으로 **살아 있는 것의 생물학적 원근거, 즉 모든 살아 있는 존재의 생물학적 에너지**에서 만났다. 그런데 이 에너지의 활동은 우리의 에너지 – 기능적인 사유방식과 일치하며 한편으로는 노동으로 다른 한편으로는 성으로 나뉘어 진다.

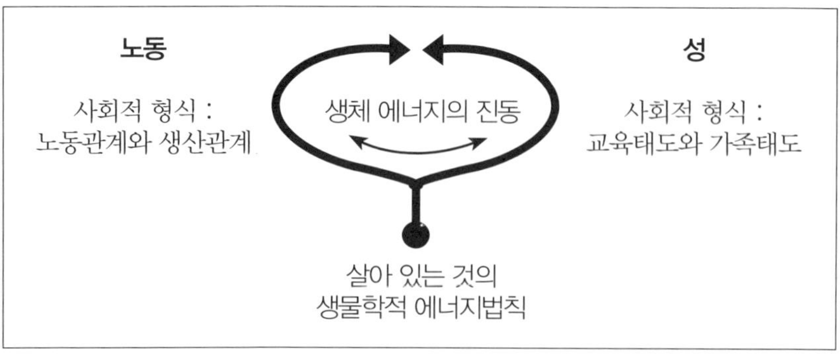

생물학적 에너지의 이러한 기능적이고 동일하면서도 대립하는 성격에 대해 정교화하는 것은 성경제적 조사연구를 위해 남겨져 있었다. 물론 나는 그 당시에는 이것을 생각하지 못했다. 두 가지 과학체계를 화해시키려는 1928년과 1930년 사이의 나의 시도들은 사실적인 조사연구의 논리에 의해서 1939년에 특정한 생체물리적 에너지인 오르곤의 발견으로 최종적인 승리로 나를 이끌었다. 내가 몇 년 동안 어렵고 일상적인 진료작업에서 사회학적 비판을 프로이트의 심리학에 적용하지 않았다면, 그리고 만일 내가 맑스의 사회경제학에서 틈을 발견하여 그것을 '성격구조'라는 개념으로 채우지 않았다면, 나는 오르곤을 발견하는 데 성공했을까 의심스럽다.

생물학적 에너지인 오르곤의 법칙은 노동과 성 둘의 기초적인 메커니즘을 포함하며, 따라서 인간 **내부에**, 인간 **외부에**, 인간 **사이에** 있는 감정적 힘들도 포함한다. 이러한 법칙들에는 비합리적인 노력뿐만 아니라 합리적인 노력이, 알려지지 않은 전능한 존재의 실존에 대한 신비적인 믿음뿐만 아니라 설명되지 않은 것에 대한 과학적 조사연구를 하려는 충동이 놓여 있다.

삶의 기초적인 생물학적 메커니즘들은 단순히 성기능과 노동기능의 기계적인 합이 아니다. 오히려 그것들은 더욱 **근본적**일 뿐만 아니라 동시에 **공통적**이기도 하고 **다양한 제3의** 요소를 이룬다. 그러므로 성경제학과 오르곤 생체물리학은 맑스의 개념들과 프로이트의 개념들의 합이 아니라, 양립 불가능하기 때문에 양자에 공통하는 제3의 개념을 발견하도록 이끄는 사회학적이고 심층심리학적인 인식들에 기초한 새로운 분과들이다.

이것이 오늘날 분명할지라도, 그것은 1928년에는 전혀 분명하지 않았다. 그러나 이러한 발전과정에서 이정표를 이룬 경험들로 돌아가 보자.

7월 15일에 계급사회의 근본 메커니즘이 아주 비극적으로 증명[히틀러의 집권]되고 나서, 나는 맑스에 덧붙여 엥겔스를 연구하기 시작했다. 정신분석학자가 그의 책 『가족의 기원』이 아주 흥미롭다고 생각하는 것은 당연할 뿐이었다. 가족에 대한 맑스주의의 설명과 프로이트의 설명 사이에 모순이 고통스럽게도 뚜렷했다. 결정적인 쟁점들에서 옳은 것처럼 보였지만 둘 다 동시에 타당할 수는 없다. 엥겔스는 나를 바호펜(Bachofen)과 모간(Morgan)으로 이끌었다. 나는『모권』과『고대사회』을 꼼꼼하게 연구했다. 이 저작들이 프로이트의 견해와 첨예하게 모순되었기 때문에, 나는 가장 중요한 민족학적 저작들을 탐구해야겠다고 느꼈다. 4년 동안 나는 내 스스로 혼돈 속에 있다고 생각했다. 그러고 나서 원시인류사의 중요한 수수께끼들 가운데 하나에 빛이 비춰졌다. 이것을 나는 다른 맥락에서 묘사했다.[4]

성억압의 사회적 기능의 실질적인 비밀들은 빈의 사춘기 젊은이들 사이에서 실시한 나의 성학적 작업이 제공한 진료경험들에서 드러났다. 내가 베를린으로 간 1927년과 1930년 사이의 연도들은 꽤 의심스러운 연도들이었다. 이 기간 동안 나는『성도덕의 출현』을 위한 자료들을 수집했다. 1929년에 짧은 저작인『성자극과 성만족』이 출간되었고, 1930년에『성 성숙, 절제, 결혼도덕』[5]이 출간되었다. 또한 이 3년 동안에 나는 정신분석에 대한 사회학적 비판을 정식화했다. 1929년 모스크바에서 나의 논문「변증법적 유물론과 정신분석」이 러시아어로『과학아카데미』지에 실렸다. 그 글은『맑스주의의 깃발 아래에서』라는 정기간행물에 독일어로 나왔고 이어서 1930년에 오스트리아에서 정기간행물『이마고(Imago)』에 나왔다.

4 『성도덕의 출현』 *Der Einbruch der Sexualmoral*, 1판, 1932; 2판, 1936.
5 『성혁명』의 1부.

1928년에 나는 빈에서 몇 명의 사회주의적인 의사들과 「성상담과 성연구를 위한 협회」를 세웠다. 그 협회는 성경제적 원칙들에 입각하여 빈에 노동자들과 피고용인들을 위한 최초의 성상담센터들을 세웠다. 몇 년이 지나서, 나는 그 당시의 혁명운동의 내부 기능 작용에 대해서 알게 되었다. ['혁명적'은 '공산주의적'과 같은 것으로 생각해서는 안 된다.] 내가 나중에 쓴 것 가운데 단 한 줄도 이러한 경험 없이는 받아들일 수 없다. 내가 프로이트와 헤어지게 된 근거는 이 시기 동안에 (다양한 임상적 논문들의 형식으로) '성격분석'을 포함하여 가장 중요한 성경제학적 통찰들의 정식화와, 그리고 내가 프로이트의 죽음충동이론을 거부할 수 있었던 매저키즘 문제의 명료화와 관련된 것이었다. 그때까지는 나는 반대이론 없이 그것에 반대했었다. 나중에 나의 책 『파시즘의 대중심리』의 바탕을 이룬 결정적으로 중요한 사회적 경험들이 이 몇 년 동안에 일어났다. 그러한 경험들이 나의 사회심리학적 연구에 아주 깊은 영향을 끼쳤기 때문에 나는 그것들을 묘사하기 시작할 것이다.

나는 프로이트와 대화를 나누고 나서 곧바로 사회학적 연구를 시작하기로 결심했다. 나는 나의 계획을 설명하고 그의 견해를 물었다. 성상담센터들이 열릴 수 있었고 성격분석적 통찰이 사회적 성경제학의 형식으로 대중적인 규모에서 적용되었다. 이러한 방식으로 그것은 광범한 인민대중에 이바지하게 되었다. 프로이트는 전적으로 동의했다. 그는 이것이 어디로 이끌고 갈지를 나만큼이나 잘 몰랐다. 내가 가족문제를 정력적으로 공격할 필요성을 설명했을 때, 그는 "당신은 많은 적을 만들 것이다"라고 대답했다. '러시아 실험'에 대한 그의 태도는 비판적이지만 동정적이었다.

올바른 사회학적 견해들은 이미 원시역사의 정신분석학적 해석을 의문시하기 시작했다. 정신분석적 민족학자인 로하임(Roheim)은 이것저것을 무비판적으로 그리고 무분별하게 해석하고 있었던 반면, 말리노프스키의 경고들이 런던에서 들렸다. 1926년에 모권사회들에서 오이디푸스 콤플렉스에 관한 말리노프스키의 논문이 나왔다. 그와 존스(Jones)는 가족이 생물학적인 제도인지 아니면 사회역사적인 제도인지 하는 질문을 둘러싸고 서로 대립하면서 논쟁하였다. 존스는 생물학적 오이디푸스는 모든 것(사회, 법률, 권리들, 문화 등)의 자원이자 근원, 즉 '근거(fons et origo)'라고 주장했다. 말리노프스키는 오이디푸스 콤플렉스는 사회구조의 변화에 따라 모가장제 사회들에서 다른 형식을 띤다고 주장했다. 프로이트는 이것에서 중립을 지켰다. 모든 사람은 이러한 질문들이 단순히 학문적인 소일거리는 아니라는 것을 알았다. 그들은 아주 뚜렷하지만 아직 쉽게 건드릴 수는 없는 형식으로 위대한 러시아혁명에 대해서 언급했다.

프로이트는 대화중에 "빛이 동방에서 올 것이다"는 것을 받아들일 수 있다고 언급했다. 정말 학구적인 교수에게서 나온 말이다! 프로이트는 나에게 기법 세미나에서, 외래진료소에서, 사적인 진료에서 그리고 성상담센터들에서 동시에 그 광범한 연구를 감당할 수 있는지를 물었다. 우리는 오직 기다리며 그것이 가능한지를 알 수 있을 거라는 데 뜻을 같이했다. 프로이트는 정신분석협회의 지도적 관리들(특히 폴 페더른)이 이 기회를 틈타 나를 기법 세미나의 리더 자리에서 쫓아내려고 한 시도를 막았다. 내가 그 세미나를 계속 이끌길 바랐다면(1928년 11월 22일 날짜의 편지), 나는 그 지위를 계속 갖고 있었을지도 모른다. 오랫동안 나는 지나친 작업하중 때문에 이러한 사안을 꿰뚫어 보지 못했다. 정신분석의 사회적 기능을 놓고 벌어진 정신분석 안에서의 모순은 끼어든 사람이 누구든 그 모순을 알기도 전에 이미 크게 벌어져 있었다.

오늘날의 시각에서 보면, 오스트리아 사회민주당의 몰락은 단지 하나의 정당이 무너진 것을 뜻하지 않았다. 사회민주당이 쇠퇴한 것은 오히려 히틀러의 국가사회주의당이 급격히 떠오르고 난 뒤 10년 동안 정치가 전적으로 근거 없고 비과학적이고 비합리적이며 생체병리적인 인간 구조와 사유의 표현이라는 비상한 통찰력을 생산한 사회체계의 징후였다. 본질적으로 정치는 당 강령 속에 정식화된 당 추종자들의 생체 병리적 감정들의 조직화된 만족이다. 한 곳에는 좋은 정치가 있고 다른 곳에는 나쁜 정치가 있는 것이 아니다. 본질적으로 정치는 늘 구체적인 지식이 없기 때문에 특정한 사회적 상황들을 과학적으로 제압할 수 없다는 것을 증명한다. 좋은 정치와 나쁜 정치 사이의 차이에만 관심을 기울인다면, 정치 그 자체의 문제에 그리고 우리의 시야에서 감춰진 것의 문제에 접근할 수 없다. 학살의 30년(1914~45년)은 정치적 아우성과 소란 뒤에 있는 조용하고 합리적인 노동과정을 그리고 자연스런 노동민주주의를 발견할 것을 요구한다.

1927년부터 1934년까지 나 스스로가 이러한 소란의 한복판에 있었다. 과학이 사회적으로 방향지어지지 않았고 사회적 혼돈이 일상생활의 가장 작은 틈에까지 스며들었기 때문에, 모든 희망은 자연과학이 아니라 '좋은 정치'에 놓여 있었다. 다음의 설명은 다른 몇백만 명과 함께 내가 나의 희망을 인간에 대한 나의 작업에 뿌리내리게 하는 대신 나의 희망을 정치활동에 두었다는 것을 증명한다.

오스트리아 사회민주당이 '나쁜 정치'를 추구한다고 비난하는 것을 옳지 않다. 그들은 영국 보수당원들이 '평화를 구하기' 위해 독일 파시스트들과 조약을 맺은 체임벌린[당시 수상] 아래에서 그랬던 것처럼 정치의 비합리주의에 걸려들었다. 정치적 반동들은 언제나 공개적으로 정치의 일반적 본성, 이를테면 거짓말, 사기, 비합리주의, 노골적 폭력을 현실적으로 그리고 분명하게 인정했다. 가장 엄밀한 의미에서 양보나 유화라는 실천은 '좋은' 정치도 '나쁜' 정치도 아니며, 대중의 비합리적인 성격구조가 그 강력한 지지대로 이바지하는 강력한 정치적 반동에 부딪혀 사실상의 불안정을 인정하는 것이다.

진리는 정치를 통해 지배할 수 없다. 정치와 진리는 서로 모순된다. 진리의 옹호자들이 정치와 경쟁하고자 한다면, 그들은 분명히 사라질 운명에 있다. 이것은 1927년과 1934년 사이에 오스트리아 사민주의자들의 운명이었고 또한 체임벌린 아래의 영국인들의 운명이었다. 진정한 민주주의 정치는 모든 종류의 정치의 철저하고 매정한 폭로와 포기이며 기본적으로 다른 것일 수 없다.

여기서 우리는 엄청난 어려움들을 만난다. 날마다 인간존재는 많은 실천적 해결책들을 요구한다. 존재에 대한 질문에 실천적인 대답을 하는 데 더디지만 진보할 수 있게 한 것은 자연과학의 본질이다. 신비주의와 정치는 갈라진 틈을 만족스런 환상과 약속으로 채운다. 이것은 사회생활의 자연과학적 조절이 정치적이고 환상적인 대중지도부를 하룻밤에 처리할 수 없다는 것을 의미한다. 개인적으로 나는 현실주의적 지도부와 환상적 지도부 사이의 딜레마에 대한 해결책을 갖고 있지 않다. 그러나 그러한 어려움들을 드러내고 그것들을 감추지 않는 것이 나의 과제이다. 이것은 처음에는 틈을 빨리 채울 수 있다는 잘못된 믿음을 불러일으킨다. 그러나 나는 정치를 다른 형식의 대중지도부로 대체할 수 있다고 믿는다.

이러한 결정적인 해결로 나아가는 얽힌 길은 함정들로 가득 차 있었다.

3 사회적 성경제학의 문제

*이 글은 라이히가 1931년에 쓴 『강제적 성도덕의 출현』의 서문들과 결론부분이다. 이 책의 목차는 서문, 1부 성억압의 기원[1장 모권사회에서 성경제, 2장 트로브리안드인들 사이에서의 경제적 성적 모순들, 3장 반(反)성적 도덕주의의 침입, 4장 원시공산주의-모권, 사적 소유-부권, 5장 모간-엥겔스 이론의 확인과 교정, 6장 부족분할과 근친 성관계 금기의 기원], 2부 성경제학의 문제[1장 사회적 성경제학의 문제, 2장 로하임(Roheim)의 『원시문화의 정신분석』]로 되어 있다. 이 책은 모간의 『고대사회』(최달곤 · 정동호 옮김, 현암사, 1978)와 엥겔스의 『가족, 사유재산, 국가의 기원』(김대웅 옮김, 아침, 1989), 그리고 말리노프스키의 원시인 연구 자료(특히 『미개인의 성생활』, 김영목 옮김, 휘경출판사, 1979)를 받아들여 성억압의 기원을 밝히려 하였다. 번역 텍스트로는 Wilhelm Reich, *Der Einbruch der sexuellen Zwangsmoral-Zur Geschichte der sexuellen Ökonomie*, Fischer Taschenbuch Verlag, 1972s, 9~23, 126~142를 사용하였다.

• 목차

1판 서문

성경제학 역사의 한 시기에 대한 이 연구는 목적의식적인 사회적 성경제학의 한 조각의 근거일 것이다. 이 책에서 다루는 문제설정의 전개에 대해 설명하는 서론적인 개괄이 필요하다.

자연과학에서 정신의학 및 정신분석으로 나아가면서, 나는 정신병에 대한 인과적이며 그래서 이론적으로 잘 정립된 정신분석적 치료의 가능성들에 매우 감명받았다. 이 치료는 순수 직관적인 방법이나 또는 정말 구학파의 피상적인 설득방법에 비해 훨씬 유익하다고 본다. 비록 정신분석적 치료가 신경증 이론보다 훨씬 뒤처져 있지만, 심리학적 이론과 정신치료적 실천(진료)을 통합할 풍부한 가능성들은 소재와 처음 만나면서 나타났다. 결국 우리는 신경증[노이로제]을 치유하기 위해서는 이해해야 한다는 것을 알았고, 심지어 치료적인 일상이 아주 종종 치유 시도에서 실패로 누적된다 할지라도 우리는 이 지식에 의거할 수 있었다. 치료 문제들이 이론적인 관심을 일깨우는 만큼, 병든 정신적 기관이 어떻게 건강한 기관으로 바뀔 수 있는가라는 문제를 지속적으로 추구하는 것이 신경증 발생에 대한 여전히 대부분 해결되지 않은 문제들을 이해하는 가장 나은 접근법이라는 점이 분명하다. 치료과정에서 정신기제들의 살아 있는 전화과정에 대한 관찰은, 정신적인 건강과 정신적인 병을 구분하는 문제를 항상 동반하였다. 그 관찰은 정신기관의 역동성에 대한 더욱 넓은 통찰을 열어젖혔다.

신경증은 실패한 성억압의 산물이며 따라서 신경증의 치료를 위한 첫 번째 전제조건은 성억압의 제거 및 억압된 성충동의 해방이다라는 **프로이트의** 애초의 정식은, 해방된 충동에 무슨 일이 일어나는가라는 그 다음 문제로 나아간다. 정신분석 문헌에는 이 질문에 대한 두 가지 대답이 있었다. (1) 의식하게 된 성욕망은 제압되거나 유죄로 판정될 수 있다. (2) 충동의 승화는 중요한 치료적 해결법이다.

직접적인 성만족의 필요성에 대해서는 어느 곳에서도 언급되지 않았다. 풍부한 경험을 했던 여러 해를 지나면서, 나는 환자의 압도적 다수가 정신병의 치유에 필요한 승화능력을 가지고 있지 않다는 것을 확인할 수 있었다. 해방된 유아적인 충동요구에 대한 통제와 비난은, 만일 성생활이 정돈되지 않는다면, 즉 치료가 환자에게 만족스럽고 규칙적인 성교능력을 줄 수 없을 때, 단지 위선적인 원망으로서 증명된다. 신경증은 성기(생식기) 장애와 현저한 성울혈 신호 없이는 존재하지 않으며, 따라서 정신병은 유아적 성태도의 고착을 통해 정상적인 성기기관을, 그리고 그것을 통해서 정돈된 성가계(sexuelle Haushalt, 성관리)를 이룰 수 없게 한다는 것이

곧 확실해졌다. 더욱이 완전한 성기관 그리고 성기적 만족의 확립은 가장 본질적이고 필요한 치유 요소라고 증명되었다. 비성기적 성충동과 반대로 성기적 만족만이 성울혈을 떨쳐 버릴 수 있으며, 그리하여 신경증 징후로부터 에너지 원천을 빼어버릴 수 있다.

사람들이 이것을 더 밀고 나가 여기에 성경제학의 열쇠가, 그리하여 신경증 치료의 열쇠가 있다고 믿을 때, 경험은 성기관이 많은 심각한 사례들에서조차 회복될 수 있지만 회복기 환자의 환경이 치유를 방해했다는 것을 보여주었다. 그것은 매우 다양한 형식들 속에서 일어났고 일어난다. 17살 또는 18살 미혼 소녀는 부르주아 가정 출신이면 순결과 관련하여 아주 엄격하게 지켜진다. 또는 프롤레타리아 출신 소녀의 경우에 사회적 조건들(주거 문제, 피임 문제, 아주 종종 부모의 심한 도덕주의적 태도)이 아주 비참하여, 신경증에서 벗어나려고 열심히 노력하는 환자는 성에 반대하는 사회적 장벽들 앞에서 많은 경우 형편에 따라 신경증으로 되돌아갈 수 있다. 환자는 어린 시절의 성부정으로 파괴되었으며 성기성에 대한 외적 부정 때문에 쾌유에는 어렵게 이르거나 또는 정말 못 이를 수 있다. 남편에게 경제적으로 의존하거나 아이들을 돌보아야만 하는 불행한 기혼여성에게서 사태는 다르지 않다.

회복 중에 있는 신경증 환자가 적합한 상대를 찾는 것이 얼마나 어려운가도 곧 분명해졌다. 남성의 성능력장애와 성적 무분별함, 성생활의 상대로서 치료에서 치유작업을 완수해야 하는 여성이 지닌 성장애 및 성격결함은 새로운 문제였다. 언젠가 유년기에 신경증을 일으켰던 그 동일한 사회적 조건들이 비록 다른 형태이긴 하지만 이제 성인에게서 회복에 저항하였다. 여기에 신경증 치료는 만족스러운 성기적 애정생활을 확립하지 않고는 가능하지 않다는 나의 주장이 동료들에게서 불러일으킨, 처음에는 진기한 기분을 일으킨 비판이 추가되었다. 그들은 내 의견에 반대하였으며, 성행복의 부정의 필연성이나 승화를 전면에 있는 본질적 요소라고 주장하였다. 즉 사람들은 여기에서 사회적 장벽이 작동한다는 것을 더욱 더 많이 느꼈다. 그리고 지금까지의 문헌들에서 이러한 문제영역들을 무시하는 것은 임상적 사실의 긴급함에 비추어 다음과 같은 동일한 기원을 가지고 있음에 틀림없다. 즉 **일관된 인과적 신경증 치료법은 압도적인 다수의 사례들에서 환자 쪽에 확립된 사회적 도덕주의에의 극복을 요구했다.** 사람들은 그것을 피하였다. 그리고 치료정식이 반복되고 수년 동안 지속된 통제는 언제나 또 다시 신경증는 성억압과 성에너지 울혈의 산물이며 신경증의 치유는 억압의 제거 및 건강한 성기적 생활을 전제한다는 결과를 가져왔다. 그러나 사회생활에서 사람이 부딪치는 모든 것은 이러한 강력한 정식의 실제적 관철과 모순되었다.

게다가 우리의 문화권에서 압도적인 다수의 사람들이 성적이고 신경증적인 장애에 감염되어 있다는 어려움이 있었다. 그리고 유일한 인과적 치료법인 정신분석학은 아주 오랜 기간을 필요로 했기 때문에, 신경증 예방이란 문제가 저절로 생겼다. 개별적인 치료에 완전히 집중하는 것은 거의 의미가 없었다. 사람들은 신경증 예방이란 문제가 심지어 언급되지도 않았거나 종종 언급되었을지라도 일반적인 얘기만이 있었다는 것에 놀랄 뿐이다. 그 때의 질문은 어떻게 신경증을 막을 수 있는가였다. 공식적인 정신병리학은 프로이트에도 불구하고 유전적 병인학(Ätiologie)의 일차적 중요성에 여전히 집착하였다. 이러한 잘못되고 실효성 없는 관점이 외부 세계의 조건들에서 주의를 다른 데로 돌리려는 반동적인 학문, 특히 유전학의 필요성에 사회학적으로 근거하고 있다는 것은 맑스주의 사회학의 연구를 통해 나중에 매우 분명해졌다.

일단 인간의 성적 존재조건들이 유년기의 신경증의 원인이며 나중에 치유를 방해하는 요인들이라는 것을 인식했다면, **맑스**에게로 직접 나아간다. 그 문제는 몇 가지 문제설정들로 나뉘어졌다. **프로이트**는 신경증의 병인학에서 중심적인 요소를 부모와 아이의 갈등, 특히 그것의 성적 구성요소인 오이디푸스 콤플렉스라고 인식했다. 가족이 왜 이러한 방식으로 작용하는가? 신경증은 성과 그것을 부정하는 외부세계 사이의 갈등에서 생겨난다. 그러므로 성억압은 사회로부터 온다. 가족과 전체 교육은 모든 수단을 동원하여 성억압을 행사한다. 왜 그런 일이 일어나는가? **가족양육과 그것이 가져온 성억압은 어떤 사회적 기능을 가지고 있는가?**

프로이트는 성억압이 문화 발전의 가장 중요한 전제조건이라고, 즉 문화는 억압된 성 위에 세워졌다고 주장하였다. 한번은 이것을 받아들일 수 있었지만, 성적으로 병든 인간과 신경증 인간이 문화적으로 봐서 성적으로 건강하고 만족하는 인간과 결코 동일하지 않다는 것을 계속 간과할 수는 없었다. 계급 문제에 관해서는 아직 손대지 않은 채였다. 정신분석 진료소에서 노동자들과 피고용자들을 치료하면서, 빈민층의 아주 충분히 다양한 세계에, 충분하게 지불하는 개별환자들의 치료에서 알았던 환경(또 다른 성적 관점들, 그렇지만 동시에 중간계급에서 발견되는 동일한 것)과는 특이하게 다른 성적이고 물질적인 생활에 더 가까이 다가갔다.

무엇보다도 놀라운 것은, 성적으로 그리고 그 밖의 방식으로 모든 계급들을 똑같이 파괴시키는 가족양육이었다. 그리고 정신분석학은 이러한 교육을 지금까지 거의 비판하지 않았으며, 비판할 때에도 매우 불충분하고 약하게 하였다. 그러나 일상의 경험은 정신분석학이 성적 양육의 비판을 위한 가장 예리한 도구임을 가리켰다. 왜 그것이 사용되지 않았는가? 이러한 양육, 어린이 성의 이러한 파괴, 사춘기의 이러한 비참함, 결혼에서의 성기적 억압, 요약하면 개인에게 성억압을 강요하고 대중전염병을 만들어내는 모든 사회 현상이 문화 발전의 전제조건이어야 한다는 것은 옳지 않았다. 정신분석 외래진료소와 정신의학진료소들에서 정신장애를 대규모로 보았다. 사람들은 직업을 통해서 편파적으로 되었는가? 사람들은 자신들이 살고 있는 좀더 가까운 그리고 좀 더 넓은 환경을 연구하기 시작하였다. 거의 예외 없이 모든 곳에서 성생활의 동일한 불구, 여기에서는 재능 있는 사람의 활동 금지로서, 저기에서는 부부싸움으로서, 그 밖의 곳에서는 성격불구와 같이 매우 다양한 형태로 나타나는 동일한 신경증 전염병을 발견하였다. 그리고 어디에나 성기장애, 증상 신경증과 성격 신경증이 심지어 그럴 것이라고 전혀 의심할 수 없는 사람에게서조차 있었다. 프로이트가 인류 전체가 환자라고 주장한 것은 옳았다. 그는 신경증을 임상적으로 이해하기에 이르렀지만, 어떤 결론도 끌어내지 않았다. 그러면 인간은 어떤 사회적 근거에서 신경증 환자가 되었는가? 그것은 항상 그랬었는가?

내가 성억압이 사회의 문화 발전에 속한다는 프로이트의 주장을 거부한 후, 성억압이 사회에서 나온다는 명제에서 사회는 성억압에 어떤 이해를 갖는가라는 더 나아간 질문으로 진전하기까지는 상당한 시간이 걸렸다. 사회학은 "문화는 도덕을 요구한다"는 틀에 박힌 말을 벗어나서는 어떤 대답도 제시하지 않았다. 결국 맑스와 엥겔스에게서 우리의 물질적 존재의 영역에서 많은 통찰이 열렸고, 사람들은 우선 그들에 대해 전혀 들은 바 없이 중등학교와 대학에 다녔다는 것에 놀라야 했다. 나중에 사람들은 그 이유를 알았다.

계급이해와 계급투쟁이 우리의 현존재, 철학, 학문을 결정한다. 이것들의 '객관성' 뒤에서 계급이해가 작동한다. 도덕은 생겨나고 소멸하는 사회적 산물이며, 계급국가에서 지배계급에 봉사한다. 엥겔스의 『가족의 기원』은 민족학(Ethnologie)으로 들어간다. 도덕은 특정한 다른 형식들로부터 발전했으며, 가족은 주장되듯이 문명의 초기에는 존재하지 않았다. 모간(Morgan)은 자신의 역사적인 새로운 발견들을 통해 사람들을 만족시켰다. 그러나 그의 발견과 맑스-엥겔스 이론의 전체 관념은 사회적 과정의 근본적 파악에서 프로이트의 『토템과 터부』와는 모순되었다.

맑스는 물질적 존재조건들이 도덕적 관점의 변화를 결정하며 이것은 일상 경험에 의해 분명히 확인된다고 주장하였다. 프로이트는 태초의 아버지 살해라는 일회성 사건에서 도덕을 끌어냈다. 그 사건에서 죄책감이 세상에 나타났다고 한다. 이 사건은 성억압의 기원을 설명했다. 그가 정말 성억압을 하나의 사회적 사건에서 설명했지만, 이 사건은 존재조건에서 도출된 것이 아니라 단지 태초의 아버지에 대한 강력한 질투에서 도출되었다. 이러한 문제는 전체 문제설정의 핵심적 지점임이 증명되었다. 그 문제는 신경증 예방에 대한 실천적 관심과 밀접하게 연결되어 있었다. 만일 **프로이트**가 옳다면, 만일 성억압과 충동제한이 문명과 문화의 발[illegible]에 전적으로 속한다면, 그리고 더 나아가 만일 의심할 여지없이 성억압[illegible] 경증을 대량으로 만들었다면, 신경증 예방이란 사안은 절망[illegible]다. 그러나 만일 **모간**과 **엥겔스**가 가족사에 대해서 올바[illegible]을 [illegible]시했다면, 도덕은 다시 한번 변화할 수 밖에 없었으며 [illegible]하여 신[illegible] 예방의 문제 그리고 더 나아가 성고통의 문제도 [illegible]될 수 있었다. [illegible]결될 수는 있었지만 반드시 해결되지는 않[illegible]. 왜냐하면 그 이[illegible] 도덕의 변형이 성경제학의 요구에 [illegible]지는 의문스러웠기 때[illegible]다.

도착, 장애, 성[illegible] 사회성의 [illegible]학을 배우기 위해 원시인들의 실제적인 성생활을 배워야만 했다. 성학적이고 민족학적인 문헌은 엄청나게 풍부한 보고들을 제공했다. 많은 원시인들이 다르게 살았지만 또 다른 사람[원시인]들은 특히 결혼도덕과 관련하여 우리의 문명권과 동일한 도덕 개념을 가지고 있었다고 얘기되었다. 보고들이 서로 모순되었기 때문에, 어떤 해결책도 없었다. 그들은 도덕적 평가에 의해 왜곡되었거나, 예를 들면 **웨스터마크**(Westermarck)가 보여주려 했던 것처럼 가족질서와 결혼질서가 영원하다는 것을 증명하려고 시도함으로써, 또는 '야만적' 단계와 '부도덕성'(Ploss와 기타 사람들)의 단계를 넘어서는 우리의 또 다른 '진보'를 찬양함으로써, 우리의 도덕률을 정당화하려는 저자들의 갈망을 보여주었다. 그러나 동시에 우리 시대의 도덕의 쇠퇴에 대한 과학적이고 윤리적인 문헌들의 비탄과 나란히, 원시인들의 성적 파라다이스에 대한 서정적인 보고들이 있었다. 처음의 인상은 단지 혼란스러웠다. 유일하게 확실한 것은 대부분의 민족학적 문헌이 도덕주의적으로 기울어져 있다는 점이었다. 원시인들은, 항상 그들 가운데 많은 사람들은 다른 관념을 지니고 성을 다르게 경험하였다. 그리고 노동자계급은 또한 중간계급의 성도덕 옆에 그들 자신의, 중간계급의 성도덕과는 다른 견해를 만들어 냈다.

그 다음에 노동자와 농민의 국가인 소련에서 성이데올로기의 변혁[격변]에 관한 정확한 인식을 얻으려는 것은 아주 당연하다. 반동적인 신문들은 사회혁명을 통해 문화와 도덕이 타락했다고 소리쳤다. 그러나 소련 성입법의 용어는 놀랍게도 자명하고 단순하다. 그것은 반동적인 성입법과 전적으로 다르고, 지금까지 그렇게 격렬하게 방어되어 왔던 '문화의 업적'과 인간의 '도덕적 본성'을 전혀 존중하지 않는다. 낙태는 허가되었고 합법화되기 조차했다. 국가가 관리하는 출산통제, 청년들에 대한 성계몽, '불충실한'이라는 용어의 폐지, 강제적 결혼의 실질적 지양, 근친 성관계에 대한 처벌 금지, 성매매의 제거, 여성을 위한 실제적 평등, 그리고 다른 많은 것들, 이 모든 것은 **도덕이 변하고 정말 성을 긍정하는 방향으로 변하여** 지금까지 존재한 것들을 완전히 전복한다는 것을 분명히 보여주었다. 그러나 반동적인 신문들과 과학은 '문화의 쇠퇴'를 계속 외쳤다. 결국 **프로이트**가 자신의 명제에서 옳았는가?

소련에서의 보고는 문화의 쇠퇴에 대해서 전혀 언급이 없었을 뿐만 아니라 아주 이상하게도 처음에는 금욕주의적으로 보였던 도덕적 분위기가 드러났다는 것을 즉각 알려줬다. 거리에는 어떠한 성적 괴롭힘도 없었다. 모두 침묵하고 심각하고, 성매매는 여전히 존재하지만 도시의 그림에서 두드러지지는 않았다. 밤에 여기저기 벤치 위에 연인들이 있지만 빈이나 베를린에서만큼 늦게까지는 아니었다. 사회적 모임들에서 우리의 다양한 서클[모임]들을 특징짓는 성적 암시와 음란한 대화는 없었다.

게다가 우리는 진기한 일화를 들었다. 만약 우리 지역의 방식에 따라 남성이 여성의 엉덩이를 때리거나 여성의 뺨을 꼬집는다면, 그가 당원일지라도 그는 당재판소 앞에 서게 되기 쉽다. 그러나 누군가가 성파트너가 되길 원하는지에 대한 질문을 더욱더 공공연히 그리고 주저하지 않고 하게 되었다. 술책 없는 성교제, 여성의 성기성은 자명한 일이 되었다.

어떤 아는 사람이 임신 8개월이었지만 아무도 그녀에게 아이의 아버지가 누구인지를 묻지 않았다. 한 가족이 방문객을 맞이하여 충분한 방을 가지고 있지 않으면, 16살 된 딸이 "저는 ×[그녀의 남자친구]와 자러 갈게요"라고 솔직하게 부모에게 말한다. 청년공산동맹의 두 성원이 둘 다 한 소녀와 잤고 그들 가운데 하나가 그녀의 아이의 아버지일지도 모를 때, 그들은 그 소녀를 부양해야 할 책임이 있다고 요청된다. 산부인과 병원에서 임신부들은 공식적으로 낙태하였다. 문화공원(Kulturpark)에서 모든 청소년들이 접근할 수 있게, 생식, 출산, 피임, 그리고 성병에 관한 도표와 그림이 전적으로 공개되었다. 동시에 나이든 의사들 사이에는 우리들 사이에 있는 것과 같은 성적 수줍음이 있었는데, 많은 경우에 성학은 여전히 도덕화하고 성심리학적으로 훈련되지 않은 비뇨기학자들과 생리학자들의 손에 있었다.

모순들이 있었지만 모든 것이 변했고, 이런 문제들에 대해 분명한 태도를 가지고 정말 성을 긍정하는 쪽으로 변했다. 성직자의 결혼도덕을 포함한 낡은 방식들은 오직 학문의 영역과 나이든 관리들 속에서만 지속되었다. 어쨌든 아직 최종적인 형태와는 거리가 멀지만, 문화적 대중교육과 종교반대투쟁을 통해서 뿐만 아니라 임금인상과 노동시간단축을 통해서 모든 사회성원들을 고도의 문화적 수준으로 끌어올리기 위한 거대한 경제적 노력 속에서 미래의 대중 성위생의 경제적 윤곽을 보여준 명백한 변화가 있었다.[1]

객관적인 성적 존재 안에서의 이런 변화에도 불구하고, 상응하는 성이론이 없다는 것이 분명하게 느껴졌다. 정신분석은 잘못된 사회학적 탈선과 분석가들의 많은 반동적 간행물들 때문에 쇠퇴하였다. 정신분석은 또한 당시 진행 중이던 주요한 변혁들을 전혀 인식하지 못했다. 더군다나 최근 몇 년 동안에 엄밀하고 혁명적인 리비도 이론으로부터의 명백한 후퇴가 정신분석 안에서 발생해 왔다. 자아(에고)와 죽음충동에 관한 프로이트의 첫 번째 작업들을 가지고, 신경증 이론을 탈성화시키고 죽음 충동 이론의 용어로 번역하려는 시도가 쇄도했다. 고통의 기원을 현존재의 외적 조건들에서 찾으려는 대신에, 생물학적인 '고통의지'에서, 처벌욕구에서 그리고 죽음충동에서 찾는 이론들이 생겨났다. 신실한 정신분석 임상의로서는 이런 변화를 따를 수 없었다. 왜냐하면 임상경험은 명백하게 그것과 모순되었고 맑스주의 사회학은 이러한 변화를 이해할 수 있게 해주었기 때문이다. 애초에 혁명적인 성이론이자 무의식의 심리학인 정신분석학은, 성이론에 관한 한 스스로 권위적인 존재조건들에 순응하고 그래서 반동적인 사회를 받아들일 수 있게 되기 시작하였다.

1 [1934] 이 과정은 그 이후 심각한 장애물을 만나 왔고 부분적으로 규제시도로의 퇴행에 굴복하고 말았다. 소련의 성경제학에 대해서는 앞으로 자세한 연구에서 다룰 것이다. [1951] 그 사이에 소련은 성문제에 있어 완전한 반동으로 퇴행하였다. 팽창적인 제국주의의 발전과 완전히 일치하여 세계를 "진보"의 도그마 아래에서 위협하면서 말이다. 이 책은 다른 많은 성경제학적 저술들과 함께 적색 파시즘이 지배하는 나라들 안에서 탄압받았고 그런 나라들로부터 금지되었다.

에서 어려운 이론적 작업을 준비해야만 한다. 잠시라도 임상과 접촉을 잃으면 공허한 이론화의 수렁에 빠져들 위험이 있다. 또한 성억압이 억압 받는 대중들 자신 속에 뿌리내리고 있다는 것을 고려해야 했지만, 이러한 질문들의 제시에 상이한 주민층이 반응하는 방식에 대해 옳게 개관하지 못했는데, 왜냐하면 그 문제의 핵심이 의심할 여지없이 결혼과 가족과 어린이 및 청소년의 성생활에 있었기 때문이다. 성정치학 영역에 대한 작업과 그것을 위해 기초를 닦은 고유한 성상담에서의 여러 해의 경험으로, 사람들이 직접적인 경제생활의 문제에서만큼 이 문제에 대한 대답을 간절히 기다리고 있다고 확신했다. 현재 독일은 혁명적 지도력 아래 미숙하지만 단호한 성정치 운동으로 뒤덮이고 있다.

성장애와 신경증 문제를 역사적으로 설명하려는 시도는 거의 실패하였는데, 지금까지의 민족학 문헌이 내적 경험방식, 성기만족의 성격, 그리고 신경증 문제를 고려하지 않았기 때문이다. 사람들이 슈미트(R. Schmidt)의 『인도의 사랑법』(*Indischen Liebeskunst*)과 같은 책에 의존했다면, 그 책은 충고를 하지만 외국인의 성생활에 대한 어떠한 묘사도 하지 않기 때문에 또한 성생활과 경제 간의 관련을 고려하지 않기 때문에, 사용할 수 없었다는 것이 즉각 밝혀졌다. 이런 관련을 묘사하려 했던 남아 있는 문헌(예를 들어, 쿠노우(Cunow), 뮐러-리에르(Müller-Lyer), 그리고 또 다른 사람에게서처럼)은 결혼 및 가족의 외적 형태의 관찰에 집착하여 성기능과 실제적 성생활로까지 밀고 들어가지 않았다. 더욱이 사람들은 여전히 모간-엥겔스이론만을 깊이 신뢰할 수 있었다. 영국 민족학자인 말리노프스키의 연구들은 모계 원시인들의 성생활에서 성형태와 경제의 연관을 정립하고 신경증 문제를 포함해서 실제적 성경험에 관한 오래 기다리고 찾았던 자료를 제공함으로써 관심을 불러일으켰다. 그의 발견은 모든 기대를 넘어섰다.

모간-엥겔스의 연구의 직접적 연장이었던 이 새로운 자료에 근거해서, 성경제학의 문제가 지닌 민족학적 측면을 감히 다룰 수 있었다. 그 결과는 이 책 속에 있다. 나는 자세한 것들에서 내가 어떤 민족학상의 커다란 실수들을 하지 않기를 바란다. 만약 그럼에도 실수가 있다면, 나는 독자들에게 내가 얻을 수 있는 민족학적 문헌들에 의거하는 이외에 다른 것을 할 수 없었다는 것을 고려해 주도록 요청할 수 있을 뿐이다. 개인적인 민족학적 연구의 가능성은 적어도 지금까지는 나에게 주어지지 않았기 때문이다. 나는 그런 가능성을 환영한다. 더욱이 나는 성경제학에 대한 나의 기본적인 역사적 파악이 옳다고 한다면, 자세한 것들에서 몇 가지 실수를 너무 심각하게 받아들이지 않는다는 것을 숨길 수 없었다. 민족학적 문헌에 대한 연구를 통해 나는 전문지식조차도 성생활의 문제에서 커다란 실수를 막아주지 않는다고 확신하였기 때문이다.

베를린, 1931년 9월. 빌헬름 라이히

2판 서문

초판 간행 이후 흐른 시간은 여기에서 진술한 견해들에 대해 중요한 확인을 두 가지 해주었다. 첫째, 파시즘의 가부장적 이데올로기와 그것이 사회적으로 자신을 재생산하는 방식과 완벽하게 일치하는 독일 국가사회주의(나치)의 가족-정치적 조치들. 나는 그 사이에 나온 책 『파시즘의 대중심리』에서 이것을 다루었다(성정치출판사, 코펜하겐, 1934, 2판). 둘째, 지금까지 가능했던 것보다 더 광범위한 경험적 토대 위에 원시문화에서 성도덕의 출현에 관한 이론을 근거지운 로하임(Roheim)의 탐구 결과들. 그의 연구는 로하임의 뜻과 상관없이, 심지어 그의 이론적 근본입장에 반해서 성도덕의 출현을 근거짓는다. 이것을 증명하는 것은 '부록'의 과제이다.

그 밖에 이 책은 거의 수정하지 않은 채 출간된다.

1934년 11월, 빌헬름 라이히

3판 서문

이 책의 임상적이고 민족학적인 자료는 1920년과 1930년 사이에 수집되었다. 그 자료는 1930년 브로니슬로우 말리노프스키(Bronislaw Malinowski)가 자신의 포괄적인 저서 『미개인의 성생활』에 제시한 진기한 자료를 통해 완성되었다. 인간 성도덕의 기원에 관한 나의 연구는 히틀러가 권력을 장악하기 전 독일공화국을 동요시킨 사회적 격동의 와중인 1931년 9월에 쓰여졌다. 그리고 이 책이 지닌 강한 정치적 경향은 그 시기의 경험에서 유래한다. **정치적** 의미에서 그 당시(1935~45) 우리의 사회적 존재방식을 흔들어 놓았던 것 가운데 아무것도 살아남지 않았다. 그러나 인간 성격 발달의 역사에 관한 사실들은 지난 20년 동안 살아남았을 뿐만 아니라 그 결과와 사회적 영향력을 늘렸으며, 그것은 장기적으로 봐서 진정한 사회적 힘이다.

잔인한 정치적 부랑아의 외침과 인간 본성의 근본문제에 관한 연구의 조용한 효과 사이의 뚜렷한 불일치는, 다른 색을 띠지만 근본적으로 유사한 정치적 잡음이 인간이 지난 몇십 년 동안 취해 온 새로운 존재형태를 향한 길을 배우고 더욱 잘 결정하기 위한 우리의 평화로운 노력을 방해하고 있는 오늘날, 경고로서 기여할 수도 있다. 몇 년 안에 그 큰 잡음이 다시 사라질 것이고, 우리가 언제나 희망하는 대로 인류는 보다 적은 고통을 지니고 자신의 길을 계속 갈 것이다.

한때 더 커다란 의미를 지녔던 몇 가지 사회학적 개념 가운데 어떤 것도 오늘날 혼돈을 불러일으키지 않고는 사용될 수 없다. 이것은 단지 사실조사를 위해 분명하고 정직한 사고의 모든 흔적을 파괴하는 데 성공하고 '자유를 행상하는' **정치적 매춘부들** 때문이다. 그들에게는 모든 용어가 정치적 속임수의 도구가 되어 왔다. 이 몇십 년 동안 우리는 복종과 지도자 숭배를 향한 인간의 강박을 이해하려는 데 몰두해 왔다. 자신들이 무엇을 하고 있는지 전혀 알지 못한 채, 지도자들은 무력한 대중 개개인의 성적이고 신비적인 행복욕구를 오용한다. 따라서 1920년대 초기 이래 **사회적 성경제학**은 이러한 사회적 현상에 대한 연구에 몰두해 왔는데, 이것은 완전히 새롭고 사회학이 전에 다루지 않았던 것이다. 그럼에도 자연스럽게 대중심리학적 사유의 새로운 방법이 사회탐구 및 용어의 낡은 틀 안에서 성장했다.

지난 30년 동안 낡은 관점의 점차적인 붕괴와 사회 변혁에 대한 새로운 대중심리학적 측면의 출현을, 낡은 용어와 관계된 모든 개념의 무효화와 새로운 대중심리학적(성경제학적) 사고방식의 확인보다 더 잘 보여주는 것은 없다. 따라서 지난 20년 동안 낡아버린 대부분의 개념들을 이 책의 성경제학적 맥락을 거의 변화시키지 않은 채 제거할 수 있었다. 칼 맑스의 사회학에 대한 영향에서 생겨난 경제적 운동들은 새로운 인간적이고 사회적인 문제의 출현으로 자신의 작동기반을 잃어버렸다. 나아가 어느 나라에서든 이러한 운동들이 자신을 관철시키는데서 직면한 가장 큰 어려움은 인간적이고 성적인 문제들에 있어서 자신들의 무력함을 반영하고 있다. 인간적 사회적 문제들의 폭은 맑스주의 경제학이 포괄하는 것보다 훨씬 깊고 넓다. 시간은 계속해서 흐르고, 정치운동들은 한 곳에 멈춰 있다. 새로운 인간적 노력들이 나타나서 사회과정들의 공공의식 속에 있는 경향들을 바로잡는다.

오늘날 문제는 억압과 노예화가 있으며 모든 종류의 억압으로부터의 해방이 필요하다는 것이 더 이상 아니다. 이것은 모든 사람들(보수주의자, 자유주의자, 사회주의자)에게 자명하다. 문제는 사람들이 어떻게 그 억압과 노예화를 참아내고, 왜 그들이 억압을 늘려가고 중요한 인간적 문제들을 공개적인 토론에서 전적으로 배제하는 정치가들을 비합리적으로 추종하는가이다. **완전히 정치적인 난센스**[비합리성]**를 따르는 사람들에게서 무슨 일이 일어나고 있는가**, 이것이 20세기 중반의 문제이며, 다가올 미래에 가장 커다란 근심거리로 남을 것이다.

이 책은 이러한 문제에 대해 대답하기 위한 첫걸음이었다. 『파시즘의 대중심리』(1933)와 『성혁명』(1929~35)이 뒤이어 나왔다. 『파시즘의 대중심리』는 개인적이고 사회적인 성경제학의 원리들을 평균적인 인민대중 속에 있는 비합리주의라는 새로운 움직임에 적용하였다. 『성혁명』은 성적이고 정서적인 대중위생과 관련하여 20세기 전반기의 과정들을 연구했다. 이 새로운 사회적 경향은 굳건히 뿌리내렸고, 인간 본성의 문제에 관해 미국에 널리 퍼져 있는 의식 속에 살아 있다.

20세기 초에 시작한 사회적 성경제학과 대중심리학의 역사에 관한 근본적인 연구가 앞서 이루어지지 않았다면, 현대의 사회적 성경제학을 다룬 이 두 가지 중요한 책은 (사실 20세기 중반과 그것을 넘어서까지 그랬듯이) 20년 동안 유효할 수 없었을 것이다. 정서적 질환의 페스트(전염병)로부터 고통받는 환자들과 진료소에서 한 작업(『성격분석』, 1판, 1933)에 기초한 역사적 연구는 정신위생이론과 인간 성격구조의 형성에 다음과 같은 몇 가지 결정적인 새로운 관점들을 도입하였다. 즉 과학의 역사에서 이러한 종류로 처음 시도한 **인간의 성경제(학)의 성긍정적 조절이 지닌 동학과 작용**, 이전에는 전혀 그리지 않았던 **생체 에너지학적으로 결정된 1차적 충동과 문화적으로 형성된 2차적 충동 사이의 명확한 구분**, 어떤 생체 에너지적 원리도 없는 자기조절이란 '생각'과 구별되는 **성경제학적 자기조절 원리**(성경제학의 **생체 에너지 법칙**은 연구가 근거할 수 있는 몇몇 자연과학적 원리들을 심리사회학에 제공했다), **어린이와 청소년의 성에 대한 분명한 긍정과 지지**, 가부장적이고 권위주의적인 문명들에서 육성된 **인간의 성격구조라는 갑옷이 지닌 기능**(『성격분석』, 3판, 1949 참조).

민족학적, **임상학적** 그리고 **사회학적** 자료에 의해 입증되고 동시에 지지되는 인간의 성격형성 이론에서 이러한 새로운 원리들은 (과학적 원리의 결핍, 신비주의, 도덕주의적 편견 그리고 어린이와 청소년에 대한 교육적 잔인함에 의해 지금까지 압도당한) 인간 본성에 관한 지식을, 20세기 중반에 특히 미국에서 서서히 조심스럽게 형성되기 시작한 생체사회학적 사고의 도움으로 더욱 합리적인 절차의 방향으로 이끌어 갔다.

초기 오르곤 경제적(성경제적) 개척작업은 1920년대와 1930년대 초반에 정신위생에서 **삶 긍정적이고 성긍정적인** 태도로 나아갈 길을 만들었지만, 이 분야 연구들의 전반적인 발전은 내가 정신의학과 사회학 안에서 낡고 편파적인 도덕주의의 화염에서 꺼내 20년 동안 혼자서 지녀야 했던 뜨거운 쇠를 만지는 것에 대한 두려움으로 인해 저지되고 있다. 그러나 성과는 불굴의 노력을 할 만한 가치가 있었다. 정신위생에서 전환은 더 넓은 인식으로 남아 있을 것이고 그것으로 나아갈 것이다. 생체정신의학과 사회학 안에서 성긍정적이고 비도덕주의적이고 합리적인 경향은 '인간본성'의 사안에서 낡고 노후하며 편파적인 사고로부터 넘겨받은 것을 조용하고 단호하게 피해갔다.

30년대 후반 **삶 에너지**(오르곤 에너지)의 발견은 결국 아주 오랜 기간 인간의 삶과 문명을 파괴해 온 **정서적 전염병**을 제압하려는 전반적 노력에 더욱 힘을 주었다. 의학, 교육 그리고 사회학 안에서 이러한 구조를 위한 근본토대를 쌓는 것은 보람 있는 일이다.

빌헬름 라이히

미국 메인주 랑젤리 오르고논

1951년 7월

1. 역사적 개관

원시 씨족사회에서 현재의 인민국가로 사회가 발전하는 분명한 단계들은 두 가지 상호관련된 과정을 보인다. 하나의 과정은 경제적 원(原)-노동민주주의에서 자본주의 국가로, 즉 생산수단의 발전, 생산의 확산과 증가, 그리고 그것과 함께 인간 욕구의 증대의 방향으로, 그리고 결국에 사회 상류층, 사적 자본가들 또는 국가자본주의의 손에 생산수단 소유의 집중의 방향으로 나아간다. 그에 반해 또 하나의 과정은 자연스런 성경제적 자유[2]와 씨족 혈연가족에서 혼외 금욕의 이데올로기와 평생의 일부일처적 강제결혼으로, 따라서 점증하는 제한, 억압, 성기성의 왜곡의 방향으로 나아간다.

2 오르가즘 불능에서 생기는 성적 방탕과 정확히 반대의 것이다.

그러나 만약 우리가 사회발전의 종국점에서, 현재의 경제조직과 성조직에서 출발하여 그것을 따른다면, 우리는 경제조직과 성조직이 서로 영향을 미치는 하나의 지점에 결국 이른다. 즉 씨족사회의 성조직 형식에서 사유재산과 사회계층의 기원에 이르는데, 이것은 발전과정에서 추장의 가족 속에서 노동민주주의적으로 생산된 재산의 축적을 가능하게 만들었다. 우리는 교환거래 경제의 바로 초기에 탐욕과 소유권에 대한 최초의 요구가 발생했을 때 인류공동체 안에 최초의 모순 또한 등장했다는 것을 보았다. 이것에 대해서 엥겔스는 정확히 다음과 같이 쓴다.[3]

> "역사에 나타난 최초의 계급대립은 일부일처제 결혼에서 남편과 부인 사이의 적대의 발전과 일치하며, 따라서 최초의 계급억압은 남성에 의한 여성의 억압과 일치한다[이제 우리는 남편 씨족에 의한 부인 씨족의 억압이라고 말할 수 있다. 라이히]. 일부일처제 결혼은 커다란 역사적 진보였지만, 동시에 노예제 및 사유재산과 함께, 모든 진보가 동시에 상대적 퇴보이기도 하며 한 사람의 행복과 발전이 다른 사람의 고난과 억압을 통해서 실현되는 그러한 오늘날까지 지속되는 시대를 열어 놓았다. 일부일처제 결혼은 문명사회의 세포 형식이며, 우리는 그 형식에서 문명사회 안에서 완전히 전개된 대립들을 연구할 수 있다."(52쪽)

그리고 더 나아가,

3 엥겔스, 『가족, 사유재산, 국가의 기원』.

"우리는 자체의 역사적 기원을 충실히 반영하고 있으며 또한 남성의 배타적 지배로 말미암은 남녀의 충돌을 분명하게 드러내는 개별가족 속에서 문명의 출현 이래 계급으로 분열된 사회가 지닌 해결할 수도 없고 극복할 수도 없었던 사회적 대립과 모순의 축소판을 본다."(54~55쪽)

또한 재화생산의 진전과 더불어 성경제적 도덕과 문화의 쇠퇴가 동시에 진행되었다.

욕구만족을 향하여 성자유 속에서 살아가는 모권적인 원시인들의 자연스런 도덕은 우리 시대의 도덕보다 극히 우월하였다. 이것은 무엇보다도 성적인 비사회성(강간, 치정살인 등)의 중지에서 드러난다. 문화적 · 도덕적 진보에 대한 모든 논의는, 사회발전에서의 이러한 대립을 인식하지 않는 한, '미개인들'을 '문화가 없어서' 받아들일 수 없는 성적 존재의 원형으로 여기는 한, 잡담이다. 사람들은 자신의 성문화를 '문화적인 것'과 '순수한 것'(='무성적인 것')을 동일시하는 도덕의 관점에서 판단한다(파시스트의 인종이론 참조). 일부일처제는 진보였는가 아니면 퇴보였는가? 그것은 추상적 평가를 내포한 비역사적인 질문이다.

강제적인 일부일처제는 한 사람의 손으로의 부의 집중에서, 엥겔스가 말하는 대로 "다른 누구도 아닌 이 남자의 아이들에게 이 부를 물려주기 위한" 욕구에서 생겨났다. 여성에게 강제적인 일부일처제의 요구는 그렇게 근거지워졌다. 그러나 인류사회의 발전을 한 사람의 손에 집중된 부와 강제적인 일부일처제 결혼의 공통적인 기원의 지점을 넘어 훨씬 거슬러 추적할 때, 우리는 일차적으로 성기적 애정생활로 특징지워지고 지배되지만 반면 생산은 여전히 그리 충분히 발달되지 않고 공동경제, 원시적 노동민주주의에 기반해 있는 사회조직에 이르게 된다.[4] 이 조직은 **성기적 자유에 대한 점증하는 제한과 억압**으로 이루어지는 과정에 의해서 교란된다. 그 최초의 양상은 자기 자신의 친족 안에서 (즉 모든 모계친족 전체와) 성기적 포옹의 금지이다. 이러한 **성억압 과정은 남성과 여성 간의 '계급대립'보다 더 오래 전에 시작되었고** 이 적대[계급갈등]를 비로소 야기하였다. 신화에서 발견되는 원시역사의 자취는 원시인의 경제적 실존을 위협하고 사회운동을 해체했던 기초적인 파국들을 가리키는데, 그 파국에서 근친 성관계 금지의 형태로 성을 제한하려는 최초의 동인이 생겨난다.

점증하는 성금기와 성제한은 원시사회의 특정 집단의 경제적 이해의 확장과 나란히 이루어졌다. 트로브리안드(Trobriand)인들 사이에서의 과정은 이것[성금기와 성제한]이 씨족과 대립되는 추장 가족의 이해임을 보여준다. 원시시대에 근본적으로 오늘날과 다를 바 없이 사회적 실존조건은 씨족 안에서 근친 성관계 금지, 결혼규범 등과 같은 일정한 법적 도덕적 제도들을 만들어 냈고, 이것은 이 사회의 모든 개인들에 이데올로기적으로 침투하여 그들 속에서 재생산되었다(마지막 장 참조).

미개에서 야만을 거쳐 문명으로 라는 인류사회의 발전에 대한 **모간**의 구분에 따라, 우리는 원-노동민주주의로부터 재화의 사적 축적에 대한 이해의 발전으로 나아가는 결정적인 전환점이 미개에서 야만으로의 이행에서 발생했다는 것을 안다. 이러한 전환점은 모권사회의 몰락과 가부장

4 엥겔스, 『가족, 사유재산, 국가의 기원』, 8쪽. "노동이 덜 발달할수록, 노동생산물의 수는 더욱 더 제한되고, 따라서 사회의 부도 더욱 제한되며, 사회질서는 더욱 더 압도적으로 성적 유대에 의해서 결정되는 것처럼 나타난다."

권력의 진전으로 주로 특징지어진다. 이 시점 이전의 인류사는 시간적으로 후속되는 사경제의 발전시기가 포괄하는 상대적으로 짧은 기간의 몇 배에 달한다. 만약 그때 이후로 생산수단 소유자의 경제적 이해와 피억압자들의 대립되는 이해가 사회생활을 채웠다면, 그 이전에는 그것은 성적인 이해였다. 만약 그 이후에는 사경제가 사회구조를 결정했다면, 그 이전에는 혈족공동체가 그렇게 했다.[5] 물론 혈족공동체는 전에 원시적 생산관계들이 우선적으로 성기적인 관심을 가진 사회가 세워질 수 있는 기반이라는 근본적인 사실에 영향을 미치지는 않았다. 개인들의 이해[관심]가 주로 성기적이었고 만족되었을 뿐만 아니라 물질적 욕구도 대수롭지 않았다. 소유이해와 탐욕은 성기적 이해가 억제되어야 하는 정도에 비례해서 증가했다.

인류사의 특정 국면에서 특정한 생활조건은 (처음에 원시집단들의 연합, 나중에 결혼선물의 과도한 압력) 성제한을 그리고 나중에는 성억압을 가져왔다. 이것을 통해 특정한 형태의 경제적 진화, 즉 **사경제적** 진화에 대한 정신적인[심적인] 이해는 자유로워졌다. 이런 이해는 탐욕과 축적욕구였다. 이것들은 성기적 이해를 희생하는 대가로 생겨났다.[6]

우리는 성억압이 인류사회 전반의 발전에 속하는가 아니면 이 발전의 특정한 경제적 사회적 **단계**에 속할 뿐인가 하는 성경제의 역사에서 결정

5 "최초의 미개의 단계에서, 남편과 아내의 공동체는 미리 규정된 제한 안에서 사회체제의 핵심이라는 것을 즉각 받아들일 것이다. 그 집단 안에 형성된 결혼권리와 특권은 엄청난 체계로 성장했고, 이것은 사회가 구성되는 토대가 되었다." (모간, 『고대사회』, 41쪽).

6 그러므로 정신분석적 민족학자들이 그러한 원시인들의 문화를 그들의 충동배치로 거슬러 올라가 추적하고 예를 들어 항문-가학적 문화에 대해 말할 때 부정확했다. 실제로, 변화된 충동구조는 처음에는 성기성을 제한하고 그렇게 함으로써 두 번째는 비성기적 부분충동의 격화를 조절하는 사회과정에 의해서 비로소 창조되었다. 따라서 축적욕구는 일차적으로 사회적 기원을 갖지만, 정신 구조에 뿌리내리면서는 성적 제한에 의해서 생산되어 온 항문애에 기여한다.

적인 문제에 직면해 있다. 전자는 프로이트와 그의 제자들과 또한 많은 맑스주의자들(예 살킨드, Salkind)이 취한 입장이다. 이 연구에 근거하여 우리는 성억압이 인류사회의 발전에 필수적인 요소라는 생각을 거부한다. 왜냐하면 우리는 그 속에서, 실천적으로 현재에서 그리고 역사적으로 인류사에서 반박할 수 있는 기계론적인 견해를 식별하기 때문일 뿐만 아니라, 또한 사회질서와 성질서의 연관에 관한 연구는 우리에게 다른 것들을 알려주었기 때문이기도 하다.

지금까지의 정신분석 연구는 문화과정이 사회적 과정 보다는 일차적으로 충동갈등에 근거하고 있다고 보면서, 그 자신의 연구영역에서 과대평가할 수 없는 효과를 지닌 한 가지 문제를 모호하게 만들었다. 만약 우리가 충동갈등을 원시적 욕구(배고픔, 성기적 욕구)와 존재조건(경제, 자연의 영향, 기술)의 충돌에서 끌어낸다면, 우리는 사회적 존재의 압도적 역할을 바르게 나타낼 뿐만 아니라 오히려 동시에 사회경제적 생활조건과 인간의 성격구조 형성 사이의 관련을 파악한다. 또한 우리는 사회의 성격학적 과정의 진보적인 역할과 마찬가지로 보수적인 역할에도 접근하는 방법을 발견한다. 이 책의 마지막 장은 원칙적인 측면에서 이 문제에 바쳐진다.

그러나 우선 우리는 본능적인 욕구만족의 역사에서 성격구조의 역할을 검토하는 데 몇 가지 주의를 기울여야만 한다.

2. 욕구만족과 사회적 현실

프리드리히 엥겔스는 성이 인간사회의 건설과 발전에 관여한다는 것을 일찍이 인식하였다. 그렇지만 그는 자신의 이러한 견해를 잘 관철시키지 못하였다. 왜냐하면 엥겔스의 성 개념은 번식기능만을 고려했지 성만족의 기능을 간과하였기 때문이다. 또한 그가 그 당시에 고유한 사회적 배경을 지닌 **성억압** 과정을 인식하지 못하였기 때문이다. **엥겔스**는 자신의 유물론적 역사파악에서 성을 역사형성 요소로 편입시키려고 하였는데, 『가족의 기원』 서문에서 다음과 같이 쓰고 있다.

> "유물론적 견해에 따르면 역사에서 결정적 계기는 최종 심급에서 직접적 생활의 생산 및 재생산이다. 그러나 이것 자체가 다시 두 가지 종류로 나뉘어 진다. 한편으로는 생존수단, 즉 의식주의 대상과 이에 필요한 도구의 생산이며, 다른 한편으로는 인간 자체의 생산, 즉 종족의 번식이다. 일정한 역사시대와 일정한 나라의 사람들이 살고 있는 사회조직은 이 두 가지 종류의 생산에 의하여, 즉 한편으로는 노동의 발전에 의하여 다른 한편으로는 가족의 발전에 의하여 규정된다."(앞의 책, 7쪽)

이러한 견해는 이제 수정되어야 한다. 인간은 **식욕**[음식충동]과 **성욕**[성충동]이라는 두 가지 생리적 근본욕구를 지니며, 상호 관련지으면서 만족시키려고 한다. 삶에 가장 중요한 욕구들을 만족시키는 데 사회가 노력하는 종류와 방식은 여러 다른 방향에 속하는 저자들의 경제학적 저술들에서 거의 소진하다시피 다루어졌다. 음식충동은 성충동에 비해 그렇게 변화를 겪을 수 없으며 다만 더 낫게 혹은 더 나쁘게 만족될 수 있을 따름이기 때문에, 성충동에 비해 성격구조의 형성에서 그렇게 중요한 역할을 하지는 못한다.

맑스는 『자본』(카우츠키판, 1권, 3쪽)에서 생산이 만족시키려는 욕구에 대해 논의하는 데서 '위'(胃)에서 생기는 욕구들과 '환상'에서 생기는 욕구들을 구분한다. 여기서 **맑스**가 말한 '환상'에서 생기는 욕구들은 정신분석의 연구가 보여주듯이 변화할 수 있는 성충동의 변형들이자 발전적 파생물들이다.

이것들은 인류와 사회의 역사에서 '**주체적** 요인들'[7]로 나타난다. 즉 번식을 향한 욕구로서가 아니라 오르곤적 생에너지적 에너지 기능들에 의해 조건지워진 성긴장을 제거하려는 욕구로서, 즉 **성만족을 향한 갈망**으로서 나타난다. 엥겔스가 『가족의 기원』에서 식량생산과 나란히 놓은 자녀출산은 객관적으로 일어나지 식욕을 만족시키기 위한 목적으로 하는 생활수단의 생산처럼 주관적으로 일어나지는 않는다. 그러므로 자녀출산은 생활수단의 생산과 병행하지 않는다. 자녀출산은 성적 성숙 이후에 아주 늦게 기능으로서 나타나는 반면, 식욕의 만족에 병행하는 것, 즉 성만족의 기능은 출생 직후에 식욕과 함께 동시에 나타난다. 욕구의 승화된 변형들(발명정신, 기술적 관심, 과학적 연구)을 포함하여 성만족으로서 체험되는 어떤 긴장감을 해소하려는 욕구라는 주관적 의미에서만, 우리는 성을 배고픔과

7 (1934) 오늘날 정치심리학은 '주체적 요인'을 주로 어떤 특수한 사회 안의 인간의 평균적인 심리 구조로 이해하고 있다. 이러한 구조는 그 자체 인간의 평균적인 심리 상태를 규정하는 리비도적 힘들에 의해 결정된다.

유사하게 역사를 움직이는 계기로 도입할 수 있다.

식욕(음식충동)은 주관적으로는 배고픔으로 객관적으로는 개인의 보존 '경향'으로 나타나듯이, 성충동도 주관적으로는 성만족을 향한 욕구로 객관적으로는 종족 보존을 향한 '경향'으로 나타난다. 그러나 이러한 '객관적인 경향들'은 구체적 사실들이 아니라 단지 가정들일 뿐이다. 실제로는 개인의 보존 경향이 존재하지 않는 것과 마찬가지로, 종족을 유지하려는 경향도 존재하지 않는다. 두 가지 종류의 보존은 기능들이며, 그것을 설명하기 위해서 사람들이 '객관적 경향'을 끌어들인다. 반면에 개인의 보존 및 종족보존은 실제로는 생체 에너지적 장치의 특정한 기제들에 의해서 보장받고 있다. 예컨대 심리적으로 배고픔이라고 알려져 있는 위의 긴장은 먹으려는 충동을 만들어내 개개인을 보존한다. 성기적 포옹[성교]에 대한 갈망(만족을 향한 갈망과 쾌락을 향한 갈망)을 나타내는 유기체의 긴장, 특히 성기기관의 긴장은 성기행동의 성활동을 추동하여 종족을 보존한다. 그러나 바로 이것을 통해서 '객관적 경향'이란 가정은 자신의 의미를 잃게 된다. 배고픔의 경우든 성만족의 경우든 개인은 결코 자기보존 내지는 종족보존을 생각하지 않는다. 따라서 우리는 다음과 같은 질문을 던져야 한다.

1. 배고픔과 성의 만족에서 자연스러운 과정은 어떤 것인가?(영양생리학, 성생리학 그리고 성심리학)

2. 사회는 어떻게 구조화되는가? 사회는 이 근본욕구의 만족을 보장해 주는가? 아니면 사회는 근본욕구의 만족을 촉진하는가 또는 방해하는가?(욕구

에 대한 사회학적 처리)

3. 만약 사회가 이 욕구들의 만족을 촉진하는 대신 그 만족을 방해한다면, 어떤 이유에서 그러하며 어떤 계급이나 계층이 방해하는 데 관심을 가질까?(정치경제학과 사회학)

그리고 사회가 모든 구성원의 식욕을 만족시켜 주는 방식을 '음식의 경제'라고 말할 수 있듯이, 한 사회가 **성욕구의 만족을 조절하고 촉진시키거나 방해하는** 방식을 **'성의 경제'**라고 할 수 있다. **개인의 성가계(살림)에 정돈되거나 정돈되지 않은** 것이 있는 것과 마찬가지로, 음식충동의 가계(살림)에도 정돈된 물질대사와 정돈되지 않은 물질대사가 있다. 정돈되느냐 안 되느냐는 사회가 자신의 제도를 가지고 이러한 만족을 위해서 어떻게 하느냐에 달려 있다.

우리는 개인의 성경제와 사회에 의해 설립된 성경제를 구분해야 한다. 각 개인의 체질적인 차이를 논외로 한다면, 개인의 성경제는 주로 사회의 성경제에 종속된다. 임상적으로 우리는 평균적 개인의 심리적 장치를 특징짓는 방출이 긴장과 같아지는 정도에 의해서 성경제가 정돈되는지 안 되는지를 판단한다. 더욱이 우리는 이러한 장치가 긴장과 방출의 균형을 가져오려는 노력에 따라 그것을 판단한다. 나는 다른 곳에서 이러한 특징을 밝히려고 하였다.[8] 오르가즘 능력의 의미에서 성기적 만족과 자유로이 흐르는 노동능력(승화)은 정돈된 성가계(살림)를 특징짓고, 성적인 대리만

---

8 "성기적 성격과 노이로제적 성격 (Der genitale und der neurotische Charakter)", (*Intern. Zeitschrift fr Psychoanalyse*, 1929). 그리고 『오르가즘의 기능』 2판, 1942와 『오르가즘의 기능』, 1969, 1973(Fischer Taschenbuch Bd. 6140) 그리고 『성격분석(Character Analysis)』(Orgone Institute Press, 3판, 1949)과 『성격분석(Charakteranalyse)』, (Fischer Taschenbuch Bd. 6191, 1970, 1973)을 보라.

족, 신경증 증상, 그리고 경련적인 노동능력(반응형성 과정에 달려 있는 능력)은 정돈되지 않은 성가계(살림)를 특징짓는다.

사회적 존재[사회생활]의 사회질서는 심리적 장치의 긴장 조정의 양과 질을 결정한다. 성기적 만족과 승화의 사회적 가능성들이 없다면, 심리적 장치가 현존하는 가능성들을 이용할 수 없을 정도로 교육의 영향들에 의해 왜곡된다면, 불쾌한 자극의 운송량이 곤궁과 결핍으로 너무 크다면, 심리적 장치는 어떤 대가를 치르더라도 약간의 방출이란 목적을 따르는 대체기제들을 가지고 작동한다. 그 결과들은 신경증, 도착, 병리학적 성격변화, 성기적 생활의 반사회적 표명들 그리고 마지막으로 노동장애들이다.

'사회적 토대' 범주를 기술 및 자연과 그러므로 물질적인 삶의 조건들과만 동일시하고 욕구들을 '사회의 상부구조'라고 여기는 사회과정에 대한 많은 경제주의적 견해들에 반대해서, 그러한 견해는 속류 경제주의로서 맑스주의와 전혀 관계가 없다는 것을 강력하게 강조해야만 한다. 파시즘의 이데올로기에 관한 연구에 상응하여, 나는 여기서 **맑스**가 근본적인 욕구들을 '토대'로 여겼다는 것을 상기시켜야겠다. 정말 욕구들은 생산의 진보를 통해 끊임없이 변하며 새로이 창조된다. 그러나 창조된 욕구들과 마찬가지로 처음부터 존재한 근본적 욕구들도 '역사의 주체적 요인들'로서 이차적인 토대요소라는 핵심적인 사실은 전혀 변하지 않는다.

맑스는 『독일 이데올로기』(1부)에서 다음과 같이 쓰고 있다. "우리가 시작하는 전제조건들은 자의적인 것도 독단도 아니다. 그것들은 다만 상상 속에서만 추상화할 수 있을 뿐인 현실적 전제조건들이다. 그것은 **현실적**

개인들, 그들의 행동 그리고 그들의 물질적 삶의 조건들이다. 이 조건들은 이미 발견된 것이기도 하고 그들의 행위를 통해 창출된 것이기도 하다." 따라서 성욕구는 비록 사회적 과정을 통해 변화된다고 해도 '토대'의 요소이다. 왜냐하면 그것은 '현실적 개인'의 매우 본질적인 부분을 이루고 있으며, 그의 '행동'을 결정적으로 규정하기 때문이다. 그러므로 충동심리학과 충동생리학은 이러한 토대 요소들을 개별적인 사회화된 인간에게서 다른 토대 요소들 및 사회적 이데올로기와 상호관련 속에서 연구한다. 사회학에서 (역사의 주체와 객체로서) 성욕구를 제거하는 것은 음식욕구, 의복욕구, 그리고 주거욕구를 제거하는 것을 의미할 것이다. '노동력'이라는 생산력은 본질적으로 전화된 성에너지라고 덧붙인다면, 성경제학의 긴급성을 증명하기 위해 더 이상 설명할 필요가 없다.

남아 있는 과제는 성경제학에 근거한 노동경제학의 이론과 성격학에 도달하고, 교육학에 분명한 목표를 설정하는 것이다. 이러한 과제는 모든 사회구성원의 정돈된 욕구만족을 목표하는 경제를 실현할 사회에 의해서만 수행될 수 있을 것이다.

성곤궁은 성기적 생활의 강제적 조절의 결과이므로, 강제적인 일부일처제 결혼에 대한 고려들이 성생활을 결정하는 경우에 우리는 항상 성곤궁을 만난다. 주민의 성억압과 직접적인 사회생활(음식, 주거, 문화적 욕구들)의 관계는 다음과 같이 결정된다. 경제적 궁핍은 사회의 작은 부분들에만 영향을 끼치는 반면에 성궁핍은 모든 사회계층을 포괄하는 현상이다. 그러나 경제적으로 어려운 계급에서 성궁핍은 소유계층들에서와는 다른 형태를 띤다. 배고픔의 궁핍과 주거조건의 궁핍은 가난한 사람들의 성빈곤화를 악화시킬 뿐만 아니라, 엄격한 성법률 옆에서 진지한 도움을 통해 곤궁을 완화할 가능성을, 그 도움을 통해 소유자들에게는 무제한적으로 열려 있는 가능성을 박탈한다.

이제 굶주림의 만족 문제와 유사하게, 권위주의 사회는 왜 성욕구의 만족을 다른 것이 아닌 이런 방식으로 규제하고, 일정한 형식에 예를 들면 일부일처제적인 강제적 결혼의 틀 속에 밀어넣어, 유년기와 청년에서처럼 일정한 나이까지는 그것을 완전히 억압하기까지 하는지를 묻는다면, 우리는 이 사회의 특정한 사회적 경제적 이해들을 발견한다. 우리는 그것이 성억압에 이해를 지닌 [성격]무장된 사람에 대한 지배에 기초한 사회임을 알게 되는데, 그 사회는 자신의 가장 본질적인 두 가지 제도, 즉 강제적인 일부일처제적 결혼과 가부장적 가족의 유지를 위해 성억압을 필요로 하기 때문이다. 성억압이 끔찍한 성빈곤, 노이로제, 도착, 치정살인 등, 그리고 그것을 통해 관찰되는 개개인들의 노동능력의 심각한 제한을 가져온다는 것은 권위주의적 질서가 의도적으로 추구하지는 않은 것이지만 그것과 분리할 수 없는 부산물이다. **이렇게 생산된 정신 장애는 왜곡된 성경제의 표현이다.**[9] 정신병과 신경증적 성격형성의 역동성 그리고 그것들의 성과의 연계가 알려지지 않는 한, 성경제학의 역사는 완성될 수 없었다. 먼저 성경제학의 영역에서 임상적 발견들을 이루어야 했고, 정말 그것들은 가부장적이고 권위주의적인 성질서의 바로 그 토양에서 자라났는데, 이러한 성질서는 신경증을 낳았고 그와 더불어 신경증을 연구하고 치료하는 새로

9 "성기적 성격과 노이로제적 성격(Der genitale und der neurotische Charakter)", (*Intern. Zeitschrift fr Psychoanalyse*, 1929), 『오르가즘의 기능』, 『성격분석』을 보라.

운 방법을 낳았다.

그러나 이러한 성질서는 항상 실존해 오지는 않았다. 그것은 사회발전의 더 이른 단계들로 소급되는 다른 형태들로부터 발전해 나왔다. 각각의 성경제학이 사회발전에 그리고 특히 사회의 정신적 산물에 상당한 영향을 끼쳤다면, 그것은 생활수단의 생산 및 분배에 대한 특정한 사회적 질서의 결과 자체이다.

인류의 역사에서 성질서는 사회의 경제적 관심사와 직접적으로 관련되어서, 인간의 성경제를 촉진시키는 본질적으로 **긍정적인** 성질서에서, **성을 부정하며 억압하고** 인간의 **성경제적인** 생활방식을 조건짓는 성질서로 변하였다. 이러한 역사적 사건은 모권사회에서 부권사회로의 변화, 원시적 노동민주주의의 사회에서 거래상품으로서의 노동에 근거한 사회로의 변화에 완전히 종속되면서 이루어졌다. 자연스런 사회는 성억압을 전혀 몰랐으며, 여타 자연스런 생명체 조직 역시 성억압을 잘 몰랐다. 처음에 막 생겨난 가부장제는 성격갑옷을 입은 어린이들과 함께, 성부정적인 도덕과 그 결과 왜곡된 인간의 성경제에 사회적 기반을 제공해 온 모든 경제적 이해들을 창출했다.

부정적인 성도덕은 자신의 현존재 권리를 또한 자신의 모순들을 바로 인간 종속성의 지속적인 발전국면들에서 끌어낸다. 부정적인 성도덕은 마침내 권위주의 사회에서 두드러진 반동적 요인으로 정립되고, 교회의 주요 지주들 가운데 하나가 되고, 사회적인 피억압층들을 성과 관련하여서 거대기업들 및 국가와 특정한 종속관계에 처하게 한다. 더욱이 부정적인 성도덕은 가족 안과 밖에서의 모든 교육과 모든 성연구에 영향을 끼치면서 지배계급의 이해와 완전히 일치하는 정신 구조를 개인 모두에게 어린 시절부터 만들어 낸다. 따라서 우리는 부정적인 성도덕에 대해 학문적이고 이론적인 방식에서 뿐만 아니라, 그것이 방해요소로 역작용하는 대중의 재구조화라는 관점에서 우선 실천적으로 관심을 가진다. 왜냐하면 가부장적 가족은 자신이 수행하는 성억압을 통해서 반동사회의 기둥들 가운데 가장 중요한 이데올로기 생산자, 즉 국가, 교회, 그리고 기업에서의 위계제가 된다. 그러므로 가부장적 가족은 모든 반동적 사회철학자, 성 연구자 및 문화 연구자에 의해서 온갖 방법으로 국가의 그[유일한] 근거로 옹호될 것이고 국가의 반동적 역할을 인식하지 못하도록 한다.

강제적 가족의 붕괴는 오늘날 여전히 압도적으로 무의식적으로 우리의 사회조직의 변형의 징후들 가운데 하나로서 발생하고 있다. 이러한 객관적 붕괴과정에 대한 의식적이고 능동적인 안내 및 촉진은, 성억압과 모든 개인에 영향을 미치는 성탄압의 사회학적 역할이 충분히 인식되고 예방적이고 교육적인 실천으로 바뀔 때만 가능할 것이다. 목표는 태어나면서부터 인간의 갑옷[무장]을 예방하는 것이다.

만약 성생활의 강제적 질서가 사라지면, '성자유', '성은 사적인 일이다' 등과 같은 슬로건은, 우리의 의지와는 무관하게 수행되는 성생활의 새로운 자기조절을 이해하고 의식적으로 지도하기에는 충분하지 않다. 혼돈[무질서]은 사회가 바로 자신이 속해 있는 사회적 과정을 파악하지 못하고 지도할 수 없을 때 생긴다.

성생활의 강제적 규제가 사라지면 무엇이 뒤따를까? 시민들은 끔찍하게 놀라며 성적 무질서를 경고한다. 그러나 성경제학의 역사는 다음과 같은 사실을 알려준다. 즉 지금까지의 현존하는 강제적 규제는 어디에서나 완전히 실패했고 성적 무질서를 가져왔지만, 다른 편에서 도덕주의적-부정적이지 않고 성경제적이고 긍정적이며 삶을 긍정하며 이를 통해 성생활의 실질적인 자기조절을 이룩한 다른 여지가 만들어졌다.

성경제학 법칙에 관한 지금까지의 결과를 요약해 보자. 이는 충동욕구와 사회적 과정의 충돌에 대한 임상적인 그리고 사회학적인 연구에서 찾아낸 것이다.

1. **성생활의 강제적 규제**는 유년기부터 개인성 속에 뿌리내리고 있는 성금지들에 힘입어 작용하고 있다. 이러한 금지들은 해결할 수 없는 모순을 낳는다. 한편으로 성억압을 통해 그 금지들은 성울혈을 야기하여 성욕구를 강화하고 그것을 반드시 제어되어야 할 '부차적인' 잔악한 도착적인 충동으로 바꾼다. 다른 한편으로는 그 금지들은 개인의 성격구조를 성만족을 느낄 수 있는 능력을 약화시키고 완전히 차단시키기까지 하는 방향으로 변해간다. 욕구긴장과 만족 가능성 사이의 균형을 맞출 수 없는 차이를 만들어 내는 이러한 모순에서 에너지적 균형반응으로서 성병, 신경증, 도착 그리고 반사회적인 성행동양식들이 생겨난다.

2. 모든 개인에게서 이러한 모순을 제거하려면, 강제적 성금지를 제거해야 한다. 강제적 성금지 대신에, 강제적 조절을 쓸모없게 만들어 버리는 성만족을 통한 성생활의 자기조절, **성경제학적 자기조절**이 들어선다. 그것은 개인들에게서 성격갑옷을 벗어던지고 **오르가즘 능력**을 정립함으로써 이루어진다. 성적으로 경제적인 성생활을 통한 일차적 욕구의 만족

을 통해서 반사회적이고 병적인 이차적 충동들에서 에너지가 제거된다.

3. 성만족은 성충동이 노동성과로 승화되는 것과 전혀 대립하지 않는다. 반대로 성충동이 노동성과로 승화되는 것은 성만족을 전제한다. 성만족과 승화 사이의 관계는 ("성억압이 크면 클수록 사회적 성과는 더 많다"와 같은) 기계적인 관계가 아니라 기능적인 관계이다. 즉 성에너지는 일정 정도까지 승화될 수 있다. 그러나 너무 빗나가면, 승화의 촉진은 반대로 노동능력의 장애로 변한다.

4. 성, 특히 성기성을 억압하지 않고 반대로 성을 긍정하고 사회구성원들의 사랑생활에 대해 보조하는 고도의 문화들이 있다. 그러므로 성억압은 결코 문화발전 및 사회질서 일반의 전제조건이 아니다.

5. 성생활의 성도덕적 강제적 규제와 함께 성억압은 사회적 계층화를 가져온다. 강제적 결혼과 가족은 성억압의 수호자로서 기여하며, 바로 강제적 결혼과 가족이라는 제도와 관련하여 혼전순결과 혼외순결에 대한 요구가 생긴다.

6. 성긍정적인, 즉 삶긍정적인 사회적 조직화가 이루어지면, 신경증, 도착, 반사회적 성행위, 사회적으로 상당한 규모의 신경증적 노동장애는 없다. (그것은 신경증이 왜곡된 성경제의 표현이라는 민족학적 증거다).

7. 어릴 때부터 사회적으로 보호받는 성만족은 자동적으로 성적 사회성을 조절하지만, 어릴 때부터 부정적인 성도덕의 부재[제거]와 성긍정적 교육을 전제한다.

8. 성부정적인 도덕은 강제적 결혼과 가족이라는 제도에서 파생되는데, 사회적인 규모에서 욕망되는 것의 대립물에, 즉 신경증, 도착 그리고

성적 반사회적 행위를 만들어낸다.

9. 성긍정과 성의 성경제적 자기조절은 원시 씨족사회를 특징짓는다. 가부장적 가족의 발전은 **성도덕적** 강제조절과 더불어 어린이 및 청소년의 성에 대한 억압을 가져온다.

10. 20세기의 발전은 서서히 성도덕적인 강제조절을 없애고, 성생활의 사회경제적 자기조절과 보호를 더 높고 의식적인 성경제적으로 확보된 수준에서 설치한다. 그것은 정신병과 성적인 반사회적 행위의 제거를 위한 전제조건이 된다. 그러나 더욱 중요하게도 그것은 무거운 성격갑옷 속에 갇혀 있던 삶 에너지를 해방시킴으로써, 보다 높은 지적 발전의 토대가 된다.

3. 성도덕의 생산과 재생산

우리는 트로브리안드인의 성도덕의 몇 가지 근본 요소를 추장과 그의 가족의 이해에서 도출하면서 실제로 성 이데올로기들의 발생을 직접 추적할 수 있었다. 사회적 도덕의 이러한 발생방식이 모두에 아니면 단지 일정한 요소들에만 들어맞는지는 미해결인 채 남아 있다. 성이데올로기의 형성과정을 요약해 보자.

경제적 이해가 개입하기까지, 성생활은 쾌-불쾌 원리의 자연스런 자기조절 법칙에 지배받는다. 그것들은 울라틸(ulatile)과 카투야우시(katuyausi) 같은 사회적 도덕과 관습으로 굳어지는데, 이것들은 성만족에 반대하는 것이 아니라 반대로 그것을 보증하는 데 기여한다. 성을 부정하는 도덕의 첫 번째 명제는 경제적 · 정치적 권력을 손에 쥐고 있는 사회의 어떤 집단의 요구로 나타나고, 그 요구는 이 권력을 보장하고 강화하기 위해 사회의 다른 구성원들에 대립한다. 이익을 누리는 사람들의 요구는 결과적으로 그 이익을 기부하는 사람들의 도덕이 된다. 도덕의 **생산영역**은 최고권력을 가진 집단에 있다.

그러나 강제적 도덕을 유지하기 위해서는 일시적 요구나 법제정으로 충분하지 않다. 외부적 강요에 의해 욕구만족을 지속적으로 제한하는 것은, 새로운 도덕이 계속 되풀이 강요되고 부과되어야 하는 결과를 가져왔다. 즉 사회의 모든 성인 구성원에게서의 저항을 끊임없이 극복해야 하고, 그러므로 거의 스스로 유지할 수 없을 것이다. 새로운 도덕은 자신의 사회적 목적을 완벽하게 수행하기 위해 더욱 깊이 뿌리내려야 한다. 자아의 저항을 쉽게 극복할 수 있는 초기 아동기에 작용하기 시작해야 한다. 그리고 사회집단의 외적 요구로부터 모든 사회 구성원의 내적 도덕이 되어야 한다.

어떻게 그런 일이 발생하는가? 대중 개개인의 성격구조를 바꿈으로써 이루어진다. 이 변화는 성적인 처벌불안의 도움으로 성영역에서 발생한다. 결국 성범죄에 대한 처벌불안은 그것이 의식에서 성충동을 제거할 경우에만, 즉 성충동을 억제하고 성충동에 대항하는 저항력을 발휘하고 그것들을 인성[퍼스낼리티]에 견고하게 융합시킬 경우에만, 성충동을 억제할 수 있다. 그렇게 하여 성적 자아와 성적대적인 외부세계 사이에서 애초에 발생했던 갈등은 우선 처벌불안을 지닌 자아와 의식적으로 성만족을 요구하는 자아 사이의 갈등이 되고, 억제된 성충동을 영원히 억누르는 도덕적 자아의 (일시적으로) 안정된 상태로 변한다.

전에는 쾌락을 긍정하던 자아가 스스로 성을 부정하는 도덕주의적인 자아가 되었다. **사회적 도덕은 개인 속에서 재생산되었다.** 이후 모든 개인들은 **갑옷을 입게** 된다. 즉 생체 에너지적으로 보아 경직되고 쾌락불안에 걸리기 쉬운데, 이것은 다시 그 개인들을 오르가즘 불능으로 이끌어 간다. 이것은 동일한 성부정적 사회상황에 종속된 모든 사람에게 사실이다. 이렇게 변화된 개인들은 자신들의 억압된 태도의 방향으로가 아니라 도덕적 태도 쪽으로 자녀에게 의식적으로 더 확실하게 영향을 미칠 것이다. 더 나아가 특정한 사회적 상황은 지속되고 지배적인 사회층의 도덕적 요구를 끊임없이 새로이 생산하여 외부적 사회압력 또한 지속시킨다. 그렇기 때문에 성부정, 성억압, 성격갑옷은 3중으로 확보되고 그와 더불어 생명에 대한 사회적 억압의 이해도 보장된다.

그래서 강제적 도덕의 생산과 재생산을 각각 구별해야 한다. 전자는 '문화적' 요구로서 나타나고, 후자는 사회의 모든 성원에게 개인도덕으로, 구체적으로 보아서 갑옷으로 나타난다. 그러므로 사회적 토대와 이데올로기적 상부구조의 관계는 직접적인 것이 아니며, 이데올로기 형성이 많은 중간 단계를 통해 이루어진다. 이것을 우리는 약간 도식적으로 다음과 같이 제시할 수 있다.

1. 사회의 특정한 발전과 그에 따른 사회적 상호관련.
2. 어떤 사회집단이나 계급이 지닌 특정한 경제적 이해.

3. 사회구성원들에 대한 상응하는 도덕적 요구.

4. 대중 개개인의 욕구에 대한 이러한 요구들의 영향, 욕구만족의 제한, 사회적 불안의 유발 등.

5. 자신들의 욕구를 바꿈으로써, 요구들의 내면화를 통해 끊임없이 재생산한다는 새로운 도덕의 방향으로 성격구조를 바꿈으로써, 대중 개개인 속에 집단의 도덕적 요구를 뿌리내리는 것.

6. 대중 개개인에 의한 이러한 강제적 도덕의 내적 수용. 성격 갑옷, 대중 개개인 전체 속에서 다시 (재생산된) 사회적 강제도덕이 되는 개별적인 이데올로기 형성.

모든 개인들에 뿌리내리고 지속적으로 재생산되는 이러한 사회적 도덕은 사회경제적 토대에 보수적인 방향에서 영향을 끼친다. 즉 피착취자가 자신에 대한 착취를 보장하는 경제질서를 스스로 긍정한다. 성억압을 받는 사람 자신의 생체 에너지적 만족을 제한하고 자신을 병들게 하는 성질서를 스스로 긍정하거나 어쩔 수 없이 견뎌내며, 자신의 욕구에 일치하는 어떠한 발전도 감정적으로 피한다. 이처럼 강제적 성도덕은 무장(갑옷을 입는) 과정을 통해 자신의 사회학적 – 경제적 목적을 달성한다.

오늘날 아주 현실적인 예를 들어보자. 반동사회는 자신이 사용할 수 있는 모든 수단을 가지고 성억압의 유지를 변호한다. 반동사회는 삶을 억압하기 위해, 산업예비군을 생산한다는 자신의 원래의 목적을 낙태법을 통해 더 이상 수행하지 못할지라도, 낙태법을 반대하지 않는다. 반동사회는 피임도구의 선전을 반대하고, 성기능을 번식에 제한한다. 그리고 전력을 다하여 결혼개혁을 저지한다. 전과 마찬가지로 청소년의 성을 억압한다. 여성과 소녀의 '도덕'이 더 중요하다고 여기기 때문에 성매매와 성병에 대처할 준비가 되어 있지 않다.

사회적 성억압과 성격갑옷[무장]은 매우 중요한 반동적 요소이고, 다음과 같은 이유에서 권위주의 사회에서 그것들이 지닌 지연효과를 부정할 수는 없다.

1. 그것[사회적 성억압과 성격갑옷]은 성불안과 성적 죄책감의 도움으로 피착취자 대중 안에 깊게 뿌리내리고 있는 모든 반동적 제도를 강력하게 지지한다.

2. 그것은 자신들이 존재하기 위해 성의 감퇴를 요구하는 강제적 가족과 강제적 결혼을 지지한다.

3. 그것은 자녀들이 부모에 복종하게 만들고, 이러한 방식으로 나중에 어른들을 국가의 권위에 복종하도록 만든다. 모든 개인 대중에게 권위에 대한 불안을 만들어 내면서 말이다.

4. 그것은 대중 개개인의 지적인 비판능력과 주도성을 마비시키는데, 왜냐하면 성억압이 그렇지 않으면 합리적인 형식에서 지적이고 정서적으로 나타날 생에너지를 많이 소모하기 때문이다.

5. 그것은 많은 사람들 안에 있는 생체 에너지적 민첩성을 해치고 저지하며, 사회적 악에 대항하는 개인들 속에 있는 대항력을 마비시킨다.

요약해 보면, 이들 모두는 대중 개개인의 성격구조 속에 지배적인 권위주의 체계를 이데올로기적으로 뿌리내리는 것을 의미하며, 그렇게 살아 있는 것[생명]의 억압에 기여한다. 이것은 정치적 지배집단들이 지배하는 사회에서 성억압이 지닌 사회학적 의미이다. 그러한 권력은 식민지 주민들에게 기독교 정신, 의복, '도덕'을 문화적 고려에서 가져다 주는 것이 아니라, 그들이 개별 개인 안에 쿨리(Kuli)의 정신을 정착시키고 더욱이 알코올로 사람들을 약화시키고 사람들을 비굴하게 만들려고 하기 때문이라는 것을 인식하는 데는 많은 교육이 필요하지 않고 단지 약간의 지적 용기가 필요하다. 원시인들의 성격구조 안에 노예화를 뿌리내리는 것은, 검열관과 경찰곤봉을 절약하게 해주는데, 만족된 성기성에서 생기는 힘의 제압을 통하여 가장 잘 수행된다.

성억압의 사회학적 의미를 찾아낼 수 있었다면, 성억압이 만들어 내고 스스로 파괴할 모순을 밝혀내는 것은 어렵지 않을 수 있었다. 성억압이 한편으로는 모든 형식의 권위주의적 지배를 강화한다면, 동시에 이러한 근거 위에서 생기는 성곤궁을 통해 권위주의적 지배를 파괴한다. 성억압이 한편으로는 청년들에게 성격학적으로 어른을 추종하도록 만든다면, 다른 한편으로는 청년의 성반란을 불러온다. 성억압의 모순은 20세기 전환기 이래로 대체로 권위주의 사회를 점증적으로 괴롭혀 온 성위기에서 하나의 해결책을 찾는다.

권위주의 사회는 자신이 직접적으로 의존하고 있는 경제위기들에 따라 강하게 흔들린다. 대중의 물질적 상태의 악화는 성에 관한 가족족쇄와 결혼족쇄를 느슨하게 할 뿐만 아니라 음식충동(식욕)의 반란과 더불어 성욕구 또한 끌어낸다. 이것은 위기의 시대에 '도덕의 쇠퇴' 이론에 대한 단순한 설명이다. 경제위기 동안 반동세력이 대중에게 성반동적인 압력을 유혈적 테러리즘으로까지 강화한다는 것은 중요하다. 1930년 말에 공표된 기독교적 결혼에 관한 교황의 교서(敎書)는 물질적 반란과 성적 반란의 이러한 관련을 입증한다.[10] 마찬가지로 다른 예가 1931년 5월에 일어난, 혼인증명서가 없을 경우 천막에서 밤을 보내는 것이 금지된 법으로 인하여 도보여행 단체의 회원들과 체코 국가권력이 격렬하게 충돌한 것이다. 많은 사람이 이 충돌에서 부상당했다. 여기서 성반동은 노골적으로 그리고 처음으로 이러한 형식으로 드러났다.

그러므로 사회적 성억압은 성욕구의 긴장과 외적인 만족 가능성 및 내적 만족능력 사이의 계속 벌어지는 격차를 만들어 내면서 스스로 파괴된다. 이른바 '청소년 비행'과 같은 사회적 현상들은 성위기의 직접적 표현이다. 많은 경우 '청소년 비행'은 법적으로 허용된 성기행동 이전에 포옹한 것을 의미할 뿐이다.

20세기 시작 이래로, 전체 인간이 사회 변혁의 완전히 새로운 국면에 들어섰다는 것은 의심할 여지가 없다. 삶은 모든 형식의 억압에 항거하기 시작했다. 자신들의 본성과 목표를 의식하지 못하고, 무식하고 고루한 정치집단의 어리석음으로 잘못 인도되고, 지도부가 없고 그래서 무질서하지만, 인민대중은 사회 무대에 나타나서 **행복한 삶**에 대한 자신들의 권리를 요구한다. 진부하고 소모적인 정치체계들이 여전히 사람들의 이러한 진정한 노력을 한동안 오용하고 잘못 인도할 수도 있다. 그럼에도 불구하고 성

10 *Casti Connubii*(기독교적 결혼)이라는 그의 교서에서 로마 교황 피오 6세는 낙태와 출산통제(산아제한)에 반대하는 교회의 전통적 구속에 관해 강력한 재성명을 발표하였다[옮긴이].

혁명은 전진하고 있으며, 지구상에 어떤 권력도 그것을 멈추게 할 수는 없을 것이다. 성혁명이 필요로 하는 것은 자신의 목표에 도달하기 위한 합리적인 방향이다.

4

청년의 성문제를 정치화하기

*'청년의 성문제를 정치화하기'는 1932년 1월에 쓴 『청년의 성투쟁(*Der Sexuelle Kampf Der Jugend*)』의 마지막 장이다. 이 책은 그해 말까지 출판되지 않았다. 몇몇 공산당 관리가 공식 당 채널을 통해 책의 출판을 방해했기 때문이다. 독일 공산당에서 라이히를 축출하게 한 많은 논쟁은 이 책을 둘러싸고 일어났다. 이 책의 목차는 다음과 같다. [서론, 1. 생식(성기관과 수태, 임신과 출산, 낙태법, 피임), 2. 성긴장과 만족(성적 성숙, 청소년의 자위, 성교, 성교의 장애, 성병과 그 예방, 만족을 통한 성생활의 자기조절, 금욕과 노동성과), 3. 동성애 문제에 대하여 4. 청년의 동지적 관계의 어려움, 5. 자본주의 아래에서 청소년의 성생활의 억압의 의미, 6. 성만족의 전제조건으로서 사회혁명, 7. 청년의 성문제를 정치화하기]. 1~6장의 내용은 『성혁명』과 『오르가즘의 기능』에 약간 고쳐 출판되었다. 그래서 여기에는 서론과 7장만을 번역하여 싣는다. 이 책은 출판사 이름도 없이 1932년에 출판되었다. 번역 텍스트로는 Wilhelm Reich, *Der Sexuelle Kampf Der Jugend*, 1932를 사용했다.

서론

이 책은 위아래로 나이 제한 없이 청년을 위해 쓴 것이다. 이 책은 청년 나이에 성교 문제를 둘러싸고 흔히 제시되는 '계몽'을 목표로 한 게 아니라, 청년의 성의 성숙이란 커다란 문제에 대해 가장 훌륭한 과학적 확신에 따라 청년에게 일정한 답을 줄 것이다. 성과학과 사회이론이 지금까지 이룬 성과에서 엄밀한 추론들을, 그렇게 하지 않으면 끈질기게 피하는 추론들을 끌어내면서 말이다. 이 책을 손에 쥔 청소년은 다음을 알 것이다.

성의 성숙과정은 어디에 있는가? 성적인 것은 왜 학교, 부모 집, 모든 공공장소에서 그렇게 비밀스럽게 다루어지는가? 언짢음, 실수상황, 강박적인 백일몽, 이러한 나이에 나타나는 고립과 기타 현상들은 무엇을 뜻하는가? 어떤 출구가 있는가? 그리고 오늘날 사회적 조건에서 청년의 성문제는 풀릴 수 있는가?

청년과 소녀를 노동자 서클, 피고용인 서클, 농민 서클들에서 끌어내는 사회적 상황, 즉 오늘날 부모 집과 학교와 전체 여론이 미치는 영향의 양태는 성계몽 책자를 열렬히 따라가며 파악하는 것이다. 그때 그들은 100번 가운데 99번 부스러지고, 양심 없는 제작자의 졸작이 되거나, 모든 범주에 속한 청년의 거대한 욕구를 근본적으로 착취하는 돌팔이 의사가 이해하는 성문제에 처한다. 그리고 관리들은 청년을 성타락에서 보호할 것을 내세운다. 여전히 18살이 안 되는 청소년의 성적인 무지를 온갖 수단으로 비호하면서 말이다. 그런데 현실에서는? 한편에서는 도덕과 금욕 설교자들이 다른 한편에서는 외설문학이 청년을 오염시킨다. 둘 다 공적으로 가장 위험한 방식으로, 첫 번째 것이 두 번째 것보다 덜 하지 않은 채.

오늘날 청년의 성빈곤화는 피할 수 없다. 대부분의 것들이 비밀리에 진행되고 있으며, 지배적인 상황이 허용하지 않기 때문에 겉으로 드러나지 않는다. 그리고 우리의 성과학은 그것에 연루되어 있다(공범이다). 왜냐하면 성과학은 사실을 왜곡하거나 결과를 피하기 때문이다. 빈궁함에 대해 인간적 · 우정적인 고소(告訴) 속에서 그리고 윤리적 문구들 속에서 꺼림칙해 할 때, 성과학은 고소와 윤리적 문구를 넘어 결코 조사(검사)의 영역으로 나아갈 모험을 하지 못한다.

우리는 모든 청년 문제가 사람들이 일반적으로 믿는 것과는 다른 곳에 있으며 도덕적 금욕생활이나 성적 외설을 외치는 것이 아니라 건강한 또는 병든 성생활을 이야기한다는 것을 보여주는 사실들을 제시할 것이다. 왜냐하면 모든 청소년과 어린이가 하나같이 성적으로 행동하기 때문이다. 기독교인도, 가장 크게 '성적 품행'을 설교하는 사람도 마찬가지로 성적으로 행동한다. 도덕적 위협은 우리 청소년 대중이 사회에서 자라나면서 접하는 현실적인 외설문학과 빈궁한 물질적 관계와 똑같은 효과를 지닌다는 것을 결국은 분명히 밝혀야 한다.

청년의 중심적인 문제는 청소년의 나이에 성교라는 것과 그것에 대한 사회질서, 부르주아 국가, 그리고 관청이 지닌 태도이다. 청년은 '계몽'(교육)의 권리만을 갖는 게 아니다. 청년은 자신들의 성을 마음대로 할 수 있는 충분한 권리를 갖고 있다. 이러한 권리를 사람들은 스스로 획득했다. 수많은 청소년은 정말 자신의 성에 대한 의식에 눈을 뜬 나이에 정신적 균형을 이루는 것을 아주 심각하게 저지당하면서 위축되고 있다. 그러므로 우리는 '위로부터' 조언하지 않고 '해명하려고 하지 않으며', 오히려 청년에게 충분히 위조하지 않은 현실을 그대로 보여주려고 한다. 또한 우리는 청년에게 그들이 어떠한 위치에 있는지, 자신들이 지닌 사안들 자체를 손에 쥐고 있어야 한다는 것을, 언제 청년이 진지하게 의지를 가지고 그렇게 많이 이야기한 성빈곤에 대해 진지하고 최종적인 결론을 내려야 할지를 알게 하기로 결심했다. 우리는 어떤 좋은 권리를 구걸하는 것이 아니라 투쟁해야 한다고 청년을 설득할 것이다. 우리는 청소년이 자신이 이해하듯이 도덕의 설교자들을 불분명하고 모호하게 따르고 그럼으로써 스스로 파멸하는 것에 대해서 청소년에게 설득하기로 결심했다.

여기서 다루고 있는 문제들이 자명하게 나타나거나 또는 많은 노력 없이 명백해지는 13~17살의 많은 청년과 소녀가 있다. 이 책의 내용을 어려움 없이 인식하게 되는 같은 나이의 많은 다른 청소년이 있다. 도덕과 교육을 통해 수줍거나 격분하여 먼저 그것을 거부하도록 잘못 키워진 같은 나이의 다른 많은 사람이 또 있다. 많은 자라나는 청소년은 그저 교묘한 근거를 대면서 밖으로부터 오는 모든 지식에 대항하는 만큼이나 자신의 성의 무의식적인 충동에 대항하여 도덕적인 방어 태도를 발전시킬 수밖에 없다. 그를 괴롭히는 백일몽, 그의 언짢음, 그의 실수, 그리고 그의 성과 관련한 다른 특질의 연관을 그는 의식하지 못한다. 그는 자신에게 성지식의 수용을 금하는 소외된 의지의 강요 아래에서 행동하고 생각한다. 이러한 소외된 의지는 교육에서 생겨나서 자신의 생물학적 조직에 오히려 대립하는 자신의 존재의 한 조각으로 될 것이다. 우리는 청년의 성문제가 어려울 뿐만 아니라 많은 경우에 막 폭발할 수 있는 사건이라는 것을 아주 분명하게 알아야 한다.

우리가 그 질문을 제기하는 것만큼이나 종종 그 질문은 많은 혼란을 불러일으킬 것이다. 그러나 미리 움츠러들 필요는 없다. 다른 길은 전혀 없다. 더욱 광범한 정신적 빈곤화, 고통, 자살, 끝없는 임신이냐, 아니면 오늘날 조건에서 아주 강하게 작용하고 있는 진리와 그것을 위한 최종적인 해결책을 전망할 것인가를 결정해야 한다.

이 소책자는 여러 청년조직의 대표자가 읽고 나서 비판하고 보완할 것이지만, 또한 나의 의견만을 다시 제시하지는 않는다. 그리고 나는 청년에게 수동적인 독자가 되지 말고 이 책에 대해 능동적이고 비판적인 태도를 보이며, 첨부한 문제용지에 결함, 필요한 보완 또는 수정에 대한 자신의 의견을 가득 써서 출판사로 보내줄 것을 간청한다. 청년의 성 정치에서 궁극적인 근본노선은 집합적으로 만들어야 하며 정말 청년 스스로가 만들어야 한다.

1932년 1월, 빌헬름 라이히

우리는 이제 자본주의 사회의 노동청년에게 어떤 출구가 열려 있는지에 대해서 분명한 결론을 내려야 한다. 청년공산연맹은 사회혁명에 대한 분명한 정치노선을 채택하고 있다. 그래서 성문제의 영역에서도 청년의 지도자가 되려고 해야 한다. 그리고 이러한 문제, 즉 이 긴급하고 예민한 문제에 대한 노동청년의 접근만이 냉정하고 올바른 접근이라면, 청년공산연맹이 노동청년의 곤경을 정말 이해하고 그들의 대의를 방어하고 있다고 느낄 수만 있다면, 노동청년은 공산청년연맹을 그 자체로 인정할 것이다.

우리는 진정한 자기비판을 해야 한다. 모든 문제 가운데 성문제에 대해서 우리는 왜 지금까지 그렇게 완곡하게 말해 왔는지, 왜 우리는 노동청년에게 열린 단 하나의 가능성을 감히 생각하지 않았는지 자문해야 한다. 첫 발자국으로서 우리는 이 성문제에 대해서 파리를 쫓으려고 손을 파리 쪽으로 헛되이 계속 휘젓는 잠자는 사람처럼 행동해 왔다는 것을 인정해야 한다.

'성문제'는 혁명투쟁을 방해하고 막는다고 혁명청년 조직은 되풀이해서 지적해 왔다. 그리고 우리는 성문제를 다룰 시간이 없기 때문에 그리고 우리는 해야 할 더 중요한 일이 많기 때문에 그 문제를 제쳐 두어야 한다는 결론을 되풀이했다. 그러나 그 쟁점이 되풀이되고 더욱더 긴급하고 더욱더 압박하며 제기된다면, 사실상 많은 청년조직이 그들 조직원의 성적인 어려움들 때문에 붕괴해 왔다면(우리가 공개적으로 인정해야 할 사실), 성생활이 청년을 움직이고 지금까지 존재해 왔던 정치투쟁 형식을 교란시킨다면, 성생활이 왜 정치투쟁 형식을 교란시키는지 물어야 한다. 그리고 성생활이 정치투쟁 형식을 교란시키고 있다면, 우리는 성문제를 다룰 시간이 없고 그것보다 긴급히 해야 할 일이 더 많으며 성생활이 사적인 문제라는 등을 선언해서는 안 된다.

비슷한 어려움을 가져오는 어떤 다른 문제를 우리가 그와 똑같은 방식으로 처리[기각]할 것인가? 어떤 다른 쟁점에 대해 그와 똑같은 태도를 취한다면, 이에 대해 뭐라고 말할 것인가? 그런 태도는 회피하는 것이라고 올바르게 말해야 한다. 그러한 핑계를 대는 사람은 누구든지 올바르게 비난받아야 한다. 우리는 우리 자신에게 일관되어야 한다. 우리의 관점은, 볼셰비키가 넘을 수 없는 어려움 같은 것은 없으며 따라서 내가 기술해온 태도는 부르주아적이고 기회주의적인 핑계를 의미한다.

그러한 문제들은 하늘에서 떨어지는 것이 아니라 우리 사회체계가 지닌 모순에서 나온다. 그리고 그 자체로 해결책이 필요하다. 우리는 우리의 계급투쟁 전선에서 스포츠, 극장, 종교, 라디오의 문제를 다루어 왔다. 청년의 성문제가 문제일 때는 왜 똑같이 일관되지 못하는가? 그러나 우리가 그 쟁점을 피하고 있다는 것에 동의한다면, 우리는 왜 그랬는지 뚜렷이 밝혀야 한다.

피상적인 이유는 우리가 성문제를 무시함으로써 혁명작업에 완전히 헌신할 수 있기를 바라기 때문이다. 그것을 통해 우리는 성문제에 관심을 집중하고 그에 대해 잡담만을 하는 부르주아 유형의 사람들과 우리의 차이를 강조한다. 이것은 우리를 심각한 오류에 빠지게 한다. 우리 가운데 많은 사람은 성을 비본질적인 또는 심지어 '부르주아적인' 어떤 것으로 완전히 기각하기를 바랐다. 우리는 틀렸다. 그것은 현실의 교훈이다. 분명한 성이론을 진전시키고, 성이론에서 성혁명적 실천으로 나아가고, 이 두 가지를 프롤레타리아 운동 전체 속에 통합함으로써 성문제를 혁명적인 방식으로 풀어야 한다. 그것이 분명한 해결책으로 나아가는 올바른 방법이라고 우리는 확신한다.

많은 동지가 레닌과 클라라 제트킨(Clara Zetkin) 사이의 대담을 따오면서 자신들의 부정적 태도를 정당화한다. 이 대담에서 레닌은 노동자 모임과 청년집단에서 일어나는 성에 대한 논의와 논쟁을 예리하게 비판하면서 해야 할 더 중요한 것들이 있다고 말했다. 우리는 레닌이 당시에 택한 관점을 완전히 승인한다. 사람들의 마음을 좀 더 본질적인 것들에서 벗어나게 할 뿐인 성에 대한 피상적이고 생각 없는 잡담을 레닌이 공격하였고 우리 또한 그런 것에 반대한다. 이러한 '성논의'는 일반적으로 성활동에 대한 내체물, 가장 흔한 종류의 지적 자위에 지나지 않는다. 그러나 동시에 레닌이 클라라 제트킨과 나눈 같은 대담 과정에서 우리가 두 번째 지적을 따온다면, 그 문제를 어떻게 다루어야 하는지를 즉각 이해할 것이다. “공산주의는 금욕주의를 가져오지 않을 것이며, 삶의 즐거움, 삶의 힘, 만족스러운 애정생활은 공산주의를 실현하도록 도울 것이다.” 공산주의가 성생활의 즐거움을 가져올 수 있다면, 확실히 이것[공산주의]을 위해 투쟁해야 한다.

따라서 문제의 핵심은 이것이다. 즉 우리는 성에 대한 공허한 논의에 빠져서는 안 되지만 성문제를 무시해서도 안 된다. 성문제를 이야기하지 않고는 그 문제를 풀 수 없다. 우리에게 어떤 할 일이 남아 있는가? 성문제에 대해서 정치적으로 말해야 한다. 그러면 우리는 그것에 대해서 올바른 방식으로 논의하고 결과적으로 올바른 행동을 취할 것이다. 그러나 좀 더 자세한 것으로 들어가서 이것이 단 하나의 해결책임을 보이려고 증거를 끌어오기 전에, 여전히 우리가 이 문제를 피하는 더 깊은 근거를 밝혀야 한다.

우리 모두는 어디에서 자라났는가? 어떠한 조건에서 우리는 성장했는가? 우리는 가족의 울타리에서 자라났고 자본주의 체계에서 양육되었다. 프롤레타리아 가족과 부르주아 가족 사이에는 커다란 차이가 있다는 반박이 나올 것이다. 그러나 그것은 그렇게 간단하지 않다. 우리는 하나의 대답을 찾아내기 전에 너무 오랫동안 생각할 필요는 없다. 우리가 생각하고 사는 방식의 요소들 가운데 몇몇을 고려하기만 하면 된다.

우리는 소유에 대한 부르주아 이데올로기에서 벗어났는가? 그렇다, 상당한 정도로. 소유관계와 관련하여 부르주아 가족과 노동자계급 가족 사이에는 제법 많은 차이가 있기 때문이다. 우리는 종교로부터 완전히 벗어나 왔는가? 여기서 사태는 더는 간단하지 않다. 종교를 가진 몇 천의 프롤레타리아 가족이 있다. 쁘띠부르주아적 프롤레타리아트 속으로 들어갈수록 종교가 더욱 깊이 뿌리내리고 있다는 것을 우리는 발견한다. 그리고 성도덕에 대해서는 어떠한가? 성도덕은 프롤레타리아도 자본주의에서 생활조건 때문에 유지하도록 강요당하고 있는 가족의 바로 그 본성에 뿌리박고 있지 않은가?

성억압과 부르주아 도덕의 이식은 부르주아 결혼과 부르주아 가족의 중요한 부분을 이루지 않는가? 물론 노동자의 생활방식과 부르주아 가족의 도덕 사이에 있는 모순은 매우 크다. 그 모순은 중간 부르주아지와 상층 부르주아지에서는 또한 다르다. 그럼에도 부르주아 성도덕은 프롤레타리아트 안에 있다. 모든 부르주아 이데올로기 가운데 부르주아 성도덕은 아동기 초기에서부터 가장 강하게 이식된 것이기 때문에 가장 깊게 정박해 있다. 부르주아 성도덕은 피억압계급 안에 있는 부르주아지의 가장 강력한 지지대 가운데 하나이다.

우리는 계급의식적인 청년조차도 부르주아 성도덕에서 해방되기가 매우 어렵다는 것을 늘 알고 있다. 부르주아 성도덕(그것의 가장 본질적인 특성은 성생활을 자연스럽고 자명하고 그래서 그 시대의 특수한 사회질서와 연결되어 있는 것으로 보지 않고, 부정하고 두려워한다는 것이다)은 우리 모두가 인식하는 것보다도 더 깊게 우리 공산주의자들의 바로 뼈 속(정수)에 자리잡고 있다. 우리는 성적 소심함의 반대쌍인 성적 폭로에도 속지 않도록 해야 한다. 이것은 반대 기호를 가지고 있는 똑같은 부르주아 성생활이다. 그러므로 레닌이 '물잔' 이론을 '좋은 부르주아 이론'이라고 묘사할 때, 완전히 옳았다.

문제가 되는 것은, 우리 모두가 자신 속에 성억압의 결과로서 가지고 있고 무의식적인 억압된 태도와 연결되어 있어서 우리의 성생활에서 우리 자신을 관장하지 못하게 하는 성불구화(왜곡)이다. 이것이 우리가 성문제를 공개적으로 일관되게 다루기를 꺼려하는 더 깊은 근거이다. 우리 모두가 예외 없이 그 문제에 대해 가장 훌륭한 통찰력을 지닌 사람들조차 우리의 선전 속에 성해방 구호들을 감히 포함시키지 못하는 이유이다. 왜 그렇게 많은 공산주의자들이 즐거운 얼굴을 하다가 성에 대해서 얘기하면 기묘하게 웃기 시작하는지 이해해야 한다. 우리 자신의 금지들을 극복하는 것이 아무리 어려울지라도 우리는 그 모든 것에 진지하게 종지부를 찍어야 한다.

계몽되지 않은 비계급의식적인 청소년층에 이를수록 우리는 더 많은 금지를 만나게 된다. 그러나 개인적인 사례들에서 이미 본 대로, 청소년들의 성금지와 도덕적 편견들을 극복하는 데 우리가 성공한다면 실천은 이들에게 정치적인 지식(그들이 몹시 필요로 하는 정치적 지식)을 가져다주는 우리의 작업이 더 쉽게 이루어질 것임을 보여줄 것이다. 부르주아지의 위선적이고 부정적인 이데올로기 대신에 공개적이고 분명히 성에 긍정적인 이데올로기를 제기하기만 한다면, 우리는 우리의 정치적 계몽작업에서 성공할 것이다. 많은 반동적 태도가 이 전선에서 두드러질 것이다. 왜냐하면 첫째, 기독 청소년과 나치 청소년은 우리에 맞서는 이치에 맞는 주장을 가지고 있지 못하기 때문이다. 그리고 두 번째로 그리고 더욱 중요하게는, 비록 자신들의 성을 부정할지라도 그들 또한 성을 비밀리에 긍정하기 때문이다.

이제 그 문제를 청년공산연맹 안에서 1931년 4월 21일 베를린에서 열린 보그다노프(A. A. Bogdanov)의 책인『첫 번째 소녀』의 대중비판 저녁모임에서 나타난 논의를 기반으로 있는 대로 고찰해 보자. 이 쟁점에 대해 약간 분명히 하는 데 성공한다면, 우리는 피히테 집단과 기독청년집단, 쁘띠부르주아 청년집단, 나치 청년집단 안에 있는 다른 문제들을 좀 더 쉽게 다루게 될 것이다.

붉은 소년단원인 헤르만(Hermann) 청년 동지는 무엇보다도 이렇게 말했다.

> "독일 청년에게 영향을 미치는 문제들[프롤레타리아 조직들에서, 청년운동 일반에서 젊은 남성과 소녀의 위상, 그리고 청년의 (책임 있는 당 관료들과 함께 하는) 성관계 문제들]을 다루는 책이 없다. 이러한 문제들은 당연히 우리에게 중요한 역할을 하며 여기서 토론해야 한다. 독일 청년이 성적 어려움을 어떻게 극복하고 그것에 대해 우리가 무엇을 할 수 있는지에 대한 질문이 제기되었다. 현 체제 아래에서는 청년의 성적 어려움을 어떤 만족스러운 방식으로 극복할 수 없다고 나는 확신한다. 청년에게 가장 커다란 곤란은 경제적인 것이기 때문이다. 예를 들어 어떤 소녀가 아이를 갖기를 원하지만 돈이 없으면 그렇게 할 수 없다.
>
> 또 다른 것은 우리들도 여전히 문제들을 부르주아적 관점에서 바라보며, 부모뿐만 아니라 심지어 당 동지도 여전히 그러한 문제들에 대해 도덕적 잣

대를 들이대고 있으며, 그 문제가 결코 지나간 일이 아니라는 데 있다. 나의 견해는 능동적인 공산주의자, 능동적인 당원이 애정사를 위한 시간을 거의 가지고 있지 못하며 이러한 점에서 100% 만족을 얻을 수 없다는 것이다. 일반적으로 말해서 우리는 여전히 소녀들을 운동에 참여하게 해야 하며 그들이 진정으로 동등한 권리를 가진 동지들이 되도록 노력해야 한다. 소녀들은 여전히 그들의 부르주아적 양육에 의해서 너무 금지당하고 있다. 소녀는 여전히 아주 열등감에 빠져 있기 때문에 그들이 바라는 것처럼 남자들과 나란히 서서 함께 싸우지 못한다. 그 때문에 우리는 그들이 조직 속에서 [남자들과] 똑같다는 인식을 일깨워야 한다.

성은 언제나 소녀만의 문제가 아니다. 소녀는, 하루는 어떤 소녀와 다니고 그 다음날은 다른 소녀와 다니는 젊은 남자보다 이러한 것을 훨씬 많이 느낀다. 소녀는 늘 특수한 동지에게 훨씬 더 끌린다. 예외도 있지만 나는 그것이 정상이라고 생각한다. 이러한 점에서 관계는 훨씬 더 건강해야 한다고 생각한다. 성긴장이 계급투쟁을 자신들의 1차적 과업으로 생각하는 프롤레타리아 청년의 삶에서 너무 많은 공간을 차지한다. 이러한 것들은 아주 정신을 혼란하게 만든다. 이런 것들이 정말 막 들어왔다가 시야에서 사라져버린 많은 훌륭한 동지를 잃게 만들어 왔다. 조직을 건설하는 데 확실히 도움을 줄 수 있는 쓸모 있는 사람들이 그 모든 개인적인 요소 때문에 계급투쟁에서 벗어나게 되었다."

이 청년 동지는 가장 본질적인 점들에서 올바른 방향으로 문제를 제기한다. 청년의 성곤란은 현 체제 안에서는 만족스럽게 풀릴 수 없다. 그러나 우리의 자기비판을 좀 더 해보자. 동지들이 이것에 대해서 대하는 이유를 검토하고, 우리의 정치적 생각들이 완전히 옳을 때조차 얼마나 우리가 여전히 성문제에서 부르주아적 심성에 갇혀 있는지 보자. 그가 제시하는 예는 경제적인 이유 때문에 아이를 갖고 싶은 자신의 욕망을 만족시킬 수 없는 소녀이다. 이것은 틀림없이 많은 소녀에게 사실이다. 그러나 그것이 중심적인 문제가 아니다.

우리 자신을 속이지 말자. 아주 많은 소녀가 어떻게 하면 임신하지 않고 성교를 할 수 있을까에 대해 먼저 생각한다. 청소년은 물질적 빈곤의 결과로 그리고 기회의 부족, 돈과 피임도구의 부족으로 자신들의 광포한 성에 대처할 수 없기 때문에 불쾌하게 느낀다. 그러면 잠시 정신적인 장애는 제쳐 놓자. 그래서 나는 에른스트(Ernst) 동지가 다음과 같이 말할 때 그가 옳았다고 생각한다.

> "물론 모든 자본주의 나라에 성문제가 있듯이 독일에도 성문제는 크다. 그것은 청년이 집에서 살고 있고 자신이 독립해서 살 곳을 마련할 수 없다는 사실에서 나왔다. 많은 사람은 실업상태이고 자신을 유지할 돈조차 없다. 그래서 그들은 자신이 같이 살고 싶은 사람과 살 수 없다. 조건이 안정적이라면 좋게 이어질 수 있는 많은 관계들이 그냥 무너지거나 적절하게 지속될 수도 없다. 왜? 이유는 단순하다. 필요한 조건을 손에 넣을 수 없기 때문이다."

아기를 갖고 싶어하는 소녀의 문제를 목록의 첫 번째에 놓으려 했다면, 우리는 그 문제가 어떤 역할을 할지라도 쟁점을 피해가고 있는 것이다. 성문제를 피해가는 전형적인 부르주아적 방식은 어머니의 사랑과 아이에 대한 욕망을 받들어 모시고 그런 식으로 모든 것을 덮어버리는 것이었다. 아이를 갖고 싶은 욕망은 일반적으로 감각적 욕구들이 어느 정도 만족되었을 때에만 생긴다. 거칠게 표현한다면, 청년이 관심을 갖고 있는 것은 재생산이 아니라 그들의 젊음이 성숙되는 시기에 피임과 성만족이다. 청년은 자신들의 애정생활을 정돈하는 데 관심을 갖고 있다.

그리고 이것을 위한 전제조건이 자본주의에서는 완전히 결여되어 있다. 주택건설은 대중빈곤에 기득권적 이해를 가지고 있는 자산 투기꾼들의 손에 있다. 오늘날 소련에서 그러한 것처럼 주택건설의 사회화, 주택의 공공소유로의 전환만이 이 문제를 풀 수 있다. 전제조건은 자산의 사적 소유의 폐지이고 여전히 그것으로 남아 있다. 그러나 이것은 사회혁명의 결과로 얻어질 수 있을 뿐이다. 청소년이 성교를 하고 싶을 때 그들이 쓸 수 있는 가장 좋은 피임도구를 만드는 것이 정돈되고 만족스러운 성생활을 위한 더 나아간 근본적 전제조건이다.

그러나 정치적 반동은 부르주아지가 중요하다고 생각하는 모든 다른 영역에서만큼 이것에 첨예하게 대립하며 테러주의적이다. 원치 않는 임신을 공공병원에서 끝낼[낙태할] 수 있는가가 또 다른 근본적 전제조건이다. 모든 종류의 문화에서 배제된 채 거리와 술집을 방황하는 배고프고 버려진 청소년은 정돈되고 만족스러운 성생활을 가질 수 없다. 그들은 성적으로 결손되어 있거나 (이것은 그들의 잘못이 아니라 사회의 잘못이다) 성적으로 방해받기 때문이다.

성 장애와 난폭화의 원인이 가정과 학교에서 실시하는 부르주아적 성억압이다. 그렇기 때문에 그것들을 제거하는 데 필요한 것은 (다시 한 번) 여성들이 그들의 남편들의 권력에서 물질적으로 독립하고 자유로워지고 부모들이 그들의 자녀들을 억압하고 지배할 권리를 잃는 방향으로 경제적 사회적 존재를 완전히 재조직하는 것이다. 그럼에도 이것을 위한 또 다른 전제조건은 자유로운 어린이 공교육과 유아성[성욕]의 문제에서 태도를 완전히 바꾸는 것이다.

헤르만 동지는 부모들뿐만 아니라 당 동지들이 도덕적 괴롭힘[희롱]을 가하고 있다고 지적했다. 그것은 절대적으로 진실이다. 결혼하여 가족을 이루고 살아야 했던 많은 더 나이든 동지들이 청년에 대해서 정확하게 행동하지 않고 있다. 이것은 우리 진영에서 반혁명적 활동의 형태이며 최종적으로 지배계급의 이해에 봉사할 뿐이라는 것을 우리 자신에게 인정해야 한다.

이 영역에서 꽤 많은 것이 청소년과 부모들 사이의 대규모 공개논쟁을 조직함으로써 이루어질 수 있다. 이 논쟁에서 집에 혼자 있을 때는 감히 저항하지 않고 자신들의 부모와 사소한 싸움으로 에너지를 낭비하는 청소년이, 자신들의 문제와 불만을 청소년대중과 부모들이 함께하는 만남에서 공개적으로 제기할 수 있을 것이다. 부모들은 자신들이 집에서 나타내는 관점을 공개적으로는 오랫동안 유지할 수 없을 것이라는 것(이것은 이미 실천적으로 증명되어 왔기 때문에)을 우리는 확신할 수 있다. 그래서 청소년은 승리에 차서 나올 것이고 새로운 힘들이 청년조직을 위해 해방될 것이다. 그리고 부모들 또한 많은 경우에 처음으로 프롤레타리아 운동과 접촉하게 될 것이고 그들 자신과 그들의 입장에 대해서 자신들의 분명한 관점을 처음으로 가질 것이다. 자, 청년의 성문제는 정치적으로 중요한 문제인가? 우리는 그것을 부정할 수 없다.

헤르만 동지도 능동적인 당원이 애정사를 위한 시간을 거의 가지고 있지 못하며 이러한 점에서 100% 만족할 수 없다고 말했다. 그것은 의심의 여지없이 진실이지만, 이런 방식으로 제기하는 것은 불완전하며 잘못된 일반화로 나아갈 수 있다. 공산주의 청년지도자는 운동 전체에서 엄청나게 중요한 역할을 한다. 그러므로 그는 다른 모든 것에서 뿐만 아니라 성문제에서 다른 사람들에게 모범이 되어야 한다. 지금 우리는 커다란 개인적 희생을 하도록 그리고 우리의 사생활을 계급투쟁에 종속시키도록 요청받고 있다. 그럼에도 이 문제에 접근하는 데서 우리는 우리가 다루고 있는 사람들을 구분해야만 한다. 완전히 계급의식적인 청소년 또는 무관심한 청소년, 부르주아 청소년 또는 여전히 반동적으로 생각하는 프롤레타리아 청소년으로 구분해야 한다.

그러나 잠시 당 관리에 머물자. 우리의 당 관리들이 긴급한 당의 일로 끔찍한 부담을 갖고 있고 '애정사'를 위한 시간을 갖지 못한다는 것은 정말 사실이다. 프롤레타리아 청년운동에는 세 가지 유형의 관리들이 있다. 첫째, 성생활을 전혀 하지 않고 자신의 모든 에너지를 당의 일에 바쳐온 관리 유형, 아무도 듣지도 보지도 않아도 일부 여성동지와 정돈된 성생활을 하고 동시에 자신의 모든 힘을 당에 헌신하기도 하는 두 번째 유형, 그리고 마지막으로 자신의 당 의무와 자신의 애정생활 사이의 갈등(이것은 다소 심각할 수 있다)에 언제나 빠지는 세 번째 유형이 있다.

이러한 동지들을 지나면서 잠깐만 쳐다보는 것이 아니라 그들의 경력을 전체로서 고려하면, 우리는 가장 훌륭한 관리, 즉 자신의 일을 매우 철저하게 처리할 뿐만 아니라 가장 커다란 인내력을 지니고 좋은 때나 나쁜 때나 운동에 매진하는 사람은 규칙적인 성생활을 하는 사람이라는 것을 발견할 것이다. 첫 번째 유형도 좋은 관리이지만 경험으로 보아 첫 번째 유형은 때때로 일정한 시간 동안 지속할 수 있을 뿐이다. 그는 처음에는 자신의 개인적 어려움들을 일에 쏟아 부으려고 노력하지만 나중에는 이런 저런 식으로 무너져 내려 운동에서 떠나기 때문이다. 그러한 당 일꾼들에 대한 의료적 정치적 경험을 통해 볼 때, 결국 무너져 내리는 원인은 과로일 뿐만 아니라 (또는 일차적으로) 그 동지가 자신의 성적 어려움들, 이를테면 당이 그에게 하는 커다란 요구와 함께 '사생활'의 어려움들 때문에 투쟁에 적합하지 않게 되었다는 것을 잘 보여준다.

사람은 결국 심각한 성장애가 없는 한 성생활을 완전히 끊고 살 수는 없다. 건강의 이유 때문만이 아니라 당 일꾼들의 높은 이직률로 손상되고 있는 혁명작업을 위해서라도 우리는 이러한 관점을 받아들인다. 우리는 가장 오랫동안 자신의 업무를 철저히 해내고 있는 당의 일꾼들에 할 수 있는 한 관심을 쏟는다. 그런데 이를 위한 가장 중요한 전제조건 가운데 하나는 규칙적인 성생활을 보장하는 것이다.

어떤 사람들은 성을 완전히 배제함으로써 힘을 얻는다고 믿는다. 그것은 거짓이다. 진실은 당신의 성생활이 아주 제한된다면 당신의 노동강도가 손상될 수밖에 없다는 것이다. 반면에 어느 정도 만족스러운 성생활을 하면 당신이 하고 있는 노동의 신선함이 '사생활'에서 잃은 시간을 훨씬 더 보상할 것이다.

물론 과업이 너무 많기 때문에 당의 생활에서는 동지들이 최소한도로 필요한 성만족조차 제한하거나 희생해야할 때가 여러 번 있다. 어떤 때는 몇 주, 어떤 때는 몇 달씩. 우리는 이것을 고려해야 한다. 그러나 이러한 예외를 일상에서 규칙으로 만들 수는 없다. 그러한 [성생활이 제한되거나 희생되는] 시기조차도 강제된 관계를 통해 더 짧게 지속되는 동지관계에 들어가는 방식으로 건강한 동지들에게 완화책이 발견된다. 그 문제를 꽤 공개적으로 논의하고 결정하면, 그것은 지속적인 관계를 해칠 필요가 없다. 그래서 우리는 이러한 문제들을 추상적으로 생각해서는 안 되고 그것들이 일어나는 상황과 관련하여 늘 생각해야 한다는 것을 안다.

우리가 묘사한 당 일꾼의 세 번째 유형을 좀 더 지적해야겠다. 당의 업무와 사생활 사이의 갈등으로 늘 고민하는 동지들은 보통 성에 대한 불필요하게 복잡한 부르주아적 태도에서 벗어나지 못한 사람들이다. 이것은 특히 여성동지들에게 사실이다. 그리고 대개 몇 가지 종류의 성장애도 있다. 그러한 경우에 그들에게 어려움을 주는 것은 성이 아니다. 거꾸로 현존하는 성장애가 그들을 어렵게 만든다. 좋은 충고는 그러한 경우에 참으로 소중하다. 왜냐하면 매우 적은 사람들만이 자신들의 부르주아적 불구화[왜곡]와 성장애를 오랫동안 심리치료를 받아 고칠 수 있기 때문이다. 대중에게는 그러한 치료는 불가능하다. 그러나 여기서 우리는 회의론에 빠져서도 안 된다. 우리는 조직 안에 좀 더 열려 있고 좀 더 자유로운 성환경을 만들어서 많은 이런 동지들이 어려움에서 벗어나는 길을 찾고 당을 위해 더 좋은 직무를 떠맡도록 도울 수 있다는 것을 깨달아야 한다.

헤르만 동지도, 우리의 가장 주요한 과업 가운데 하나가 소녀를 운동에 참여하게 하고 그녀들이 진정으로 똑같은 권리를 가진 동지들이 될 수 있게 애쓰는 것이라고 아주 올바르게 말했다. 그러나 바로 로테(Lotte) 동지가 똑같은 경우를 두고 다음과 같이 말했을 때 정곡을 찔렀다.

> "청년공산연맹 안에서 실제로 사태는 어떠한가? 우리는 어떻게 더 많은 소녀들을 청년공산연맹에 들어오게 할 수 있는가라고 말하는 것이 더 정확할 것이다. 38명의 소년 집단과 2명의 소녀만이 있을 때 모든 것이 아주 다르게 보이기 때문이다. 어제 밤 우리는 제1차 독일청년여성노동자 회의를 열었다. 공산청년연맹의 소녀들은 베를린에서 어젯밤 만났고 그들 가운데 몇몇 멋진 소녀가 있었다. 물론 전체 여성의 숫자에 견주어보면 아주 적은 수가 조직되었지만, 일단 그녀들이 들어오면 소년들보다 더 많은 열정과 훨씬 더 많은 인내력을 가지고 일한다. 집단들 안을 들여다보면 보통의 비율은 대략 소년들 20명에 소녀들 2명이다. 거기에 소녀들이 둘뿐이어서 그들의 위치는 아주 재미있으며, 확실히 복잡한 일들이 생긴다. 소년들은 그 집단 안에 있지 않고 그 집단에 동등하게 참여할 수 없는 다른 소녀들과 사귄다. 또한 그런 식으로 소년들은 때때로 떨어져나간다."

이 모든 것에서부터 우리는 다음 결론을 내릴 수밖에 없다.

1. 소년보다 소녀를 조직에 참여하도록 하는 것이 더 어렵다.

2. 조직 안에서 소년과 소녀의 수적 비율은 우리의 일에 극도로 해로운데, 소년들이 다른 소녀들과 사귀고 조직을 떠나기 때문이다.

3. 그러므로 우리가 부딪치고 있는 중요한 실천적 문제는 이것이다. 즉

우리는 이러한 사태를 교정하기 위해서 어떻게 더 많은 소녀를 조직에 참여하게 할 수 있는가?

로테 동지도 우리가 소녀를 참여시키지 못하는 이유를 논의했다. 우리의 방법이 청소년이 오랫동안 우리 사이에서 편안함을 느낄 수 있도록 항상 그런 것은 아니라고 그녀는 생각했다. 그녀는 청년공산주의자들이 새로운 방법을 찾으려고 노력하고 있다고 말했다. 어려움 가운데 하나는 모임에서 읽는 글들이 너무 길고 너무 학구적이며 전반적으로 그러해서 "아무도 한 마디도 이해하지 못한다"는 점이다. 그녀는 매우 올바르게 다음과 같이 말했다.

> "우리의 방법이 더 생동적이면 소년들과 소녀들 사이의 관계를 포함해서 모든 관계가 개선될 것이다. 그러나 우리는 첫 번째로 청소년을 함께 모아서 그들이 진정으로 그 대의명분에 참여하도록 하는 방법들을 갖춰야 한다. 정치적 이야기를 하고 나서 개인적인 문제들에 5분을 허용하는 것은 사태를 잘못된 방식으로 처리하는 것이다."

이제 첫 번째 문제, 즉 왜 소녀들이 소년들보다 조직에 참여하도록 설득하기가 더 힘든가 하는 문제를 생각해 보자. 소녀들이 댄스홀에 가는 것을 더 좋아한다는 것은 잘 알려진 사실이고 문제가 된 저녁[모임]에서 언급한 것이다. 로테 동지는 소녀들을 댄스홀에서 끌어낼 수 있는 올바른 방법들을 찾아야 한다는 점을 특별히 강조했다. 그녀는 이 과업을 위해서 소녀들에게 자세히 설명하는 것으로는 충분하지 않지만 소년들을 또한 이러한 목적을 위해 활용해야 한다고 생각했다. 우리는 로테 동지가 거기서 전혀 실수하지 않았다고 확신할 수 있다. 그녀는 청년의 성욕구를 있는 그대로 인정하고 우리의 정치적 작업에 활기를 불어넣으려고 할 때 부끄러움을 극복해 왔다.

우리는 물어야 한다. 왜 소녀들은 정치집단들에 가기보다는 댄스홀에 가려고 하는가? 소녀들을 '부르주아적'이라거나 '비프롤레타리아적'이라고 부름으로써 전체 문제를 제쳐놓는다면 아무것도 이룰 수 없을 것이다. 그들을 후진적이라고 여긴다면 여전히 별로 이룰 게 없으며, 또는 그들을 비난한다면 더욱 나쁠 것이다. 지금까지 실패한 것은 청년은 정치적인 걱정거리보다 성적인 걱정거리에 더 관심이 있다는 사실을 우리가 무시했기 때문이다. 우리는 성문제를 '부르주아적인 사안'이라고 제쳐놓는 실수를 저질러 왔다. 청년의 성적인 어려움은 물질적인 어려움만큼 청년에게 중요하다는 것을 인정해야 한다. 두 가지 유형의 어려움은 (하나는 직접적으로 다른 하나는 간접적으로) 자본주의 사회에 뿌리내리고 있다.

소녀들 사이에서 정치적인 관심도가 더 적은 것은 소년들과 견주어볼 때 아동기에서부터 소녀들이 겪은 더 커다란 성억압과 연결되어 있다는 것을 인식해야 한다. 그리고 우리는 성억압은 중요한 정치적 쟁점이라는 결론을 도출해야 한다. 마지막으로 모든 젊은 동지들이 알고 있는 것, 즉 아직 결정되지는 않았지만 소년과 소녀의 비율을 같게 한다면, 소년과 소녀들이 성상대와 성생활을 찾아 댄스홀에 가는 것과 같은 주체적인 이유 때문에 청년조직에 참여한다는 것을 우리는 크게 소리 내어 말해야 한다. 결국 그들 가운데 대부분이 외적인 또는 내적인 원인들 때문에 그러한 생활을 하지 못한다고 해서 그들이 그러한 생활을 찾고 있다는 것을 바꾸지 않는다. 부르주아적인 눈을 통해 이것을 보아서는 안 되며 놀라서도 안 되고, 창녀들에 대해서 이야기해야 한다. 혁명가들로서 우리는 머뭇거리지 말고 분명하게 사실 쪽에 서야 한다. 성이 청년을 가장 사로잡고 있으며 그들을 댄스홀로 보내는 것이라면, 우리는 그에 따라 행동하고 자신들의 성적인 관심을 가진 그들을 우리 조직 안에 끌어들여야 한다.

청소년은 가끔 불명료한 정치적 추구만큼이나 그들의 성욕구 때문에 (우리가 믿는 것보다 훨씬 빈번하다, 결국 그들은 우리에게 말하지 않고 그것은 공개적으로 말해지지 않기 때문에) 조직에 가입한다. 청년조직들에서 불평은 아주 일반적이다. 그렇기 때문에 많은 청소년은 자신들이 개인적인 의미에서 찾고 있는 것을 거기서 찾지 못하기 때문에 조직에서 떠난다는 것이다. 로테 동지는 18살과 21살 사이의 소녀들과 소년들을 청년공산연맹 안에서 더는 찾을 수 없다고 말했다. "그들은 공산청년연맹 속에 없고, 그들은 당에 없다. 그들은 우리에게 속하지 않는다. 그들의 관심을 끌기 위한 방법과 수단을 찾아야 한다."

다른 관찰들도 이러한 진술과 일치한다. 소년들과 소녀들은 15살이나 16살에 청년조직에 들어오고 18살이나 19살에 떨어져 나가며 그 가운데 아주 일부만 나중에 당에 다시 나타난다.

이것은 또한 청년공산연맹의 일상적 작업이 이루어지는 방식과 관련이 있다. 오늘날 상황은 당 일꾼들의 소수만이 거의 터지기 직전까지 많은 일에 시달리고 있는 반면에, 대다수가 단지 노동절 시위에 나타나고 거의 일을 하지 않는다는 것이다. 이러한 능동적이지 못한 동지들은 다른 사람들처럼 일에 매이는 것을 두려워한다는 것을, 그들 가운데 많은 사람이 말하듯이 그들은 레몬처럼 즙을 짜내서 말라가듯이 되는 것을 원치 않는다는 것을 우리는 안다.

우리는 여기서 광범위한 중요성을 지닌 조직문제에 부딪친다. 기능을 적절하게 나누는 문제가 포함되어 있기 때문이다. 우리는 이에 대해 한 가지 말할 게 있다. 조직 속에 대략 소년들만큼 많은 소녀들이 있을 때, 그리고 이 소녀들과 소년들이 서로 좋은 동지적인 성관계를 맺었을 때, 그들 모두는 기꺼이 일에 참여할 것이다. 또한 그들은 모든 사람들 사이에서 기능을 적절히 나눌 것이다. 그럴 경우 어떤 한 사람에게 집중된 부담을 줄이고 다른 사람들이 좀 더 정치적으로 관심을 갖고 개입할 수 있을 것이다. 조직 속에서 성에 대한 공식적 찬성, 즉 성을 어디에서나 억압할 수 있는 사적인 사안이라고 보는 관점에 반대하는 것은 결정적인 방식으로, 심지어 순전히 조직적인 의미에서조차 우리에게 도움이 될 수 있다.

우리의 정치적 훈련작업을 정력적으로 그리고 실효성 있게 한다면, 우리는 더는 두려워하지 말고 청년에게 이따금 그들에게 맞는 형식으로 레크리에이션을 제공해야 한다. 우리는 여전히 이 문제를 많이 생각해야 한다. 우리 대열에서 위선자들을 완전히 제거할 때만 우리는 성공할 것이다.

두 가지 더 말해야 한다. 우리는 동지들이 제기했듯이 좀 더 생기 있고 좀 더 청년에 맞는 방식으로 경제적 · 정치적 · 조직적 문제들에 대한 우리의 보고서를 만들고 강연을 해야 한다. 그뿐만이 아니다. 우리는 또한 청년이 지닌 본질적인 문제를 깊이 생각해야 하고 우리의 문화적 논의들의 본질적 부분으로서 청년을 사로잡고 있는 순전히 개인적인 문제들에서 시작하여 근본적인 사회적 · 경제적 문제들로 나아가면서 성정치에 대한 이야기들을 계획해야 한다.

이런 식으로 우리는 현실이 그렇듯이 우리의 청소년 대부분이 지겨워하거나 이야기를 강제로 들어야 하는 것을 막을 수 있을 것이다. 그러면 우리가 정말로 목표하는 것을 이룰 수 있을 것이다. 즉 우리는 공산당 속에 포함된 모든 노동자들의 대의명분과 청소년 사이에 감정적이고 객관적인 유대를 창조할 것이다. 청소년(온갖 범주에서 온 소년뿐만 아니라 소녀)은 다음을 깊이 깨닫게 될 것이다. 즉 공산주의 청년운동과 공산당이 청소년이 갖고 있는 개인적인 말썽[문제거리]을 사회적으로 뿐만 아니라 의료적으로도 진정으로 이해할 수 있고, 그들이 청년을 위한 성상담 서비스를 조직하여 청년에게 더욱 자연스럽고 더 자유로우며 더 건강한 환경을 창조함으로써 자신들에게 모든 가능한 보조를 제공할 수 있으며, 그들이 자신들에게 곤경에서 빠져나가는 길을 보여주는 유일한 사람들이라는 것을 알게 될 것이다. 이러한 탈출구는 직접 천국으로 이끌어가지는 않지만, 청년에게는 진정한 충족을 그리고 자신들의 내적 본성의 인식을 의미할 것이다. 그것은 지배계급에 대항하는 교회와, 학교에 대항하는 부르주아 부모의 가정과 정치적 반동에 대항하는 투쟁(청소년뿐만 아니라 물질적 · 성적 억압으로 고통받는 모든 사람들, 피억압 대중 일반의 물질적 · 성적 해방을 위한 투쟁)을 의미할 것이다.

그러면 우리는 청소년이 대량으로 조직에 몰려드는 것을 볼 것이다. 그때 우리의 새로운 걱정은 이러한 청소년 대중을 어떻게 조직하고, 그들이 열망하는 성적일 뿐만 아니라 정치적인 지식을 그들에게 제공할 수 있는 수단들과 조직적인 힘들을 어떻게 획득하는가 일 것이다.

그러나 우리가 "창녀촌을 운영한다"고 확실하게 비난하는 쁘띠부르주아적인 사회민주당 지도자들과 부르주아지의 공격을 두려워하지 않는다면 우리는 그 문제도 해결할 것이다.

부르주아지가 우리를 한줌의 도적과 강탈자라고 부른다고 해서 공장 · 자산 · 토지소유의 폐지를 지지하는 선전을 중지하려는가? 때가 되면 그것들을 징발하는 것을 망설일 것인가? 대개 확실히 그렇지 않다! 같은 방식으로 우리는 우리가 "창녀촌을 운영하고" 있다는 비난이 우리로 하여금 모든 노동자를 성억압에서 해방하기 위해서 모든 수단을 사용하는 것을 막도록 놔두어서는 안 된다.

마지막으로 우리는 우리도 '도덕적' 시민이라는 것을 부르주아지에게 증명하려고 애쓰지 말아야 한다. 그와 반대로 우리는 그들이 이해하는 '도덕'에 대해서 우리가 지닌 모든 수단들을 가지고 싸워야 한다. 우리는 그 말이 지닌 가장 진실한 의미에서 [부르주아] 도덕을 창녀도덕이라고 폭로해야 한다. 우리는 그것을 근절하고 우리 자신의 도덕으로 대체해야 한다. 우리 자신의 도덕은 이 글이 설명하듯이 규칙적이고 만족스러운 성생활 쪽에 있을 것이다.

그럴 때에만 우리는 우리가 부딪친 어려움에서 벗어나는 올바른 길을 찾을 것이다. 오직 그럴 때에만 우리는 청년의 성해방을 위해 준비하는 올바른 발자국을 내딛을 것이다. 우리는 프리츠(Fritz) 동지가 그날 저녁에 다음과 같이 말했듯이 공개적으로 말해야 한다.

“어떤 집단 안에 소녀가 하나뿐이거나 몇 명만 있을 때 그들은 완전히 고립되어 있거나 사실상 순전히 정신적인 목적을 위해 이용되는 것을 조직 속에서 때때로 본다. 그들에게는 이론적인 일 또는 심지어 실천적인 할 일이 주어지지 않는다는 것은 특별히 소녀들에게는 아주 중요하다고 나는 생각한다. 서로 친하게 지내는 것은 소년들과 소녀들 모두를 매우 흥분시키는 것이다. 물론 어떠한 압력을 가하는 것도 없어야 하며 (우리는 그것에 반대하는 아주 정력적인 입장을 취해야 할 것이다) 또한 자신들이 중요한 일을 하고 있고 성을 위해서는 몇 분을 할애할 수 있을 뿐이므로 자신들은 개인적인 문제들에 대해서는 경솔해도 된다고 생각하는 당 일꾼들에 의해서 소녀가 상처받지 않도록 해야 한다. 한 남자 동무는 때로는 이 소녀와 사귀고 때로는 저 소녀와 사귀고, 그가 관련한 한 그것이 전부이며, 그는 그것에 대해서 더 이상 생각하지 않는다.

그러나 소녀는 특별히 그녀가 어느 집단에 막 가입한다면 오랫동안 그러한 경험에 의해 각인될 것이며, 그녀가 처음에 아마 상당히 중히 여긴 당 일꾼이 그녀를 단지 시간을 소모하는 데 써버렸다면, 그녀는 책에 나오는 산야(Sanya)와 같은 운명을 겪을 것이며, 나는 많은 소녀들에게 사태가 종종 ‘첫 번째 소녀’에게 그러한 것과 같은 방식으로 되었다고 믿는다. 소년과 소녀의 수적 비율을 개선하여 소수의 소녀들이 아주 많은 남성 동료들을 마주 대하는 일이 없도록 확인해야 한다. 그러나 한 세포에서 소녀들과 남성 동료들의 수가 대략 같을 때, ‘그는 어느 날은 한 소녀와 사귀고 다음날은 다른 소녀와 사귄다’고 하는 것과 같은 부르주아적 비난을 해서는 안 된다. 소녀들은 세포 안에 남아 있다, 안 그런가? 그래서 남자 동료들도 남아 있는데, 한 남성

동료가 동일한 소녀와 계속 절대적으로 친하게 지내야 한다고 주장한다면 그것은 순전히 부르주아적인 편견이다. 우리는 프롤레타리아적인 세계관을 가지고 있고 우리에게는 그러한 조건[규칙]들은 없다."

이 동지는 질문을 옳게 제기해 왔고 또한 그것에 절대적으로 옳은 방식으로 대답해 왔다. 부르주아지는 청년에게 '책임'을 요구한다. 그 책임은 '성절제'를 뜻한다. 부르주아지는 성에 '자유로운 고삐'를 주어서는 안 된다고 말한다. 이는 혼외성관계 일반을 뜻한다. 그럼에도 부르주아 도덕주의자보다 누가 더 책임을 져야 하나 또는 누가 더 음탕한가? 누가 소녀들을 유혹하고 누가 그들을 대상화하고 누가 음주와 섹스파티에 빠지는가? 우리는 누구도 유혹하거나 강제하고 싶지 않다. 우리는 섹스를 지저분한 수준으로 축소하고 싶지 않다. 그것이 우리식의 책임이다. 즉 우리는 젊은 남성들과 소녀들이 만족스러운 성생활을 하길 바란다. 그것을 "성에 자유로운 고삐를 준다"고 부르고 싶으면 그렇게 해라.

우리의 젊은 남성들과 소녀들 가운데 많은 사람이 병든 성을 구속하는 것과 건강한 성을 구속하는 것 사이의 차이가 무엇인지 정확하게 알고 있다. 우리의 문화정치적인 작업과 성정치적인 작업에서 소년조직의 소년들과 소녀들의 견해를 좀 더 고려하고 훨씬 더 복잡한 감각을 지닌 지적인 동지들의 의견을 덜 고려했다면, 우리는 오래 전에 청년의 성문제에 대한 올바른 정치적 접근법을 발견했을 것이다. 이것은 지적인 동지를 헐뜯는 것이 아니다.

그리나 우리는 그것에 대해 말할 유일한 사람이 아니며, 우리의 지적 동지들(학생들, 의사들, 교사들, 변호사들 등)은 그들이 부르주아 가정 출신이라는 것을 잘 알아야 한다. 그리고 가끔 그들은 성적인 불안정, 부르주아적 판단, 성 사이의 이른바 플라토닉한 관계를 지나치게 강조하기도 한다. 성 이데올로기와 관련하여 그들은 단순한 노동자들보다도 훨씬 더 많이 불구화되었고 왜곡되었다. 청소년의 성생활에 대한 많은 도덕적 비난은 정확히 스스로 그 문제를 푸는데 성공하지 못한 지적인 동지들에게서 나온다.

프리츠 동지의 언급으로 돌아가 보자. 그는 또한 『첫 번째 소녀』라는 책의 중심 문제를 올바르게 파악했다. 이 문제를 간단하게 논의해 보자. 그 책은 무엇을 묘사하고 있는가, 그 책이 제기하는 문제는 무엇인가, 그 책은 어떤 해결책을 제시하는가?

『첫 번째 소녀』는 반동에 대항하고 사회주의 건설을 향해 나아가는 러시아 청년의 투쟁을 훌륭하게 묘사한다. 이 이유만으로도 그 책은 모든 청소년이 지닐 만하다. 그리고 그 책은 또한 성문제를 중심으로 다룬다. 그 책에는 공산당 세포에 처음으로 한 소녀가 가입하면서 세포가 극도로 활성화되는 것이 묘사된다. 그 세포는 정말 처음으로 번창한다. 모든 사람이 이러한 '자극제'의 원인은 소녀가 발하는 성적 매력 때문이라고 분명히 할지라도, 이것은 명확히 진술되지는 않는다. 그러나 우리는 성적으로 덜 매력적인 소녀 동지는 비록 산야(『첫 번째 소녀』의 주인공)처럼 일을 잘 할지라도 똑같은 역할을 하지 못할 것이라고 확신할 수 있다.

우리의 조직에서처럼 그 책이 묘사한 세포에서, 문제는 한 소녀 대 일곱 소녀들이라고 하는 아주 일반적인 문제이다. 그것은 문제거리로 끝날 수 있을 뿐이다. 처음에 그 세포는 번창한다. 그러나 그 소녀가 소년들 사이에서 친구를 사귀려 할 때, 세포 안에 있는 성의 불비례가 소녀의 행동을 방해하기 시작한다. 그 소녀는 '느슨한' 성생활이라고 하는 것을 하기 시작한다. 그녀가 '돌아가면서 자는 것', 모든 성상대를 선별하지 않고 받아들이는 것은 아마도 1차적으로는 그녀의 성장애 때문이라는 것을 증명할 수는 없지만 우리의 의료적 경험이 말해준다. 특별히 그녀와 깊이 사랑에 빠졌던 소년은 질투하게 된다. 이러한 사실을 무시하려는 것은 아주 잘못일 것이다. 분명히 언급하지는 않았지만 그것은 그 전체 관계 속에 분명히 내재해 있다. 정확히 바로 이 소년이 결국 그녀에게 총을 쏜다는 것은 우연이 아니다. 세포의 다른 동지들은 집단의 명예에 똑같이 관심을 갖고 있고, 그럼에도 그들 가운데 아무도 (바로 그 한 사람만 제외하고) 그녀에게 총을 쏘려고 들지는 않는다. 왜 이러한 불행한 결말에 이르러야 했는가?

이 특수한 세포에 있는 소년들은 성병이 무서운 치욕이고 비밀리에 치료해야 한다는 부르주아적 생각에 잡혀 있었다. 그 세포에 실질적으로 해를 가한 것은, 오직 소녀가 하나뿐이며 많은 남성들이 성상대가 없었다는 사실에서, 그리고 또한 남성들도 소녀도 그들에게 그렇게 엄청나게 중요한 성문제를 정치적인 탈주의 문제를 건드리는 것만큼 정력적으로 감히 건드리려고 하지 않았다는 사실에서 생긴다는 것을 그들은 알지 못했다. 마지막으로 소녀를 쏜 소년은 자신의 질투가 인과연쇄의 마지막 고리라는 것을 완전히 몰랐다—특별히 위험한 무지형식.

계급투쟁이라는 사실을 먼저 내세워야 하기 때문에 사실들을 무시하는 것은 맑스주의와 레닌주의의 정신에 절대적으로 대립한다. 사실들의 상대적 가치를 정확하게 평가해야 한다. 공산주의자들이 혁명이라는 똑같은 목표에 의해 결속된다는 사실은 제쳐놓더라도, 질투 또한 인간생활의 사실로 받아들여야 하며 주어진 상황에서 질투의 중요성을 적절하게 판단해야 한다. 질투는 '비프롤레타리아적'이고 그래서 우리 사이에는 질투가 없다고 단순히 말해서는 안 된다. 그 문제를 산야의 세포에서 공개적으로 제기하고 논의했더라면, 세포의 모든 성원들이 자본주의가 낳은 아주 위험한 유산, 즉 성문제에 대한 공포에서 고통을 겪지 않았다면, 그들(그리고 특별히 그 소녀)이 몇몇 방식으로 성적으로 방해받지 않았다면, 그들이 성병을 어떻게 피할 수 있었는지 알았다면, 산야는 죽지 않았을 것이고 그 세포가 맡은 당의 업무는 좌초되지 않았을 것이다.

우리는 아직 우리 사이에서도 너무 통상적인 '느슨하게 산다'는 부르주아 특유의 관념에서 벗어나려고 최대한 노력해야 한다. 우리에게 본질적인 사실은 소년이나 소녀가 얼마나 자주 그리고 어떤 동지와 성관계를 갖느냐가 아니라, 오직 전적으로 그들이 개인적으로 불행한지 아니면 정치적 일에 해를 끼치는지 하는 것이다. 그것을 솔직하게 그리고 프리츠 동지의 언급의 정신으로 말하자면 이렇다. 소년들과 소녀들이 '어떤 때는 이 동지와 사귀고 어떤 때는 저 동지와 사귄다'면 그리고 이것이 당의 업무에 해를 끼치지 않는다면, 그 집단 안에서 동지들 사이의 관계가 결과적으로 강화된다면, 소녀들과 소년들이 그 때문에 집단 안에 머물며 일이 번성한다면, 남녀 동지들 모두의 개인적 발전이 손상되지 않는다면, 우리가 도덕에 대한 미친 쁘띠부르주아적 생각을 가지고 있기 때문에 바로 그것에 반대하는 것은 반동적일 것이다. '어떤 때는 이 사람과 사귀고 어떤 때는 저 사람과 사귄다'는 것이 어떤 경우에는 좋은 것일 수 있다. 그것이 많은 다른 경우에는 해로울 수 있다. 해야 할 단 하나의 일은 청년으로 하여금 혁명적 과업이 요구하는 만큼 이러한 문제들에 분명하고 책임 있게 만드는 것이다.

제일 먼저, 성문제들을 더욱 분명히 하는 대신에 성적 얌전함을 감추고 결과적으로 사태를 더욱 더 흐리게 하는 성문제들에 대한 논의에서 사용하는 모든 구절의 목록을 만드는 것이 좋은 생각일 것이다. 여기 그런 몇 가지 구절들이 있다. '정신적 사랑', '동지관계', '서로를 알게 되는 섹스', '감각적인 사랑에서 개인적인 사랑으로 진전', '서로 이해하기' 등.

누군가가 분명히 하지 않고 이런 말과 구절을 사용할 때마다, 누군가가 성교와 관련하여 남을 떠보고 있다고 느낄 때마다, 자신이 말하고 있는 것을 알지 못하면 입을 닫거나 무언가 말할 게 있다면 분명하게 말하라고 우리의 통상적인 공산주의적 솔직함으로 그에게 말해야 한다. 그렇지 않으면 우리는 결코 그 끝에 이르지 못할 것이다.

누군가가 다가와서 "우리는 우리의 모든 힘을 프롤레타리아 혁명을 위해 쏟아야 한다"고 말할 때, 우리는 그에게 1,000% 동의한다. 그러나 그가 "사생활 같은 그런 것은 없다"거나 "당신의 사생활은 당신의 사적인 일이다"고 말하면, 그가 이것을 일반적인 규칙으로서 주장하는지를 물어보아야 한다. 청년의 성문제뿐만 아니라 전체로서 성문제는 혁명 이전에, 혁명 중간에, 그리고 혁명 이후에 아주 다른 어떤 것이라고 그에게 말하고 그를 확신시키려고 노력해야 한다. 일반화하고 구체적인 사실들을 고려하기를 거부하는 것은 비맑스주의적이고 부르주아적이라고 그에게 증명해

줄 수 있어야 한다.

혁명 이전에, 계급의식적인 공산주의 청년의 과업은 혁명을 위해서 모든 청년 대중을 동원하는 것이다. 이 국면 동안에 청년의 성문제는 전반적인 프롤레타리아 운동 전선에 속한다. 혁명 이전에 우리는 성문제에서 청소년 대중을 돕기 위해 많은 것을 할 수 없지만, 그 쟁점을 정치화하고 청년의 비밀스러운 또는 공개적인 성반란을 자본주의 사회질서에 반대하는 혁명투쟁으로 전화시켜야 한다.

혁명 중에, 낡은 질서가 동요하고 시대에 뒤진 모든 것이 잊혀질 때, 부패하고 약탈적이고 잔인하고 썩은 사회체계의 쓰레기 속에 빠져 있을 때, 우리는 청소년 사이의 성모순이 처음에 강화된다고 해도 그것을 도덕화해서는 안 된다. 우리는 전체적인 역사적 변화의 맥락에서 성혁명을 보아야 하며 청년 곁에 서 있어야 하며 우리가 할 수 있는 한 청년을 도와야 하지만, 무엇보다도 우리는 과도기에 살고 있다는 것을 인식해야 한다. 그러한 과도기에서 나타나는 혼동 때문에 의욕을 잃고 '미친 청소년'에게 놀라고, 금욕주의와 도덕화 같은 부르주아적 태도(이 태도를 제거하는 것이 프롤레타리아 혁명의 과업 가운데 하나이다)로 되돌아가는 것은 역사적 사건들에 뒤처져서 진보를 방해하고 있다는 것을 뜻한다.

혁명 후에, 착취자들로부터 해방된 인민이 마침내 사회주의를 건설하기 시작하고 경제를 사회주의적인 것으로 변형하고 자본주의의 썩은 찌꺼기를 모든 국면에서 파괴할 수 있을 때, 문제는 다시 한 번 완전히 다르게 나타난다. 노동자 사회는 그때 성생활의 미래질서에 관해서 생각하고 그것을 위해 준비하는 중요한 과업에 부딪친다. 이 미래질서는 레닌이 말했듯이 즐거움과 힘을 만들어내는 충분한 애정생활 말고는 다른 것일 수 없고 다른 것이 아닐 것이다.

우리가 그러한 생활의 자세한 것들에 관해서 비록 별로 말할 수 없지만, 그럼에도 공산주의 사회에서 인간의 성욕구가 다시 한 번 나타날 것임은 확실하다. 노동의 사회주의적 합리화와 노동생산성의 증가 결과로 노동일과 노동압박이 줄어드는 만큼, 성생활은 문화 활동과 스포츠 활동과 나란히 그리고 더 이상 돈과 잔인함에 의해 부패하지 않은 채 다시 한 번 인간사회에서 더 고차적인 수준에 위치할 것이다. 그리고 인간은 다시 한 번 자신들의 성을 즐길 수 있게 될 것이다. 성억압의 기반이자 사람들로 하여금 즐길 수 없도록 하여 말의 진실한 의미에서 병들거나 미치게 만드는 사경제가 붕괴할 것이기 때문이다.

우리는 유토피아적인 그림을 그리고 있지 않다. 우리는 소련에서 프롤레타리아 혁명 이후 14년 동안, 오늘날 그 방향에서 일어나고 있는 발전들을 분명히 볼 수 있다. 사회주의만이 성자유를 가져올 수 있다는 증거가 우리 쪽에 있다. 그러므로 자본주의에서 우리는 우리의 모든 에너지를 사용하여 피억압 대중에게 이러한 진실을 확신시키고 그들을 그러한 자유를 방해하는 모든 것에 대항하는 가차 없는 투쟁을 위해 동원하여야 한다. 그리고 이러한 동원에서 그들이 오늘날 잡혀 있고 그들 모두 사이에 연계를 만들어내는 권위주의적 구속 때문에, 청소년은 가장 앞에서 행진할 것이다. 우리는 그들을 얻어 혁명의 대의로 넘어오도록 할 것이며, 우리가 그들의 성곤궁을 이해하고 오늘날 완전한 책임과 진실성과 양립할 수 있는 단 하나의 메시지를 그들에게 건네줄 수 있는 한에서 그들의 열성을 믿을 수 있을 것이다. 그 메시지는 다음과 같다.

자본주의 사회에서 청년의 성해방이나 건강하고 만족스러운 성생활은 있을 수 없다. 성적인 문제거리를 없애려면 사회주의를 위해 싸워라. 사회주의를 통해서만 성적인 삶의 즐거움을 얻을 수 있다. 성에 대해 아무것도 모르는 사람의 견해에 관심을 두지 말라. 사회주의는, 청년의 성을 현실적으로 파괴하면서 사랑에 대해서 말하듯이 하늘을 쳐다보는 사람의 지배를 끝장낼 것이다.

5

계급의식이란 무엇인가?

*이 텍스트는 1934년 6월 라이히가 덴마크에 망명 중에 팸플릿으로 처음 출간되었다. 이 글은 그 당시엔 에른스트 파렐(Ernst Parell)이란 가명으로 나왔고, 계급의식을 지도부의 계급의식과 대중의 계급의식으로 나누어서 분석하면서 계급의식의 구체적 구성요소들과 방해요소들을 파악하고, 히틀러의 국가사회주의가 그 전 해(1933년)에 압도해 버린 공산주의 정치에 대해 비판한다. 번역 텍스트로는 Wilhelm Reich, *Was ist Klassenbewusstsein?*, Arbeitstexte Verlag O, 1972를 사용하였다.

• 목차

서문

이 글의 기본 관점을 다음과 같이 요약할 수 있을 것이다. 즉 온 세상의 혁명가들은 많은 전선에서 벌여온 소모적인 투쟁 때문에 인간의 삶을 오직 자신들의 이데올로기의 관점에서만 보거나, 또는 자신들의 사유 및 투쟁과 밀접하게든 멀게든 어느 정도 연관된 사회적 삶의 사실들에만 주의를 기울이는 경향이 있다. 그러나 자본주의의 멍에로부터 해방을 투쟁대상으로 삼은 세계 인구의 대다수는 혁명가들의 노력이나 고통, 의도를 아예 모르거나 조금밖에 모른다.

세계 인구의 대다수는 자신들의 예속된 존재를 점점 더 무의식적으로 이끌고 가며, 그러한 방식으로 자본의 지배를 위한 지지대로 기여한다. 4천만 성인 독일 시민 가운데 얼마나 많은 사람이 그들이 신문에서 읽는 독일 혁명가들의 처형에 대해 진정 주의를 기울이고 있는지, 또 그들 가운데 얼마나 많은 사람들이 다소간이나마 확고부동한지 자문해 보라. 그러면 여러분들은 이 글이 달성하려는 바를, 즉 혁명적 전위의 의식과 평균적 시민의 의식의 결합을 파악할 것이다.

여기서는 이제까지 노동자운동이 무시해 왔던 몇 가지 가능한 출발점들을 지적하고 몇 가지 질문들을 제기할 수 있을 뿐이다. 일부는 부정확할지도 모르겠고, 일부는 잘못될지도 모르겠다. 그러나 심리학적으로 말해서 인간의 현실생활은 사회혁명의 투사들이 믿는 것과는 다른 수준에서 발생한다는 것, 그럼에도 그들의 잘못된 믿음은 사회적 존재에 대한 그들의 가장 근본적인 통찰력에 정확히 기초하고 있다는 것은 부정할 수 없는 사실이다. 이것에 노동자운동의 실패의 이유들 가운데 하나가 있다.

사람들은 이 글을 비정치적인 평균적인 사람들이 혁명의 미래 지도자들에게 하는 호소로서 받아들여야 한다. '역사적 과정'에 대한 파악을 적지 않게 고집하면서 더 잘 이해하라는, 그들의 현실 문제들과 욕망들을 더 적절하게 밝히라는, 역사에서 '주체적 요소'에 대해 좀 덜 이론적으로[좀 더 구체적으로] 파악하라는, 대중의 삶에서 주체적 요소가 나타내는 것들을 더 잘 이해하라는 호소로서 말이다.

1934년 6월, 에른스프 파렐(빌헬름 라이히)

1. 두 가지 계급의식

설 명

노동자운동의 개혁과 관련하여 생기는 몇 가지 어려움을 대중심리학의 관점에서 드러내고 밝히려는 다음의 시도는 많은 결함들로 처음부터 힘들다. 우리 독일 망명인들이 일을 수행해야만 하는 실천적인 상황과 생활조건은 쉽지 않다. 첫째로 정치적 삶, 무엇보다도 대중의 삶과의 우리의 밀접한 접촉은 이루어지지 않아왔거나 단지 불충분하게만 확립되었을 뿐이다. 신문들은 우리에게 왜곡된 정보를 제공하고 서로 모순되며 대중심리학의 문제들을 무시하는 데, 이것은 그 자체로 오류의 원천이다. 도서관은 망명자들에게는 이용할 수 없거나 단지 불충분하게 이용할 수 있다.

존재[생존]를 둘러싼 힘겨운 투쟁과 주인 국가의 당국자들에 의한 추방 또한 그 흔적을 남긴다. 노동자운동 안에서 최근 조직들과 논의들이 쪼개지는 것은 과업수행을 더욱 어렵게 만든다. 이것에 정치심리학의 영역들의 새로움을 덧붙이면, 우리는 실천적 정치학으로 직접 번역될 수 있는 100% 정확하고 완벽한 연구를 생산할 수 있는 충분한 사실들을 갖는다.

만약 우리가 이제까지 별다른 관심을 끌지 못해온 몇 가지 중요한 질문들을 정확하게 지적하고 그들 가운데 몇 가지에 대해 답하는 데 성공한다면 기쁠 것이다. 그것은 그렇다 치고, 우리는 우리의 후속 투쟁가들이 주도할 수 있도록 하고 그리고 혁명전선이 현재 채택하고 있는 지적 방법들과 기법들을 결정적으로 재검토하도록 하기 위한 일정한 방향들을 개관하는 것 이상을 하기를 바라지는 않는다.

여기에 제시한 글은『파시즘의 대중심리』의 출간 이래 제기되어온 몇 가지 질문들에 대한 응답이기도 하며, 부분적으로는 내 생각에 많은 정치경제학자들이 심리학적 문제들을 파악하지 못하여 감당해야 하는 개별 비판들에 대한 응답이기도 하다.

다양한 정치집단들과의 토론들은 '계급의식이란 무엇인가?'라는 질문에 대답하기 전에 그 당시의 정치적 상황이 지닌 근본 문제들을 간단히 정의해야 한다는 것을 보여주었다.

독일에서의 사회주의 운동의 심각한 패배는 이미 다른 나라들에 불리하게 영향을 미치고 있으며, 파시즘은 오늘날 도처에서 혁명운동에 대해 빠르게 우세를 점하고 있다.

제2, 제3인터내셔널 둘 다 실천적인 측면은 말할 것도 없고 심지어 이론적으로도 그 상황을 지배할 수 없다는 것을 보여 왔다. 제2인터내셔널은 자신의 근본적으로 부르주아 정치때문이며, 제3인터내셔널은 자기비판의 부족과 잘못된 태도를 완고하게 고집하고 무엇보다 그 자신의 진영 안의 관료제를 뿌리뽑을 수 없기(부분적으로는 의지의 부족으로) 때문이다.

사회주의 노동자당(Sozialistische Arbeiter-Partei)과 공산주의 인터내셔널(Internationalen Communisten)은 '새로운 인터내셔널'을 원한다. 그러나 새로운 당을 창건하는 방식과 관련해 심각한 차이점들이 생겨났다. 트로츠키는 이미 제4인터내셔널 창설을 요청해 왔다. 사회주의 노동자당은 원칙적으로는 동의하지만 트로츠키가 원하는 대로 먼저 제4인터내셔널을 만들고 나서 노동자들을 구호로서 그 주위에 결집시키는 것 대신에, 새로운 인터내셔날이 노동자들의 결집의 결과이기를 원한다.

성정치(섹스폴, SexPol) 운동 속에서 우리가 묻고 있는 질문은 다음과 같다. 하나의 조직이 일단 설립되고 그 조직에의 충원은 그 선포된 강령에 기초해 이뤄져야 하는가? 혹은 강령과 이데올로기가 대중에게 확산될 시간을 갖고, 광범위한 토대 위에서 나중에야 조직적인 수순들을 밟아가야 하는가? 우리는 두 번째 방식을 선택하였다. '더 느슨한' 준비 조직이 많은 이점을 제공할 것이라고 믿으면서. 이런 조직이 너무 빨리 한계를 설정하는 것이나 분파주의의 위험을 피하고, 또 다른 조직들에 침투할 수 있는 보다 좋은 기회를 제공하며, 기타 이점이 더 있다는 점에서.

게다가 그 이상의 정치적 발전[전개]에 대해 우리가 어떤 전망들을 가지는가가 중요하게 된다. 성정치운동 노동공동체는 세 가지 주요 가능성이 있다고 믿는다.

1. 가까운 미래에 독일에서 예측할 수 없는 봉기의 가능성이 있다. 현존하는 어떤 조직도 멀리서나마 이러한 사건에 대해 준비하고 있지 않기 때문에, 그들 가운데 어떤 조직도 그런 운동을 통제할 수 있거나 의식적으로 끝까지 이끌 수 없을 것이다. 그러나 이 가능성은 가장 일어날 것 같지 않은 것이다. 그것이 일어난다면 상황은 혼란스러울 것이고 결과는 극도로 불확실할 것이다. 그럼에도 그것은 최상의 해결책일 것이며 우리는 바로 처음부터 모든 방식으로 그것을 지지하고 촉진할 것이다.

2. 노동자운동이 이론과 조직 측면에서 한 번 더 결집하려면 몇 년이 더 필요할 것 같다. 그 다음에 노동자운동은 훌륭하고 고도로 훈련되고 과단성 있으며 결연한 지도부 아래 비공개 운동을 형성할 것이고, 독일에서 권력 획득을 위해 투쟁할 것이며, 말하자면 다음 20년 안에 권력을 장악할 것이다. 이 전망이 가장 가능성 있는 것이지만, 지금 시작해야 하는 에너지 넘치고 확고하며 지치지 않는 준비를 필요로 한다.

3. 마지막 주요한 가능성으로는, 새롭고 훌륭하며 신뢰할 만한 지도부 아래 노동자운동의 결집이 충분히 빠르게 일어나지 않거나 발생하지조차 않는 것이다. 국제적 파시즘이 설립될 것이며 특별히 어린이와 젊은이들을 끌어들이는 내재적 기술 덕택에 도처에서 자신의 지위를 확고히 할 것이다. 그리고 파시즘은 영원한 대중적 토대를 획득할 것이며 아무리 주변적일지라도 경제적 정세들에 도움받을 것이다. 이런 경우에 사회주의 운동은 수십 년 동안 지속되어온 경제적 · 정치적 · 문화적 야만주의라는 긴, 아주 긴 시기를 고려해야만 한다. 그때 사회주의운동의 과제는 원칙적으로 자신이 잘못되지 않았으며 최종적으로 그럼에도 자신이 옳았다는 것을

증명하는 것일 것이다. 이 전망은 우리가 견뎌야 할 책임의 전체 범위를 드러내 준다.

우리는 조건이 허락하는 한 **첫 번째** 가능성을 고려하고, **두 번째** 가능성은 좀 더 일어날 것 같은 것이기 때문에 우리의 작업의 현실적 목표로 삼고, **세 번째** 가능성을 피하기 위해 모든 힘을 다해, 우리의 모든 노력을 두 번째 가능성을 가져오는 데 집중하자고 제안한다.

그러면 만약 우리의 목표가 노동자계급 안에 통일성과 투쟁력을 창출하고 모든 노동 주민층의 동맹을 결성하는 것이라면, '통일성'에 관해 많은 것을 이야기하지만 실천에서는 이것이 진정으로 그들의 의도가 아니라도 불협화음만을 촉진하는 사람들과 우리 사이의 예리한 구분선을 그림으로써 시작해야 한다. 독일의 재앙[파시즘의 권력장악] 이후 지금까지도 왜 분파적 파벌의 형성이 저지되지 않고 지속되는가? 왜 독일 내부와 외부 모두에 있는 책임 있는 서클들에서 사태가 그렇게 황량해 보이는가? 왜 빈약한 학문적 논의와 쓸모없는 상호비난이라는 낡은 방법들이 사라지지 않고, 오늘날의 현실에 더 잘 맞는 좀 더 활기 차고 좀 더 효과적인 방법들로 넘어가지 않는가?

이런 불행한 사태는 우리가 과거의 낡아빠지고 경직된 도그마, 말들, 도식들, 논의방법들에 집착하기 때문이며, 이러한 집착은 이번에는 문제를 제시하는 **새로운** 방식들, **완전히 신선하고** 부패하지 않은 눈으로 사물을 바라보고 사고하는 **새로운** 방식들이 부족하기 때문이라고 **우리는** 믿는다. 바로 **하나의** 훌륭한 새로운 아이디어, 바로 **하나의** 효과적인 새로운 구호가 완전히 희망 없는 논쟁 중독자들을 제외한 모든 이들을 규합할 것이고 쓸모없는 논쟁을 끝낼 것이라고 우리는 확신한다. 이러한 입장에 대해 '모욕당했다'고 느끼는 모든 사람을 우리는 생각한다. 다음 과제는, 무엇보다 먼저 우리가 현실을 직시하고 논의하는 방식으로 살아 있는 맑스주의를 실현하는 것이다.

이것은 새로운 국제조직을 창설하는 문제를 우리에게 제기한다. 만약 이러한 목적으로 소집된 회의가 낡은 방법들과 구호들, 사고방식들, 논의방식들만을 생산한다면, 그 조직은 실패할 것이다. 자본의 몰수, 생산수단의 사회화, 자본가들에 대한 노동자들 · 농민들 · 병사들 · 피고용인들의 지배의 확립, 이것들은 낡은 개념들이며 우리는 이 모든 것을 알고 있다. 우리는 또한 우리가 노동하는 인민을 위한 진정한 민주주의를 원하고 권력은 투표소에서가 아니라 무기를 가지고 장악한다는 것을 알고 있다. 우리는 이 모든 것을 알며 그 이상을 알고 있다. 그 모든 것을 다시 한번 공포하고 이를 강령 속에 고정하는 것은 이전에 모두 시도했었기 때문에 별로 가치 없을 것이다. 중요한 질문은 왜 인민이 우리의 말을 듣지 않았는가, 왜 우리의 조직은 동맥경화증에 걸렸는가, 왜 우리는 스스로를 우리의 관료제에 의해 질식되도록 내버려두었는가, 왜 대중은 진정으로 자신들의 이익과는 반대되는 히틀러가 권력을 획득하도록 행동했는가 이다. 만약 우리가 오늘날 대중을 우리 편에 둔다면, 우리는 전략과 전술의 문제(비록 중요할지라도)에 그렇게 무한정한 양의 에너지를 소모해서는 안 될 것이다.

오늘날 운동하고 있는 다양한 집단들은 서로 대립하는 전략과 전술을 사용하고 있다. 성공하고자 한다면, 우리가 무엇보다 먼저 해야 할 일은 대중에게 영향을 끼치는 완전히 새로운 생각들, 완전히 새로운 방식들을 가지고, 이데올로기와 인적 구성원 모두에서 완전히 새로운 구조를 가지고, 이러한 근본적인 문제들에 대처하는 것이다.

우리는 결국은 반동의 승리를 확인해줄 광범위한 대중(비정치적인 또는 이데올로기적으로 억압받은 광범위한 대중)의 언어를 말하는 데 우리가 실패했다는 것을 증명하기 위해 세세한 주장을 제시할 필요가 거의 없다. 대중은 우리의 결의들을 혹은 우리가 사회주의로 의미하는 바를 이해하지 못했다. 대중은 우리를 믿지 않았으며 여전히 믿지 않는다. 대중은 의무감에서 우리의 글들을 읽거나 또는 전혀 읽지 않는다. 운동에 참여한 대중은 불분명한 사회주의적 정서(느낌)를 지녔다. 그러나 우리는 이런 정서를 유리하게 사용할 수 없었으며 결국 그것은 히틀러에게 권력을 가져다주었다. 광범위한 대중을 획득하고 대중에 영감을 불어넣는 데 우리가 가장 크게 실패했다는 사실은 노동자운동의 많은 크고 작은 결점들의 가장 근본적인 원인이다. 그 결점들은 그동안 우리가 해왔던 사회민주주의자들의 당에 대한 완고한 충성심, 많은 프롤레타리아 지도자들이 느끼는 분노와 모욕감, 공허한 논쟁에의 중독 그리고 학문적 맑스주의의 중독이다.

사회주의 실패의 근본적 원인 가운데 하나의 요소(하나의 요소일 뿐이지만, 더 이상 무시할 수 없고 더 이상 부차적인 것으로 간주할 수 없는 중요한 요소)는 효과적인 맑스주의적 정치심리학 독트린이 없다는 것이다. 이것은 그러한 독트린이 여전히 창조될 수 있는 영역으로 남아 있다는 것을 의미할 뿐만 아니라, 또한 전체로서 노동자운동이 심리학적 검토와 의식적인 실천심리학에 극히 신경을 써야 한다는 것을 의미한다. 우리들의 이런 결점은 적에게 가장 큰 이점이 되었으며 파시즘의 가장 강력한 무기가 되었다.

우리가 대중에게 제국주의의 모순들에 관한 뛰어난 역사적 분석들과 경제적 논문들을 보여준 반면, 히틀러는 대중의 가장 깊은 감정적 뿌리를 자극했다. **맑스**가 표현했듯이, 우리는 주체적인 요소의 실천을 관념론자들에게 남겨두었다. 우리는 기계론적이고 경제주의적인 유물론자들처럼 행동했다. 내가 과장하고 있나? 내가 문제를 협소하게 제한된 관점으로 보고 있는 것인가?

구체적 예들, 즉 중요한 예들과 분명 덜 중요한 예들의 도움으로 이 문제에 답해보자. 우리는 만병통치약을 제시하는 것이 아니라 시작을 위한 작은 기여를 하고자 할 뿐이다.

두 가지 '계급의식'

사회주의의 달성과 자본에 대한 노동의 지배의 확립을 궁극적 목표로 하는 효과적인 정책은, 생산력 발전의 결과물로서 우리의 의지와는 무관하게 객관적으로 발생하는 운동들과 변화들에 대한 인식에 기초해야만 한다. 이 정책은 또한 동시에 **그리고 동일한 가치수준에서** '머릿속에서' 즉 이러한 과정들에 예속되어 있고 실제로 그러한 과정들을 수행하는 인간들(다른 나라들과 도시들에서 온 사람들, 직업 · 연령 · 성별이 다른 사람들)의 심리 구조 속에서 일어나는 것을 설명해야 한다.

계급의식 개념은 사회주의 운동과 그 정치에서 핵심적 위치를 차지하고 있다. 모든 나라의 피억압 주민층이 '계급의식화'되는 것이 현 사회체계를 혁명적으로 전복시키는 가장 긴급한 전제조건이라고 크게 강조되고 있다. 이것으로 우리는 인간이 경제적 사회적 과정의 효과 아래서 혁명이라는 사회행동을 수행할 수 있게 되도록 어떤 변화를 겪어야 한다는 것을 분명하게 의미한다.

우리는 또한 레닌이 보통의 남자와 여자에게서 이런 변화를 격려하기 위해 (그 변화를 가속하고 집중하여 정치세력으로 주조하기 위해) 정치적 전위와 혁명당을 만들었다는 것을 안다. 가장 훌륭하고 가장 의식적인 사회주의 전사들로 구성된 전위에서, 사회적 상황에 대한 (그것을 장악하는 데 필요한 수단들에 대한, 사회주의로 전진해 나가는 방식에 대한) 의식은 혁명의 과제가 성공적으로 성취되려면 노동대중이 대체로 끌어올려져야 하는 단계에 집중되어야 했다. 이것은 '통일전선'이라는 용어로 요약된 정책의 정의 이상도 이하도 아니다.

다음 두 가지 사례는 우리가 계급의식이 실제로 무엇인지에 대한 구체적 이해에서 아주 멀리 떨어져 있는 것을 보여주기에 그 자체로 충분할 것이다.

최근에 발간된 『새로운 시작』(*Neu Beignnen*)이라는 제목의 소책자에서, 요구는 바로 즉각적으로 '혁명당'을, 문자 그대로 혁명적인 지도부를 만들라는 것이다. 그럼에도 프롤레타리아트 속에 계급의식의 존재는 부인되고 있다.

> "그들(제2, 제3의 인터내셔널)의 모든 통찰력과 행동의 기초는 프롤레타리아트 안에 내재하는 혁명적 자발성[자생성]에 대한 믿음이다…… 그러나 그

러한 혁명적 자발성이 사회주의당의 머릿속에만 존재하고 현실적으로는 없다면 어찌될 것인가? 프롤레타리아트가 자신 내부로부터, 즉 자연스런 사회적 힘에 의해 '최종적인 사회주의 투쟁'으로 결코 추동되지 않는다고 하면 어쩔 것인가? …… 그들[지도자들]은 자신들의 이론과 도그마를 통해서가 아니면 달리 생각할 수 없으므로 자발적인 혁명의 힘들 안에 있는 진정으로 종교적인 열정을 믿는다……." (s. 6)

오스트리아 노동자들이 1934년 2월 12~16일 사이에 보여주었던 유례없는 영웅주의는 혁명적 자발성이 '최종적인 사회주의 투쟁'에 대한 의식 없이도 아주 잘 존재할 수 있다는 것을 증명해 준다. 혁명적 자발성과 '최종 투쟁'에 대한 의식은 두 가지 사뭇 다른 사안이다.

지도부는 혁명의식을 대중 안에 가져와야 한다고 우리는 듣는다. 의심의 여지없이 그래야 한다. 그러나 (이번에는 우리가 물을 차례다) 우리가 혁명의식이라고 할 때 의미하는 것을 아직 확실하게 알지 못한다면 어쩔 것인가? 독일에는 마침내 대략 3천만 명의 반(反)자본주의적인 노동자들(사회혁명을 일으키기에 숫자로는 충분한 것 이상인)이 있었다. 그러나 바로 가장 완강한 반자본주의적인 심성의 도움으로 파시즘은 권력을 장악하였다. 반자본주의적 심성은 계급의식인가 아니면 단지 계급의식의 시작일 뿐인가, 단지 계급의식이 만들어지는 전제조건일 뿐인가? 어쨌든, 계급의식이란 무엇인가? 레닌은 전위 개념, 혁명당 개념을 창조했을 뿐 아니라 대중 스스로가 자발적으로는 달성할 수 없는 것을 목적으로 하는 조직 자체를 창조했나. 레닌은 다음과 같이 썼다.

"우리는 노동자들은 사실상 사회민주주의적 의식을 가질 수 없다고 이미 말해왔다. 그런 의식은 오직 외부로부터 도입될 수 있을 뿐이다. 모든 나라의 역사는 노동자계급이 방임되면 노동조합주의적 의식을 획득할 수 있을 뿐이라는 것, 즉 노동조합에서 함께 연대하고 기업가들에 대항해 투쟁하며 정부 등으로부터 합법적인 다양한 노동법률 형식들을 요구할 수 있을 뿐이라는 것을 보여준다."

달리 말해서 노동자계급은 자신의 계급상황으로부터 '의식'을 끌어낸다. 그런데 이 의식은 사실이지만 자본의 지배를 뒤흔들기에는 충분하지 않다.(자본의 지배를 뒤흔들기 위해서는 견고하게 조직된 당이 필요하다.) 그러나 이른바 계급의식 또는 혁명의식의 예비적 형식들이나 요소들이라고 할 만한 것이 아마 있지 않을까? 이 의식이란 무엇인가? 그것을 어떻게 파악할 수 있는가? 그것은 구체적으로 어떻게 보일까?

피억압계급 안에서 **자발적으로** 형성되는 것으로서 계급의식이라 불릴만한 것 또는 그 요소 또는 계급의식의 전제조건을 부인하는 것은 이러한 구체적 형식 안에서 계급의식이 인식되지 않는다는 사실에 기초한다. 이것은 지도부를 가망 없는 위치에 빠뜨리는 것이다. 왜냐하면 지도부가 아무리 용감하고 잘 훈련되고 다른 점에서는 우수하다 할지라도, 만약 프롤레타리아트가 계급의식이라 불릴 만한 것을 아무것도 가지고 있지 않다면, 그 어떤 지도부도 계급의식을 부여하는 데 결코 성공하지 못할 것이다.

아무튼 무엇이 대중 안에 도입되어야 하는가? 사회과정과 그것의 모순들에 대한 고도로 전문화된 이해인가? 자본주의 착취법칙에 대한 완벽한 지식인가? 혁명적인 러시아에서 빨치산들은 그렇게 장엄하게 싸웠을 때 그런 지식을 가졌는가? 아니면 아마도 그들은 아예 그것을 필요하지 않았는가? 그들은 '계급의식적인' 노동자들과 농민들이었는가 아니면 단지 폭도들이었는가? 우리는 단지 그들이 그 어느 쪽으로도 나아가지 않았다는 것을 보여주기 위해서 이러한 질문들을 제기한다.

단순한 실천과 경험에서 시작해 보자.

얼마 전 어떤 정치집단 안에서 계급의식과 "대중적 규모에서 계급의식을 증대시키는" 것이 필요하다는 것에 관해 상당히 많은 논의가 있었다. 참석자들은 아마 처음으로 자문하지 않을 수 없었다. 그들은 정확히 무엇을 말하고 있는가? 그들은 계급의식이라고 부를 때 무엇을 의미하는가? 논의 내내 아주 침묵했던 참석자들 가운데 한 사람이 독일 프롤레타리아트 사이에 계급의식을 발전시킬 필요에 대해 특수한 열정을 가지고 주장했던 지도적인 당관리에게, 계급의식의 구체적인 다섯 가지 특징을, 그리고 아마도 계급의식의 발전을 방해하는 다섯 가지 요소들을 열거할 수 있는지를 물었다. 만약 누군가 계급의식을 발전시키려고 한다면 그 발전시키려는 것이 **무엇**인지 그리고 왜 계급의식은 물질적 가난의 압박 아래에서 저절로 발전하지 않는지를 아는 것은 확실히 필요하였다. 질문은 논리적인 것처럼 보였다.

당관리는 처음에는 약간 놀랐으며 잠깐 망설인 다음 확신에 차서 선언했다. "왜, 굶주림, 물론이지!" 즉각 "배고픈 돌격대원은 의식적인가?"라는 반대질문이 나왔다. 배고픈 도둑이 소시지를 훔칠 때 계급의식적인가? 혹은 반동적인 데모에 참여하기 위해 2마르크를 받는 실업노동자는? 혹은 경찰에게 돌을 던지는 청소년은? 그러나 공산당이 자신의 전체 대중심리학의 근거로 삼는 배고픔이 그 자체로는 계급의식의 요소가 아니라면, 그렇다면 무엇인가? 자유란 무엇인가? 자유는 구체적으로 어때 보이는가? 사회주의적 자유는 히틀러가 약속하는 민족적 자유와 어떻게 다른가?

지금까지 대답들은 아주 불만족스러웠다. 좌파 신문은 이런 종류의 질문을 제기하거나 답한 적이 있는가? 그러지 않았다. 피억압계급이 지도부 없이 그리고 자발적으로 생성된 혁명적 의지에서 혁명을 승리로 이끌 수 있다는 관념은, 확실히 잘못일 것이고 잘못이다. 그러나 그 반대 (중요한 것은 지도부가 계급의식을 창조해야 하기 때문에 지도부일 뿐이라는 것)를 믿는 것도 마찬가지로 잘못이다.

어떤 지도부도 계급의식의 시작이 이미 나타나지 않으면, 계급의식이 이미 자발적으로 형성되어 있지 않으면, 이제까지 그렇게 할 수 없었다. 그러나 만약 대중 속에 어떤 심리적 상황이 존재하고 그것이 사회혁명을 위한 주체적 전제조건들을 창출하기 위해서 혁명적 지도부의 고도로 발전된 의식과 조화를 이룬다면, 그러면 계급의식이란 무엇인가라는 질문에 대한 답을 찾는 것은 더욱 더 본질적이다. 우리의 정책은 항상 노동자들의 일상적 요구를 만족시키는 데 있기 때문에 그 질문은 불필요하다고 누군가 반대한다면, 그렇다면 우리는 이렇게 물을 것이다. 작업현장에 전기 선풍기를 설치해달라고 주장한다면 우리는 계급의식을 발전시키는 것인가? 만약 나치 직장 대표가 같은 일을 하고 우리의 대표 보다 더 말을 잘한다면, 어쩔 것인가? 그는 노동자들을 자신의 편에 둘 것인가? 확실히 '일상적 관심사들'에 대한 사회주의적 방어와 파시스트적 방어 사이의 차이는 어디에 있는가? 그리고 우리의 자유구호와 나치의 '기쁨을 통한 힘' 이라는 구호 사이의 차이는 어디에 있는가?

프롤레타리아 초심자의 계급의식과 프롤레타리아 청년지도자의 계급의식에 대해 말할 때 우리는 같은 것을 의미하는가? 대중의 의식을 혁명적인 계급의식의 수준으로까지 증진시켜야 한다고 얘기된다. 만약 이것으로 우리가 혁명지도자가 지녀야 하는 역사과정에 대한 세련된 이해를 의미한다면 우리의 목표는 유토피아적이다. 자본주의에서는 우리가 어떤 선전방법을 사용하든 간에 그렇게 고도로 전문화된 지식을 실제로 혁명과 전복의 작업을 수행해야 하는 광범한 대중 속에 결코 주입할 수 없을 것이다. 선거 모임에서 우리가 단순히 구호를 외치곤 할 때, 또는 베를린의 스포츠 궁전에서 종종 일어나는 것처럼 당관리가 부르주아지의 재정정치학이나 미국과 일본 사이의 모순에 관해서 박학하게 외치면서 수 시간을 소모할 때, 매 시간 대중의 자발적인 열정주의는 살해되었다. 대중이 객관적인 경제분석에 관심을 가졌고 그 분석을 따라갈 수 있는 지적 도구를 가졌다고 가정함으로써, 우리는 수천의 청중의 이른바 '계급감정'을 진정 죽여 버렸다.

최근의 혁명적인 맑스주의 정책은 구체적으로 자세하게 규정할 수도 없으면서 프롤레타리아트에 이미 만들어진 계급의식이 존재한다고 가정해 왔다. 그 정책은 사회적 과정에 대한 그 자신의 종종 부정확한 생각을 피억압계급의 의식 속에 투여해 왔고, 그럼으로써 최근 누군가 지적했듯이 스스로를 "주관적 관념론"이라는 죄의식을 갖게 만들었다. 그럼에도 불구하고 사람들은 모든 공산주의 모임에서 대중의 계급의식을 분명하게 감지할 수 있었으며, 그 분위기는 다른 정치 모임들의 분위기와는 분명하게 구분할 수 있었다. 달리 말하면, 광범한 대중 안에 계급의식 같은 어떤 것이 있음에 틀림없고, 이 의식은 혁명지도부의 계급의식과는 근본적으로 다르다. 구체적으로 말하자면, **지도부의 계급의식**과 **대중의 계급의식**이라는 **두 가지** 계급의식이 있고, 이 둘은 서로 조화를 이루어야 한다. 지도부는 객관적인 역사과정에 대한 정확한 이해를 획득하는 것 이외에 다음을 이해하는 것을 가장 긴급한 과제로 갖는다.

(1) 각기 다른 사회층, 직업, 연령집단, 성별에 속한 사람들 안에 잠재해 있는 진보적인 욕망, 관념, 그리고 생각은 무엇인가.

(2) 이러한 진보적 욕망, 생각 등의 발전을 가로막고 있는 욕망, 두려움, 사유, 관념('전통적 속박')은 무엇인가.

대중의 계급의식은 공산당 지도자들이 믿은 것처럼 이미 형성되어 있는 것도 아니고, 사회주의 당 지도부가 믿는 것처럼 완전히 없거나 전혀 다른 방식으로 구조화되어 있는 것도 아니다. 계급의식은 많은 구성요소들로 나타나며, 이 구성요소들은 그 자체로는 아직 계급의식을 구성하지 않지만(예를 들어 단순한 배고픔) **서로 결합되어** 계급의식이 될 수 있다. 이들 요소들은 순수한 형태로 나타나지는 않지만 반대의 심리적 의미들과 힘들에 침투되고 혼합되고 엮인다. 혁명당이 자신의 가장 중요한 과제, 즉 대중의 계급의식을 발전시키고 현재의 수준에서 더 고도한 수준으로 정제해 간다는 과제를 완수하는 데 실패한 한에서만, 히틀러는 대중은 작은 어린아이들처럼 영향받을 수 있다(대중은 당신이 그들에게 주입한 것을 단순하게 당신에게 되돌려준다)는 자신의 공식을 가지고 성공해 나갈 수 있다. 이것이 독일에서 진행된 것은 의문의 여지가 없다.

혁명지도자의 계급의식의 내용은 개인적(persönlicher)인 종류의 것이 아니다. 개인적 관심사(야망 등)가 있을 때 그 관심사는 혁명지도자의 활동을 금지한다. 그에 반해 대중의 계급의식은 (우리는 무시할 수 있을 정도로 아주 소수의 의식적으로 혁명적인 노동자들을 말하고 있지 않다) 완전히 개인적이다.

전자(지도자의 계급의식)는 자본주의 경제체계의 모순들에 대한 지식, 사회주의 계획경제의 무한한 가능성들, 사회혁명이 생산양식과 전유양식 사이의 균형을 확립할 필요성, 역사의 진보적인 힘들과 퇴보적인 힘들 등에 관한 지식으로 가득 차 있다. **후자**(대중의 계급의식)는 그렇게 장기적 측면의 통찰력을 갖고 있지는 않다. 대중의 계급의식은 일상생활의 사소한 문제들에 관심을 갖고 있다. 전자는 객관적인 역사적 사회경제적 과정, 사회 안에서 사람들이 종속되어 있는 경제적이고 사회적인 외부조건들을 다룬다. 이 과정은 만약 그것의 노예보다 그것의 주인이 되기 원한다면 반드시 이해하고 파악하며 다뤄야만 한다.

예를 들어 계획경제는, 자본주의의 치명적인 위기를 제거하고 그럼으로써 모든 일하는 사람들의 삶을 위한 굳은 근거를 창조하기 위해서 필요하다. 그리고 그러한 경제를 창조하는 것은 무엇보다도 미국–일본의 모순들에 대한 엄밀한 지식을 요구한다. 그러나 후자 유형의 계급의식은 미국–일본의 모순들에 또는 영국–미국 모순들에, 또는 심지어 생산력의 발전에 관해서조차 관심을 완전히 결여하고 있다. 이것(대중의 계급의식)은 엄청나게 다양한 사소한 일상적 문제들 안에 그리고 그 위에 있는 이러한 객관적 사실들에 대한 주체적인 반성들과 효과들에 의해서만 인도된다. 그 내용은 음식, 의류, 패션, 가족관계, 가장 좁은 의미에서 성만족의 가능성, 더 넓은 의미에서 성적 유희와 오락 즉 영화, 극장, 오락장, 공원, 댄스홀 등, 그리고 또한 어린이 양육, 주거공간의 배치, 여가 활동 등과 같은 그런 질문들에 대한 관심이다.

인간 존재 그리고 존재조건들은 남성과 여성의 정신 구조를 형성함과 동시에 그 구조 속에 반영되고 닻을 내리고 재생산된다. 객관적인 과정과 그것을 금지하는 또는 격려하는 그리고 통제하는 방식들은 이 정신 구조를 통해서만 우리에게 접근 가능하다. 우리는 인간의 두뇌를 통해서만, 인간의 노동의지를 통해서만, 인간의 행복 추구를 통해서만 (간단히 말해 인간의 심리적 존재를 통해서) 세계를 만들고 변화시킨다. '경제주의자들'로 타락해 온 "맑스주의자들"은 이것을 오래 전에 잊어버렸다.

전지구적 경제정치 정책은 만약 그것이 국제사회주의(민족사회주의가 아니다!)를 만들고 보장하는 것을 의미한다면, 모든 나라 모든 수준에서 가장 광범위한 대중의 욕망과의, 사소하고 진부하고 일차적이고 단순한 일상생활과의 접촉점을 찾아야 한다. 이 방식을 통해서만 객관적인 사회학적 과정은 남성과 여성의 주체적 의식과 하나가 될 수 있으며, 둘(두 가지 계급의식) 사이의 모순과 거리를 없앨 수 있다. 부와 문화의 물질적 기초를 창조하는 노동자들에게 문화와 교육이 '최고에' 달한 단계를 보여주어야 하며 그것과 그들 스스로 사는 방식을 대비시키도록 가르쳐야 한다. 노동자들에게 그들이 얼마나 겸손한지 또 그들이 얼마나 겸손의 덕을 만드는지 보여주어야 한다. 비록 이것이 때때로 실제 혁명적 덕이라 불리어 왔을지라도! 이 두 가지 계급의식을 합하는 데 성공할 때만이 그리고 그러고 나서만이 우리는 전술 등에 대한 철학적인 당내 논쟁을 해 나갈 것이다. 또 오직 그러고 나서만 우리는 활기 있는(살아 있는) 대중운동의 살아 있는 전술로, 삶에 진정으로 연관된 정치활동으로 돌파해 나갈 것이다.

만약 노동자운동이 책에서 뿐 아니라 일차적으로 대중의 삶에서 자신의 선전과 전술들과 정책들을 도출해 냈다면, 노동자운동이 끊임없이 연속되는 분파적 학자적 투쟁이나 분파와 분리집단에서 스스로를 구원할 수 있었다고(노동자운동은 가장 자명한 것, 즉 사회주의를 향한 험난한 길을 단축시킬 수 있었다고) 주장할 때 우리는 결코 과장하는 것이 아니다. 오늘날 상황의 한 측면은 젊은 사람들이 평균적으로 많은 문제에 있어 그들의 '지도자들'에 훨씬 앞서 있다는 것이다. 예를 들어 젊은이들이 당연한 일로 이해하고 있는 성과 같은 것들에 관해 '전술적으로' 혹은 '재치 있게' 지도자들과 이야기하는 것이 필요하다. 그것은 반대여야 한다. 즉 지도자는 첫 번째 계급의식의 화신[구체화]이어야 하며 두 번째 계급의식을 발전시키도록 일해야 한다.

노동자운동의 이데올로기적 투쟁에 익숙한 사람이면 누구나 다소간 기꺼이 멀리까지 우리를 따를 것이며 아마 이렇게 생각할 것이다. "그러나 이것은 새로운 것이 아니다. 왜 이야기[담론]가 긴가? 우리가 핵심을 찌르려고 할 때 우리에게 일반적으로 동의하는 많은 이들이 그럼에도 불구하고 주저하고 이의를 제기하고 맑스와 레닌을 우리와 대립시키려고 촉구할 것임을 그는 머지않아 알 것이다. 그렇게 경도된 사람은 누구나 그 이상의 것을 읽기 전에, 우리는 그에게 자신의 마음속에 계급의식의 다섯 가지 구체적인 요소들과 계급의식의 다섯 가지 장애물을 밝혀보라고 시험적으로 다시 한번 권한다.

다음 진술은 계급의식을 윤리의 문제로 여기는 사람들 쪽의 상당한 저항에 부딪칠 것이다.

정점에 파시즘과 교회를 두고 있는 정치적 반동은 대중이 현세에서의 행복을 거부해야 한다고 요구한다. 정치적 반동은 정조[순결], 복종, 자기부정, 민족과 인민과 조국을 위한 희생을 요구한다. 문제는 반동들이 이것을 요구한다는 것이 아니라 대중이 이런 요구에 순응함으로써 그 반동들을 지지하고 반동들이 살찌도록 하며 그들의 힘을 키우도록 허용하고 있다는 점이다. 반동들은 대중 개개인이 죄의식, 타고난 겸손함, 궁핍을 조용하고 기꺼이 때로는 행복하게 감내하는 경향을 이용하며, 영광스런 지도자[총통, 그 지도자의 '인민에 대한 사랑'이 대중에게는 그들의 욕구의 모든 실질적인 만족에 대한 대체물이다]와의 동일시를 이용한다.

혁명 전위는 자신의 존재조건들과 자신이 추구하는 목표들을 통해서 스스로 유사한 이데올로기에 빠진다. 그러나 청년지도자들에게 타당하다고 해서 그들이 이끄는 젊은이들에게도 결코 타당할 수 없다. 만약 누군가 주민대중을 자본에 대항해 전쟁으로 이끌어 나가고, 그들의 계급의식을 발전시키고, 그들을 반란지점으로까지 이끌어 가기를 원한다면, 그때 그는 체념의 원리가 해롭고 생기 없으며 어리석고 반동적임을 알아야 한다.

사회주의는 사회적 생산력이 모든 나라의 가장 광범위한 대중에게 사회의 평균적 문화에 상응하는 삶을 확보해주도록 충분히 발전되어 있다는 것을 확인한다. **정치적 반동이 설파하는 체념의 원리에 대항하여 우리는 지상에서의 풍요로운 행복의 원리를 세워야 한다.** 이것으로 우리가 볼링 시합과 맥주 마시기를 의미하지 않는다고 지적할 필요는 거의 없다. '단순한 사람'의 겸손함은, 파시즘과 교회의 눈으로는 **그**[최상의] 덕이지만, 사회주의적 관점에서는 가장 큰 잘못이며 자신의 계급의식을 방해하는 많은 요소들 가운데 하나이다. 어떤 사회주의 정치경제학자라도 모든 노동자에게 행복한 삶을 제공하기에 충분한 부가 세상에 존재한다고 증명할 수 있다. 그러나 우리는 이것을 우리가 일반적으로 하는 것보다 좀 더 철저하게 좀 더 일관되게 좀 더 자세하게 증명해야 한다. 우리는 그것을 표현하는 데 관련이 있는 과학적 학식에 모든 세심한 주의를 기울여야 한다.

독일이나 다른 곳의 평균적 노동자는 혁명적인 경제적 성과 자체로서 소련의 5개년 경제계획에 관심이 없었고, 오직 그것이 노동자들의 욕구만족의 증대를 의미하는 한에서만 관심을 가졌다. 평균적 노동자의 생각은 다소 다음과 같다. 즉 만약 사회주의가 우리에게 희생, 체념, 가난 그리고 궁핍만을 의미하게 된다면, 그때 우리는 그런 빈곤이 사회주의라고 불리든 자본주의라고 불리든 상관하지 않는다. 사회주의 경제가 우리의 욕구를 만족시키고 욕구의 성장과 보조를 맞춤으로써 자신의 우월함을 증명하게 하자.

내가 의미하는 것은 **지도부의 영웅주의는 광범위한 대중에게 타당하지 않다**는 것이다. 만약 대중이 혁명기간 동안 궁핍을 견딘다면, 그들은 이런 궁핍이 자본주의 아래서 겪는 궁핍과는 다르며 단지 **지나가는**[과도적] 국면일 뿐이라는 명확한 증거를 요구할 권리가 있다.

증거를 제시하는 것이 일국 사회주의의 가능성에 관한 이론적 파악에서 많은 어려움들 가운데 하나이다. 우리는 여기서 이런 주장에 대한 분노를 예상[기대]한다. 우리는 의심의 여지 없이 '쁘띠부르주아적'이고 '쾌락주의적'이라고 불릴 것이다. 그러나 레닌은 비록 그가 토지분배가 '쁘띠부르주아 심성'을 촉진한다는 것을 잘 알고 있었음에도 불구하고 농민들에게 지주의 토지를 분배할 것이라고 약속했다. 본질적으로 이러한 구호의 힘 위에서 바로 레닌은 농민들에 대항해서가 아니라 농민들과 함께 혁명을 완수하였다. 그렇게 함으로써 그는 매우 고상한 사회주의 정치이론의 원리인 집합주의 원리를 의심의 여지없이 깨뜨렸다.

다른 한편 1919년에 헝가리 혁명가들은 고상한 원리들을 지녔지만 주체적인 요소를 전혀 이해하지 못하였다. **그들은 역사의 요구들을 알았지만 농민의 요구들을 몰랐다.** 그들은 토지를 단번에 사회화했고 그리고 혁명을 잃어버렸다. 이 예는 다른 여러 요소들을 대신해서, 사회주의의 궁극 목표는 대중 개개인의 즉각적인 목표들을 충족시킴으로써, 대중의 욕구를 훨씬 더 커다란 정도로 만족시킴으로써만 달성될 수 있다는 것을 증명하기에 충분하다. 단지 그 이후에만 혁명적인 영웅주의는 광범위한 대중 속에서 발생할 수 있다.

'계급의식'이 윤리적 개념이라는 견해만큼 멀리까지 나아간 실수들은 거의 없다. 금욕적인 혁명관은 말썽을 일으키고 패배를 가져왔을 뿐이다.

우리는 몇 가지 예를 살펴봄으로써 계급의식이 윤리적인 현상인지 아니면 비윤리적이고 합리적인 현상인지를 쉽게 시험할 수 있다.

만약 '가'와 '나'라는 두 사람이 굶주리고 있다면, 그들 가운데 한 사람은 자신의 운명을 받아들여 도둑질하는 것을 거부하고 구걸하거나 배고파 죽을 수 있다. 그에 반해 다른 사람은 음식을 얻기 위해 린치를 가할 수도 있다. 종종 '룸펜프롤레타리아트'라고 불리는 프롤레타리아트의 많은 부분이 '나'의 원리에 따라 살아간다. 비록 범죄적인 지하세계를 낭만적으로 추앙하지는 않는다 하더라도 이것에 관해 분명히 해야 한다. 이 두 가지 유형 가운데 어느 쪽이 자신 속에 계급의식의 더 많은 요소들을 가지고 있는가? 도둑질은 아직 계급의식의 신호가 아니다. 짧은 순간만 생각해 보아도, 우리의 내적 도덕적 저항에도 불구하고 배고플 때 법에 따르기를 거부하고 훔치는 인간, 즉 살려는 의지를 분명히 보이는 인간이 저항하지 않은 채 푸줏간 널빤지 위에 앉아 있는 인간보다 자신 속에 더 많은 에너지와 싸움을 지니고 있다는 것을 알게 된다. 우리는 올바른 심리학의 근본 문제는 왜 배고픈 인간이 훔치는가가 아니라 그 정반대의 것, 왜 배고픈 사람이 훔치지 **않는가** 라고 계속 믿는다.

우리는 도둑질은 아직 계급의식이 아니라고 말해왔다. 그리고 여전히 그걸 고수한다. 벽돌은 아직까지 집이 아니다. 그러나 당신은 벽돌들을 사용해서 집을 짓는다. 물론 그밖에 판자, 회반죽, 유리, 그리고 (여기서 나는 당의 역할을 생각하고 있다) 엔지니어, 석공, 목수 등이 필요하지만 말이다.

만약 우리가 계급의식을 윤리적 정언명제로 간주한다면, 그리고 결과적으로 청년의 성, 성매매여성과 범죄자의 사악함, 그리고 도둑들의 비도덕성을 비난하는 데서 부르주아지의 대리인들보다 더 나아가려고 한다면, 우리는 갈 데가 없을 것이다. 그러나 당신은, 만약 우리가 반대의 관점을 택한다면 우리가 혁명의 이해를 해치고 있는 것이 아닌가 하고 물을 수 있다. 정치적 반동이 우리의 비도덕적 계급의식 개념을 우리에 반대하는 선전으로 돌릴 수 없었을까? 확실하게 그럴 수 있었으며 그럴 것이다. 그러나 우리가 아무리 우리의 더할 나위 없는 도덕성을 증명하려고 해도 정치적 반동은 어쨌든 그렇게 간다. 도덕성은 우리에게 아무 소용이 없다. 우리가 자본주의의 희생자들을 이해한다고 그들이 느끼지 않으므로, 도덕성은 자본주의의 희생자들을 정치적 반동의 품 안으로 끌어들일 뿐이기 때문이다. 그러나 정치적 반동의 눈에 우리는 우리의 모든 도덕성에도 불구하고 더 낫지는 않다. 정치적 반동의 눈에 우리는 생산수단의 사적 소유를 없애려 한다는 점에서 도둑들이다. 그러면 우리는 이런 근본적인 의도를 포기하거나 숨기기를 원하는가? 그리고 그것은 우리에 반대해서 인용되지 않는가?

예외 없이 오늘날 도덕과 윤리라는 이름을 갖고 있는 모든 것은 노동하는 인간의 억압에 기여한다. 우리는 우리의 사회생활의 새로운 질서가 정확히 비도덕적인 것이기 때문에, 오늘날의 혼돈을 실질적인 질서로 대체할 수 있다는 점을 이론적으로나 실천적으로 증명할 수 있다. 프롤레타리아 윤리라는 질문에 대한 레닌의 태도는 분명히 프롤레타리아 혁명의 이해와 연결되어 있었다. 혁명에 기여하는 것은 무엇이든 윤리적이며, 혁명을 방해하는 것은 무엇이든 비윤리적이다. 자 이제 다른 방식으로 질문을 정식화해보자. 부르주아 질서에 모순되는 것은 무엇이든, 전복의 싹을 포함하고 있는 것은 무엇이든 계급의식의 요소로 간주할 수 있다. 부르주아 질서와의 유대[속박]를 창출하거나 유지하고 부르주아 질서를 지지하고 강화하는 것은 무엇이든 계급의식에 방해물이다.

1919년 11월 혁명 동안 대중이 베를린에 있는 동물원에서 시위를 하고 있었을 때 시위자들 대부분은 잔디를 밟지 않으려고 상당히 신경을 썼다. 이 이야기는 사실이건 단지 그럴듯하게 꾸민 이야기이건 간에 혁명운동의 비극이 지닌 중요한 측면을, 즉 **혁명 담지자들의 부르주아화**를 요약해 준다.

2. 대중 개인에게서 계급의식의 몇 가지 구체적 요소들과 몇 가지 방해요소들

우리는 지금 이론적인 설명으로 아주 깊이 파고들지 않으면서 평균적인 인간의 일정한 행동방식을 기술하려고 할 것이다. 그 행동방식 가운데 일부는 혁명의식에 유리하게 작용하고 반면에 다른 일부는 혁명의식의 발전을 방해한다, 즉 반동적인 정신적 태도들이다. 우리는 여기서 좌익 **또는** 우익 **어느 쪽으로** 향하든 그런 정신적 사실들에만 관심을 갖고 있지, 정치적으로 무관심하지만 어떤 정치적 지향에 이득이 될 수 있는 사실들, 가령 웅변가적 재능, 비판능력, 자연 사랑 등에는 관심을 갖지 않는다. 다음 예들은 자유롭게 부풀려질 수 있을 것이다. 이 특수한 예들은 두 젊은이의 도움으로 내가 만들었다.

청소년들(사춘기와 사춘기 이후)**의 경우**

모든 색깔의 정당은 청년들을 획득하기 위해서 항상 투쟁해 왔다. 청년들이 그들 앞에 어떤 미래를 가지고 있기 (익살스럽게 말하면 '자신들 뒤에 미래를 가지고 있는' 대개의 어른들과는 달리) 때문만은 아니다. 그러므로 우리는 청년에 관해 말할 자격이 있다. 청년들이 열광하고 기꺼이 행동을 취할 수 있는 능력은 성적 성숙의 결과로서 청년을 가장 능동적인 연령집단으로 만든다. 이러한 특질들은 아직 그 자체로는 특별히 좌익 또는 우익 쪽으로 향하지 않는다. 예를 들면 교회는 좌익정당들보다 더 많은 청소년들을 가지고 있다. 그럼에도 청소년들을 좌익이나 우익으로 정치적으로 추동하는 그들의 삶 경험 속에 있는 요소들을 구별해내는 것이 어렵지는 않다.

모든 청소년들에게는 권위주의적 억압에, 특히 보통 국가권위의 집행인들인 부모에 반항하는 경향이 있다. 무엇보다도 우선 바로 이러한 반항이 청소년들을 정치적인 좌익 흐름으로 끌어간다. 그 반항은 청소년들의 성생활을 실현하고자 하는 다소 의식적이고 다소 긴급한 욕망과 항상 연관되어 있다. 청소년의 자연스런 이성애적 이끌림이 더욱 분명하게 발전될수록, 그 청소년은 더욱 더 혁명사상에 열린다. 그에게서 동성애적 욕구가 강할수록 또한 성 전반에 관한 그의 인식이 더욱 더 억압될수록, 그는 더욱 더 쉽게 우익으로 끌려갈 것이다. 성금지, 성행위에 대한 두려움, 이와 함께 하는 죄책감은 항상 청소년들을 정치적 우익으로 밀고 나가거나 그들의 혁명적 사고를 적어도 금지하는 요소들이다.

부모와 부모의 집에 묶이는 것은 중요하고 **불가역적인** 금지요소이다. 우리는 결코 계급의식의 긍정적 요소가 될 수 없으며 그래서 사회혁명을 위해서 혁명당이 결코 사용할 수 없는 그러한 정신적 사실들을 불가역적이라고 부를 것이다. 이러한 규칙에 유일한 예외들은 이미 혁명적인 방식으로 생각하는 부모들의 어린이[자녀]들이다. 부모에의 속박은 그러한 경우에 긍정적인 효과를 지닐 수 있다. 그러나 실제로 부모에의 속박은 종종 부모에 대한 대항으로서 반동적 심성으로 이끈다.

다른 어떤 것보다도 청년을 움직이는 특별한 욕구가 있다. 이 욕구의 만족은 그들에게는 최상의 것을 의미할 것이지만 아직 그 욕구는 청년을 위한 어떤 선언이나 강령에서도 찾아볼 수 없다. 그것은 자기 자신만의 살 공간에 대한 요구이다. 이 요구는 계급의식의 긍정적인 요소로서 부모에 반대하는 저항으로 분류될 것이다. 더욱이 그것은 정치적 반동이 설립하거나 유지하기를 원하는 종류의 질서로는 만족시킬 수 없는 욕구이다. 그것은 어떠한 금지요소와도 대립하지 않는다. 그것은 가장 반동적인 소녀들 사이에서조차 강력하다. 청년집합체 안에서 살고 싶어하는 욕구는 더욱 긍정적인 요소이지만, 이것은 그 집합체가 가정의 자리를 차지하면 제거할 수 있는 가족 속박들, '부모집에 대한 동경' 등과 대립된다. 무도장의 매력은 거의 모든 청소년에게 강력하게 작용한다. 부모의 속박과는 달리, 이것은 가역적인 요소이다. 즉 그것은 일상적인 환경에서는 혁명의식을 금지하는 반면, 정치와 사생활 사이의 문제가 혁명적인 방식으로 해결된다면 혁명의식을 강하게 촉진할 것이다. 독일의 몇몇 예외적으로 재능 있는 청년조직가들은 종종 이와 관련하여 성공해 왔다.

오늘날 집합 욕구와 댄스홀의 매력 둘 다 독일의 정치적 반동에게는 상당히 유리하다. 독일의 정치적 반동은 이런 요소들을 **조직**해 왔다. 기독교인들은 '작은 모임'(Kränzchen) 형식으로, 나치는 의심의 여지없이 집합주의적 청년결사체들로 조직해 왔다.

다음 보고는 독일에서 온 것이다.

"나는 최근 휴일을 이곳에서 보내고 있는 베를린에서 온 17살 여학생과 얘기를 하였다. 그녀는 빌머스도르프(Wilmersdorf)에서 학교에 다니는데, 우리의 대화에서 우연히 나온 몇 가지 사태는 확실히 여러분을 흥미롭게 할 것이다.

히틀러청년대와 독일소녀연맹의 소년 소녀들이 가정과 학교에서 전대미문의 자유를 누리고 있으며, 이것은 자연스럽게 무엇보다도 성행동과 친구관계에서 나타난다.

과거에는 어떤 여학생도 방과후에 자신을 기다리는 남자친구와 함께 있는 모습을 감히 보이지 않았다. 요즘에는 소년들(특히 히틀러소년대원들)이 학교 밖에서 군중 속에서 여자친구를 기다리며, 모두가 이것을 당연한 것으로 받아들인다. 독일소녀연맹은 '나는 안기고 싶어요'를 의미한다고 모두 말한다. 독일소녀연맹의 다렘(Dahlem) 집단은 18세 이하의 여섯 소녀들이 임신하게 되어서 해체해야 했다.

청년들을 조직하려는 시도가 어떻게 부모집의 구속을 느슨하게 할 수 있는가를 아는 것은 아주 흥미롭다. 그동안 내가 확인한 바대로 이러한 사례들은 확실히 징후적이다."

이 소년 소녀들이 '전대미문의 자유를 즐긴다'고 이야기하는 것은 옳지 않다. 그렇게 말하는 사람은 누구든 거기에 포함된 진정한 관계들, 모순들, 요구들을 알 수 없다. 임신하고 남자친구들이 학교에서 기다리는 것 등은 쁘띠부르주아적 관점에서만 '성자유'로 나타난다. [베를린 중산층 거주지역인] 다렘의 젊은이들이 오늘날 얻고 있는 자유는 [노동자계급 지역인] 노이쾰른(Neukölon)에서는 오랫동안 당연하게 여겨져 왔다. 전체적으로는, 먼저 히틀러소년단의 심각하게 모순된 상황, 즉 한편으로는 매우 엄격한 권위주의적 군사훈련과 남녀분리를 그리고 다른 한편으로는 젊은이들의 집단화를 통한 가족예속의 파괴를, 즉 완고한 파시스트 가족 이데올로기의 강요에 대한 강조와 함께 가족도덕의 극심한 교란을 보아야 한다. 독일혁명가들은 이러한 모순들의 전개를 면밀히 따라가 관련된 당사자들에게 그 모순들을 설명해야 한다.

이러한 특정한 사례에서 우리는 젊은이들이 집에서 벗어나는 것을 환영해야 한다. 그럼에도 우리는 이러한 벗어남[분리]과 지도자[총통] 및 가족이라는 공식적 이데올로기 사이의 모순을 분명하게 분석해 내야 한다. 또한 우리는 가부장적 가정의 속박에서 벗어나 **자유와 자기결정으로 가기를 갈망하는** 젊은이들이 실은 다시 한번 자신들의 입을 닫아야만 하는 **또 다른 권위주의적 관계**(노동수용소나 파시스트 조직의 권위주의적 관계) **속으로** 들어가고 있을 뿐이라는 것을 인식해야 한다. 정확히 성 영역에서 이러한 모순들이 가장 명백하게 드러난다. 보고서에서 기술된 '더 자유로운 행동'은 아무리 주관적이고 모호할지라도 혁명적인 한에서 히틀러청년단 안에서의 진보적 경향들에 일치한다. 그러나 실제적인 혁명적 사회지도부도 몇몇 소녀들이 임신하게 되었다고 해서 집단을 폐쇄한 적은 없다.

우리의 통신원이 순진하게도 알지 못하는 것처럼 이것은 그가 기술하고 있는 행동형식들이 결코 나치당을 즐겁게 하지 않으며, 진정 나치당은 그것을 받아들일 수 없다는 것을 의미한다. 이 히틀러 청년들과 소년들이 완전한 자기결정권을 가지며 무엇보다도 그들의 성욕구를 포함하여 그들의 욕구를 위해 무엇인가를 제공하는 것이 사회의 의무라는 것을 그들에게 완전히 분명하게 밝혀야 한다. 만약 요즘에 발생하고 있는 것을 성자유로 여긴다면 우리는 두 가지를 간과하고 있는 것이다. 첫째, 이 작은 정도의 자유조차도 국가기관이 개입하지 않을 수 없게 느끼도록 만들기에 충분하다는 것. 두 번째, 이것들은 자유의 첫번째 부가물이며 그래서 자유에 대해서 말할 수 없다는 것.

전체 국가와 사회 이데올로기가 자유에 반대하는 한,

소녀들과 청년들이 방해받지 않고 있고 싶어할 때 있을 곳이 전혀 없고 피임도구가 없고 성생활 일반의 어려움들과 필수품들에 대한 이해가 전혀 없는 한,

그들이 그들의 성생활의 출발부터 갈등을 동반하는 식으로 양육되는 한,

그들이 자신들의 학교의 성격에 대해서 그리고 사회생활을 위한 준비방식에 대해서 그들의 선생님들과 함께 결정할 수 없는 한,

그들이 프러시아 왕들의 생일과 사망일을 공부해야 하지만 베를린 및 함부르크의 교외에, 쥐터보그에 그리고 가장 먼 시골마을에 사는 빈민들의 역사를 배우지 않는 한,

자유에 관해서 말할 수 없다.

단 한 마디의 불평도 없이 지도자[총통]를 섬기거나 '조국의 이익'으로 가

장된 자본가적 이익을 위하여 죽는 것이 청년들의 이상이 될 수 없다. 그들의 이상은 그들 자신의 삶을 소유하고 그것을 그들이 원하는 것으로 만드는 것일 것이다. 청년들은 오직 그 자신에게만 책임을 져야 한다. 그러고 나서, 오직 그러고 나서만이 사회와 그 사회의 청년들 사이의 틈이 사라질 것이다.

청년들이 오늘날 자신들을 사회로부터 분리하는 그 틈의 본성을 이해한다면, 청년들은 동시에 자신들이 억압받고 있다고 인식할 것이며 사회혁명을 위해 무르익게 된다. 청년들이 그 틈을 없애고 사회현실을 자신들의 욕구에 맞추어 나가고 자유를 향한 자신들의 실제적이고 구체적이고 객관적으로 자유로운 길을 창조한다면, 청년들은 사회혁명의 집행자가 된다.

우리는 모든 나라와 대륙의 청년들에게 사회혁명의 필요성을 이론적으로 증명할 수는 없다. 우리는 청년의 욕구들과 모순들에 관심을 기울임으로써 이 필요성을 증명할 수 있을 뿐이다. 이러한 욕구들과 모순들 중심에는 청년의 성생활이라는 엄청난 문제가 있다.

정당들이 보통 지니고 있는 생각들과는 반대로, 우리의 청년작업은 평균적인 청소년의 계급상황에 대한 통찰이 매우 피상적이고 불확실하다는 것을 우리에게 가르쳐준다. 진정한 통찰은 아주 드물며, 지적으로 조숙한 청소년들이나 억압을 전혀 겪지 않은 혁명적 가정의 청소년들 사이에서만 발견된다. 산업적 견습생이 되는 것은 혁명적 심성보다는 둔중한 무관심을 생산하는 경향이 있다. 견습생 심성은 다른 특정한 계급 요소들과 예를 들어 만족스러운 여가활동에 대한 요구와 결합해서만 적극적이게 될 수 있었다. 통속적인 견해와는 달리 배고픔도 그 자체로는 계급의식으로 이끌기보다는 갱 등과 같은 퇴폐적 상황으로 이끌게 되는 요소가 된다.

우리는 청년공산주의자동맹에서보다는 기독교 조직들에서나 청년 친위대에서 종종 또는 더욱 종종 배고픔과 다른 궁핍으로 고통받는 사람들을 만난다. 궁핍은 낭만적인 경험을 향한 욕망, 성적 요구, 부모관계와 관련되면 강력한 적극적 요소가 될 수 있다. 그러나 우리는 배고픔이 퇴폐화하지 않을 때는 저절로 종종 젊은이들을 다양한 부르주아 복지조직의 품속으로 몰아넣는다는 것을 분명히 알아야 한다. 우리의 경험에 의하면 배고픔은 쉽게 계급제도라고 인식할 수 있는 감화교육에 대한 불안을 동반하면 젊은이들을 훨씬 더 혁명적으로 만드는 효과를 지닌다는 것을 알 수 있다.

지도자들과 이념들에 속박되는 청소년들의 경향은 정치적으로는 명확하지 않다. 그러한 경향은 어떤 방식으로도 이용될 수 있으며, 따라서 혁명당이 개입해서 올바른 방향으로 틀어나가지 않으면 쉽게 해로운 요소가 된다.

스포츠를 좋아하는 것, 군복(이것은 소녀들을 즐겁게 만들며 그 반대도 마찬가지이다)을 입은 남성을 좋아하는 것, 행진곡 등은 오늘날 프롤레타리아 운동의 조건에서는 일반적으로 반혁명적 요소들이다. 왜냐하면 정치적 반동은 이러한 요구를 만족시킬 수 있는 보다 큰 가능성을 갖고 있기 때문이다. 특히, 축구는 직접적으로 탈정치화하는 효과를 지니고 청년의 반동적 경향을 고무시킨다. 그럼에도 이러한 경향들은 원칙적으로 반대로 바뀔 수 있다. 즉 우리가 순전한 배고픔의 강력한 본성에 대한 경제주의적 견해를 버린다면, 그 경향들을 좌익에 유리하게 이용할 수 있다.

청년혁명조직들에서 아주 잦은 조직원 이동은 내가 기술해 온 모순들이

해결되지 않았다는 것을 증명한다. 혁명조직들은 혁명적 경향들을 적절하게 개발하지 않아 왔고 금지하는 요소들을 적절하게 다루지 않았다. 젊은이들에게 계급감정이 결여되어 있기 때문이어서가 아니라 혁명적 작업의 심리학적 결점들 때문이다. 아주 적은 소수만이 조직에 머물고 그들조차도 몇 년 동안만 머문다. 나는 내가 이용할 수 있는 어떤 그림들도 가지고 있지 않지만, 경험은 지난 10년 동안 모든 삶의 여정에서 수백만의 어른 남성과 여성뿐만 아니라 청소년들이 혁명조직에 대한 어떤 지속적인 충성심이나 유대를 형성하지 않고 혁명조직을 거쳐 갔다는 것을 보여준다.

무엇이 그들을 우리 조직 속으로 끌어들였는가? 제복이나 물질적 혜택이 아니라 그들 자신의 불분명한 사회주의적 헌신, 그들의 계급 감정일 뿐이다. 왜 그들은 (우리 조직에) 머물지 않았는가? 조직이 이러한 [계급] 감정을 개발하지 못했기 때문이다. 왜 그들은 무관심이나 정치적 반동에 빠져들어 갔는가? 그들은 또한 자신들 안에 우리가 파괴하지 못한 반혁명적인 부르주아적 구조를 가지고 있었기 때문이다. 왜 우리는 그것을 파괴하지 못했는가? 또는 왜 적극적인 요소들을 개발하고 촉진하는 데 실패했는가? 우리는 무엇을 파괴해야 할지를 그리고 무엇을 촉진해야 할지를 몰랐기 때문이다.

단순한 '훈련'은 충분하지 않았다. 음악과 행군도 충분하지 않았다. 왜냐하면 우리보다도 다른 사람들이 이러한 것들에서 훨씬 더 나았기 때문이다. 구호들 또한 구체화시키지 않으면 소용이 없었다. 다른 사람들이 정치적 외침에서는 우리보다 더 나았기 때문이다. 혁명조직이 대중에게 제공할 수 있는 유일한 것, 실제로 혁명조직이 대중에게 제공하지 못한 것, 우리에게 몰려온 대중을 붙잡아두고 그 외의 다른 사람들을 매혹했던 유일한 것은, 자유와 권위주의적 보호를 동시에 갈망하는 이러한 무지하고 억압받는 자본주의의 쿨리들이 실현하지는 못하지만 진정으로 욕망하는 것을 이해하는 것일 것이다. 그것을 이해하고 다른 말로 표현하고 **그들을 위해서** 그들 자신의 언어로 표현하고 **그들을 위해서** 생각하는 것일 것이다. 그러나 모든 심리학을 반혁명적이라고 거부하는 조직은 그런 과제를 감당할 수 없었다.

여성의 경우

여성의 경우 계급의식은 어떻게 보이는지 거칠게 묘사해 보자.

'생산과정 속에의 통합', '남성에 대한 의존의 종결', '자기 자신의 몸에 대한 권리'라는 정식들(그리고 그 정식들을 반복하는 것 이상으로 행해진 것이 없다)은 많은 것을 획득해오지 못했다.

그럼에도 불구하고 경제적 독립에 대한, 남성으로부터의 독립에 대한, 무엇보다도 성적 독립에 대한 바람은 무엇보다도 여성의 계급의식을 구성하는 가장 중요한 요소들이라는 것은 사실이다.

다른 한편 속박되고자 하는 여성의 강한 경향은 몇 가지 특징적인 공포들에 의해 재강화된다. 즉 부양자로서의 남편의 상실을 포함하는 소련식 결혼입법에 대한 공포, 법적으로 허용된 성 상대를 갖지 못한다는 것에 대한 공포, 자유로운 삶 일반에 대한 공포. 이것들은 부정적인 측면에서 적어도 마찬가지로 강력한 금지요소들이다.

특히 아이의 집단양육은 부모로부터 '아이를 빼앗아' 갈지도 모른다는 공포가 공산주의적 여성들 사이에서조차 분명한 정치적 사유에 강력한 제동을 걸어왔다. 그들이 종종 그러한 제안들을 지지하여 말하는 정당 모임들에서가 아니라, 집에서 그들의 남편과의 사적인 갈등들에서. 특히 쁘띠부르주아 여성들에게서.

경제적 속박과 성적 제한으로서의 결혼에 대한 반항은, 여성의 관심사의 바로 중심에 있는 이러한 가슴아픈 문제들을 객관적이고 진실로 밝혀낼 때에만 혁명운동의 가치 있는 도구가 될 수 있다는 것을 사람들은 깨달았다.

이 대신에 우리의 선전가들은 이러한 것들 자체에 관해 결코 분명하지 않았는데, 한편으로 소련 결혼체계를 칭송하고 다른 한편으로는 소련에서 결혼들이 다시 더욱 견고해졌다는 사실을 환영함으로써 그 쟁점을 혼동하였다. 이것에 대한 평균적인 여성의 반응은 "당신이 결혼과 가족의 폐지를 선전하고 있는 동안 그곳의 여성들은 여전히 남편들에 의존해 있다"든가 또는 반대로 "당신은 바로 우리를 무력하게 남자의 손에 집어넣기를 원한다"고 말할 수 있을 뿐이었다.

그러한 모순들은 전문적 심리학자 집단에 의한 가장 자세한 과학적 조사와 정치조직들에 의한 가장 세심한 처리를 요구한다. 결국 우리는 바로 그들의 노동의 본성에 의해서 더욱 정치적으로 성숙하고 더욱 확실히 좌익적인(그리고 우리가 또한 전적으로 이해하지 못한 사람들) 산업여성노동자들을 다루고 있을 뿐만 아니라, 대개는 가정주부들, 가사 하인들, 가정부들, 소상인들, 상점 보조자들 등의 압도적 다수를 다루고 있다.

경험은 예를 들어 혼외정사나 그것에 대한 욕망이 반동적인 영향력들에 반대하는 투쟁에서 아주 효과적일 수 있는 요소라는 것을 우리에게 가르쳐준다. 그러나 그것은 항상 결혼 안에서 안정욕망과 함께 간다. 따라서 우리는 소련에서 혼내정사와 혼외정사의 전통적 구별이 사라져 왔다고 여성들에게 말함으로써 그것을 적합한 방향으로 발전시킬 수는 없다. 많은 여성들은 일에서는 혁명적이지만 집에서는 반동적이다. 이것은 주로 여성들의 도덕적 문화적 태도가 아직 그들의 비판능력과 그들의 경제적 성적 관심을 능가하기 때문이다.

다양한 부르주아 조직의 '여성권리' 활동은 강한 혁명적 충동에 근거하고 있다. 일부는 의식적이고(경제적 의존에 대하여) 일부는 보통 무의식적이지만(성적 의존에 대해서) 그러나 모두 현존질서를 바꾸려는 데로 향하였다. 사회주의만이 그들의 질문에 대한 실천적 해답을 제공할 수 있다. 그럼에도 사회주의자들은 여성들의 이데올로기적 혼동을 밝히려는 아무것도 하지 않았다. 사회주의자들은 여성들이 원하는 것은 상호 모순적이며 여성들이 목표를 정식화할 수 없고 그래서 팽크허스트 스타일의 반란이나 감상적인 반란의 형식에 의거해 왔지만 그들의 목표는 진정 사회주의적이라는 것을 여성들에게 설명하지 않는다. 사회생활과 관련하여 개인생활의 수많은 사소한 문제들에 관해 이야기함으로써 우리는 적어도 사태를 활기띠게 할 수 있었다. 토론이 시작될 것이고, 무엇인가 할 말이 있는 사람들(예를 들어 사회주의자들)이 만약 정통적인 유형에 관한 당 논쟁들에 집착하지 않는다면 이 토론들을 장악할 것이다. 반동들은 어떤 실제적인 객관적 논증에서도 완전히 패배할 것이다.

1933년 말에 매우 주목할 만하고 교훈적인 운동이 일부 독일 여성들 사이에서 발생하였는데, 이것은 책에서 찾을 수 있는 어떤 것보다도 더 좋은, 실천적으로 변증법의 사례였다. 이 여성들은 가정에 구속되는 것에 항의했다. 이것은 혁명적일 수 있던 항의지만, 그럼에도 그 여성들은 '브룬힐데같은 독일 활동가'가 됨으로써 (그런데 이것은 이 형식에서는 반동적인 것이다) 그것을 대체하기를 원했다. 우리는 나치가 그렇게 열정적으로 촉진했던 모성 이데올로기는 폭로되어야 할, 성에 반대하는 핵심을 지니고 있다는 것을 분명히 인식해야 한다. 어머니라는 것은 연인이라는 것의 반대로 제시된다. 여성들은 어머니이자 연인이기를 원한다. 그러나 여성들은 자본주의적 도덕성이 그들 안에 창조해놓은 모순에서 벗어나는 길을 찾을 수 없다. 결과적으로 정치적 반동의 압박 아래에서 여성들은 스스로가 성적 존재임을 부인한다.

여성권리운동은 그것이 계급감정에 반대하는 방향으로 나아가기 때문에 그 현재 형태에서는 반동적이지만, 사회변화를 향하여 작용하기 때문에 쉽게 반대로 바뀔 수 있다. 여성들의 경우에 현실의 배고픔과 자녀를 먹여 살리는 데 대한 불안만으로는 혁명적인 심성으로 거의 가지 않는다는 것을 우리는 다시 한번 발견한다. 훨씬 더 종종 이것은 남편들이나 다 자란 어린이들의 정치활동과는 반대로 정치 일반에 대한 공포로, 우둔함과 성매매로 이끌고 간다. 그러한 걱정들과 공포들을 관련된 다른 힘들 및 반대힘들과 올바른 방식으로 결합시키면 계급의식의 효과적인 추동력으로 전환할 수 있을 것이다.

예를 들어 오늘날 여성의 혁명적 사상과 감정에 심각한 방해물인 예쁜 옷을 좋아하는 것, 화장 등이 반대역할을 하고 있지는 않은지 말하기는 매우 어렵다. 혁명조직이 여성대중을 공산주의적 여성의 검소한 외모에 적응하도록 설득시키는 데 성공할 것 같지는 않다. 부르주아적 매력과 공산주의적 금욕주의 사이에서 계급투쟁의 요구와 여성의 자연스런 건강한 허영 양자를 만족시키는 길을 찾아야 한다. 우리의 정치지도자들은 그러한 것들에 관심을 둘 만한 가치가 없다고 치부해서는 안 된다. 우리는 그들에게 정치적 반동이 독일 여성을 매혹하고 장악하는 강령을 연구하도록 조언한다.

여성운동이 직면한 주요한 문제는 의심의 여지없이 가족의 미래와 아이의 양육이다. 독일의 성정치 운동에서 우리는 사회주의란 남성, 여성, 어린이의 공동의 삶을 지속시키기 위한 새로운 형태를 제기할 뿐이고 볼셰비즘 아래에서 이른바 가족의 폐지는 경제적 이해관계로부터 성적 이해관계를 해방시키는 것을 의미하는 것이라고 설명함으로써 수많은 여성을 획득하는 데 성공했다.

오늘날 독일에서 가족 이데올로기의 발전은 가장 세심한 관심을 받을 만하다. 예를 들어 가족생활과 친위대 복무 사이의 갈등의 경우이다. 여성과 관련한 우리의 미래의 정책은 이러한 이데올로기에 대한 세심한 이해에서 도출되어야 한다. 그리고 파시즘의 성적이고 도덕적인 경향들 아래에서 성매매가 필연적으로 증가할 것이므로, 프롤레타리아 정책은 또한 성매매여성들을 우리의 대의에 끌어들이는 것을 포함해야 한다.

독일에서 일어나는 다양한 사건들은 계급의식이나 계급의식의 시작이 주민 속에 존재하는지 그리고 그것들이 어떤 쪽으로 나아가는 경향이 있는지, 혁명지도부가 무엇을 할 수 있는지를 가리킬 수 있다. 우리는 이미

'브룬힐드처럼 하기' 운동, 즉 결혼과 부엌의 예속에 반대하는 여성들의 모호한 반란을 언급해 왔다.

얼마 전에 괴벨스(Goebbels, 나치 선전장관)는 나치들에게 극도로 황당한 질문을 할 수밖에 없었다. 나치는 정권을 잡은 후 낙태와 피임에 관한 현행법을 상당히 옥죄었고, 어린이 교육을 종교조직 및 군사조직에 넘겼으며, 가족을 민족과 국가의 그[유일한] 기초라고 선언하고, "독일 여성은 담배를 피우지 않는다"라는 모토를 시작으로 하여 단발머리를 비난하고, 갈보집을 다시 열었으며, 남성들에게 다양한 먼 옛날의 특권들을 회복시켜 주었다. 그러므로 나치들은 자신들의 역사적 기능의 의미에서 극단적인 문화적 반동의 과정에 착수했다. 많은 나치당 관리들이 이러한 조치들을 그것들이 의미하는 대로 정확히 수행했다는 것은 당연했다.

어떤 작은 시골에서 비누회사가 손에 비누 세트를 들고 있는 작은 소녀를 보여주는 포스터를 발행했다. 그것이 주민의 '도덕감각'을 공격하였기 때문에, 지역 나치 보스[지도자]는 즉각 그 포스터를 금지했다. 이러한 것과 유사한 사건들이 괴벨스로 하여금 '정조에 대한 허가받지 않은 도덕적 판사들과 위선적 사도들'에 대한 공격을 개시하도록 강요했다. 그는 '도덕적 참견'과 '소도시와 농촌에 자경단을 세우는 것을 가장 귀중한 바람으로 삼는' 사람들을 경멸하였다. 그러한 체계는 "정보 제공자들과 협박자들을 북돋울 수 있을 뿐"이라고 그는 말했다. 여성들은 이미 외출하거나 혼자 음식점에 가는 것을, 보호자 없이 젊은 남자와 저녁을 보내는 것을, 보석을 걸치거나 화장하는 것을 두려워한다고 그는 말했다. "……그들이 집에서나 파티에서 담배를 피운다면, 그것은 반드시 그들을 도덕적 일탈자들로 만들지는 않는다." 국가사회주의는 경건주의 운동이 아니었다. 사람들은 자신들의 삶의 즐거움을 빼앗겨서는 안 되었다. 목표는 더 많은 삶 긍정과 더 적은 위선, 더 많은 도덕성과 더 적은 도덕주의적 태도를 달성하는 것이라고 그는 말했다.

그러한 진술을 우리는 어떻게 이해할 수 있는가? 이 연설의 교훈은 무엇인가?

첫째, 일반적인 독일 여성은 격렬하게 분개하면서 나치의 문화정책에 반발해야 했거나 그렇지 않았다면 괴벨스는 그렇게 말하지 말았어야 했다.

둘째, 분노는 엄청나야 했거나 그렇지 않았다면 괴벨스는 좀 더 초기의 경우에 룀(Röhm)처럼 나치 이데올로기에 대한 반대 움직임에 개입하지 말았어야 했다. 나치 지도자들은 대중심리에 극도로 능숙하며, 자신들의 세계관의 한 원칙을 자신들의 권력기반을 위태롭게 하게 하기보다는 오히려 맘대로 지워버릴 것이다.

셋째, 현실에서 괴벨스는 이런 문제에 관해 어떤 말도 하지 않았다. 왜냐하면 그는 반동적인 이데올로기를 지닌 나치즘과 혁명적인 그 추종자들 사이의 모순(모든 영역에서 분명한 모순)을 이해할 수도 극복할 수도 없었기 때문이다.

넷째, 우리는 여기에 순수하지 않고 모호한 형식의 사회주의적 계급의식의 요소를 갖고 있다. 그것은 우리 스스로가 그 문제에 대해서 완전히 분명하게 하면 발전시킬 수 있었던 것이다. 우리는 나치 추종자들로 하여금 나치즘의 반동적 결과들을 깨닫게 함으로써 그들이 지닌 혁명적 심성을 강화할 수 있었다. 우리는 올바른 종류의 선전에 의해서 사회당원으로

하여금 자신의 **쁘띠부르주아적** 사고들을 깨닫게 할 수 있었다. 일반적으로 우리는 친위대를 **단지** 반동분자로 대하고 사회당원을 단지 아직 '빛을 보지' 못한 혁명가라고 대하는 대신에, 모든 모순들을 끊임없이 강조해야만 한다.

다섯째, 괴벨스가 한 그런 연설은 최근 들어 의심을 품기 시작한 나치 추종자들을 즉각적으로 안심시켰음에 틀림없다. 제3제국[나치독일]에서 여성의 성이란 전체 문제의 해결할 수 없는 본성이 **구체적으로** 밝혀지지 않는 한 그러한 연설은 새로운 지지자들을 얻고 적들의 확신을 흔들 것이 틀림없다.

왜 그 문제를 해결할 수 없는가?

가족을 공고화하고 여성을 부엌에 묶어두기 위해서는 일부 과열된 나치 관리들이 적용한 것과 같은 억압적 조치들이 필요하다. 그러나 그러한 조치들은 괴벨스가 그에 따른 불만족을 줄이려는 자신의 시도에서 연설하는 '삶 긍정'과 완전히 모순된다. 더욱이 나치 이데올로기의 바로 핵이자 핵심은 그것의 도덕성(명예, 순수성 등)이다. 일상적으로 생각하는 사람이 모임에서 일어서서 '도덕성'과 '도덕주의적 태도' 사이의 차이가 무엇인지 묻는다면, 그 질문은 (항상 그것이 완전히 말해진다는 조건에서) 심각한 당혹감을 불러일으킬 것이 틀림없다.

만약 한 여성이 젊은 남성과 외출하는 것을 금지시킨다면, 그것은 도덕주의적 태도이지 나치가 요구하는 도덕성은 아니다. 당연하다. 그러나 그 젊은 남자가 그 여성과 키스를 한다면 어찌되는가? 혹은 더 나쁘게는, 그가 그녀와 성교를 하고 싶어한다면 어찌되는가? 그것은 삶의 즐거움에 속하는가 아니면 그렇지 않은가? 안락의자에 앉아 있는 나치 관리가 이 점에서 양보하고 실제로 자유연애(이것은 결코 우리를 놀라게 하지 않을 것이다)의 가능성을 허용한다면, 다음 질문이 나올 법하다. 그러한 것들이 공공연하게 허용된다면 그것은 결혼의 역할과 가족을 약화시키지 않을까? 그리고 그 결과로 태어날 수 있는 모든 어린이들은 어떻게 되는가? 우리의 나치 의장이 지금 어린이는 그 부모가 아리아인인 한에서만 어린이라고 말한다면, 사람들은 자신들이 성교할 때마다 임신을 해야 할지를, 그리고 그렇지 않다면 그것에 반대하여 무슨 조치를 취해야 하는지를 당연히 물을 것이다.

그러한 질문은 천 권의 불법적 소책자들보다 훨씬 더 나치들을 당황하게 만들(그들이 그것을 깨닫지 못한 채 우리를 대신해서 선전을 하고 있다는 단순한 이유로), 완전히 비정치적인 형식의 살아 있는 공적 논쟁을 개시할 것이다. 왜, 계급의식은 없는가? 그것을 일상생활의 도처에서 찾아낼 수 있다! 감옥에서 방황하기 때문에 대중의 계급의식을 발전시킬 수가 없는가? 모든 나치를 괴롭히는 몇몇 질문들, 반동이 결코 대답할 수 없는 질문들을 바로 질문해라, 그러면 당신은 계급의식에 대해 걱정하는 것을 중단할 수 있다. 비합법적인 전위의 역할은? 바로 여기에 감춰져 있다! 이것들은 프롤레타리아 민주주의의 구체적인 내용이지, 100명 중에 99사람에게 아무것도 의미하지 않는 프롤레타리아 민주주의에 관한 단순한 말들이나 구호들이 아니다. 수천의 사례들을 모든 생활영역에서 만들어서, 종교에 대해서, 노동조합에 대해서, 노동자와 고용인의 관계에 대해서, 부르주아지의 미래 등에 대해서 구체적이고 일관된 방식으로 잘 생각하고 제기하면 나치들이 대답할 수 있는 질문이 **단 하나도 없다**는 것을 보일 수 있다.

오늘날 혁명지도부의 가장 중요한 임무는 나치즘의 약점을 지적하고 대중 사이에서 토론을 유도하여 어느 누구에게도 위험 없이 그 토론이 계속적으로 유지될 수 있도록 하는 것이다. 혁명은 미국과 일본의 모순에 관한 논쟁이나 수행될 수 없는 파업촉구에서 발전할 수 있는 것이 아니라, 오직 오늘날 살고 있는 삶의 모순들에서 발전할 수 있을 뿐이다. 우리가 모든 나치를 범죄자나 사디스트라고 계속 여긴다면 혁명은 발전하지 않을 것이다. 우리가 해야 할 것은 대중의 주체적 열망과 그 문제도 풀 수 없는 그들의 무능력 사이의 대비를 보여주는 것이다.

우리는 우리의 관점이 100% 옳고 실현가능하다는 것을 증명하는 데 너무 중요성을 부여해서는 안 될 것이다. 관점의 정확성은 실천에 의해 증명된다. 중요한 것은 실제 무엇이 일어나고 있고 광범한 대중이 무엇에 관심을 가지고 있는가를 알아야 하고 모순들을 정확히 지적해야 하는 것이다. 행위를 시작할 때에 이론이 이미 만들어져 있을 수는 없다. 이론은 행위를 수행하는 과정에서 발전할 수 있을 뿐이고 자신의 실수들을 벗어버릴 수 있다. 이것은 성인 남성노동자의 계급의식을 촉진하거나 방해하는 구체적 요소들에 대한 다음 스케치에도 마찬가지로 적용된다.

성인 남성노동자의 경우

집합적 산업노동은 의심의 여지없이 계급감정의 가장 중요한 원천이다. 하지만 프롤레타리아라는 것과 공장에서 일한다는 것이 그 사람이 계급의식적이라는 것을 의미하지 않는다. 또한 노동조합원이라는 것도 그 사람이 계급의식적이라는 것을 의미하지 않는다. 비록 이 양자가 계급의식의 본질적인 전제조건들이지만 말이다. 이것의 증거는, 이전에 자유로운 조합조직에 속했던 많은 독일노동자들이 오늘날 기계적으로 나치 노동조합 조직에 가입한다는 사실이다. 조직된다는 것이 독일 노동자처럼 몸에 박혀버릴[노동자의 피와 살의 일부가 되는] 때에는 [계급]의식은 **그 조직의 종류에** 따라 종종 훼손된다.

노동의 '명예', 노동자와 고용주의 '평등', 공장과 민족의 통일 등에 관한 나치의 선전은 특히 평균적 노동자가 사회민주당의 '산업평화'론을 흡수한다면 그를 쉽게 눈멀게 만들 수 있다. 그러한 사람은 심리적으로 아주 왜곡되어 있어서 자신이 '사회의 충분히 가치있는 성원'이라고 단순히 말만 들어도 기분 좋게 느끼게 될 것이고 특히 그에게 어떤 종류의 완장과 제복을 주면 그러하다.

관념의 물질적 힘을 과소평가하는 어떤 혁명가도 실패할 것이 확실하다. 우리의 역사시대에 관념의 물질적 힘은 물질적 빈곤의 힘보다 더 강하다는 것이 입증되어 왔다. 그렇지 않다면 히틀러와 티센(Thyssen)이 아니라 노동자와 농민이 오늘날 집권했을 것이다. 나치들은 자신들이 산업노동자들을 설득할 때 얼마나 값을 치를지를 아주 잘 알고 있다. 그들은 1934년 1월의 노동입법과 같은 것이 법으로 될 수 있기 전에 자신들이 노동자들에게 주입해야 하는 이데올로기적 독약의 양을 정확히 알고 있다. 그들은 노동자들이 이데올로기적으로 자신들의 철학에 복속되어 있다고 **미리** 확신하지 않는 한, 실제로 자살을 감행하지 않고는 그러한 법률을 통과시킬 수 없다는 것을 알 만큼 충분히 똑똑하다.

레이(Ley)는 새로운 노동법을 만들기 전에 몇 달 간 이데올로기적인 준비작업을 하였다. 우리가 노동자의 마지막 의지처를 빼앗는 이 법률의 순전한 잔인성을 놀라 쳐다만 볼 뿐 아무것도 하지 못한다면, 이데올로기적으로 부드러워져 온 노동자와 그것을 다른 눈으로 보고 다르게 느낀다는 것을 우리가 잊는다면, 그때 그들에게 말한다면 우리는 우리의 생각과 모순을 표현할 뿐이지 그들의 생각과 모순을 표현하지는 않을 것이다. 또한 우리의 노동조합 작업에 앞서 노동자들이 이데올로기적으로 왜곡되어온 영역들에 대한 정확한 지식에 근거한 이데올로기적 작업(천천히 조심스럽게 생각해낸 작업)을 해내야 한다. 결국 노동자는 언제 사태가 자신의 이익에 반하여 돌아가고 있는지를 분명히 알며, 그것에 대한 충분한 계급의식을 가지고 있다. 그러나 노동자는 또한 즉각 자신이 통제할 수 없다고 알고 있는 상황에 대한 충분한 공포를 깨닫지 못하도록 하는 온갖가지 생각과 감정을 지닐 수 있다. 그리고 그 지점에서 그는 환상에 잘 속아 넘어가는 사람이 된다.

히틀러가 모든 노동자에게 준 한 자루의 감자라는 선물은 99%는 이데올로기이며 오직 1%만이 실제적 가치를 지닌 것이었다. 최근의 전차요금 할인 등에 대해서도 똑같다. 계급투쟁 속에서 단련된 노동자는 종종 속지 않지만, 그러나 많은 아주 많은 사람들이 이데올로기적으로 유순해진다. 지극히 소수만이 단련된다. 자유노조 정책 때문에 다수는 결코 파업을 하지 못해 왔다. 공장에 남아 있는 '위험한' 노동자는 거의 없다. 그래서 평균 노동자는 무엇이 일어나고 있는지에 대한 올바른 감각을 가질 수 있지만, 그는 지도부가 없으며 결국 히틀러가 잘 나타내는 희망에 그리고 '그가 우리 노동자들을 위해 무언가 하고 있다'는 희망에 의지할 수밖에 없다. 일반적 노동자는 자신이 진정한 주인이며 아무도 자신에게 줄 어떤 선물도 가지고 있지 않다는 것을 알지 못한 채 떡고물을 받아들인다. '한 자루의 감자가 무조건 야단치는 것보다 낫다'는 생각에 완전히 빠져들지 않은 사람만이, 국민의 일원으로서 자신과 평등한 사람이라고 상정되는 자신의 고용주가 자신의 것보다 천 배의 많은 소득을 올리기 때문에 화를 낼 수 있다.

실제로 무엇이 한 노동자로 하여금 한 자루의 감자라는 치욕적인 선물에 대해서도 분노를 **저지하는**지를 우리가 묻는다면, 우리는 가장 중요한 요소는 그의 **가족에 대한 책임**임을 알 것이다. 우리가 노동자로 하여금 단순히 파업에 참가시킨다면(노동자의 머릿속에서 무엇이 일어나는지 알지 못하는 정말 우둔한 사람만이 이것을 한다), 또한 그가 결코 믿지 않는 비밀스럽고 상당히 위협적인 노동조합에 참여하라고 재촉한다면, 우리는 그 노동자 속에 계급의식적 사고를 발전시키지 못할 것이다.

어떤 혁명적 노동자는 처음에는 무엇보다도 그 자신이 나치 노동조합원이었고, 자신의 작업동료들에게 자신은 그들의 깊고 표현되지 않은 걱정들을 이해한다고, 예를 들면 그들이 가족에 대해 걱정하기 때문에 자신들의 분노를 억압하고 그것을 자신에게 표현하는 것조차 거부한다는 것을 이해한다고 틀림없이 보여준다. 수백만의 노동자들이 이와 같은 문제들을 지니고 있는데, 그것들에 대해서 그들은 거의 알지 못한다. 임금을 제외하고 평균적인 청년노동자에게 주요한 문제가 연애와 개별 숙소의 문제라면, 가족책임의 문제(이것을 우리는 부르주아적 가족 이데올로기와 등치시켜서는 안 된다)는 성인노동자에게 두 번째로 중요한 문제이다. 그러한 사람에게 파업을 하러 가라고 말하면, 그는 당신이 그에게 무엇을 원하고 있는지 이해하지 못할 것이고, 그는 그냥 당신에게 등을 돌릴 가능성이 크다.

만일 당신이 (우리는 여기서 그러한 설명에 대한 거친 도식을 제공할 수 있을 뿐이다) 그가 한 자루의 감자라는 모욕적인 선물에 자신의 분노를 자유롭게 표현하기를 거부하는 이유가 부분적으로는 그가 히틀러가 정말 고용주들의 조연인지 아니면 모든 사람 곁에서 옳은 일을 하려는 진정한 민족지도자인지를 확신하지 못하는 것이고 부분적으로는 그가 온갖 연설과 행진에 의해 다소 영향받지 않을 수 없다고, 그러나 대부분 그가 부양해야 할 가족이 있고 하라는 대로 하는 것이 더 안전하기 때문이라고 그에게 설명한다면, 여러분이 이것과 유사한 것들을 설명한다면, 그러면 여러분은 노동자를 이해한 것이고 그는 즉각 그것을 알 것이다. 그러고 나서 당신은 즉각적인 파업을 위해서가 아니라 확실히 미래의 파업을 위해서 지지자를 얻었기 때문에 당신 스스로를 진정한 혁명가임을 증명한 것이다.

대중심리학에 대한 그러한 고립된 통찰력들이 증식하여 더 커다란 영역을 포괄하기 시작하면, 노동자들은 곧 자신들을 걱정하게 하는 것과 분노하게 하는 것, 자신들을 뒷걸음질하게 하는 것과 전진하게 하는 것을 이해하는 사람이 있다는 것을 알 것이다. 그것이 우리가 우리의 이 불법 소책자 속에 넣어야 할 종류의 것이다! 우리는 그러한 종류의 소책자들을 배포하는 데 아무런 어려움이 없으며, 사람들은 그것들을 우리 손에서 가져갈 것이며, 소책자를 만드는 사람들은 자신들이 똑같은 구태의연한 작은 일들을 계속 반복해서 해야 하기 때문에 자신들을 좀먹는 공허감을 떨쳐버릴 것이다. 그들은 현실과의 직접적 접촉감을 획득할 것이다. 환상의 선전은 현실로 대체될 것이고, 쓸모없는 정치적 외침은 상황에 대한 객관적인 파악으로 대체될 것이다.

작은 사건들은 종종 큰 사건들보다 더 많은 것을 드러낸다. 계급적 사유와 그것을 방해하는 요소들을 보여주기 위하여 그러한 사건 하나를 인용해 보자. 종종 그렇듯이 이러한 경우에 부르주아적 성이데올로기는 금지요소를 나타낸다는 것을 알 것이다. 오스트리아에서 느린 기차로 여행하는 일부 노동자들과 농민들은 일, 정치, 여성 등에 관해서 수다를 떨고 있었다. 분명 결혼한 한 젊은 남성노동자가 모든 법률은 부자를 위해서 만들어져 있고 가난한 사람들에게 농간을 부린다고 말하고 있었다. 나는 이 계급의식적인 노동자가 다른 무엇을 말할 수 있을지를 듣기 위해 귀를 세웠다. 그는 계속했다.

> "예를 들어 결혼법을 들어 봅시다. 그 법은 자신의 아내를 때릴 수 있는 남자의 권리를 말합니다. 자, 여러분들에게 말합니다. 부자만이 자신의 아내를 때릴 수 있습니다. 당신이 가난하다면 당신은 항상 그 때문에 움츠러듭니다."

그가 말하고 있던 것이 옳은지 아닌지가 중요한 것이 아니다. 그것은 평균적인 노동자의 머릿속에서 일어나고 있는 것을 아주 잘 보여준다. 가난한 남자로서 그는 자신을 부자 남자와 대비시키고 그 불평등을 느낀다. 즉 그렇게 가는 한 그는 계급의식적 심성의 싹들을 지닌다. 그러나 동시에 그는 법 안에서 기꺼이 자신의 아내를 때릴 것이다. 여기서 그는 손해를 본다고 느끼며 정말 계급중용적이다. 부르주아 성도덕은 그의 마음속에서 계급의식과 싸우고 있다. 남성이 계급사회에서 향유하는 성적 소유권과 아내 및 자녀에 대한 지배권이 가족 전 구성원의 계급의식의 발전을 가로막는 최악의 장애물 가운데 하나다. 모든 사람은 그것에 의해 타락하고 특히 남성은 그것에 의해 부르주아 질서와 확실하게 연결되어, 결과적으로 그는 비밀스럽게 혹은 공공연하게 소련의 결혼체계를 두려워하고 정치활동 등에 참여하지 않으려 할 것이다.

이것은 윤리적인 문제가 아니라 정치적인 문제이며, 지금까지처럼 정치의 뒷문으로 되돌아가서는 안 되고 혁명적 선전의 주요 쟁점으로 다루어야 한다. 우리는 여기서 인간의 사생활에서 가장 중요하고 정치적으로 가장 효과적인 영역을 가지고 있다. 그것은 예를 들어 방갈로를 소유하고 봉급을 받는다는 이상이 쁘띠부르주아지에게 하는 것과 같은 반동적인 역할을 프롤레타리아트에게 한다.

계급의식의 발달을 방해하는 다른 요소들은 쁘띠부르주아지 사이에서 소규모 사유재산의 숭배에 다시 비교할 만한 남성전용 클럽과 술주정이다. 매우 적은 소자산가들만이 혁명이 우선 첫째로 자신들에게서 재산을 빼앗지 않을 것이라는 것을 알고 있다. 출세 야망, 기업과의 동일시(예를 들면 어떤 자본주의 회사의 성장에 대한 자부심), 영구적 경제적 안전성에 대한 욕망과 연금에 대한 기대감은 항상 계급의식의 장애물들로 작용한다. 혁명당은 모든 사회계층에 영향을 미치는 이러한 질문에 대해 구체적인 답을 제공해야 한다. 혁명은 나의 방갈로에, 나의 배당에, 선술집에서의 나의 저녁들에, 나의 볼링클럽에, 아내와 아이들의 주인이자 지배자로서의 나의 지위에, 나의 연금권리에, 내가 그렇게 자부심을 느끼는 나의 회사에, 무슨 일을 할 것인가?

우리는 예를 들어 성정치가 차지하는 위상을 미리 한정하고 결정하려는 것이 얼마나 잘못된 것인지를 이제 안다. 성정치는 우리 가운데 일부가 믿고 있다고 잘못 비난받은 대로 정치적 반동에 대항하는 유일한 무기가 아니며, 단순한 성개혁의 문제도 아니다. 오히려 성정치는 이제 계급의식의 적극적 요소로서(예를 들어 청년들에게서), 이제 계급의식의 발전의 장애물로서(예를 들어 결혼한 여성들에게서) 생활의 많은 구체적인 측면들 속에 들어간다. 성정치는 혁명작업의 본질적인 부분이며, 거기서 성정치는 경제학이나 문화와 관련된 비성적인 쟁점들과 밀접하게 연결되어야 한다. 성정치는 정치적인 작업에서의 그러한 쟁점들과 분리될 수 없고 생활에서의 쟁점들과 분리되어 있지도 않다.

어린이의 경우

어린이에게서 계급의식의 요소와 그것을 방해하는 것들은 무엇인가?

혁명적 어린이 운동의 조직화는 항상 우리 당이 지닌 가장 약한 지점들 가운데 하나였다. 종종 비난받았듯이 우리가 모든 것을 알고 있고 모든 문제를 즉시 해결할 수 있다고는 결코 믿지 않는다. 그러나 우리는 더 더욱 집중을 필요로 하는 어떤 사실들을 관찰하거나 발견해 왔고, 우리가 우리의 동지들에게 요구하는 모든 것은 그들이 순전히 파괴적인 비판을 그만두고, 레닌주의에 대해 얘기하는 대신에 '항상 배우고 배우고 배움'으로써 모든 것을 살펴보고 새로운 시각으로 모든 것을 보려고 함으로써 레닌주의를 실제로 실천하라는 것이다. 프롤레타리아 당의 아동정책은, 비범한 능력을 지닌 몇몇 개별적인 어린이 집단의 지도자들을 제외하고 어린이가 무엇을 생각하고 느끼는지에 대해 어떠한 실제적인 지식도 없기 때문에, 너무 메마르고 합리주의적이어서 어린이에게는 적합하지 않다고 나는 이미 말해왔다. 여기서 다시 우리는 자세한 도식이 아니라 윤곽 그림을 제시하고자 할 뿐이다. 전체 문제는 자격 있는 조직들의 객관적 연구를 기다린다.

배고픔, 신체적인 영양부족 상태는 가난한 아이들과 부유한 아이들 사이에 다리를 놓을 수 없는 틈을 만드는 아동기 경험이지만 그 자체로 혁명적이지는 않다. 그것은 자산가에 대한 증오를 불러일으키기보다는 오히려 궁핍한 아이들 무리의 경우에서처럼 질투, 비굴함, 절도를 가져온다. 만일 우리가 어린이들에게서의 우리 작업을 단순히 배고픔에 근거해서 하려고 했다면, 우리는 그런 근거는 너무 협소하다는 것을 발견할 것이다. 왜냐하면 우리는 현실적으로 굶고 있는 아이들보다 더 많은 아이들에게 도달하길 원하기 때문이다. 더욱이 빈곤은 절대적인 것이 아니라 더 많은 것을 가진 사람들에게도 상대적인 것이다. 따라서 중요한 것은 끊임없는 궁핍으로부터 발전하여 혁명적 감정에 제동을 거는 질투와 복종을 어떻게 다루는가이다. 관찰들은 계급의식을 가진 더 나이든 친척들 혹은 부모와의 동일시가 아이들의 혁명적 감정에 가장 강력한 자극이라는 것을 보여주었지만, 이런 것은 드물게만 일어난다. 무신론[무신앙]적으로 양육된 혁명적 아이만이 학교 전체를 휘저을 수 있지만, 이런 효과가 적절하게 조직되지 않으면 그것은 단지 우발적인 것으로 남을 것이다. 당이 독일의 아이들에게 배포한 텍스트들은 별 효과가 없었다. 왜냐하면 텍스트들은 진정으로 혁명적인 문제들과 쟁점들에 대한 아이들의 관심을 불러내는 것을 강조하기보다는 암기해야 할 구호들을 강조했기 때문이었다.

나는 지역적 규모 및 전국적 규모의 아동조직 지도자들로부터의 반대 의견(실천적인 경험에 근거하거나 그에 기반해 구체화되지 않은 반대들)을 예상하면서, 아이들을 정치적 문제에 가장 기꺼이 적극적으로 반응하게 만드는 방법은 성문제를 토론하는 것이라고 강조해야 겠다. 특히 또한 어린이들과의 어떤 동지적인 관계를 수립하는 데 성공하려면 말이다. 아이들의 삶에서의 성억압은 모든 아이들이 직접적으로 느끼는 반면 계급문제는 적어도 처음에는 파악하기가 상당히 어려워서 선택의 문제가 거의 일어나지 않는다. 성에 관해 일찍 아는 것은, 그것이 진실이라는 것을 가정하면 그것을 제공하는 사람과의 매우 긴밀한 결속을 만들고, 아이들이 어른들에 대해 일반적으로 느끼는 불신을 제거할 뿐 아니라 비종교적 사고와 결과적으로 계급감정에 가장 확실한 기반을 제공한다.

이른바 '착하다'는 것에 대항한 이데올로기 투쟁은 프롤레타리아 전선의 중요한 과제 가운데 하나여야 한다. 불행하게도 프롤레타리아 교육자들 자신의 부르주아적 왜곡이 심각한 장애물을 창조한다. 늙은 아내의 이야기들, 악귀들과 위협들("내가 경찰을 데려올 때까지 기다려라")은 정치적 반동의 가장 강력한 무기에 속한다. 공장에서 하루의 쿨리 노동을 마치고 집으로 돌아오는 모든 프롤레타리아 아버지(드문 예외만을 제외하고)는 자신의 좌절을 자신의 아이에게 쏟아낸다. 여기서 적어도 그는 지배자이길 원한다. 그리고 지배자라는 것은 들볶을 어떤 사람을, 개가 없으면 아이를 가지고 있다는 것을 안다. 물론 아이를 때리는 것은 이러한 태도에 속한다. 그러나 이것을 이해하는 것으로는 충분하지 않고, 자신의 아이를 때리지 않는 것으로도 충분하지 않다. 필요한 것은 가장 광범위한 국제적 규모의 선전이다. 거리에서 자신의 아이를 때리는 어떤 어머니도 공적으로 잘못을 빌어야 한다. 그러한 조치가 조직화된 방식으로 이루어진다면 곧 사회의 구성원으로서의 아이를 위한 투쟁에, 아이를 가족 가재도구로서 다루는 것에 대항하는 투쟁에 모든 사람이 참여하게 될 것이다.

어떤 사람들은 분명히 아이를 '소유'하는 것에 찬성하고 결과적으로 아이를 때릴 권리를 갖는 데 찬성할 것이다. 그러나 다른 사람들, 공산주의에 대해서 아무것도 알지 못하는 압도적 대다수는 그런 통념에 반대할 것이고, 이것은 그들을 곧바로 계급투쟁으로 이끌 것이다. 즉 그것은 휴지통에 읽지도 않고 던져버릴 문 아래에 밀어넣은 소책자들보다 천 배나 더 효율적이고 유용하게 그들을 참여시키고 활성화시킬 것이다.

물론 우리는 모든 세세한 것을 여기서 제시할 수 없고 정확한 안내물들을 발행할 수 없다. 자본주의 나라들에서 사회주의자들은 무엇을 해야 할지를 지시받으려고 기다려선 안 된다. 사회주의자들은 우리의 대의에 무엇이 옳고 무엇이 유용한지 그리고 무엇이 그 대의에 잘못되고 해로운지에 대한 자신들의 내면의 감각으로부터 행동해 가야 한다. 우리는 조직들에서 주도권에 대한 요구에 관해 말하기보다는 그러한 주도권이 적용될 수 있는 사회생활 영역들을 지적해야 할 것이다. 이것을 하기 위해서 우리는 모든 우리의 선전방법을 전적으로 수정해야 한다. 우리는 종이[글]의 현명함을 살아 있는 쟁점들로 대체해야 한다. 우리는 실수를 저지르는 것을 두려워해서는 안 된다. 그러한 두려움은 무감각으로 이끈다. 그러나 필요하다면 실수를 기꺼이 해야 하며 그러고 나서 고쳐야 한다.

어린이에게 돌아가자. 성경제학적 탐구는 이른 엄격한 화장실[용변] 훈련은 활동의 측면에서 가장 엄한 성격억압에 이르게 한다는 것을 보여 준다. 우리가 자본주의 아래에서 문화정치적 전선에 관해 작업한다면, 우리가 어린이들을 위한 정치에 관심을 가진다면, 우리는 무엇보다도 먼저 이른 용변 훈련의 해로움을 널리 알려내야 하고 그것을 객관적 방식으로 토론해야 한다. 그러한 주제로부터 정치로 나아가는 길은 일부 사람들이 생각하기 꺼려하는 것보다 더 짧다. 정치적 반동은 도덕과 규율의 옹호자라는 자신의 역할에서 우리와 민감하게 대립할 것이다. 그러나 그것이 정확히 우리가 원하는 것이다. 즉 우리는 제기된 문제들이 일상생활의 어려운 쟁점들이기 때문에 대개의 주민이 관심을 가지고 참여할 토론을 시작하기를 원한다. 정치조직들을 보조하고 토론들을 지도하는 것이 사회주의적 정신분석의 과제일 것이다.

또 다른 구체적인 예. 어린 아이들의 자위와 이 주제에 관한 부모 · 교사 · 성직자의 위협은 오랫동안 활발한 공적 논쟁의 주제를 형성해 왔다. 공산당 지도자들은 그것에 대해 어떤 일도 하지 않았다. 왜냐하면 부분적으로는 그들 자신이 부르주아적 편견에 사로잡혀 있기 때문이고 부분적으로는 이른바 '프로이트주의'에 반대하기 때문이다. 프로이트가 이 주제에 대해서 어떤 입장도 취하지 않았듯이 이것은 사실과는 아무런 관련도 없을지라도 말이다. 그럼에도 문제의 핵심은 여기에 있고 다른 데가 아니라 바로 여기에 있다. 어린이를 복종하도록 키워야하는가 아니면 활기 있고 독립적으로 키워야하는가? 이것들은 계급문제이지 '개인' 문제가 아니다. 교회는 이것을 아주 잘 알고 있다. 교회는 이러한 '당혹케 하는' 쟁점들을 놓치지 않기 때문이다. 교회에게 어린이의 자위는 정치이다! 물론 이러한 문제들이 일거에 **해결될** 수 있다고는 한 순간도 믿지 않지만, 우리는 적어도 그것을 **열어젖힐** 수 있고, 그것에 관해 토론을 시작할 수 있으며, 우리의 작업을 좀 생기 있게 할 수 있다.

누군가 우리가 위험한 지반 위를 걷고 있으며 그러한 주제는 어떤 사람들을 피해 갈지도 모른다고 반박한다면, 우리는 그것을 잘 다루는 전문가들에게 그 걱정을 맡기라고 제안할 것이다. 아동기의 문제들이 얼마나 섬세하고 얼마나 혼란스럽게 하고 얼마나 긴급한지를 이러한 문제들에 전문적인 우리들보다 더 잘 판단할 수 있는 사람은 없다. 그들은 정치적 계보와는 상관없이 모든 엄마들과 모든 어린이들을 선점하고 있다. 그리고 당의 어린이 정책의 모든 다른 측면들에 대해서도 마찬가지이다. 이 당정책을 우리는 일상적 실천에 적용된 근대 교육학의 측면에서 살펴보아야 한다. 물론 현재 순간에 우리의 행동은 정치적 토론과 이데올로기적 투쟁에 제한되어야 한다. 이러한 문제들을 제기하는 것이 얼마나 환영받지 못하는지를 나는 충분히 알고 있다고 다시 한번 말하자. 그러나 우리 존재의 이러한 중심 문제들을 열어젖힘으로써만이 우리는 정치적 경화증으로 일찍 죽는 것을 피하기를 바랄 수 있다.

우리는 여기서 단지 몇 가지 사례들만을 언급해 왔다. 일부 학자연하는 사람들이 아이 양육과 관련한 문제들은 여전히 과학적 논쟁의 문제라고 반박한다면, 나는 이렇게 답하겠다. 그것은 사실이지만, 이러한 문제들에 대한 해결책들은 배운 사람들의 연구들에서 나오지 않을 것이고 오직 살아 있는 능동적인 투쟁에서 나올 것이다. 우리는 몇몇 세세한 것들에서는 실수할 수도 있다. 그러나 어린 아이들의 자위에 관해서 반동적인 사람들 사이에서 어떤 논쟁도 없다는 것을 기억하라. 즉 그들이 그것을 억압한다는 것은 하나의 사실이다. 유아의 성에 개입하는 것이 위험하다는 것도 마찬가지로 사실이다. 다른 모든 것은 살펴볼 것으로 남아 있다.

나는 다음 사례가 어떤 직접적인 실천적 결론을 지적하는지 모른다. 그러나 그것이 우리에게 가장 작은 것들에 관심을 기울이고, 모든 중요하지 않은 것들 사이에서 중요한 것들을 찾고, 전형적이고 보편적인 사실들과 비전형적이고 개별적인 사실들을 구별하도록 가르친다는 것은 확실하다. 독일의 아이들은 그들의 부모처럼 대량으로 히틀러에게 넘어가고 있다. 히틀러가 아이들에게 구애하는 주요한 방법은 그들에게 전쟁 게임과 전쟁 이야기를 제공하는 것이다. 그래서 우리의 임무는 왜 그러한 방법이 성공적이고 그것들이 아이들을 위해서 무엇을 하는지 이해하는 것이다. 이것은 심오한 탐구의 문제가 아니라 오히려 아이들에 대한 단순한 관찰과 이해의 문제이다.

6살에서 10살에 걸친 작은 소년들 집단은 도시 안마당에서 전쟁놀이를 하고 있다. 한 작은 소년이 옆구리에 칼을 차고 손에는 나무총을 들고 자신의 놀이 상대들에게 소리치면서 원을 그리며 뛰고 있다. 나는 그에게 자신의 친구들을 죽이고 싶은가 하고 묻는다. 그는 돌다가 멈춰 서서 놀란 채 나를 쳐다보며 묻는다.

"그들을 죽여요?"

나는 말한다.

"왜 그래, 물론 네가 쏘면 너는 죽이고, 그걸 모른단 말이야?"

"그런데 나는 그들을 결코 죽이고 싶지 않아요."

"그러면 너는 왜 칼과 총을 들고 주위를 뛰어다니니?",

"칼이 아주 빛나고 길기 때문이에요."

그는 대답한다. 나는 그에게 평화주의에 대해서 그리고 전쟁과 시민전쟁 사이의 복잡한 구분에 대해서 말하려고 하지 않았다. 나는 어린이들이 죽이려는 무의식적 욕망을 가지고 있다고 할지라도 그들의 전쟁 게임의 즐거움을 이러한 욕망으로부터 뿐만 아니라 순전한 운동적 만족, 무기를 잡는 데 따른 증가된 자신감, 행진 리듬 등에서도 끌어낸다는 것을 다른 경험들로부터 알고 있다. 그러한 통찰력이 우리의 프롤레타리아적 어린이정책에 사용되어선 안 되는가? 아니면 그것은 유토피아적인가? 나는 모르겠다. 그러나 이것들은 확실히 삶(어린이의 삶)의 사실들이고, 우리가 어린이들을 파악하지 못해 왔다면 그것은 확실히 그러한 사실들을 아주 다양하게 연구하고 있을 수 있는 사실들을 이용하는 데 소홀했기 때문이다. 이러한 것들은 지극히 어려운 문제들이고 즉각적인 해결이 어렵다. 우리가 그 문제들을 환기하지 않으면 우리는 실질적으로 그 문제들을 결코 해결할 수 없을 것이다.

3. 부르주아 정치와 혁명정치

성정치 운동은 많은 전선에서 싸워야만 한다. 이러한 것들 가운데 하나는 인간의 마음속에 있는 생각들(만약 그 생각들에 관한 가장 간단한 질문들

을 하면 분명 아주 의미 없는 생각들)의 얽힌 망에 관련된다. 예를 들어, '정치란 무엇인가?'

그것을 질문하면 생길 것이 여기 있다. 우리는 성경제학에 의해 밝혀진 대중심리학의 근본적 원리들을 설명하려 노력하고 있다. 그리고 누군가는 다음과 같이 반박한다. "당신이 이야기하는 것은 아마도 매우 사실적이고 매우 유용할지도 모른다. 그러나 '정치'와 '경제적 요소'가 더 중요하지 않은가?" 대중심리학의 보고나 강의를 상당한 관심과 지지를 보내며 들어온 청중도 '정치'라는 단어의 요상한 최면효과 때문에 우리의 견해에 대해 불현듯 의심하기 시작한다.

이 '정치'라는 말에서 대중심리학을 위한 사례를 제시하려고 한 연설자조차도 뒤로 물러서 정치와 대중심리학의 실천 사이의 관계는 '아직 검토되어야 할 것으로 남아 있다'는 취지로 어떤 것을 말하는 일이 종종 생긴다.

고위정치의 대변자들과 '경제적 요소'의 대변자들(항상 이 요소가 무시되고 있다고 생각하는 사람들, 비록 신문과 잡지들에서 당신은 "경제적 요소" 이외에 다른 것은 전혀 읽지 못하며 대중심리학에 관해서는 한 마디도 읽지 못한다)은 '정치'[그럼에도 불구하고 보통사람들에게는 애무(페티쉬)처럼 작용하는 단어]란 정확하게 무엇이냐에 대해 일반적으로 설명하지 못한다. 우리는 항상 페티쉬즘을 건드리는 어떤 것에도 가장 눈멀게 하는 탐조등을 돌린다. 우리는 그러한 것들을, 우리 모두가 알듯이 가장 당혹스럽게 하며 일반적으로 가장 관심있는 결과들을 만들어 내는 가장 순진한 질문들로 폭파시켜야 한다.

애무 '정치'

정치적인 보통 사람은 '정치'를 첫 번째로 인류의 운명을 결정할 크고 작은 권력의 대표자들 사이의 외교적 협상들을 의미하는 것으로 이해한다. 그런데 이것들에 대해서 그는 아무것도 이해하지 못한다고 옳게도 말한다. 또는 달리 정치적인 보통 사람은 정치를 친구들과 적들 사이의 외교적 거래로, 상호 속임, 염탐, 호감을 베푸는 것, '확립된 절차규칙'에 따른 의사결정으로 이해한다. 이것에 대해서도 그는 아무것도 이해하지 못하지만, 종종 그것에 의해 쫓겨나며 그래서 그는 크게 안도하며 '정치와 아무 관련도 갖고 싶어하지 않는다'고 결심한다. 그는 그가 그렇게 옳게 비난하는 거래들이 그 자신의 삶에 영향을 미치고 결국 자신이 생각하기에 사기꾼 무리인 사람들의 손에 자신의 인생을 맡기고 있다는 사실에서 모순을 보지 못한다.

정치는 또한 주민대중을 자신 쪽으로 넘어오도록 획득하고 싶어하는 것을 의미하기도 한다. 맑스주의자로 교육받은 사람은 누구든지 부르주아 정치가 지킬 수 없는 약속만을 할 수 있기 때문에 언제나 선동적이어야만 한다는 것을 즉각 인식할 것이다. 혁명정치는 그렇지 않다. 혁명정치는 대중에게 하는 모든 약속을 완수할 수 있고 그러므로 원칙적으로 선동적이지 않다. 정치가 선동적이거나 선동적인 것처럼 나타날 때마다, 우리는 혁명원칙들이 포기되어 왔다고 안전하게 결론내릴 수 있다.

주민대중이 '고위정치'라고 생각하는 종류의 정치적인 저술의 전형적인 구절을 생각해 보자. 즉 그것은 이해되지 않지만 매우 조심스럽게 그리고 경외롭게 여겨진다. 그것이 어떤 반응을 생산한다면, 그것은 수동적인 반응이다.

"……영국이 하듯이 무기경쟁보다 무기허가를 더 좋아한다면, 그러한 인가와 함께 어떤 새로운 협상 파괴에도 반대하는 보장책들을 제공해야 한다는 것을 인정해야 한다. 군비축소협약을 수행하기 위한 그러한 보장책들이 제네바의 이른바 군축회담에서 논의되어야 했다. 그러나 독일은 프랑스가 부과한 조건을 받아들이지 않는다. 독일은 공식적인 커뮤니케이션에서는 이 주제에 관해서 침묵한 채 있으며, 영국의 옥새 지킴이인 에덴(Eden)과의 베를린 담화에서 독일은 당시까지 제네바에 오기를 거부했다. 결과적으로 이미 언급한 프랑스-영국 협정들은 그 대상을 잃었다. 제네바 군축회담을 벗어난 외교적인 의견교환은 어떤 결실도 없이 끝나버렸다. 이제 군축회담은 독일 없이 필요한 평화보장책들을 창조해야 한다. 이것에서 프랑스는 영국의 협조에 의지하고 있다.

이것은 4월 17일의 프랑스의 긴 각서의 내용과 의미이다. 이 각서는 3월 28일의 영국의 각서와 4월 10일의 존 시모나(John Simona)의 비망록에 대한 대답이다."

나는 그 누구의 감정을 해치지 않도록 이 구절을 일부러 출처를 밝히지 않고 인용하였다. 모자가 맞는 사람은 누구나 그것을 쓸 것이다. 정치인들의 가벼운 병들을 다루는 유일한 방법이 그것 아닌가?

'독일'은 누구인가? '프랑스'는 누구인가? '외교적 의견교환'은 무엇인가? 그것이 정말 프랑스 각서의 내용과 의미인가? 이런 '정치적 각서'는 대중의 욕구, 그들의 사유와 감정들, 그들이 살아가는 혹은 단순히 무위도식하는 방식과 어떤 관계를 가지고 있는가? 왜, 아무 관계가 없다! 그것과 브레스트 - 리토브스크(Brest-Litovsk) 시대의 레닌의 정치를 비교해 보라. 굶주리고 있는 아주 어린 농민청년은 "전쟁을 끝내자"라는 구호를 이해할 수 있었지만, 고위정치에 매달린 사람들은 그 구호에 반대하였다.

혁명정치가 그들의 바람과 미래를 보장할 수 있는 광범위한 대중은 다르게 생각하고 말한다. 이러한 여행들의 진정한 목적인 반동적 사기를 (모든 사람에게 단순하게, 분명히, 알아들을 수 있게) 설명하지 않고 오늘날 바르투(Barthou)여행에 대해서 계속 말하는 사람은 누구나 무의지적인 공모자가 된다.

광범위한 대중에 대한 고위정치의 효과를 찾는다면, 바로 기껏해야 몇몇 개인들이 '맥주홀 정치'의 형식으로 고위정치를 흉내내고 있다는 것을 우리는 알 것이다. 광범한 다수는 항상 무관심하게 단지 '거대정치'의 엑스트라 역할을 하면서 수동적으로 반응하는 경향이 있다. 만약 엑스트라들이 더 능동적인 태도를 취한다면, 간단히 말해서 그들이 비정치적이기를 멈춘다면, 우리는 이른바 '고위정치'의 박람회 쇼가 갑자기 끝날 것(외교관들에게는 정말 동의할 수 없는 결말)이라는 것을 명백히 인식해야 한다.

우리가 잠시라도 "대중 사이에서 무슨 일이 일어나고 있는가?"라는 질문(혁명정치에 절대적으로 근본적인 질문)을 자문하는 것을 잠시라도 잊는다면, 그때 우리는 우리가 원하든 원하지 않든 부르주아 정치의 그물에 걸리거나 그렇지 않으면 비정치적이게 될 수밖에 없다. 광범한 대중의 비정치적 태도는 정치적 반동의 주된 힘들 중의 하나이다. 또 다른 하나는 사회주의자들조차도 종종 혼돈할 정도로 그 정치를 둘러싸고 있는 연막이다.

혁명적 정치가의 가장 중요한 임무들 가운데 하나는 대중에 대한 막후

정치의 효과를 감지하고 찾는 것이다. 1932년 여름에 히틀러가 제국의 수상을 힌덴부르크에게 맡으라는 요구를 가지고 처음으로 그에게 접근하였을 때, 그리고 사람들이 거의 또는 전혀 모르고 있는 수많은 막후 모의들 이후에 그 요구가 거부되었을 때, 히틀러는 '인민의 의지'에 대한 믿음을 열렬히 고백하면서 자신의 지지자들에게 호소하였다. 이것을 위한 기회는 포템파(Potempa) 사례에 의해 제공되었다. 일부 친위대들은 한 폴란드 노동자를 잔인하게 살해하였고 사형선고를 받았다. 히틀러는 그들을 위해 시끄럽게 중재에 나섰다. 이러한 제스처의 진정한 동기는 그가 힌덴부르크로부터 받은 냉대였다. 달리 말해서 그의 봉건적인 연계가 그를 파산시키자 그는 자신의 대중기반이라는 트럼프 카드를 내놓았다.

대중은 그들이 같이하고 있는 게임에 대해서 결코 아무 생각도 없었다. 오히려 그들은 민족주의적인 동일시의 고조 안에서 히틀러가 자신들을 '이해한다'고 느꼈다. '민족적 명예감'에서 '맑스주의적 개'라고 하는 사람들에 대한 히틀러의 공개적인 지지와 살인자들을 사형선고한 미움받는 정부에 반대하는 그의 입장은, 그 유명한 '폭로정치'가 살인자들을 살인자라고 부르는 데에만 있었던 잘못된 공산주의적 선전의 효과보다 훨씬 효과가 있었다. 힌덴부르크의 거절과 히틀러의 대중감정에의 호소 사이의 연관에 대해 대중적 규모에서 제시된 설명은 효과적이었을 것이다. 그러나 공산당은 단지 모든 반동적인 정당들은 '똑같다'고 주장할 뿐이었다. 공산당은 부르주아지 안에서 실제적인 모순들을 파악하는 데 실패하였다. 공산당은 자신들 쪽이나 적 쪽에 대한 대중의 반응들을 연구하고 해석하는 것을 결코 배우지 않았다. 살인자들이 정말 살인자들이라고 말하는 것 외에 아무것도 하지 않음으로써, 공산당은 확신에 찬 나치 추종자들과 나치들에 단지 온화하게 동정적인 사람들 양자의 눈에는 그 당시 대중이 싫어하는 정부 쪽에 서 있었다.

왜 리트비노프는 대중에게 말하지 않았는가?

혁명정치는 그 내용과 그것이 사용하는 언어에서 광범한 대중의 소박한 교육받지 않은 생활 중심적인 성격의 표현이거나, 아니면 스스로를 혁명적이라고 부를 뿐 실제로는 반동적이고 메마른 정치이다. 혁명정치의 입장이 원칙적으로 옳더라도 대중은 그것을 이해하지 못할 것이고, 그러므로 혁명정치는 객관적으로 말해서 혁명에 반대로 작용할 것이다.

세계는 새로운 살인적 전쟁의 문턱에 있다. 제네바에서 바르투(Barthou)와 리트비노프(Litvinov)는 그들의 각 정부로부터 그들의 적으로서 독일과 함께 평화의 선도자로 생각되었다. 국제혁명 관점에서 리트비노프의 진술에 대한 정확한 비판은 지금까지 트로츠키 기관지 『우리의 말』(*Nashe Slovo*, 1934년 6월 두 번째 주)에만 나왔다. 모든 다른 프롤레타리아 조직들은 제네바에서 무슨 일이 일어났는지에 대한 어렴풋한 생각조차 갖고 있지 않은 것 같다. 그러나 심지어 이런 비판조차도 다음과 같은 근본적인 대중심리학적 질문 자체를 묻지 않는다. 독일, 프랑스, 영국, 심지어 소련에서 평균적인 비정치적인 노동자 · 피고용인 · 농민에게 이 두 정치가의 연설은 무엇을 의미하는가? 그들(노동자 · 피고용인 · 농민)은 리트비노프의 배후에 있는 권력이 노동자들의 국가라고 느끼는가? 그들은 바르투의 평화에 대한 생각과 리트비노프의 생각 사이에 어떤 차이를 발견하는가? 그들은 소비에트 정부가 '전체로서 제국주의'와 '특별한 전쟁 정당'을 얘기할 때 그려내는 미세한 구분을 이해하는가? 현재 일련의 동맹관계에서 러시아 노동자들은 독일과 영국의 노동자들에 대항하여 프랑스 노동자들과 공동전선을 펴기로 되어 있으며, 만약 전쟁이 나면 그들(독일과 영국의 노동자들)을 죽이기로 되어 있다는 것을 깨닫고 있는가?

보통 사람은 벨라 쿤(Bela Kun)이 한 다음 평을 어떻게 느낄까?

> "우리는 종종 전쟁에 전반적으로 반대한다. 공산주의적 편집자들은 때때로 자신들이 이 점에 관해서 난항에 빠져 있다는 것을 알아챘다. '이것이 어떻게 될 수 있을까? 제국주의자들은 전쟁을 구상하고 있는데, 그럼에도 여기서 헤리오트(Herriot)는 소련을 방문하여 훌륭한 대접을 받는다. 우리는 이것을 어떻게 설명할 수 있는가?' 하고 그들은 묻는다. 나는 헤리오트의 방문에 관한 몇몇 아주 악평하는 기사들을 읽었다. 어떤 기사에서도 우리는 7차 당대회에서 스탈린 동지의 연설 이후에 지금 무엇이 완전히 분명한지(즉 제국주의 아래에서는 항상 전쟁정당들이 있다는 것)를 읽지 못했다. 시대로서 전체로서의 제국주의는 전쟁을 옹호한다. 그러나 전쟁을 촉진하는 데서 좀 더 능동적인 다양한 전쟁정당들이 있다. 현재의 과제는 전쟁정당들을 대표하며 전쟁을 촉진하는 데 가장 능동적인 그 부르주아 집단에 우리의 포화를 집중하는 것이다.
>
> 물론 오늘날 평화주의적 망토를 걸친 부르주아 집단들이나 전쟁을 할 시간이 아직 오지 않았다고 생각하는 사람들도 적절한 순간에는 전쟁을 옹호할 것이며, 지배적인 전쟁정당만큼이나 소련에 반대하는 전쟁을 옹호할 것이라는

것을 항상 강조해야 한다. 우리는 이것을 강조해야 하지만, 우리의 포화를 주로 전쟁정당들에 집중해야 한다. 즉 일본에서는 장군들, 봉건영주들, 산업 트러스트 거물들로 이루어진 군사주의적-파시스트 도당들에, 독일에서는 히틀러 파시스트들에, 영국에서는 완고한 정치가들에 포화를 집중해야 한다."[1]

그리고 **프랑스** 군비산업은 어떤가?

동맹관계와 고위정치에 대해 아무것도 모르는 사람은 왜 리트비노프가 제네바에서 어떤 대가를 치르더라도 전쟁을 원하지 않는 모든 나라의 광범한 대중에게 말하지 않았는지 물었을 수도 있다. 왜 그는 대중이 아니라 전쟁을 원하는 제국주의 정부와 동맹을 맺었는가? 왜 그는 오랫동안 죽어 있던 국제연맹이 전쟁을 실제로 막을 수 있다는 (바로 제국주의 권력이 양성한) 환상을 지지하는가? 왜 그는 국제연맹도, 세계의 어떤 부르주아 정부도 영원히 정말로 전쟁을 막을 수 없지만, 모든 자본주의 나라의 군수품 제조공과 수송노동자들의 일치된 행동만이 **실제로** 전쟁을 막을 수 있다고 모든 사람이 이해할 수 있는 논리로 솔직하게 말하지 않는가? 그 어떤 나라의 비정치적인 노동자들은 프랑스의 외교정책보다 소련의 외교정책을 더 잘 이해한다고 주장할 수 없었다. 그럼에도 바로 이것이 프롤레타리아 정책의 가장 중요한 초석일 것이다!

그것에 관해서 정확히 하기 위해서는, 우리는 '유일한 혁명지도자'가 그것에 관해서 말해야 하는 것을 듣기 전에는 프롤레타리아 국가의 대표가 왜 혁명적 외교의 언어를 그렇게 완전히 잊어버렸는가라는 질문에 대

1 벨라 쿤, "공산주의 신문의 과제들", *Rundschau* 33, 1934, 1259쪽

답하려고 시도해서는 안 된다. 그러나 한 가지는 분명하다. 즉 국제연맹 연설에서 리트비노프의 단 한 마디가, 관례적인 외교적 용법과 국제연맹의 정서를 조롱하는, 모든 동맹과 협정을 무시하는 그리고 군수품노동자와 수송노동자들에게 어디에나 있는 미래 병사들의 어머니들에게 직접 말한 한마디 말이, 20개의 문서조약보다 전쟁을 막는 데 더 많은 것을 했을 것이다.

리트비노프는 정말 자신의 정책으로 전쟁을 막을 수 있다고 믿는가? 1914년에 칼 리프크네흐트(Karl Liebknecht)의 채권 거부는 사회민주당원들의 모든 과장된 정치적 논증들보다 전쟁 쇼비니즘에 대항하는 수천 배 이상의 방어물이 아니었는가? 그러나 우리의 프롤레타리아 혁명지도자들은 외교관, 특히 소련 외교관을 너무 경외하여서 자신들이 지도한다고 하는 남성들과 여성들의 언어를 더 이상 이해하지 못하며 우리가 미쳤다고 말한다. 그럼에도 우리는 그것을 반복해서 말한다. 즉 5백만 내지 1천만 명의 미래 전쟁 희생자들의 지지는 50만 개의 칼럼들, 심지어 소비에트 칼럼들보다도 더 가치가 있다고, 오늘날 미친 짓으로 매도되고 있는 이러한 말들은 다가올 파국에 의해 피로 씌어질 것이다.

프롤레타리아 혁명국가로서 소련에게 단지 **하나의** 구원책이 있다. 모든 나라의 병사들과 군수품노동자들과 운수노동자들이 동맹하여 자신들의 군대를 자본주의 정부와 참모들에 대항케 하는 것이다. 오늘날 소련이 자본주의 나라들의 참모부 및 외교관들과 동맹을 맺는다면, 그것은 국제혁명운동의 붕괴 때문에만 그럴 것이다. 레닌은 항상 자신의 저술과 연설에서 광범한 대중에게 말했다. 이것은 우리의 다음 질문에 답을 준다. 혁명정치는 부르주아 정치의 언어, 전술, 전략을 사용함으로써 간단히 말해서 **부르주아적** 방법을 적용함으로써 자신의 고유한 게임에서 부르주아 정치를 이길 수 있을까? 절대로 아니다. 혁명정치는 정치의 미로 속에 빠지고, 사건들의 흐름을 절룩거리며 따라가고, 부르주아 정치인들보다 게임을 **더 못하게** 될 수 있을 뿐이다.

단 한 가지 가능성만이 있다. 즉 부르주아 정치를 흉내냄으로써가 아니라, 혁명정치의 근본원리를 가지고 부르주아 정치를 구멍냄으로써 부르주아 정치의 문제점을 지적하고 해결하는 것이다. **끊임없이 꾸준히 단순하게 명백하게 대중에게 향하고,** 대중의 생각들(이것들을 생각해 내든 그렇지 않든)을 표현하고, 고위정치에 직면했을 때 대중의 두려움을 없애고, 고위정치의 속임수를 받아들이기를 거부하고, 그 속임수를 진지하게 인정사정없이 폭로하고, 대중의 언어로 말하고, 대중을 '고위정치'에 적응시키는 대신 정치를 대중에 적응시키고, 그럼으로써 정치를 민주화하고 단순화하고 모두가 접근할 수 있도록 만든다는 원칙.

모든 요리사가 국가를 관리할 수 있어야 한다는 레닌의 경구는 암묵적으로 사회민주주의의 근본적인 사상을 담고 있다. 혁명정치의 모든 내용에도 불구하고 혁명정치의 형식 · 언어 · 사유과정이 고위정치의 그것들에 적응하기 때문에, 혁명정치가 대중에게 말하는 대신에 대중을 어린이처럼 다루기 때문에 '고위정치'는 존립할 수 있다. 그러나 어린이들은 결국은 자신들이 농락당하고 있다는 것을 깨달아야 하고 '더욱 더 깨달아'야 한다.[2]

2 소련 외교정책의 문제와 그것이 대중심리학적 문제들과 맺는 연관은 다른 곳에서 자세한 논의가 필요하다.

혁명정치의 도식

만약 사회혁명이 사회민주주의의 의미에서 경제학 및 문화의 사회적 문제들을 실제로 해결할 수 있다고 주장하는 데서 옳다면, 다음과 같은 정치적 질문들과 원칙들을 제기해야 한다.

1. 부르주아 정당이 대중을 획득하기 위하여 혹은 다른 정당으로부터 대중을 끌어가기 위하여 사용한 전술은 무엇인가?

2. 대중이 자신들의 약속을 결코 실현할 수 없는 정치집단들이나 정당들을 따르게 하는 동기들은 무엇인가?

3. 모든 수준에서 대중의 요구는 무엇인가?

4. 이러한 요구 가운데 어느 것이 사회적으로 실행가능하고 정당화되는가? 어느 것이 참으로 본질적인가?

5. 세계경제의 상태는 이러한 요구가 자본가 지배의 전복과 경제적 무정부성을 계획경제로 대체함으로써 충족될 수 있을 정도인가?

6. 대중은 어떤 제도들이 자신들의 요구의 충족을 방해하는지, 그리고 왜 이런 방해하는 제도가 존재하는지를 알고 있는가?

7. 어떻게 이런 제도를 없앨 수 있으며, 무엇으로 그것을 대체해야 하는가?

8. 광범위한 대중의 요구를 충족시키는 데 필요한 경제적 · 사회적 · 대중심리학적 전제조건들은 무엇인가?

이러한 질문들 각각은 사회혁명의 피하기 어려운 필요성을 지적하고 있다. 즉 각각 예외 없이 인간생활의 모든 개별 영역에서 사회혁명의 필요성을 지적한다. 달리 말해서 대중심리학적 작업은 경제정책의 그림자 안에 남아 있어서는 안 된다. 그와는 정반대로 경제정책은 대중을 이해하고 안내하는 대중심리학에 기여해야 한다. 남성과 여성의 요구는 경제정책에 기여하기 위해 존재하지 않는다. 경제정책이 이러한 요구를 충족시키기 위해 존재한다.

독일 공산당의 부르주아 정치

독일 공산당에서의 인생경험은 위에서 개괄했던 혁명정치의 유일하게 가능한 형식이 독일에서 결여되어 있었다는 것을 보여준다. 공산당 지도자들이 열강들의 갈등하는 이해관계들과 임박한 전쟁의 경제적 배경에 대해 스포츠 궁전 앞에서 몇 시간 동안 연설했을 때, 그들은 원하지는 않았겠지만 부르주아 정치를 흉내내고 있었다. 우리의 혁명적 정치가들은 폴 봉쿠르(Paul Boncour, 1932~33년 프랑스 외무장관) 같은 사람들과 경쟁하는 데 너무 열심이다.

무엇이 그들을 이렇게 만들어 그 어떤 성공 가능성도 잃게 만드는지 하는 것은 우리의 혁명 지도자들의 심리구조에 대한 질문이다. 그들이 이 글을 읽을 때 다시 쓰라리게 모욕감을 느낄 것이다. 그들은 이것을 '트로츠키적 반혁명주의'라고 부를 것이다. 그들이 수행하는 정치는 형식에 있어서 부르주아적이고 결과적으로 객관적인 현실에서도 그러하다고 그들에게 확신시킬 수 있는 희망이 전혀 없다. 그들의 항의를 예상하며, 우리는 독일 공산당이 혁명정치 원칙을 부르주아 정치 원칙으로 바꾸었다는 것을 보여주는 많은 구체적인 사례들 가운데 하나만을 인용할 것이다.

1932년 12월에 사회민주당은 루스트가르텐(Lustgarten)에서 시위를 조직하였다. 공산당 조직들 특히 투쟁연맹(Kampfbünde)이 시위에 참여하였다. 그들은 사회민주당 시위자들 대중과 섞였고, 미국-일본의 모순에 관해 전혀 얘기하지 않고도 통일전선을 형성했다. 그것은 대중의 의지이자 언어였다. '공산당의 지도 아래에서만' 통일전선을 원했던 공산당 지도자들은 나중에 관련 당원들을 비난하였다. 당의 명령은 거리에 줄을 서서 시위를 '환영하라'는 것뿐이었다. 동시에 토르글러(Ernst Torgler, 독일 공산당원. 국회의사당 방화사건에서 누명을 뒤집어씀)는 통일전선의 구성에 관해서 사회민주당 지도자들과 비밀리에 협상하고 있었다. **대중은 이러한 협상에 관해서 아무것도 몰랐다.** 공식노선은 사회민주당이 주도하는 통일전선은 '반혁명적'이라는 것이었다.

나는 개인적으로 그때 지도적인 공산당 관리들과 사민당 관리들 사이에 통일전선을 구성하는 것과 관련한 비밀 모임에 참여했다. 당세포들 안에 있는 누구도 그것에 관해서 어떤 것도 알지 못하는 것으로 되어 있었다. **그것이 부르주아 정치다.** 정반대의 것이 프롤레타리아적-혁명적 정치였을 것이다. 즉 당은 공산주의자들이 사회민주주의자들의 시위를 지지하도록 명령했어야 했고, 통일전선 구성에 관하여 사회민주당과 협상이 진전되고 있다고 확성기로 루스트가르텐에 있는 대중에게 말했어야 한다. 그것이 대중의 이데올로기를 발전시키고 대중의 희망을 표현하게 한다고 적절히 불리는 것이다. 이 대신에 당은 '고위정치,' '전략'과 '전술'에 몰두했다.

비밀외교의 폐지는 오래된 혁명원칙이다. 만약 사회혁명이 산업 프롤레타리아트의 지도 아래 생산수단의 소유자들에 반대하는 인민 의지의 실행이라면, 비밀을 지키기 위해 남겨둘 것이 아무것도 없기 때문에 그것은 자명한 것이다. 대중이 들어서는 안 되는 어떤 것도 남겨서는 안 된다. 반대로 대중은 일어나는 모든 일을 알고 점검할 수 있어야 한다.

당내 혁명정치

레닌의 죽음 이후 공산당의 정치발전을 살펴보면, 대중에게 끊임없이 알린다는 원칙이 점차 상실돼 왔다는 것과 당 안팎에서 부르주아 정치형태의 모방이 증가하면서 관료화가 들어섰다는 것을 발견한다. 당내 민주주의는 막후정치, 상호기만, 파벌형성으로 대체되어 왔다. 이것은 혁명당들의 힘을 완전히 손상시켜 왔다. 비록 혁명당들이 가장 혁명적인 요소들을 이루고 있었지만 말이다.

1917년 10월 레닌이 인민봉기를 할 때가 왔다고 보았을 때 그리고 볼셰비키 지도부 안에서 반대에 직면했을 때, 그는 **당원 대중에게 스스로 알린다**는 자신의 혁명정치 원칙에 충실하였다. 그는 당파를 형성하지도 않았으며, 어떠한 모의도 시작하지 않았으며, 분파형성을 통해 승리하려고 하지 않았다. 정치적 고려와 결정으로부터 대중을 배제하는 것은 관련된 주체적 내용과 상관없이 반혁명적이다. 혁명정치는 대중으로부터 감출 것이 전혀 없으며 모든 것을 드러내야 할 것이다. 부르주아 정치는 아무것도 드러낼 수 없으며 따라서 모든 것을 감춰야 한다. 막후정치는 어디에서 일어나든 정치적 반동의 두드러진 특징이다.

혁명적인 성정치가 지속적으로 대중의 언어로 말해야 한다는 것과 적극적인 부르주아 성정책이 존재할 수 없다는 것 때문에, 부르주아지는 대중의 언어와 비교할 수 있는 아무것도 제공할 수 없다는 것은 혁명적 성정치에 엄청나게 유리하다. 혁명적인 성정치가는 따라서 부르주아로 타락해 갈 수 없다. 성정치의 영역에서 비밀외교와 같은 그런 것은 있을 수 없다. 성정치는 항상 대중에게 이야기해야 한다. 그렇지 않으면 성정치는 존재하지 않을 것이다.

4. 계급의식은 대중의 생활로부터 발전한다

지도부, 당 그리고 대중

내가 이제 막 말하려는 것은 듣기에 고통스러울 수 있다. 그것은 혁명운동에 해로운 어떤 것과 관련되지만 부정할 수 없는 사실이다. 다양한 혁명집단은 '진정한 맑스주의와 레닌주의'의 '유일하고' '진정한' 상속자라고 주장하면서 서로 이기려고 경쟁한다. 하지만 그들을 나누는 차이들을 면밀히 살펴보면, 수행해야 할 거대한 과제들과 관련하여 그 차이들은 아주 작다는 것을 알 것이다.

한 집단은 혁명당이 먼저 있어야 한다고 말한다. 다른 집단은 새로운 인터내셔널을 구성하도록 돕기 전에 대중의 지지를 받기를 원한다. 세 번째 집단은 자신을 끊임없이 "그 [유일한] 노동자계급"이라고, 그렇게 멀지 않은 혁명의 유일한 지도자라고 주장한다. 네 번째 집단은 일부 세세한 문제에 관해 자신의 또 다른 견해를 가지고 있다. 그리고 등등. 우리는 이미 그러한 분립은 주요한 문제들에 대한 부정확한 혹은 불완전한 이해에서 생기며 상호비방은 누구도 일보전진하지 못하게 만든다고 제시하였다.

우리는 오늘날의 혁명적 논쟁들에서 헛되이 다음 질문들을 혹은 그에 대한 대답들을 찾는다. 왜 새로운 혁명당을 만들려는 모든 시도가 성공하지 못해 왔는가? 왜 낡은 혁명조직은 자신의 현존 장치에도 불구하고 대중을 획득하는 데 실패했는가? 러시아 혁명이 일어난 지 17년이 지난 뒤에도 왜 지도부, 당 그리고 대중 사이의 관계 문제는 여전히 그렇게 많은 골칫거리를 불러일으키는가? 전체적인 계산에서 어디엔가 중대한 오류가 있는 것처럼 보이지 않는가? 스탈린이 관료제를 조장했기 때문에 혹은 사회민주당 지도부가 수십 년 동안 부르주아적 타락을 겪었기 때문에 혹은 히틀러가 산업가들로부터 기금을 받았기 때문에 파국이 발생했다고 말하는 것은 확실히 아주 납득하기 어렵다. 근본적인 문제는 반복하자면, 왜 산업노동자계급은 개량주의와 관료주의를 받아들였는가이다. 그것은 지도부, 당, 대중 사이의 관계라는 근본적인 문제이다.

결국 제4인터내셔널의 창설자들은 (적어도 그들의 대변인의 말을 듣고 그들의 글을 읽어볼 때) 우선 먼저 혁명당을 창설하는 것이 필요하고, **그러고 나서** 프롤레타리아트를 획득하는 것이 필요하다(그러고 나서 쁘띠부르주아지의 차례일 것이다)는 견해를 채택한다. 국제공산주의자들의 실제 지도자들은 이렇게 문제제기하는 방식을 비난할 것이라고 나는 확신한다. 자신을 맑스주의자라고 부르면서 지도부, 당, 대중을 이런 식으로 구분할 수는 없다. 그 관련은 (바로 이번만 고상한 말을 사용하자면) 변증법적인 관련이다. 간단히 말하면 혁명당은 무에서 만들어질 수 없다. 그것은 오직 대중으로부터 그리고 우선 첫째로 대중의 프롤레타리아 부문으로부터 만들어질 수 있다. 이것은 당의 창설자들이 당을 구성하는 대중의 언어를 말해야 한다는 것을 전제한다. 여전히 대중은 다양한 혁명적 경향들 사이의 분명한 구별들에 대해 전혀 이해하지 못하며 그것에 대해 관심도 없다. 혁명당은 현실과 관련한 이념체계와 실천을 완성해 냄으로써 뿐만 아니라, 또한 우선 **첫째로** 다양한 주민층이 관심을 갖는 문제들을 다룸으로써 만들어진다. 그런 **때만** 광범위한 대중은 당이 필요로 하는 능동적인 당원들을 공급할 것이다. 이것은 다시 대중을 더 잘 파악하는 형식으로 효력을 지니며 그 반대도 마찬가지이다. 당과 대중이 서로를 상승시킨다.

대중으로부터 지도적 간부들을 선별하는 것을 동시에 동반하는 그러한 긴밀한 융합을 통해서만 대중정당(즉 양적으로가 아니라 질적으로 결정되고 진정 대중을 지도하는 당)이 생겨날 수 있다. 독일 공산당은 정당 가입 캠페인을 조직했고, 어떠한 선별도 없이 당원들을 받아들였다. 이것은 양적으로만 '대중정당'이었지, 부분적으로 당원의 동요의 결과로 그리고 부분적으로 훈련된 당 관리들과 대중 사이의 구별이 없었기 때문에 붕괴되었다. 우리는 조직문제들에 관한 글에서 나중에 이 문제로 돌아갈 것이다.

독일 성정치운동 집단은, 대중행동의 지도자들이 모든 세세한 것들을 결코 조사할 수 없지만 대중은 홀로 상황의 실제 의미를 파악할 수 없고 그것을 정식화하고 그것을 합치된 행동으로 바꾸어 갈 수 없다는, 결과적으로 대중의 삶으로부터 도출되고 실천으로서 대중에게 되돌아가는 이론을 가지고 지도부와 대중 사이의 끊임없는 접촉이 필요하다는 인식에 항상 인도되어 왔다. 우리는 당 관리들이 단순히 지도부의 집행자가 아니라 대중의 삶과 지도부 사이의 중재자여야 한다는 것을 당 활동의 경험을 통해 배워왔다. 그러한 접촉을 만들기 위해 성정치운동은 이른바 '교육의 밤'(Instruktionsabende)을 설립했고, 그것의 목적은 당관리들을 교육하는 것이 아니라 당관리 스스로 교육받도록 하자는 것이다.(우리는 모두 그러한 종류의 것들이 갑자기 저지되어 버린 유명한 당회의들을 기억한다.) 토론을 위해 정해진 주제는 없었다. 당관리들과 평당원들은 단순히 그들이 그 순간에 가지고 있는 가장 커다란 어려움들을 기술하도록 요구되었다. 이것은 본질적으로 논의된 문제들이 그 특정한 순간에는 가장 중요한 문제들일 것이라는 보증이었다.

우리는 어떤 때는 실천적으로 시험할 수 있는 해결책을 발견하고, 어떤 때는 좀 더 많은 자료들을 이용할 수 있을 때까지 결정을 연기하면서, 함께 어려움에 관해 토의하였다. 체험된 대로의 실제 삶이 이러한 동지적 토론들에서 흘러 나왔다. 우리는 이론들을 발명하려고 머리를 짜내지 않았으며, 이론들은 스스로 생겨났다. 참가의 확대와 토론의 활기는 '교육의 밤'이 탁월한 생각이라는 것을 보여 주었다. 우리는 삶은 기만당하지 않으며 분명하고 간단하게 파악되어야 한다는 확신을 얻었다. 우리가 해야 하는 모든 것은 평당원들(많은 비당원들도 있었다)이 그들의 마음을 말하도록 하는 것이었다. 우리가 만난 유일한 장애물은 부르주아 이데올로기가 이식한 허위적인 생각들로 인한 심리학적 왜곡들이었다. 그러나 이것들은 현실주의적 직접적 비독단적인 토론에 의해 처분되었다. 우리의 네 번째 교육의 밤은 열리지 못했다. 공식석인 당대표가 당원들을 더 이상 소집하지 않았다.

'새로운 당'에 대한 성정치운동의 입장

새롭게 형성되고 있는 노동자운동이 직면한 가장 긴급한 문제는, 새로운 당이냐 제3인터내셔널의 혁명적 갱신이냐이다. 성정치운동은 두 가지 이유에서 두 대안을 분명히 지지할 수는 없다. 첫째로 우리는 어떤 집단, 조직 혹은 서클들이 혁명적인 성정책이 필요하다는 우리의 견해를 받아들일지 모른다. 주요한 정치조직들의 지금까지의 행태로 판단하건대, 새로운 인터내셔널을 원하는 그런 조직들에서의 전망은 다른 곳에서보다 더 밝지는 않다. 그럼에도 이것만이 결정적인 요소가 될 수는 없다. 성정치는 총체적인 혁명전선의 (비록 중심적이고 본질적인 부분일지라도) 한 부분에 불과하다. 그러므로 어떤 당간부들이 재건된 노동자운동의 핵심을 형성할 것인지가 결정에 중요하다.

지금까지 이것은 어떤 의미에서도 분명해지지 않았었다. 말하자면 공산당의 오늘날의 평당원들이 이 핵심을 형성한다(오늘의 지도부에게는 확실히 그렇지 않을 것이다)는 것을 우리가 확실히 안다면, 새로운 혁명당을 창건하는 것은 무의미할 것이다. 그럼에도 혁명적인 평당원은 과거에 많은 경우에 그랬던 것처럼 낡은 지도부를 '무시'해야 할 뿐만 아니라, 그것을 실제로 제거하고 자신들 가운데에서 나온 새로운 지도자들로 조금씩 조금씩 바꾸어야 할 것이다. 지속적으로 공산당 집행위원회의 결정수행을 실천적으로 거부할 수 있다. 예를 들어 '혁명적 고양'을 선언하지 않고 '대중파업'을 촉구하지 않을 수 있다. 동시에 집행위원회가 원한다 할지라도 집행위원회를 혁명당 개념과 계속 동일시할 수는 없다. 그것은 정치적으로 혼돈스런 행동이다.

오늘날 전보다도 더 '당'이 누구이고 무엇이냐에 관한 질문이 더 분명해질 것을 요구한다. 당이란 전체로서의 당원인가 아니면 상근기구만인가 아니면 집행위만인가? 사회민주주의의 가장 훌륭한 세력들조차 페티쉬(애무)하듯 하는 '당'개념을 사용하고 있다. 당의 무오류성, 통일, 그리고 밀집성[폐쇄성]이 어떤 시점에서는 혁명운동에 강력한 힘인지 다른 시점에서는 무거운 방해물인지는 당의 구조, 어떤 주어진 순간에 당의 정책들, 당의 객관적 효과들에 달려 있다.

혁명운동의 견고한 핵(산업노동자와 수송노동자)은 오늘날 '여전히' 공산당 안에 있지 않다. 당은 여전히 그들을 획득하기 위해서 할 수 있는 모든 것을 하고 있지만 의지와 주체적 용기만으로는 충분하지 않다. 당신은 성공을 보여주어야 하며, 성공하기 위해서는 그것을 달성하는 가장 좋은 방법을 알았어야 한다. 이러한 견고한 핵은 곧 새로운 혁명조직의 핵을 형성할 것이지만, 오늘날과 같은 공산당에는 가입하고 싶어하지 않을 것이다. 그들은 1923년에 공산당에 가입했지만 나중에 다시 공산당을 떠났고, 그 이유를 이해하는 것이 필요하다. 어쨌든 그때 새로운 혁명조직이란 문제는 커다란 중요성을 지닐 것이다. 사회민주당계 산업노동자들 사이에서가 아니라 잠재적으로 혁명적인 프롤레타리아적인 친위대들[3] 사이에서 생

3 히틀러의 명령으로 1934년 6월 30일에 친위대 지도자들[룀(Röhm), 슐라이허(Schleicher) 그리고 다른 사람들]에 대한 살해는 『파시즘의 대중심리』에 묘사된 파시즘 안에서의 혁명적 경향과 반동적 경향 사이의 모순(파시스트 이데올로기에서는 하나의 통일로 제시되는 모순)이 화해할 수 없게 되었다는 것을 보여 주었다. 나는 '진정한 혁명지도자들만'이 항상 하는 대로 이것을 나의 분석이 옳았다는 것을 증명하기 위해서가 아니라 다른 이유에서 말한다. 그 사건 직전에 코민테른은 나치당을 금융자본의 하인 이상의 어떤 것으로 보는 모든 시도를 격렬하게 욕하면서 거부했었다. (정확히 말해서, 그 시도는 나치즘을 대중의 혁명적 에너지를 반동적인 목적으로 빨아올리는 것으로 보는 데 있었다.) 코민테른은 그러고 나서 나치당의 좌익지도부를 제거한 그 살인을 자신이 예언했던 "혁명적 봉기"의 확인이라고 해석하였다. 혁명운동의 역사는 그렇게 어리석고 피상적인 또 다른 층위를 결코 보려고 하지 않을 것이라고 사람들은 바란다. 우리 가운데 1929년과 1933년 사이에 당내 투쟁에 참여한 사람들은 친위대의 모호한 혁명적 잠재력에 관심을 두지 않은 누구든 즉각 사보타지한다고 고

기 있고 영구적인 대중운동이 형성되기 시작하면 그렇듯이 말이다. 오늘날 모든 것이 들끓는 상태에 있어서 우리는 앞으로 일어날 일을 정확히 예견할 수 없다. 새로운 당이란 문제는 공산당 안에서 그러한 질문들을 제기하거나 토론하고 발전경로들을 타진하기 위한 필요한 기회들이 있었다면, 결코 제기되지 않았을 것이다. 그것은 전에는 사실이었지만 지금은 사실이 아니다. 우리가 할 수 있는 모든 것은 현재 독일 주민의 전계층에서 일어나고 있는 혁명적 집중 및 성숙 과정을 면밀히 따라가면서 어떤 주어진 계기에서 있는 그대로의 구체적 상황을 추론해 내는 것이다.

발되었다는 것을 안다. 이것은 붉은 전선의 거대한 분파들이 친위대에 가입했다는 부정할 수 없는 사실을 언급하거나 친위대들이 자신들의 성원들을 노동자계급 속에서 충원하여 주체적으로가 아니라 객관적으로만 자본의 단순한 용병이라는 것을 강조한 누구나에게 일어났다. 당은 그러한 것들을 듣고 싶어 하지 않았다. 당은 파시즘의 반동적인 기능만을 보았지 파시즘의 대중적 기반이 지닌 혁명적인 에너지를 보지 않았다. 그리고 결과적으로 당은 그 전투에서 졌다. 그 사건 이후 이제 모순들이 모두에게 분명해지자, 당은 자신이 전에 저주했던 것을 인정한다. "당에 충성"하는 사람들은 이렇게 말할 것이다. '자 그것은 아무것도 아닌 것보다는 더 낫다. 당신은 너무 많은 것을 기대해서는 안 된다. 결국 코민테른은 사회민주주의자들과의 통일전선의 문제에 대해서 뿐만 아니라 파시즘의 평가에서 방향을 바꾸고 있다.' 그것에 대한 우리의 대답은 이렇다. 사실과 과정을 이해하는 데서 대중에 앞서가지 못하는 지도부, 사건들을 미리 보지 못하는 지도부는 지도부가 아니라 역사발전에 방해물이다. 좋은 공산주의자들이 지도부에 대해 그런 변명을 하고 있을 때, 그들은 권위에 대한 무의식적 공포에서 그것을 하고 있다. 당생활의 실천적 경험은 평균적인 당간부는 당의 결정을 방어하지 않는 한 정상에 있는 어떤 당간부보다 더 많은 것을 보고 순전히 본능적으로 스스로 더 잘 생각한다는 것을 우리에게 가르쳐 주었다. 오늘날 미래를 완전히 준비하지 않은 채 맞이하는 대신에 미래를 지배하려고 한다면 현재의 모순에 기반하여 예측하고 예견해야 하는 새로운 과정들이 있다. 예를 들어 많은 나라들(미국, 프랑스)에서 솟아오르는 거대한 대중운동들이 적절히 지도되지 않고 자신들의 목적을 의식하지 못하면 그들은 사그라들 것이고 가장 쓰라린 실망과 무기력이 뒤따를 끔찍한 위험이 있다. 대중 사이에서 분노와 정치적 통찰력의 성장이 세계혁명적인 상황으로 발전할 것이라는 것도 가능하다. 6월 30일의 사건 이후에 독일의 엄청난 경제적 해체에 의해 재강화되었을 때 독일 공산당 지도부만이라도 1929년 이래 또는 적어도 1932년 이래 그러한 기회를 위해 스스로 철저하게 준비했다면 우리가 결정적 타격을 다루었을 것이라고 우리는 말할 자격이 있다. 우리는 과거를 변명하기 위해서가 아니라 배우기 위해서 사용해야 한다. 우리가 체계가 붕괴할 때 주도권을 잡고 싶다면, 우리는 오늘날 발전을 방해하는 사회적 요인들뿐만 아니라 역사적 발전의 주요 노선들을 이해할 필요가 있다. 그럴 때까지 세계주민의 광범한 대중은 우리 공산주의자들이 그들을 이해하는 유일한 사람들이라는 것을 천천히 그러나 흔들리지 않고 느끼게 될 것임에 틀림없다. 우리는 대중을 이해해야만 한다. 바르트우와 리트비노프와 우리의 백일몽의 언어가 아니라, 손재주로 그러한 확신을 창조할 수는 없다. 그것은 "진정한 지도자들"이 10년의 공간 속에서 얻을 수 없었을 뿐만 아니라 그들의 실수와 통찰력 부족에 의해 실제로 손상될 수 없었던 그러한 우리에 대한, 코민테른에 대한 진정하고 열렬한 확신임에 틀림없다. 임박한 전쟁은 의심의 여지없이 사회혁명을 가져올 다음의 엄청난 기회인 것이다. 우리는 우리가 1932년 6월 20일, 1933년 12월, 1934년 1월, 1934년 6월 30일의 기회들을 놓쳤듯이 기회를 놓쳐서는 안 된다. 그러나 우선 혁명가들은 권위에 대한 그들 자신의 맹목적인 믿음을 제거해야 할 것이다.

오늘날의 혁명적 기간요원들이 자기 자신들의 조직을 방어하는 데가 아니라 혁명적 결집이란 사안에 1차적으로 관심을 가진다면 혁명조직은 대중에게 신속하게 그리고 정확하게 반응하기에 충분할 만큼 유연할 것이다. 기계적으로 파업을 요구하는 대신에, 혁명조직은 심각한 난관들 속에 있는 나치 친위대, 청년지도자, 여성조직가들에게 설명과 해결책을 제공함으로써 도울 수 있을 것이고, 그래서 그들의 신망과 결국에는 그들의 충성을 얻을 것이다. 모든 현존하는 조직들의 황량하고 스콜라적이고 금지하는 측면, 즉 대중을 그렇게 쫓아버리는 것은, 그들 각자가 자신이 신이 주신 미래혁명의 지도자라고 믿으며 이런 이유로 모든 다른 조직을 반혁명적이라고 평판을 떨어뜨린다는 것이다. 그러한 헛된 과시와 유치한 사기를 종종 또는 강력하게 충분히 공격할 수는 없다.

성정치운동은 오늘날 구성되어 있듯이 자신을 혁명의 성정치적 날개의 지도자로 여기지 않는다는 것을 명확히 해야 한다. 궁극적인 지도는 주장이 아니고 확실히 권리가 아니다. 그것은 과정의 결과이다. 세계의 사건들을 파악하는 데, 그 사건들을 (특히 비정치적인 것들) 광범위한 대중에게 알리는 데, 그리고 혁명적 발효 과정을 진전시키는 데 가장 성공하는 사람은, 누구나 결국은 지도부를 차지할 것이다. 혁명에서 지도부를 주장하는 것은 장점도 자질도 주장도 아니다. 그것은 무거운 책임이고 결과이다. 그러므로 그것은 말이나 술수로 성취될 수 없다. 오늘날 아주 혼돈스럽고 복잡하며 제대로 이해되지 않은 그렇게 많은 다른 결과들을 가져올 수 있는 세계상황에서 자신이 다가올 혁명의 유일하고 진실하고 100% 분명한 지도자라고 가장 크게 주장하는 사람은 혁명적 비약을 정당화하면서 말할 순간이 오면 제일 먼저 조용히 사라질 사람이다.

다음은 혁명운동의 재건을 위해 더 나아간 중요한 점들이다.

전체 국가 안에서 진정 계급의식적인 프롤레타리아트는 작은 소수를 이룬다. 그 프롤레타리아트가 비록 올바른 지도자일지라도, 여전히 동맹을 필요로 한다. 독일 동지들은 훌륭한 혁명가들은 서로 다시 찾아내 함께 토론하고 일하며 서로에게 조언하기 때문에 낙관론을 펼 온갖 이유가 있다고 항상 우리에게 말하고 있다. 그것은 의심할 여지없이 아주 중요하지만 아직은 낙관론의 이유는 아니다. 우선 중요한 것은 이 훌륭한 혁명가들이 광범한 비조직 대중과 진정으로 접촉하는가이다. 그러한 접촉을 하기 위해서 그들이 이 광범위한 비정치적인 또는 정치적으로 잘못 인도된 대중의 언어 · 생각 · 모순에 진정으로 귀 기울이는가이다. 그들이 그 언어를 이해하고 그것을 혁명의 언어로 번역하고 분명하고 계급의식적인 형식으로 되돌려줄 수 있는가이다. 이러한 기간요원들은 비정치적인 또는 정치적으로 잘못 인도된 대중이 자신들의 마음속에 가지고 있는 것을 아주 정확하게 이해하기 위하여 광범한 대중의 일부가 되도록 당관리들에게 촉구하지 않는 한, 군대 없는 참모부로 남을 것이다.

당원들이 더 이상 단순히 지도부의 집행자가 아니라 지도부와 대중 사이의 핵심적인 매개자라면 분파주의는 불가능해진다. 지도부의 과제는 '공산주의 강령을 대중에게 전달하는 것'이나 '대중을 계급의식적인 투쟁가들로 만드는 것'이 아니다. 지도부의 가장 중요한 과제는 객관적인 역사적 과정을 연구하는 것과 더불어 이미 거기에 있는 혁명적 본능을 발전시키는 데 있다. 그리고 동시에 이러한 혁명적 본능을 프롤레타리아트와 쁘띠부르주아지 그리고 농민층에서 발전시키는 데 있다.

오늘날 혁명신문에서 거의 정당의 지저귐만을 발견할 수 있다. 다양한 주민층이 직면한 모순들에 대해 이해할 만한 유용한 것들이 거의 없다. 그럼에도 광범위한 대중과의 그러한 대화(언어와 사실 둘 다에서)는 적어도 모든 신문의 3/4을 채울 것이다. 나머지 1/4이 맑스주의의 근본적인 원칙들을 반복하는 데에 충분하다.

달리 표현하면, 어려운 이론들을 모든 사람이 알아들을 수 있는 단순한 언어로 제시하는 것을 배울 때까지, 대중이 자신들이 이러한 이론들에 관심을 갖기 시작하는 지점들에 도달할 때까지, 우리는 **끊임없이** 그 똑같은 것을 **다른 방식으로** 즉 맑스주의적 언어로 그리고 주요한 유일한 인민인 광범위한 대중의 언어로 **두 번** 말해야 한다. 혁명의 대의에 대한 광범위한 대중의 공감과 능동적 지지가 없이는 우리는 항상 비참한 수다쟁이로 남을 것이다.

이러한 질문들을 토의할 때, 사람들은 성정치운동에게 종종 이미 만들어진 처방들을 제공해달라고 요청한다. 이것은 본질적으로 혁명적 맑스주의자의 근본적 과제(독립적인 사유와 행동을 할 수 있다는 과제)가 얼마나 제대로 이해되지 못해 왔는가를 보여준다. 특정한 원칙들을 보여주기 위해서 예를 제시할 수 있을 뿐이지만, 어떤 경우에는 옳은 어떤 것이 다른 경우에는 그를 수 있다. 내가 의미하는 것을 분명히 하기 위해서 몇 가지 예들을 제시하겠다.

혁명적 감정[느낌]의 원천으로서 포크송과 포크댄스

레닌은 혁명가야말로 삶의 모든 영역에서 집처럼 편안하게 느낄 수 있어야 한다고 옳게 생각하였다. 우리는, 혁명가는 삶의 모든 영역에 고유한 특정한 혁명적 경향을 발전시킬 수 있어야 한다는 것을 추가한다.

프롤레타리아 극장과 붉은 카바레를 생각하면, 몇몇 예외를 제외하면 그것은 단순히 낡은 예술형식에 정치적이고 노조적인 구호들을 기계적으로 옮기는, 예를 들어 부르주아적 유형의 노래에 혁명적인 전술을 끼워넣는 사례였다. 혁명적 예술가에게 가장 중요한 과제는 성정치운동이 자신의 영역에서 하게 되었던 것, 즉 자본주의에서 존재하는 대로 이용할 수 있는 재료에서 특정한 혁명적 경향들과 형식들을 발전시키는 것이다.

이것은 많은 '과학'[학문]을 요구하지 않지만, 삶에 대한 금지되지 않고 자유롭고 편안한, 짧게 말해서 혁명적인 관점을 요구한다. 공산당은 비정치적인 사람들을 포함한 더 많은 사람을 자신들의 회합에 끌어들이기 위해 '붉은 캬바레'를 설립했고, 그 방법은 아주 잘 먹혀들었다. 여흥이 더욱 예술적이고 더욱 리드미컬하고 더욱 대중적일 수록 그 효과는 더욱 좋게 나타났다.

그러나 형식에 있어서 부르주아적인 것에 가까울수록, 혁명적 해결책이 위축될수록 효과는 줄었다. 이제 모든 주민을 당모임에 오도록 하기에 충분한 붉은 카바레를 만들 수는 없다. 이로부터 혁명적 예술, 혁명적 감정, 혁명적 리듬, 혁명적 멜로디를 대중이 살고 일하고 고통을 겪고 또는 기다리고 있는 장소로 옮겨야 한다는 것이 도출된다. 이것은 여전히 민주주의적이거나 준파시즘적일 뿐인 나라들에서 확실히 행해질 수 있다. 그러나 이것은 특별한 책략을 사용함으로써 완전히 파시스트적인 나라들에서 이루어질 수조차 있다. 혁명적 음악가 · 댄서 · 가수 등은 가장 간단한

수단을 가지고 청년, 소녀, 성숙한 어린이 그리고 성인들과 함께 집단들을 만들어낼 수 있다. 그들은 거리의 가수들처럼 앞마당과 시장으로 가야 한다. 간단히 말해서 미래혁명의 집행자들이 습관적으로 모이는 어디든지 가야 한다. 내생적으로 반자본주의적이고 그러므로 피억압자들의 감정에 맞거나 맞을 수 있기 때문에 혁명이 넘겨받을 수 있는 훌륭한 포크뮤직, 포크댄스, 포크송을 연주함으로써, 그들은 우리가 광범위한 대중을 혁명의 동조자들로 바꾸는 데 몹시 필요로 하는 그런 분위기를 창조하고 확산시킬 수 있다.

어떤 관료는 이러한 제안에 대해서 이런 저런 반대를 할 것이다. 그는 그것은 '가장 중요한 사안인 계급투쟁에서 벗어나게' 한다고 말하기조차 할 것이다. 나는 그 제안이 구체적인 문제들을 포함하고 있는지 또는 이 문제들이 무엇인지를 알지 못한다. 미리 만들어진 처방을 기대하는 사람은 누구나 아무것도 수행하지 못할 것이다. 그러나 원칙적으로 (그리고 그 형식은 걱정하지 마라) 성정치 집단이 주장하는 것, 즉 **우리는 대중과 감정적으로 결속해야 한다**는 것은 타당하다. 그리고 감정적인 결속은 어린이가 자신을 보호하고 지도하는 어머니에 대해서 갖고 있는 것과 같은 신뢰를 의미한다. 그것은 무엇보다도 모든 것 가운데 가장 비밀스러운 것인 성을 포함하여 자신의 가장 비밀스러운 걱정들과 바람들까지 이해한다는 것을 의미한다.

혁명적인 과학적 작업

대중을 위해 일한다는 것은 또한 정치경제학만이 아니라 모든 영역에서 과학적 조사와 부르주아 과학에 대한 문제제기를 포함한다. 부르주아 과학은 우리 사회에서 이데올로기의 형성을 지배한다. 그리고 이러한 지배는 과학의 특수 분야가 삶에 더욱 가까이 접근할수록 더욱 강력하다. 오로지 성정치적 문헌에 대해서만 생각해 보아도 그렇다(인종이론). 이것으로부터 분명히 고도의 문화를 가진 나라들에서 혁명적인 과학적 작업에 대한 무시는, 우리가 대중에게 영향을 미치는 기회들을 줄일 수밖에 없다고 추론하게 한다. 그러한 무시는 또한 사회혁명의 승리 뒤에 새로운 사회질서를 건설하는 데서 우리의 어려움을 증대시킬 것이다. 혁명적인 과학적 작업의 문제를 해결함으로써 우리는 지식인들이 지닌 문제의 대부분을 동시에 해결할 것이다.

다시 한번 더 혁명운동의 재건은 혁명적인 과학적 작업이 오늘날 수행해 온 길을 진지하게 살펴봄으로써 시작해야 한다. 여기서 우리는 광범위한 개요들을 다룰 수 있을 뿐이다. 몇 가지 중요한 사실들을 생각해 보자. 맑스주의는 대개 평범한 인간이 이해할 수 없는 '우연과 필연'에 관한 끝없는 논쟁이라는 형식으로 이루어지는 자기 자신을 위한 철학으로 여겨져 왔다. 변증법적 유물론에 관한 쿠르트 자우어란트(Kurt Sauerland)의 잘 알려진 책은 이러한 접근법의 고전적 사례이며, 철학적 형식주의와 당기회주의의 조합이다. 자연과학에서 과학적 조사연구는 지체되고 있고, 사회과학에서 상황이 더 좋지는 않다.

우리는 부르주아 학자들의 기준에 따르지는 않았다. 몇 가지 좋은 기고 글들을 제외하고 『맑스주의의 깃발 아래에서』조차 맑스주의 과학을 가꾸고 발전시려는 목표를 가졌었는데, 형식적 언어와 추상적 변증법에 의해 마비되었다. 그것은 결코 토론을 자극하지 않았거나 부르주아 과학의 논쟁들 속에 효과적으로 개입하지 못했다. 그것은 자신의 혁명적 충성심을 보호할 뿐이었다. 이것은 원칙의 문제를 제기한다. 혁명가는 계급투쟁론을 간과한다고 자신의 적들을 비난하거나 모든 세 번째 문장에서 혁명에 대한 자신의 충성심을 선언함으로써 과학적 전선에서 자신의 과제를 수행한다고 생각해서는 안 된다. 이것은 결코 객관적 논증의 대체물이 아니다.

무엇보다도 우선 우리는 부르주아 과학 일반의 상황 및 구조를 면밀히 살펴볼 필요가 있다. 부르주아 과학은 수만 개의 개인주의적 분절들로 깨져 있고, 서로 낮은 과학자 층의 경력주의나 고위층의 사적인 강박들에 기여하고 있다. 같은 기술적 장 안에서도 한 과학자는 다른 과학자를 이해할 수 없다. 부르주아 과학은 언어에서뿐만 아니라 주제 선택에 있어서 아카데믹하다(알코올 중독을 불러일으키는 사회적 조건들에 대한 논문의 수와 만성적인 알코올 중독자에게서 뇌조직의 구조에 대한 상세한 논문의 수를 비교해 보라). 연구된 주제가 실제 삶에 가까워질수록 부르주아 과학은 삶에서 더욱 멀어지고, 부르주아 과학이 생산하는 이론이 기괴할수록 이 이론을 둘러싼 토론은 더욱 추상적이다.

이러한 이유로 가령 수학과 같은 과학은 부르주아적 사고의 영향으로부터 가장 자유로운 것인 반면, 가령 결핵에 대한 조사연구는 아직 인간의 폐에 빈약한 음식과 주거가 미치는 효과에 대한 철저한 연구지점까지 이르지 못하였다. 모든 것 가운데 가장 거친 백치들의 집인 정신의학에 대해서 말한다면, 심리적 건강의 주요 원칙을 규정하는 것을 목적으로 하는 이 과학은 이것을 불가능하게 하는 특수하게 고안된 도구로서 작용한다는 것만을 말하도록 하자. 이러한 예들은 부르주아 과학에 대해 객관적으로 우월하게 되기 위해서 또한 혁명 이후에 우리가 긴급하게 필요로 할 젊은 지식인들과 과학자들을 끌어들이기 위해서 순전히 기술적인 지식의 영역에서 맑스주의 과학이 경쟁할 필요가 있는 이유를 보여주기에 충분할 것이다.

맑스주의 과학은 단순히 과학 위에 꼬리표와 같은 '계급투쟁'의 구호를 붙임으로써 발전할 수는 없다. 맑스주의 과학은 오직 과학 자체의 개별 분야들의 질문들, 문제들, 발견들로부터만 발전할 수 있다. 부르주아 과학이 어디서 실패했고, 왜 실패했는가, 부르주아 세계관이 어디에서 어떻게 지식의 장애물인가 등을 사실적으로 증명해야 한다. 이것을 정말 사실적으로 한 뒤에야, 사람들은 자신을 맑스주의 과학자라고 부르고 개별과학과 경제적 계급투쟁 사이의 관계를 연구할 수 있는 권리를 가진다.

이상의 견해는 허황된 주장은 아니다. 즉 그것은 성경제학의 발전 경험에 확고하게 기초하고 있다. 그러므로 우리는 이러한 특수한 사례를 혁명정치의 원칙에 따라 더욱 일반적인 문제로 이끌어 가는 프롤레타리아트와 부르주아지 사이의 과학적 논쟁이라는 더 나아간 문제를 밝히는 데 사용할 것이다.

부르주아 과학의 세계 안에 있는 이견들을 알고 있는 사람은 누구나 적의 잘못된 관점들을 논증에 의해 패배시키려는 어떤 시도도 희망이 없음을 깨닫는다. 프로이트는 심리적 장애가 성억압의 결과라는 것을 발견하였다. 자본주의 나라들의 정신이상자 수용소, 정신병 치료소, 복지시설은 부르주아 성경제의 산물들로 넘쳐나고 있다. 어떤 익살꾼은 미국에서 정신적으로 병든 사람 수의 증가로 판단하건대 지금부터 250년 뒤에는 정신적으로 병든 사람들만 남을 것이라고 얼마 전에 밝혔다. 그것은 들리는 것처럼 결코 있을 법하지 않은 것이 아니다. 몇 년 전까지 프로이트의 혁명적 발견들이 정신의학적 직업을 장악할 것이고 신경증의 예방이란 문제를 긴급하게 고려할 것이라고 희망할 수 있었다. 그것은 이 분야에서 맑스주의라는 말이 처음부터 분명히 언급되지 않은 채 맑스주의적 견해와 부르주아적 견해 사이의 대화를 향한 첫 번째 발자국이 되었다.

그러나 실제로 일어난 일은 정신의학이 상당히 다루어지지 않은 채 있으며 '퇴화기질'을 정신병의 원인으로 보는 비상식적인 견해를 여전히 지니며, 심지어 어떤 영역들에서 가장 중요한 부분들에서는 정신분석운동을 정복했다는 것이다. 어떤 지도적인 정신분석가는 얼마 전에 신경증의 예방으로 골치를 썩일 필요가 없다고 선언하였다. 개인적인 치료를 하는 것으로 충분하기 때문이라고 한다. 이유는 분명하다. 즉 신경증 예방의 문제는 부르주아 성질서라는 더 광범위한 문제로 나아가고 종교와 도덕의 존재 자체에 도전하기 때문이다. 프로이트를 '반동'이라고 '폭로함으로써' 프로이트의 학문적 실수들에 대한 '맑스주의적' 공격을 개시하는 것은 바보같은 짓일 것이다. 그러나 프로이트가 어디에서 천재적인 자연과학자이고 어디에서 시대에 뒤떨어진 부르주아 철학자인가를 객관적으로 증명하면, 우리는 진지하고 유용한 맑스주의적-혁명적 작업을 수행할 수 있을 것이다.

그러면 과학적인 토론이 과학적 장에서의 투쟁을 혁명에 유리하게 결정할 것이라는 어떤 희망이라도 있는가? 그것은 결코 일어날 수 없다. 그렇다고 해서 우리가 모든 토론을 거부해야 한다는 것을 의미하지는 않는다. 반대로 우리는 토론을 촉진시키고 우리 작업의 객관적 가치에 기초해서 모든 과학조직에서 지도적인 입장을 획득하려고 노력해야 한다. 우리는 왜 그리고 어디서 부르주아 과학자들이 생각의 오류를 범하고 근본적인 사실들을 무시하는가를 토론을 통해서 배워야 한다. 오직 이런 방법을 통해 우리 스스로 더 잘 훈련될 수 있다. 그러나 실제 투쟁은 그 밖의 다른 곳에서 벌어진다.

성과 관련하여 예를 들자면 평균적 심성을 지닌 부르주아 정신의학자들은 신경증, 정신병, 약물중독 등이 대중의 끔직한 성경제의 결과라는 견해를 전혀 수용하지 않으려 한다. 다른 한편 오직 이런 문제들이 대중에게 심각한 고통의 원천이기 때문에 그리고 정신의학자들의 편협한 마음과 그것으로부터 결과하는 심리적 비참함이 대중에게 개인적으로 그리고 직접적으로 영향을 주기 때문에, 광범위한 대중은 이러한 문제들에 대해 정말 관심을 갖는다. 나는 평균적인 노동자 청년이 전세계에 걸쳐 있는 대부분의 평균적 정신의학자들보다 억압된 성과 심리적 우울 또는 노동능력의 손실 사이의 관계에 대해 더 잘 이해한다고 확신한다.

우리는 일단 대중이 성적으로 만족하는 건강한 생활을 하면, 정신질환이 방해받은 성경제의 표현인가에 대한 논의는 맑스주의 진영에 있는 부르주아도덕의 선도자들(그들의 부르주아적 왜곡의 결과로 자신들이 이해하지 못한다는 이유로 "정신분석을 거부해야 한다고 믿는" 의사들, 교육자들 그리고 그 외 사람들)의 마음속에서조차 자명할 것이라고 안심하고 얘기할 수 있다. 항상 대중에게 향하고 항상 알아들을 수 있는 방식으로 대중에게 알린다는 원칙은 여기 공격할 수 없는 과학이라는 신성한 영역에서도 적용된다. 성정치운동은 자신의 인기와 자신이 받은 공감을 독일과 오스트리아의 광범한 주민층에 빚지고 있다. 어떤 조직에도 어떤 권력에도 빚지고 있지 않다. 성정치운동은 그러한 것을 오직 성건강이라는 문제를 공공 쟁점으로 만든다는 자신의 기본원칙에만 빚지고 있다. 그것이 당관료제조차 성정치운동에 대해 무력한 이유이며 그렇게 남아 있을 것이다.

성정치운동에 아주 현저하게 타당한 것은 의학이나 다른 과학의 모든 부분 분야들에도, 예를 들어 결핵 조사연구 같은 것에도 타당하다. 그러나 혁명적 과학자들은 대중 사이에 잘못된 부르주아 사상을 퍼뜨려서 반동을 도와줄 뿐이어서는 안 된다. 혁명적 과학자들은 우선 자신들의 특수 분야에서 변증법적 유물론적 접근의 원칙들을 완성하고 그러고 나서만이 이러한 원칙들을 대중 앞에 제시해야 한다. "혁명 만세"를 외치면서 성교가 젊은이들에게 나쁘다는 부르주아 관념을 설교하는 것보다는 아무것도 말하지 않는 것이 훨씬 더 좋다는 것은 분명하다.

대중은 진실에 대한 숭고한 본능을 지니고 있다. 그러나 혁명조직이 그들에게 아무것도 제공하지 못할 때, 그리고 부르주아적 돌팔이들이 [심령술에 의한] 책상의 흔들림에서부터 루르드(Lourdes, 프랑스 남부의 도시, 순례지)에서의 기적적인 샘물[4]까지 모든 것을 제공할 때, 이런 본능은 볼 수 없다.

4 1858년 베르나데트라는 14세 소녀가 루르드에 있는 마사비엘의 동굴에서 18회에 걸쳐 성모 마리아를 보고, 기도와 보속행위, 생활의 회개를 촉구하는 메시지를 들었다고 전해진 후 해마다 세계 각지로부터 300만이 넘는 순례자가 찾아오는 순례지가 되었다. 또한 동굴 속에 있는 샘물은 성수(聖水)로서 병 치료에 신통한 효험이 있어 이를 찾는 신도와 환자들이 많으며, 그 입구에는 완치된 사람들이 두고 간 수많은 목발들이 걸려 있다.[역주]

혁명에 대한 불안

공산주의 혁명운동은 전쟁의 폐지 그리고 지구상의 평화 구축이라는 쁘띠부르주아 평화주의 운동과 똑같은 것을 원한다. 혁명가들은 올바르게, 이 목표는 자본의 지배를 강제로 전복함으로서만 예를 들어 제국주의 전쟁을 내전으로 전화시킴으로써만 달성할 수 있다는 견해를 견지한다. 평화주의자들은 단지 폭력을 사용하는 또 다른 예로서 시민전쟁을 거부한다. 이러한 거부로 그들은 자신들이 전쟁을 일으키는 체계를 지지하고 있다는 것을 인정하지 않으려고 한다.

광범위한 비정치적 대중은 공산주의자들을 '폭력적인 사람들'이라고 본다. 그래도 광범위한 대중의 견해는 **결정적이다.** 대중은 폭력을 두려워하고 평화와 고요를 원한다. 그리고 그 이유 때문에 공산주의와 아무 관계도 맺지 않을 것이다.

오늘날 공산주의 선전은 폭력론을 제기해 왔고 평화주의론을 절대적이고 기계론적인 방식으로 반대하였다. 그것이 사회민주당원의 상당 부분이 공산주의 운동에 참여하지 않은 이유이다. 폭력을 통한 권력장악 이론을 포기할 수는 없다. 그렇다고 광범위한 대중을 그 이론으로 직접 넘어오게 할 수도 없다.

민족사회주의[나치] 운동의 주요한 힘 가운데 하나는 '독일 혁명'이란 환상 외에 그들이 대중에게 비폭력적인 권력장악을 약속한 것이었다. 이런 방식으로, 당연히 아주 무의식적으로 대중의 혁명적 소망과 평화주의적 소망 둘 다에 동시에 호소하였다.

이런 모순을 해결하기 위해 두 가지 질문을 제기하는 것이 필요하다.

첫째로 폭력에 대해 대중은 무엇을 느끼는가? 경험은 대중은 평화주의적이고 폭력에 대해 두려워한다는 것을 보여준다. 두 번째 질문은 (필수적이라고 우리가 알고 있는) 폭력의 사용과 그것에 대한 대중의 태도 사이의 관계는 어떠한가이다. 두 가지 질문에 대한 대답은 같고 같을 수밖에 없다. **즉 혁명운동의 대중적 기반이 넓으면 넓을수록 폭력은 덜 필요하게 되고, 따라서 대중은 그들의 혁명에 대한 불안을 더욱 더 버릴 것이다.** 군대와 국가장치 안에서 혁명운동의 영향이 증가하는 것은 같은 효과를 지닌다. 이런 이유로 러시아 혁명은 최소한의 희생자만을 냈다. 피의 목욕을 불러온 것은 제국주의의 개입이었다. 그때까지 책임이 제국주의자와 백군에게 있었다는 것은 역사적으로 분명하고 **모든 사람에게 명확하였다.**

그러나 대중적 기반의 넓이는 혁명당이 모든 노동 주민층의 언어를 장악할 수 있고 그리고 그들의 욕망과 혁명적 사고를 드러낼 수 있는 정도에 좌우될 것이다. 이것은 의식적인 대중심리학적 실천이 필요한 곳이다.

아마도 이 지점에서 '원칙적인 반대자'는 (사람들이 종종 듣듯이) 러시아 혁명은 성정치와 대중심리학의 도움 없이 성공했다고 반박할 것이다. 우리는 러시아 농민은 미국인들처럼 부르주아화되지 않았다, 러시아 프롤레타리아트는 영국 노동자계급과 같지 않다, 게다가 러시아 혁명은 매시기마다 가장 위대한 대중심리학자였던 레닌에 의해 지도되었다고 즉각 대답할 것이다.

혁명의 대중적 기반에 관한 질문으로 되돌아가기 위해, 훨씬 더 구체적인 두 번째 예를 생각해 보자.

국가로서 그리고 개인으로서 경찰

일상적인 독일 경찰은 항상 진기한 모순들로 꽉 차 있다. 공산주의적 신문들은 '경찰폭력', '경찰폭도들' 등에 대해 끊임없이 불평해 왔다. 그것은 결과적으로 사회 파시즘론에서 나왔다. 경찰에 대한 당의 분노는 전적으로 이해할 수 있다. 왜냐하면 경찰이 모든 시위를 공격하고 깨뜨리기 때문이다. 그러나 그 행동[분노]을 아무리 정당화할 수 있을지라도, 혁명지도부는 분노나 다른 정서적 감정에 굴복할 권리가 없다. 혁명지도부는 경찰의 대부분(정말 다수)의 공감적이고 능동적인 도움이 없으면 봉기는 엄청난 인명의 손실을 초래하지 않고는 성공할 수 없다는 사실을 무시해서는 안 된다. 똑같은 것이 군대에도 해당된다.

공산당 지도부는 경찰과 군인이 프롤레타리아트, 농민, 피고용인 등의 아들들이라는 것을 잠시도 잊지 말아야 한다. 그들에게 대항하여 분노하는 대신에, 평균적인 경찰이나 병사들로 하여금 그 자신의 계급에게로 아주 극적으로 되돌아가게 만들기 위해서 그들의 마음속에서 무슨 일이 일어나고 있는지 자문해야 한다.

나는 뒤에서 할 스케치가 진리에 가까운지 알지 못한다. 진리에 가깝지 않을 수도 있다. 그러나 무장을 하고 헬멧을 쓰고 거리에서 군중을 짓밟고 있는 고위 경찰대장을 생각해 보라. 그러고 나서 집에서, 그의 프롤레타리아 가족 서클 속에서, 형제, 남편 또는 아버지로서 있는 그를 상상해 보라. 침대에 있는 또는 속옷을 입고 있는 그를 상상해 보라! 거리에서 그는 자신을 '**국가**'라고 느낀다. 어린 프롤레타리아 소녀들은 경찰들에게 본의 아니게 애교를 부리면서 행동한다. 그들의 어머니는 그들이 '버릇이 없다'

면, 즉 그들이 불복종하거나 생식기를 갖고 논다면 그들을 경찰에게 데려가겠다고 위협한다. 그러면 물론 경찰은 자신을 질서의 수호자로 보고 거기서 자신을 매우 위대한 인물로 느끼게 된다. 그것이 그[경찰] 속에 있는 반동적 요소이다. 집에서 그리고 병영에서, 그는 자본주의의 저임금의 탈개인화된 영원히 복종적인 보조역이다. 이것은 많은 다른 유사한 모순들과 더불어 혁명투쟁에 결정적인 모순이다.

프러시아 경찰들의 다수는 사회민주당원이었다. 히틀러가 권력을 장악한 몇 주 동안 그들 가운데 많은 사람이 나치 친위대의 박해를 받는 공산주의자들과 사회주의자들을 보호하였다. 계속적이고 합리적이며 투철한 혁명적 선동은 경찰의 심리적 모순을 많은 잡음 없이 해결할 수 있었다. 그러나 다시 한번 말하자면, 우리는 처방을 전혀 가지고 있지 않고 단지 보는 방법만을 가지고 있다.

무엇인가를 할 필요가 없는 그런 예가 있다. 1932년 7월에 본 파펜(Von Papen) 정부[히틀러 · 파펜 연립정부]가 들어섰을 때, 그 첫 행동 가운데 하나는 경찰 막사에 여자들이 방문하는 것(전에는 허용되었다)을 금지하는 것이었다. 그 때문에 분위기는 아주 반란적이었다. '하위'조직들에서 일했던 우리들은 청년 경찰의 분위기가 다음과 같다는 것을 여러 측면을 통해 들었다. 즉 "우리는 줄어든 임금, 늘어난 노동시간 등을 저항 없이 많이 참아왔다. 그러나 우리는 그들이 소녀들도 멀리 데려가도록 놓아두지는 않겠다." 성정치운동은 즉각 중앙위원회에 알리고 이러한 분위기를 참작하여 경찰의 이런 특별한 관심을 지지하는 데 공식적으로 나설 것을 권했다. 중앙위원회는 이것을 듣지 않았다. 그들은 이것이 "계급투쟁과 전혀 관계가 없다"고 말했다. 우리는 또한 경찰들이 성정치운동 상담소에 참여했을 경우에 노동자에 적대적인 분위기가 상당히 줄어들었다는 것을 알았다. 그러나 아무도 그러한 사실들에 관심을 두지 않았다. 그러한 것들은 '고위 정치'에 속하지 않는다. 그럼에도 그러한 것들은 다양한 주민층에 직접적으로 접근하는 것은 추상적인 정치적 쟁점이 아니라 대중의 실제 욕구와 관심사에 근거해야 한다는 것을 분명히 보여준다.

우리가 대중의 삶의 작고 겉보기에 사소하고 부차적인 것 같은 현상들에 귀가 먼 채 있으면, 대중은 우리가 권력을 장악한 뒤에 우리가 그들을 이해할 것이라고 결코 믿지 않을 것이다.

성정치운동을 하는 한 친구는 시골길을 차로 여행하는 동안 두 사람의 도제를 데리고 갔다. 곧 정치에 관한 이야기가 되었다. 그 소년들은 프롤레타리아 소년들이었는데 아직 선거권은 없었고 모호한 사회주의적인 외관을 띠고 있었지만, 그들이 얘기했을 때 정치에는 어떤 관심도 가지고 있지 않았다. 그들은 모든 그러한 종류의 생각을 그들의 명예로운 사회민주당 당수에게 넘기거나 자신들의 여행 중에 만난 예쁜 소녀들을 만나려고 자신들의 투표권을 기꺼이 포기할 것이다. 우리의 친구는 이들은 분명 타락한 유랑인들이 아니라 건강하고 평균적인 노동계급 소년들이었다고 우리에게 확신시켰다. 그러한 것들로부터 배우려는 귀도, 이해도, 의지도 없는 사람은 누구나 희망 없는 사례이다.

오스트리아에서 노동자 가족과 농민 가족 출신 병사들은 수백 명의 그들의 계급적 동지들을 죽였고, 그들의 집을 남김없이 파괴했다. 어디에서도 다음과 같은 질문이 제기되지 않았다. 즉 그런 일이 어떻게 가능하고 우리가 그것에 대해 무엇을 할 수 있는가? 그럼에도 국가 수중에 현재 수준의 군사 장비가 있다면 폭동과 거리투쟁이 과연 가능한지 그리고 어떻게 가능한지에 관한 '고위 전략적 문제'는 바로 이 질문과 그에 대한 대답에 달려 있다.

서로의 머리에 욕설을 퍼붓고 서로 '노동자계급의 배신자들'이라고 부르는(이것은, 아무도 사태를 더 잘 이해하지 못하기 때문에 어디에도 이르지 못한다) 대신에, 자신들을 프롤레타리아트의 지도자들이라고 부르는 사람들은 그러한 질문들을 하고 이러한 병사들을 더 잘 이해할 것이다. 그러면 그들은 군대와 경찰에 영향을 끼치는 방법을 알 것이다.

주민의 욕구로부터 혁명적 국가정책의 발전

1932년 성정치운동 대표가 토론을 위해 당 중앙위원회 대표인 피엑크(Wilhelm Pieck)와 만났을 때, 피엑크는 『성도덕의 출현』에서 발전된 근본적 견해가 당과 맑스주의에서 말한 견해와 모순된다고 말했다.

설명해 달라고 하자, 그는 "당신의 출발점은 소비이고 우리의 출발점은 생산이다. 그러므로 당신은 맑스주의자가 아니다"라고 말했다. 성정치운동 대표는 인간의 욕구가 생산에서 나온 것인지 아니면 반대로 생산이 인간 욕구를 만족시키기 위해 있는 것인지 물었다. 피엑크는 이 질문을 이해하지 못했다. 단지 2년 뒤에 그 구분은 분명해졌다. 즉 경제주의는 사회적 존재의 객관적 측면으로부터, 생산력의 진보로부터, 국가간의 경제적 모순들로부터, 자본주의적 무정부성에 대한 소비에트 계획경제의 우월성으로부터만 자신의 전체 과업과 선전을 발전시켰다. 그리고 나서 "이러한 국가정책을 작은 일상의 욕구에 연결하였다." 그러나 이러한 '연결'은 큰 재앙이었다. 다른 한편 성정치운동은 주관적 욕구로부터 사회혁명의 필요성을 발전시킴으로써 그리고 대중의 욕구를 '과연' 만족시킬 수 있는지 그리고 '어떻게' 만족시킬 수 있는지 하는 모든 정치적 쟁점을 밝힘으로써 모든 수준에서 정치적으로 가장 혼돈스런 인민들 사이에서조차도 최대의 관심을 불러일으켰다. 바로 여기에 살아 있는 혁명적 작업과 독단적이고 학자적인 당—'맑스주의' 사이의 근본적인 차이가 있을 뿐만 아니라, 가장 훌륭한 당관리들조차 일단 고위 국가정치에 '빠지면' 성정치운동이 하는 것을 이해하지 못하는 이유가 있다.

많은 코민테른 관리들은 물론 무언가가 자신들의 작업에서 빠져 있다는 것을 알고 있다. 그럼에도 그들은 국가정치와 대중욕구가 만나는 구체적 지점을 찾아낼 수 없다. 예를 들어 마누일스키(Manuilski)는 소련공산당 17차 당대회에 제출된 「혁명의 위기가 무르익고 있다」라는 이름의 보고에서 다음과 같이 말했다.[5]

"우리의 공산주의 청년 인터내셔널을 들어 보자. 공산주의 청년 인터내셔널은 코민테른의 지도 아래 수년 넘게 공산주의라는 대의에 무한한 헌신을 여러 번 증명해 온 빛나는 젊은 볼셰비키 세대를 키워 왔다. **그러나 노동청년대중 속에 깊숙이 파고들 수 있다는 것을 증명해 오지 못했다. 사회민주당원들도 이 청년들을 획득해 오지 못했다. 자본주의 나라들에서 청년들은 부르주아지, 그 군사참모부, 그 목사들에 의해 창조된 수백만 명의 강**

---

5 "코민테른 지부의 상태", *Rundshau*, 16호, 586쪽에서 인용.

력한 스포츠 조직에 속해 있다. 독일에서 실업청년들의 어떤 집단은 파시스트 병영으로 들어갔다. 그러나 청년공산주의자 동맹의 성원들은 이러한 교훈을 완전히 이해하지는 못해 왔다. 독일에서 그들은 파시스트들에 맞서 용감하게 싸웠다. 많은 나라들에서 그들은 군대 안에서 일하고 있으며 그 때문에 장기간의 감옥형을 선고받고 있지만, 그럼에도 카톨릭주의를 지지하는 선전을 하기 위해 무신론 연맹에 참여하는 것이 교황에게 일어나지 않듯이 수십만 명의 젊은 노동자들이 모이는 가령 카톨릭 스포츠 조직에 참여하는 것도 그들에게 일어나지 않을 것이다. (웃음) 그러나 청년공산주의자 동맹과 공산주의 조직의 성원들은 교구 신부처럼 위신에 속박되지 않는다. 공산주의 조직과 청년공산주의자 동맹 조직은 항상 움직여야 하고 노동자들이 있는 곳은 어디든지 있어야 하며, 스포츠 조직들에, 이탈리아의 도폴라보로(Dopolavoro)와 같은 여가시간 조직들에, 노동봉사 캠프들에 있어야 한다. 그러나 무엇보다도 공장[작업장] 안에 있어야 한다."

이 모든 것은 전적으로 옳지만 가장 중요한 것이 빠져 있다. 청년공산주의자 동맹의 한 성원이 기독교 청년조직 안에서 일할 때, 공산당 중앙위원회의 경제-정치 분석들은 그가 청년 기독교 동료들의 관심을 끄는 데 전혀 쓸모가 없다. 그는 정치경제적 문제보다는 오히려 카톨릭 청년과 무엇에 대해서 말할지와 공산주의가 어떤 해결책을 가지고 있는지 알아야 한다. 이러한 출발점으로부터 그는 점차적으로 계획경제가 개인적인 문제들을 해결하기 위한 기반으로서 어떻게 기여할 것인지를 보여주는 데로 나아갈 수 있다. 그리고 그렇게 하여 우리는 성정치운동은 공산주의자들의 조직 내부 작업에 관한 한 원칙상 마누일스키에 동의하지만 평균적인 젊은 남성과 여성, 기독교인 또는 다른 사람의 실제 이해의 구체적인 문제에 대해서 그리고 청년공산주의자 동맹의 선전가의 작업을 위한 출발점으로 기여하는 중요한 개인적 문제들에 대해서는 그와 완전히 다르다고 말할 수 있을 것이다.[6] 똑같은 것이 코민테른 지도부의 모든 형식주의적 관념에도 해당된다.

그들은 그 대중직업이 필요하다고 옳게 항상 말하지만, 동시에 그러한 필요한 대중직업의 구체적 내용들을 거부한다. 그 내용들이 고위정치로부터 멀수록 개인적인 것에 가까울수록 더욱 그러하다. 그들은 개인적인 것과 정치적인 것 사이의 변증법적 관계를 인정하는 대신에 그 둘을 대립적인 극으로 여긴다. 가장 전형적인 개인적 문제들 안에는 (젊은이들을 위한 분리주거의 문제나 성상대의 문제와 같은) 몇몇 개인적인 문제들이 있을 뿐만 아니다. 정치는 바로 상이한 사회층과 연령집단의 다양한 욕구와 이해의 실천이다.

간단히 요약하자면, 혁명정치와 부르주아 정치의 차이는 전자는 대중의 욕구충족에 기여하기 위해서 나서는 반면에 후자는 대중의 구조적인, 역사적으로 조건지워진 무능력에 전적으로 근거하고 있다는 것이다.

공산주의 세포에서 일해 온 모든 사람은 당원들조차 '고위정치'에 대해서 어떻게 느끼고 있는지 안다. 정치적 강의는 매주 모임에 속했다. '강연자'는 부르주아 정치에 대해서 말할 것이다. (어떤 사람은 좀 더 잘하고 어

---

6 『청년의 성투쟁』을 보라. 이 책은 독일 공산당에 의해 금지되었지만, 모든 젊은이들이 아주 열정적으로 그 책을 움켜잡았다.

떤 사람은 좀 못할 것이다.) 그리고 다른 모든 사람들은 다소의 관심을 가지고 그러나 항상 수동적으로 들을 것이다. 토론은 고위정치적 토론을 실제로 즐기는 지식인들이나 아니면 잘 훈련된 당원들이 다수를 차지하는 세포들에서만 통상 이루어질 것이다. 히틀러가 권력을 잡기 전 마지막 몇 달에 '고위정치'에 별로 익숙하지 못하지만 무언가가 이루어지고 있다는 것을 인식한 프롤레타리아 동지들이, 다음과 같이 말하면서 지루한 정치적 강의를 중단시키는 일이 더욱 종종 발생했다. "당신은 여러 해 동안 우리에게 부르주아들이 원하는 것을 그리고 부르주아들이 하는 것을 말해오고 있습니다. 이제 **우리**가 무엇을 해야 하는지, **우리**가 정치를 위해서 무엇을 노력해야 하는지를 우리에게 말해주시오." 강연자들은 무엇을 말해야 할지 알지 못했다.

성정치운동 강의자들의 성공이 다양한 분야들에서 얘기되기 시작하고 성정치운동 강의자들이 개인적인 쟁점들에서 시작해서 정치적인 쟁점들로 나감으로써 정치에 관심을 가진 당 및 대중의 가장 교육받지 못한 성원들을 획득할 수 있다고 얘기됐을 때, 당관리들은 사람들이 집단 저녁모임에 '비정치적인 사람들'을 데려오기를 원하기 때문에 성정치운동에 강연자를 요청하였다. 여성과 청년에 관한 당의 사업은 도처에서 실패하고 있었다. 왜냐하면 '정치적 상황'에 대해 어느 곳에서나 똑같은 방식으로 말했고, 그래서 사람들은 어디에서나 똑같이 지겨워했다.

그러나 성정치운동 강의자들은 무엇보다 여성과 청년, 실업자 등의 개인적인 걱정거리들을 파고들도록 훈련받았다. 그들은 "내 아이들을 어떻게 교육해야 되지요," '우리의 조직 안에 있는 소년 소녀들'과 같은 '비정치적' 주제들을 제안할 것이다. 일상생활과 관련된 이런 쟁점들에 대한 모든 토론은 청중 쪽에서의 커다란 관심과 능동적인 참여를 불러일으켰고 항상 이전의 형식으로 표현되면 어떤 혁명적 감정도 막아버렸던 커다란 정치적 질문들로 나아갔다. '고위정치'에 열중하고 '일상적 문제들과의 연계'에 관해서 얘기하고 그리하여 그러한 문제들을 토론에서 효과적으로 배제하는 대신에, 성정치운동은 항상 개인적인 쟁점들에서 시작하여 가령 히틀러-브뤼닝(Brüning, 1930년대 초반 히틀러에 앞서 정권을 잡았던 독일 정치인) 정치로 끝내는 식으로 체계적으로 진행하였다.

공식 당 대표들은 우리의 방법을 '반혁명적 편향'이라고 공격했다. 그럼에도 그들은 오라니엔부르크, 지터보그, 드레스덴, 프랑크푸르트, 스테그리츠, 스테틴 등에 오도록, '비정치적인 사람들을 끌어들이'도록 우리를 계속 불렀다. 피고용인들이 민족사회주의에 광범위하게 오염되고 수년 동안 붉은 노조와 접촉하지 못한 대공장들에서 성정치운동은 수십 명의 사람들을 모임에 오도록 권고하였고 공산주의 세포의 작업을 부활시키고 여성들과 청소년들의 관심을 끌었다. 운동은 또한 너무 젊고 너무 약했다. 운동은 처음에는 당지도부에 의해 달갑지 않게 여겨졌고 나중에는 금지되었다. 운동은 경험을 수집할 수 있을 뿐이었다. 정치로부터의 이탈이고 반동적이라고 지목당한 것이 실질적으로는 혁명적 선전이었다. 이것은 비정치적인 사람들이 결국에는 정치에 관심을 갖게 되었다는 사실로 증명되었다.

어떤 혁명조직도 이러한 형식의 고위정치에 관심을 갖지 않은 대중을 혁명적으로 정치화하지 않고는 승리하지 못할 것이다. 대중이 다소 무관심하게 반응한 이른바 혁명적 행동은 사례제시를 통해 대중을 '동원하려는' 시도였다. 대부분의 경우에 이러한 시도는 완전히 실패했다.

독일에서 성정치운동 작업의 경험은 혁명정치의 모든 분야에 적용될 수 있다. 나태한 대중은 사례 제시만으로는 정치화될 수 없다. '전세계의 노동자들에게'라는 심리학적으로 잘못된 호소를 통해서도 마찬가지로 정치화될 수 없다. **대중은** 정치적으로 능동적이게 되면 **스스로** 혁명정치의 **근본 질문**을 해나간다. 즉 **우리는 무엇을 원하는가? 우리는 그것을 어떻게 이루어내는가?** 사회혁명이 사회민주주의라는 생각을 실현하여 전체 주민이 정치에(부르주아적인 외교 게임이 아니라 혁명정치에) 참여시키고 대중을 사회생활을 조직하는 작업에 "끌어들일" 뿐만 아니라 그 작업의 대부분을 대중의 수중에 실제로 맡기는 것이 옳다면(우리는 그것이 옳다는 것을 의심하지 않는다), 우리가 몇 가지 사례의 도움으로 여기서 윤곽만 그려온 혁명적인 대중작업의 몇 가지 근본적인 원칙이 필연적으로 생겨난다. 우리는 이러한 사례들을 보편적으로 적용할 수 있다고 주장하지 않는다. 그 사례들은, 단지 대중 속에 잠자고 있는 활동성을 깨울 수 있는지 그리고 어떻게 깨울지를 생각해 보는 사례들로 쓰일 뿐이다.

자신의 소유물을 점유[관리]하기

어떤 지도부도 사회적 삶이 던진 모든 문제와 과제를 조사하고 통제할 수 없다는 것이 분명하다. 부르주아 독재만이 이것을 할 수 있는데, 왜냐하면 부르주아 독재는 대중의 욕구를 고려하지 않고 대중의 정치적 무관심과 명백한 욕구결핍에 실제로 의존하기 때문이다. 오늘날 자본주의에서 노동은 오랫동안 사회화되어 왔다. 오직 생산물의 전유만이 기업가의 사적인 것이다.

사회혁명은 대공장들을 사회화할 것이다, 즉 대공장들을 노동자의 자주관리로 넘길 것이다. 우리는 소련이 초기에 자주관리를 하는 데 어려움을 겪었다는 것을 알고 있고, 이것은 현재도 그러하다. 공장에서 혁명적 작업은 오직 공장에 대한 노동자의 이해를 생산에 대한 사실적 이해로서 고취시키고 거기에서 진전할 때에만 성공할 수 있다. 그러나 오늘날 노동자들은 공장 그 자체에 대한 관심을 갖고 있지 않다. 확실히 현재 형식의 공장에도 관심이 없다. 오늘날 공장에 대한 혁명적 관심을 획득하기 위해서는 노동자들이 자본주의 아래서 공장을 지금 자기 자신에게 속하는 것으로 생각해야 한다. 공장에서 노동자들은 자신들의 노동이 이러한 공장들을 권리상 자신들의 것으로 그리고 오직 자신들의 것으로 만든다는 것, 자본가들이 그 순간에 자신들의 것이라고 주장하는 이 권리는 많은 의무들과 결합되어 있다는 것, 자기 자신의 지배자가 되기 위해서는 사람은 공장경영, 공장조직 등에 대해서 무언가를 알아야 한다는 것을 인식해야 한다. 결정적으로 인간이 자신의 고유한 주인이라는 것을 알아야 한다. 우리의 선전은 자본과 생산수단의 현재의 소유자가 아니라 노동자들이 공장의 진정한 주인이라는 것을 분명히 해야 한다.

대중심리학의 측면에서 "우리는 대자본가들을 몰수할 것이다"라고 말하는 것과 "우리는 우리의 소유를 우리의 올바른 관리 아래 두고 있다"고 말하는 것은 엄청난 차이를 만들어 낸다. 첫 번째 경우에, 비정치적인 또는 정치적으로 왜곡된 평균적인 산업노동자는 마치 자신이 남의 소유를 장악한 것처럼 범죄의식과 어떤 금기를 지닌 채 반응할 것이다. 두 번째 경우에, 그는 자신의 노동에 근거한 자신의 **정당한** 소유권을 의식하게 되고, 그래서 '사유재산의 불가침성'이라는 부르주아적 관점은 그에게 지닌 힘을 잃을 것이다. 문제는 지배계급이 자신들의 이데올로기를 퍼뜨리고 방어한다는 것이 아니다. 문제는 대중이 왜 그것을 받아들이는가이다.

노동자들이 자신들이 일하는 공장의 진정한 주인이며 그들은 **이제 막 자신들의 과제에 대해서 생각해야 한다**고 노동자들에게 설명하는 것이 혁명조직의 역량을 넘어서는 것인가? 이제 막 쁘띠부르주아 상인 부인들과 프롤레타리아 여성노동자들이 성정치운동 그룹에서 아이들을 키우고 가사를 꾸려가는 가장 좋은 방법이 무엇인가를, 그리고 빌린 건물의 모든 층에 집단부엌을 설치하는 것이 좋은 생각인지를 배우려고 걱정하고 있듯이, 같은 방법으로 노동자들은 **이미 사업장에서 이들 사업장을 접수하기 위한 준비를 이제 시작해야 한다.** 그들은 스스로 생각하는 것을 배워야 하고, 필요할 것 같은 모든 것을 찾아내고 그것을 어떻게 조직해야 할지를 생각하기 위해 스스로 훈련해야만 한다. 소비에트[소련]의 경험은 이러한 과정에서 그들을 도울 수 있다. 그러나 우리의 조건과 가능성이 완전히 다르기 때문에 그들이 해야 할 일을 덜어 줄 수는 없다. 사업장에서 노조를 통한 실제적인 권력장악은 구체적인 준비를 통해서 **마음속의[관념상의] 권력장악**을 먼저 이루어야 한다. 동일한 것이 모든 청년조직과 모든 스포츠조직, 모든 군대집단에 적용된다. 이것은, 오직 이것만이 '계급의식의 각성'이라고 불릴 만하다.

당지도부는 **혁명적 사회민주주의**의 이러한 예비적 단계들 위에서 작업하고 준비하며 자신의 월등한 지식을 이용할 수 있게 만드는 과업 이외에 다른 과업을 가지지 않으며 가질 수도 없다. 이런 방식으로 구체적 노동에 끌려 들어가면, 모든 노동자는 자신이 자신의 사업장의 실제 주인이라고 느낄 것이다. 그리고 더 이상 기업가를 고용주로 보지 않고 자신의 노동력을 착취하는 사람으로 볼 것이다. 혁명지도자는 잉여가치가 무엇인지 알아야 하고, 노동자는 자신의 노동으로 생산한 물건이 기업가에게 이익이 얼마나 되는가를 정확히 알아야 한다. **그것이 계급의식이다.** 그러면 노동자는 단지 연대의 의미에서나 노조의 직장대표가 자신에게 말하기 때문이 아니라 **자신의 이익에서** 파업할 것이며, 어떤 노동조합 지도자도 다시는 노동자를 기만할 수 없을 것이다. 지금까지 혁명적 선전은 본질적으로 소극적 비판으로만 이루어져 왔다. 혁명적 선전은 또한 건설적이고 예상하고 적극적일 수 있는 것을 배워야 한다.

실천적으로 의식화된다는 정확히 동일한 원칙이 모든 사회 계급 및 계층의 청년들에게 적용된다. 노동계급 청년은 구체적인 노동조합 일에 참여할 것이다. 다른 사람들은 그들의 개인적인 삶을 조직하는 일, 그들 어버이의 갈등을 처리하는 일, 섹스 상대와 가정의 문제를 해결하는 일에 관여할 것이다. 이런 식으로 그들은 사회적 삶의 새로운 유형을 창조할 것이다. 처음에는 마음속에서만 그리고 나중에는 이러한 새로운 유형을 지지하여 논쟁하고 결국은 싸울 것이다. 아무것도 그들을 멈추게 하지 않을 것이다. 정치적 상황에 대해서 또는 심지어 '청년의 성문제'에 대해 말하는 것은 무익하다. 그것은 위로부터 조종하는 작업이다.

지금부터 청년은 모든 영역에서 자신의 삶을 **배치하기** 시작해야 한다.

처음에 그렇게 하는 데서 청년들은 당국이나 경찰에 많은 주의를 쏟지 않으며 그래서도 안 된다. 청년들은 앞으로 곧바로 나아가고 자신들이 옳다고 생각하는 것을 그리고 자신들이 수행할 수 있다고 믿는 것을 해야 한다. 그들은 자신들이 모든 측면에서 엄격하게 울타리 쳐져 있으며 체계가 청년들의 삶에서 가장 단순하고 가장 분명한 것들조차 조직할 수 없게 만든다는 것을 곧 충분히 깨달을 것이다. 그러므로 그들 자신의 실천은 그들에게 혁명정치와 혁명적 필연성의 본성을 보여줄 것이다. 자본주의 당국이 피임 도구를 얻기 위한 또는 예를 들어 협동체를 조직하기 위한 그들의 노력에 개입한다면, 자본주의 당국이 협박으로 그러고 나서 체포로 결국에는 중형선고로 개입한다면, 그때에야 오직 그때에야 청년들은 어디에서 어떻게 억압받고 있는지를 첨예하게 느낄 것이다. 그러면 그들은 허공 속에서가 아니라 외부로부터 들어온 구호들을 위해서가 아니라, 자본주의에서 삶의 거친 현실에 대항하여 싸우게 될 것이다. 그것이 젊은 체코인들이 1931년에 경찰이 자신들의 캠핑 지역을 공격했을 때, 자신들이 이끌기를 원했던 성생활을 이끌고 있는 곳에서 싸우게 된 방식이다. 그들은 거리에서 자신들의 권리를 위해서 (국가권력에 대항하여 맨주먹으로) 싸웠다.

오늘날 독일에서 함께 캠핑하는 사람들은 결혼증서를 만들어야 한다. 지금까지 독일 청년들은 마지못해 금지를 수용해왔다. 그러나 여전히 아무런 항의도 없이 그것을 우회할 방법을 찾아내길 희망하고 있다. 자신들의 삶을 스스로 보기에 적합하게 운영할 권리를 갖는다는 그들의 인식(깨달음)은 필연적으로 그들로 하여금 그 권리를 위해 싸우도록 몰아친다. 그들은 하나의 지지물, 하나의 조직, 그들을 이해하고 도와주고 대변하는 당을 필요로 할 뿐이다.

결 론

대중의 계급의식은 인류의 존재를 지배하는 역사적인 혹은 경제적인 법칙들에 관한 인식이 아니라, 다음과 같은 것들이다.

1. 모든 영역에서 고유한 삶 욕구들에 관한 인식.
2. 그 욕구들을 만족시킬 방법들과 가능성들에 관한 인식.
3. 사경제적 사회질서가 그 욕구만족을 방해하는 장애물들에 관한 인식.
4. 자신의 삶의 필수품들과 그것의 방해물에 대해 단호하려는 데 대한 자신의 금지와 불안에 관한 인식.("적은 자신의 땅에 있다"는 말은 개별적인 피억압자들 자체에 대한 정신적 금지에도 특별히 타당하다.)
5. 대중의 통일이 이루어질 때 억압자의 권력에 대항해 불굴의 힘을 만들어 낸다는 인식.

혁명지도부(혁명당)의 계급의식은 대중이 스스로 표현할 수 없는 것을 대중을 대신해 말할 수 있는 능력과 지식 이외에 아무 것도 아니다. 그리고 자본의 멍에에서의 혁명적 해방은, 혁명지도부가 삶의 모든 측면에서 대중을 이해하기만 하면 충분히 발전된 대중의 계급의식에서 자발적으로 성장할 총괄적인 행동이다.

❖ 노동자운동의 재건을 위한 토론원칙 ❖

다음은 작업방법에서의 몇 가지 전환에 관한 요약이다. 이 전환은 저지른 실수들을 생각해 보면 필연적이다.

원칙 : 개별적인[특이한] 것들로 파고들어갈 수는 없다. 우리는 관점과 관찰의 원칙들을 분명히 하고 그 원칙들을 개별적인 것에 적용해야 한다. 원칙이 올바르다면, 개별적인 사례들에서 실수하지 않을 것이다. 관점과 방법의 원칙이 틀리다면, 개별적인 사례들에서 올바른 결정은 우연일 뿐이며, 실수의 원천은 엄청나게 클 것이다.

정치적인 사건들의 판단에 대하여

1. 모든 경과에 대하여 생각할 때 두 가지 질문이 필수적이다.

(a) 그 경과는 반동적인 발전의 방향에 있는가 아니면 혁명적인 발전의 방향에 있는가?

(b) 그 경과에 참여하는 사람들은 그것과 사회주의적인 의미에서 관계한다고 믿는가 아니면 자본주의적 의미에서 관계한다고 믿는가?

(객관적인 것과 주관적인 것은 아주 다르다. 나치 친위대는 객관적으로 반혁명적이고 주관적으로는 혁명적이다.)

2. 과업을 성취하기 위해서는 모든 판단과 입장표명에서 다음을 자문하는 것이 불가결하다.

– 대중의 다양한 층에서 무슨 일이 일어나는가?

– 거기에서 우리에게 무엇이 유리하고 무엇이 대립하는가?

– 광범위한 비정치적인 혹은 잘못 교육된 대중은 정치적 사건들을 어떻게 경험하는가?

– 대중은 혁명운동을 어떻게 경험하고 어떻게 받아들이는가?

3. 모든 사건은 모순으로 가득하며, 혁명에 유리한 요소들과 혁명에 대립하는 요소들을 가지고 있다. 예측은 다음과 같을 때만 가능하다.

– 모순들을 파악할 때.

– 발전의 가능한 변이형태들을 탐색할 때.(예를 들어 파시즘 안에 반동적인 요소들과 혁명적인 요소들).

4. 사회적 과정은 진보적인 세력[힘]들과 퇴행적인 혹은 퇴보적인 세력[힘]들을 동시에 포함하고 있다. 혁명적 작업은 두 가지를 파악하고 혁명적 경향들을 진전시키려고 노력하는 것이다.(예를 들어 히틀러청년단에서 성자유는 진보적인 힘이고, 권위에 대한 신뢰는 퇴보적인 힘이다.)

5. 욕구는 경제를 위해서 존재하지 않고 오히려 경제가 욕구를 위해서 존재한다.

6. 사람들이 공포를 느끼는 경찰과 또 다른 적은 팬츠 속에 나타난다. 그리고 모든 무서운 권위 또한 마찬가지이다.

작업방법에 대하여

7. 대중획득의 수단으로서 암시[마법걸기]는 정치적 반동에게만 어울린다. 혁명운동은 암시해서는 안 되고, 오히려 대중으로 하여금 가면을 벗게 하여 그들의 표현되지 않고 생각되지 않은 욕망을 찾아내서 밝혀야 한

다.(혁명적 비약에 관한 이론이 암시이다.)

8. 비밀외교는 반동정치다. 혁명정치는 항상 대중에게로 향하고 비밀정치를 뿌리뽑는 것이다.(반대사례 : 군비축소회의의 마지막 회의석상에서 한리트비노프의 연설.)

9. 사람들이 자신의 욕망을 대중에게 옮겨 놓고 **실제** 상황을 자신의 욕망과 **무관하게** 판단한다면, 가장 충족시킬 수 있는 욕망은 충족되지 않은 채 남는다.(작은 서클의 상황을 대중에게 투사하는 것.)

10. 경제주의는 실패를 가져올 뿐이다. 기계가 아니라 인간이 역사를 만든다. 인간은 기계를 역사를 만드는 데 사용한다. 경제는 직접 의식으로 전환되지 않으며, 많은 중간 고리들이 있고 모순들도 있다.(기독교도인 노동자, 가난한 나치 여성 등을 보라.)

11. 아마 대중이 물질적 성빈곤에 반대해 반란을 일으키면, 그것은 아무 문제가 안 된다. 대중이 자신의 이해에 **반하여** 행동하면('비합리적 행위'), 그때는 항상 이해할 수 없는 문제를 본다. 예를 들어 결혼이 멍에가 될지라도 여성들은 결혼을 환영한다. 노동자는 직업이 좋아 보이면 착취 사실을 잊으며, 청소년들은 성억압을 긍정한다.

12. 계급의식은 학교수업에서와 같이 명제[교리]체계로서 대중에게 주입되지 않으며, 오히려 대중의 경험에서 발전한다. 모든 욕구의 정치화.

13. 프롤레타리아트가 자신의 이해를 대변할 때 동시에 모든 노동하는 사람의 이해를 대변한다는 것을 분명히 해라. 프롤레타리아트와 중간층들 사이의 어떤 대립도 없애라. 선진 자본주의에서 산업 프롤레타리아트는 수적으로 소수이며 더구나 부르주아화된다.

14. 빈약한 소책자들을 채택하기보다는 소책자를 택하지 않는 것(또는 다른 행동을 택하는 것)이 더 좋다. 대중을 실망시키는 모든 것을 피하라! 결정적인 것은 의지가 아니라 대중에 대한 작용[영향]이다!(인민 결정을 참조하라.) 온갖 사실적인 영향을 미치기에 앞서 신뢰를 쌓아라. 예를 들어 무언가를 알지 못한다는 것을 인정하라.

15. 대중에게 그들이 수행할 수 있는 것 이상으로 행동하도록 권하지 마라. 천천히 나아가자! 근본적으로 장기적인 관점에서 일하되, 갑작스러운 전환에 대해 각오하라!

16. 혁명의 운명은 항상 광범위한 비정치적 대중이 결정한다. 그러므로 사생활, 큰 장이 서는 광장에서의 사소한 생활, 댄스홀, 영화관, 식품점, 침대, 술집, 도박장을 정치화하라! 혁명적 에너지는 일상의 작은 것들 속에 있다!

17. 항상 국제적으로 생각하라. 결코 일국적으로 생각하지 마라.[우리 독일인들은 프랑스와 자르 지역(Saar, 독일의 서부 주)에서의 통일전선이나 중국 혁명에 관심을 갖지 않는다.]

우리 자신-당

18. 두 가지 종류의 계급의식이 있다. 대중의 계급의식은 지도부의 계급의식과 다르다.(한편으로 자신의 주거를 향한 청소년들의 욕구, 임금 삭감에 대한 공장노동자의 저항, 나치 친위대 사람들의 무장해제에 대한 분노(대중의 계급의식의 예들). 다른 한편으로 위기과정의 메커니즘에 대한 지식, 사회주의적 계획경제의 기술에 대한 지식, 대중의 욕구에 대한 가장 진지한 공감을 가지면서 동

시에 전세계에서 일어나는 제국주의적 모순들과 전쟁 경쟁에 대한 지식(지도부의 계급의식의 예들).]

19. 어떤 조직이나 운동의 정치적 힘은 그것의 의지나 강령에 의해서가 아니라 그것의 대중적 토대, 즉 대중의 어떤 구성요소들이 그것에 참여하는가에 의해서 결정된다. 그러므로 혁명지도부는 가령 괴벨스(나치 선전장관)처럼 피해나갈 수는 없다. 괴벨스는 자신이 연결된 어떠한 대중적 토대도 대표하고 있지 못했으므로 1934년 6월 30일의 대학살을 무시하고 '우익' 쪽으로 전락할 수 있었다.

20. 원칙적인 질문: 나, 혁명가는 어디에서 부르주아적 · 종교적 · 도덕적으로 감염되는가? 이러한 감염은 어디에서 나의 혁명적 작업을 방해하는가? 나는 어디에서 스스로 권위를 믿는가?

21. 우리가 혁명지도부에 촉구할 수 있는 것은 주관적으로 뿐만 아니라 객관적으로 혁명의 이해 속에서 일하라는 것이다.

22. 실수를 할 경우에, 하위 단위에서 뿐만 아니라 상위 단위에서도 교정이 이루어지는 것에 모든 것을 걸 수 있다.

23. 정치노선은 항상 토대의 통제를 받아야 한다.(당내토론)

24. 정치적인 방향전환을 조용히 그리고 종종 아주 비밀리에 기도하는 것은 충분하지 않으며, 사람들은 모호함과 혼동을 겪게 된다. 모든 정치적 방향전환에 대해서 당원들에게 충분히 설명해야 하며, 일어난 실수들은 실질적으로 자기비판되어야 한다. 이 자기비판은 실수의 원인을 기계적으로 하위 단위에 돌려서는 안 된다.(10차 당대회의 결의는 충분히 이루어지지 않았다).

25. 이것을 넘어서, 지도부의 문제는 중간 당관리와 상위 당관리의 인물을 갱신하는 것이다. 인식 없이 하는 사람, 뒤처져서 따라가는 사람은 결국은 대중의 압력에 굴복할 때라도 지도자로서 적합하지 않다.

26. 어떻게 살아 있는 혁명조직의 관료화를 미리 막을 수 있는지 파악하는 수단을 지금 바로 찾아라. 단순노동자는 자신이 [당]관리로 올라가면 왜 그렇게 기꺼이 잘난 사람[보스]으로 되는가? 가장 좋은 특징 : 청년 및 결혼 문제에 대한 성도덕적 태도!

27. 미래의 배반자, 첩자, 변절자, 결정적인 순간에 변절하는 사람을 그가 비록 그것을 깨닫거나 의식하기 전에라도 어떻게 알아챌 수 있는가? [허영, 외교적 품성(알랑거리는 매너). 자신의 관점을 대변하는 데서의 유약함. 과도한 우정, 혁명적 견해에 대한 강요된 과시 등.]

28. 확고한 혁명가의 성격적 특성을 어떻게 알아채는가?(외적으로 단순한 거동, 사람들과의 직접적 접촉능력, 성문제에 있어서 단순하고 단호한 입장, 공론을 벌이지 않는 것, 감정적일 뿐만 아니라 무엇보다도 합리적인 사회주의에 대한 확신, 더 높은 직위에 올라도 잘난 사람이 되지 않을 것, 여성과 어린이들에 대한 가부장적 태도가 없을 것.)

29. 건설중인 당의 구조 : 핵심의 질이 중요하지 양이 중요하지 않다! 핵심(당) + 에워싸고 있는 공감하는 대중(=이전의 단순한 당원). 입당 전에 심사절차를 다시 도입한다.

30. 당관리들에게 과중한 부담을 주지 마라! 무조건 자유시간을 줘라! 사생활을 배제하지 말고 처리하라! 항상 대체방식을 배우고 준비하라! 일을 작은 비율로 나누어라. 짧고 사실적인 회의! 사실적인 비판을 촉구하

고, 흠잡는 것을 냉혹하게 배제하라! 항상 다른 사람의 관점을 먼저 이해하라! 일시적인 흥분행동을 피하고 '캠페인'을 하지 말며, 오히려 행동이 저절로 발생할 때까지 가장 근본적인 것을 관철시켜라.

31. 불필요한 영웅주의를 없애라! 순교를 자랑하지 말고 힘을 아껴라! 감옥에 가는 것은 예술도 명예도 아니며, 감옥에 가지 않는 것이 최고의 예술이다! '프롤레타리아 연대'에 대해 허풍떨지 말고, 오히려 실질적인 연대를 실천하라['붉은 구조대'(Roten Hilfe)의 곤경에 대해 생각해 보라].

32. 개인적 갈등들과 관계들은 종종 [혁명적] 작업을 방해한다! 개인적인 것을 배제하지 않고 정치화하는 것을 배워라.(예를 들면, 자기중심적이고 남편을 괴롭히는 아내 또는 그 반대.)

33. 사유 속에서 우리는 변화에 순응하는 것을 배워야 한다. 이것은 확신이 부족한 것과 구분될 수 있다. 조직과 계승된 관점에 속박되는 것이 어디에서 살아 있는 현실을 보는 데 방해가 되는지를 검사하라.(혁명조직과 그 속에서의 의식적 연대는 각 개인의 혁명작업을 위한 토대이다. 그럼에도 혁명조직과 의식적 연대가 그것을 넘어서 무의식적으로 고향과 가족의 대체물이 되는 곳에서, 현실에 대한 통찰이 흐려질 수 있다.)

34. 당내 문제들에서도 당은 항상 널리 공개한 채 토의해라.(이것은 물론 합법적인 시기에만 해당한다). 당내 비밀외교는 해롭다. 자신의 의견을 감추는 사람은 우리에게 속하지 않는다. 반대로 혁명의 대의를 전술의 기여에 복종시키는 사람도 그러하다.

35. 자신의 주도권을 발전시킨다는 것은 분명히 삶을 뒤틀지 않고 지켜보며 결론을 끌어내는 것을 의미한다.

– 인명 –

– 저서 –

– 개념 –

중원문화 아카데미 新書

1 **한국근대 사회와 사상**
• 일본 교토대학교 연구소 엮음

2 **걸어다니는 철학**
• 황세연 저

3 **반듀링론**
• F.엥겔스/김민석 역

4 **헤겔 법철학 입문**
• 꼬우즈미 따다시 지음

5 **이성과 혁명**
• H.마르쿠제/김현일 외 역

6 **정치경제학 교과서 I-1**
• 짜골로프 외/윤소영 엮음

7 **정치경제학 교과서 I-2**
• 짜골로프 외/윤소영 엮음

8 **정치경제학 교과서 I-3**
• 짜골로프 외/윤소영 엮음

9 **이탈리아 맑스주의**
• K.프리스터/윤수종 옮김

10 **걸어다니는 경제사**
• 황세연 편저

11 **자본론에 관한 서한집**
• K.마르크스와 F.엥겔스 저

12 **지배와 사보타지**
• 안토니오 네그리/윤수종 옮김

13 **과학기술사**
• 석동호 편저

14 **저개발과 의약품**
• M. 뷜러/우연재 옮김

15 **맑스주의의 세 갈래길**
• W. 레온하르트/하기락 옮김

16 **역사적 맑스주의**
• R.알뛰세르/서관모 옮김

17 **경제학의 선구자들**
• 일본경제신문사/김종호 옮김

18 **근현대 사회사상가 101**
• 이마무라 히도시/안효상 옮김

19 **맑스를 넘어선 맑스**
• 안토니오 네그리/윤수종 옮김

20 **교육과 의식화**
• P.프레이리/채광석 역

21 **정치경제학 교과서 II-1**
• 짜골로프 외/윤소영 엮음

22 **정치경제학 교과서 II-2**
• 짜골로프 외/윤소영 엮음

23 **청년 마르크스의 휴머니즘**
• H.포피츠/황태연 역

24 **사회를 어떻게 볼 것인가?**
• 황세연 편저

25 **헤겔연구②**
• 임석진 외저 (절판)

26 **칸트 철학입문**
• W.O.되에링/김용정 역

27 **노동조합 입문**
• 양원직 편저

28 **마르크스에서 쏘비에트 이데올로기로**
• I.페처/황태연 역

29 **소유의 위기**
• E.K.헌트/최완규 역

30 **변증법의 현대적 전개①**
• W.뢰트/임재진 역

31 **변증법의 현대적 전개②**
• W.뢰르/임재진 역

32 **모순의 변증법**
• G.슈틸러/김재용 역

33 **헤겔연구③**
• 임석진 외저 (절판)

34 **국제무역론**
• 久保新一/김선기 역

35 **칸 트**
• 코플스톤/임재진 역

36 **자연과학과 철학**
• H.라이헨바하/김회빈 옮김

37 **철학 입문**
• 황세연 편역

38 **맑스주의의 역사 ①**
• P. 브르니츠키/이성백 옮김

39 **맑스주의의 역사 ②**
• P. 브르니츠키/이성백 옮김

40 **한국사회와 자본론**
• 황태연 저

41 **정치경제학 비판을 위하여**
• K.마르크스/김호균 역

42 **과학기술 혁명시대의 자본주의와 사회주의**
• 황태연 저/허상수 엮음

43 **혁명운동의 문제들**
• S. P.노보셀로프/이창휘 옮김

44 **마키아벨리의 고독**
• 루이 알뛰세르/김민석 역

45 **들뢰즈와 가타리**
• 로널드 보그/이정우 옮김

46 **과학적 사회주의**
• G.그로서/송주명 옮김

47 **맑스-레닌주의 철학의 본질**
• F. V. 콘스탄티노프/김창선 역

48 **철학의 기초(1)**
• A. 라키토프/김신현 옮김

중원문화 아카데미 新書

49 철학의 기초(2)
• A. 라키토프/김신현 옮김

50 소수자 운동의 새로운 전개
• 윤수종 외 지음

51 한눈에 들어오는 서양철학사
• 타케다 세이지/홍성태 옮김

52 마르크스즘과 유로코뮤니즘
• 산티아고 까리요/김유향 옮김

53 맑스주의와 프랑스인식론
• P. 토미니크 르쿠르/박기순 옮김

54 논리의 오류
• 에드워드 데이머/김회빈 역

55 프랑스 문화와 예술
• 마르크 블랑팽 · 장 폴 쿠슈/송재영 옮김

56 개발과 파괴의 사회학
• 홍성태 지음

57 인민의 벗이란 무엇인가
• V. 레닌/김우현 역

58 예술 · 정보 · 기호
• 가와노 히로시/진중권 역

59 담론의 질서
• 미셸 푸코 지음/이정우 해설

60 사회학의 명저 20
• 김진균 외 지음

61 철학사(1)
• Akademiya Nauk SSSR 편

62 철학사(2)
• Akademiya Nauk SSSR 편

63 철학사(3)
• Akademiya Nauk SSSR 편

64 철학사(4)
• Akademiya Nauk SSSR 편

65 철학사(5)
• Akademiya Nauk SSSR 편

66 인격의 철학, 철학의 인격
• 김종엽 저

67 담론의 질서
• 푸코 지음/이정우 옮김

68 교육자의 길
• 이오덕 외 저

69 정치경제학
• 짜골로프 저

70 박정희 시대-5.16은 쿠데타다
• 이상우 저

71 박정희 시대-민주화운동과 정치주역들
• 이상우 저

72 박정희 시대-5.16과 한미관계
• 이상우 저

73 박정희와 유신체제 반대운동
• 이상우 저

74 세계사 (제국주의 시대)
• 김택현 편

75 세계사 (제1차세계대전)
• 김택현 편

76 세계사 (제2차세계대전과 파시즘)
• 김강민 역

77 세계사 (현대)
• 조진원 편/이춘란 감수

78 근현대 형성과정의 재인식①
• 안종철 외 저

79 근현대 형성과정의 재인식②
• 정근식 외 저

80 시몬느 베이유 철학교실
• 앙느레느/황세연 역

81 소크라테스에서 미셸 푸코까지
• 기다 캔/김석민 역

82 상식 밖의 세계사
• 가바야마 고아치/박윤명 역

83 들뢰즈와 카타리
• 로널드 보그 저/이정우 옮김

84 새로운 예술을 찾아서
• 브레이트 저/김창주 역

85 역사 유물론의 궤적
• 페리 앤더슨/김필호 외 옮김

86 철학적 맑스주의
• 루이 알뛰세르/서관모 역

87 생산의 발전과 노동의 변화
• 마이클 피오르 외/강석재 외 역

88 항일과 혁명의 한길에서
• 김운선 지음

89 지배와 사보타지
• 안토니오 네그리/윤수종 역

90 헤겔철학 서설
• 오토 푀겔러/황태연 역

91 과학적 공산주의란 무엇인가
• 빅토르 아파나시예프/최경환 역

92 페레스트로이카 논쟁(서독)
• 에케르트 외/송주명 역

93 페레스트로이카 논쟁(동독)
• 모르겐슈테른 외/신현준 역

94 페레스트로이카 논쟁(프랑스)
• 프랑시스 코엥/신현준 역

95 페레스트로이카 논쟁(소련)
• 야코블레프 외/신현준 역

96 마르크스주의와 개인
• 아담 샤프/김영숙 역